JN440564

잉카의 땅

페루의 고산 지대 탐험

하이럼 빙엄 Hiram Bingham

저자약력

Hiram Bingham

미국 하와이 출생.
고고학자, 예일 대학교 라틴-아메리카 역사학 교수.
미 코네티컷 부지사 및 주지사, 미 상원의원 역임.
예일 대학교와 미국 지리학협회 소속 페루 탐사대장.
1911년 유명한 마추픽추 발견.
저서로는
〈Lost City of the Incas〉
〈The Ancient Incas〉
〈Machu Picchu : A Citadel of the Incas〉
〈Across South America〉 등이 있다.

역자약력

곽 종환

1965년 출생.
성균관 대학교 졸업.
외국계 출판사 한국지사에 근무.
Elsevier사 한국지사장을 끝으로 직장생활 마감.
현재 강원도 평창에 거주하고 번역을 하며 틈틈이 여행과 사진촬영을 즐기고 있다.

Inca Land : Explorations in the Highlands of Peru
Copyright ⓒ 1922 by The Riverside Press

잉카의 땅 페루의 고산 지대 탐험

지은이 Hiram Bingham
옮긴이 곽종환
펴낸이 김근배
펴낸곳 도서출판 아진

초판 1쇄 인쇄 2009년 6월 5일
초판 1쇄 발행 2009년 6월 10일

출판등록번호 제 300-1995-56호
주소 서울시 강남구 논현동 148-19번지 한미빌딩 201호
전화 (02) 737-0663
팩스 (02) 737-0664
이메일 kgb@ajin.to
인터넷홈페이지 www.ajin.to

ISBN 978-89-5761-279-8 93900

파본 및 낙장본은 교환하여 드립니다.
이 책의 일부 혹은 전체 내용을 아진출판사의 허락 없이 복사·전재하는 것은 저작권법에 저촉됩니다.

값은 뒤표지에 있습니다.

이 책을 나에게 영감을 준 요정과
일곱 아들의 작은 엄마에게
애정 어린 마음으로 바친다.

'숨겨진 무엇이 있다. 가서 그것을 찾아라.
가서 그 산 뒤편을 보라–
산 뒤편에 잃어버린 무엇인가가 있다.
잃어버려진 채 너를 기다린다. 가봐라!

키플링: "탐험가"

머리말

이제부터 전개될 이야기에서 나는 네 번에 걸친 페루 내륙 지역의 여행 결과들과 또한 잉카족과 그들의 영토에 관해 이전 저술들이 풀지 못한 많은 수수께끼들에 대한 탐험을 그리게 될 것이다. 비록 나의 여행은 겨우 페루의 남부 지역에 국한되었지만, 그 곳은 나로 하여금 모든 다양한 기후들을 접해볼 수 있게 해 주었을 뿐만 아니라 그동안 사람들이 집을 짓거나 텐트를 쳤던 가장 높은 고도인 해발 6,615미터에 이르는 거의 모든 높이에서 야영을 경험해 볼 수 있게 해 주었다. 또한 그곳은 나로 하여금 거대한 협곡들을 통과해 세상 어디에 이런 곳이 또 있을까 싶을 정도로 덥고 습한 아마존 유역의 울창한 정글 속을 뚫고 나가게 했을 뿐만 아니라 엄청난 폭설과 추위뿐인 황폐한 안데스 산맥의 산길들을 넘어가야 하는 운명에 빠뜨리기도 했다. 잉카족은 극단적인 대조를 이루는 땅에서 살았다. 세상의 어느 사막도 그들의 시와스Sihuas나 마헤스Majes 지역들보다 식물이 적은 곳은 없을 것이고, 어떤 울창한 열대 계곡도 콘세르비다욕Conservidayoc의 정글만큼이나 많은 수의 식물개체를 가지고 있지는 못할 것이다. 잉카의 땅에서는 겨우 몇 시간 만에 빙하 지대에서 양치식물 지대까지를 경험하며 지날 수 있다. 그래서인지 마지막 잉카족에 대한 현대 기록들의 미궁 속에서 역사학자들은 너무나 빨리 사실에서 환상 속으로, 주의 깊은 관찰에서 기괴한 상상 속으로 빠져들지 않을 수 없고, 저술가들도 그렇게 자주 중요한 내용들을 빠뜨리거나 상반된 설들을 내놓지 않을 수 없다. 이처럼 잉카족에 관한 이야기는 아직도 의혹과 모순의 미로 속에 갇혀 있다.

일찍이 "잉카족의 요람"이라 불리던 아푸리막Apurimac과 우루밤바Urubamba 사이의 그다지 잘 알려지지 않은 곳으로 나를 처음 이끈 것은 19세기 한 탐험가의 멋진 그림들 속에 나타난 신비로움과 서정성이었다. 비록 나의 사진들이 그 작가의 상상력 넘치는 스케치들과는 경쟁이 되지 않겠지만, 그럼에도 불구하고, 나는 그 중 몇 장의 사진들만이라도 미래의 여행자들이 잉카족의 땅을 더 깊숙이 헤치고 들어가 기록으로 밖에는 남아 있지 않은 장소들을 규명해 내는 그런 환상적인 경연에 참여하도록 이끌 수 있게 되었으면 하는 바람이다.

나의 이야기들 중 일부는 하퍼지Harper's와 내셔널 지오그래픽지National Geographic에 이미 개제된 적이 있지만, 그 편집인들의 양해 덕분에 그 내용들을 다시 이 책에 사용하는 것이 허락되었다. 참고문헌 목록을 대략적으로만 보더라도 예일 대학교와 미국 지리학협회 소속 페루탐험대Peruvian Expeditions of Yale University and the National Geographic Society의 성과물로서 50여 편이 넘는 보고서와 연구논문들이 발표된 것을 알 수 있을 것이다. 또한 추가적인 다른 보고서들도 이미 준비 중에 있다. 나의 의견은 한편으로는 이전 여행자들의 논문과 기록의 연구에 기초했고, 다른 한편으로는 나의 동료들이 제작한 지도와 수기 그리고 우리의 페루 사진들-현재 양적으로 11,000장 이상의 원본 필름을 소장하고 있다-의 연구에 기초했다. 또 다른 정보의 원천은 나의 동료 탐험가들과의 빈번한 회의 기회였다. 대규모 탐험대의 커다란 장점들 중 하나는 광범위하게 서로 다른 훈련을 받은 개개인들이 같은 문제에 함께 대처한다는 것이다.

이들 여행에 나와 동행했던 사람들은 1909년에 클라렌스 L. 헤이, 1911년에는 이사이아 보우만 박사, 해리 워드 푸트 교수, 윌리엄 G. 어빙 박사, 카이 헨드릭슨, H. L. 터커 그리고 폴 B. 라니우스였으며, 1912년에는 허버트 E. 그레고리 교수, 조지 F. 이튼 박사, 루터 T. 넬슨 박사, 알버트 H. 범스태드, E. C. 에어디스, 케니스 C. 히드, 로버트 스티븐슨, 폴 베스터, 오스굿 하디 그리고 조셉 리틀, 1915년에는 데이빗 E. 포드 박사, O. F. 쿡, 에드몬드 헬러, E. C. 에어디스, E. L. 앤더슨, 클라렌스 F. 메이나드, J. J. 해스브룩, 오스굿 하디, 제프리 W. 모어킬 그리고 G. 브루스 길버트였다. 나는 늘 불편함과 위험으로부터 자유로울 수 없었던 이들 계획에 동참해준 동지들에게 너무나 큰 빚을 졌음을 인정하지 않을 수 없다. 앞으로 전개될 이야기에서 그들은 가끔 자신들이 직접 수행했던 일을 알아볼 수 있을 것이고, 또 어떤 때는 왜 그것이 간과되었는지 의아할 때도 있을 것이다. 이미 진행 중에 있는, 특히 마추픽추Machu Picchu[1)]와 그 주변 지역을 다룬 저자의 또 다른 저서에서 아마 여기에서 소개되지 않은 더 많은 것들을 궁극적으로 발견하게 될 것이다.

가장 지원을 확보하지 못했을 때 물심양면으로 도움을 준 에드워드 S. 하크니스, 아낌없고 열렬한 지원을 해준 길버트 그로스베너와 미국지리학협회, 가장 중요하면서도 기본이 되는 도움을 공식적으로 준 미국의 태프트 대통령과 페루의 레기아 대통령, 진심어리고 지칠 줄 모르는 협조를 해준 W. R. 그레이스와 그의 직원들, 페루의 기업인 윌리엄 L. 모어킬과 L. S. 발레이스델, 여러 가지 실질적인 호의를 베풀어 준 세사르 로멜리니, 페드로 두케, 그들의 아들들 그리고 예일 대학교의 프레데릭 B. 존슨, 가치를 따질 수 없는 비서 업무를 해준 블란쉐

페버디 톰킨스 여사와 매리 G. 레이놀즈 양, 그리고 끝으로 그러나 누구에게도 뒤지지 않게 이 책의 집필이 가능하도록 도와준 알프레드 미첼 여사에게 심심한 감사를 드린다.

1922년 10월 1일

하이럼 빙엄

1) 많은 사람들이 Machu Picchu를 어떻게 발음해야 하는지 묻는다. 키츄아Quichua 단어들은 언제나 가급적이면 쓰여진 그대로 발음한다. 그들은 표음식 철자법으로 표기된다. 만약 스페인어식으로 표기할 경우, huilca와 같은 단어들은 그 시작에 항상 묵음 'h'가 붙어 발음은 "윌-카"가 된다. 단어 중간의 'h'는 항상 발음이 된다. Machu Picchu는 "마-추 픽-추"로 발음된다. Uiticos는 "윗-이-코스"로 발음되고, Uilcapampa는 "윌-카-팜-파"로 발음된다. Cuzco는 "쿠스-코"이다.

역자서문

2007년 봄. 15년간의 직장생활을 정리하고 과감히 자유인을 선언했다. 그리고 이 책의 저자 하이럼 빙엄이 그랬던 것처럼, 나도 "산 뒤편"의 "그 무엇"을 찾아 배낭을 꾸리고 남미대륙으로 향했다. 한 달여의 준비기간 동안 최신 여행 가이드북도 물론 읽었지만, 누구보다 남미를 세상 사람들에게 강렬히 인식시켜 준 빙엄의 기행문을 무시할 수는 없었다. 그는 이미 100여 년 전에 남미대륙을 수차례 탐사하면서 겪은 그의 경험들을 책으로 출간했다. 나는 그의 경험이 비록 많은 시대 차이는 있지만 분명히 나의 이번 여행에 많은 도움을 줄 수 있을 것이라고 믿었다. 특히 그의 이 저서 "잉카의 땅 Inca Land"은 나의 목적지들 가운데 가장 하이라이트가 될 장소들을 몸소 경험하고 그것을 글로 옮겨 놓은 것이다. 나는 이 책을 당시 나의 남미대륙 여행 중 페루 부분의 주 가이드북으로 삼았다. 더욱이 이 책은 페루 유적의 꽃이라고 할 수 있는 마추픽추만을 다룬 것이 아니라-오히려 그것이 차지하는 비중은 전체 내용에서 빈약하다-페루 남부 지역의 여러 곳들을 다루고 있다. 그래서 적어도 페루 여행에 있어서는 그의 이 책이 나의 바이블이었다. 배낭여행의 서러움(불편한 잠자리와 음식)이나 고통(특히 페루나 에콰도르 고지의 희박한 산소 속에서 트래킹을 할 때)이 느껴질 때는 이 책에서 읽었던 그가 탐험 중 겪었던 어려움들을 생각하며 위안을 삼았다. 이 책은 페루 남부(쿠스코와 마추픽추를 포함해서) 지방의 잉카 유적들에 대한 고고학적 정보들뿐만 아니라 그 시대 페루 사람들의 풍습과 문화까지도 자세히 알려준다. 내가 이 책을 읽고 여행을 하면서 놀란 것은 페루의 상당히 많은 부분이 아직까지도 빙엄이 여행했던 100여 년 전과 크게 다르지 않다는 점이었다. 물론 달라진 부분도 많다. 예를 들어, 그는 쿠스코의 엄청난 유적지 삭사와만을 정글 속에서 힘겹게 절벽을 올라가서야 볼 수 있었지만, 나는 잘 포장된 길을 편하게 걸어서 올라갈 수 있었다. 그러나 그곳의 놀라운 광경에는 100여 년 전의 그와 현재의 내가 느낀 것이 별반 다르지 않다(입이 떡 벌어질 수밖에 없다). 이 책은 유적지들에 대한 정보뿐만 아니라 관광객으로서 느낄 수 있는 여행의 맛-자연의 풍경, 사람들, 풍습, 축제 등등-도 자세히 기술하고 있다. 다시 하나 예를 들자면, 그들의 축제 광경(화려한 원시적 복장, 퍼레이드, 떠들썩함, 치차, 쿠이 등등)은 빙엄의 100년 전이나 지금이나 거의 차이가 없다. 원시와 기독교의 묘한 조화도 그렇다.

내가 이 책을 번역해보아야겠다고 결심하게 된 가장 큰 이유는 잉카족이라는 우리 귀에 아주 익숙한 이름이지만, 실제로 그들이 누구이고 어떻게 살았는지에 대해서는 생소한 그들의 신비로운 세계를 보다 많은 사람들에게 소개해 주고 싶어서이다. 이 책은 고고학적 전문지식에 기반을 두고 쓰여진 책이 아니다. 따라서 나와 같이 그것에 대해 문외한인 일반인도 이 책을 통해 잉카족 유적들에 관한 보편적인 지식을 충분히 얻을 수 있다. 또한 이 책의 또 다른 백미는 빙엄과 그의 일행이 안데스 산맥이나 페루 남부의 오지 속에 숨어 있는 유적지들을 찾아가는 여정 속에서 인간적으로 겪게 되는 희로애락(喜怒哀樂)일 것이다. 여행을 좋아하는 사람이라면 그들과 같은 감정으로 함께 여행하는 기분을 느낄 수 있을 것이다. 아무쪼록 이 책이 독자 여러분의 잉카족과 그들의 문명에 대한 이해와 관심에 조금이나마 이바지할 수 있게 되기를 희망하고, 또한 "산 뒤편"의 "그 무엇"을 찾아 나서는 계기가 되었으면 하는 바람이다.

내가 이 책의 번역을 생각했을 때 용기를 준 아내에게 감사한다. 아울러 이 졸작이 빛을 보도록 배려를 아끼지 않은 아진출판사 김 근배 사장님에게 깊은 감사를 드린다.

2009년 4월
평창강 기슭에서
곽 종환

목 차

1

사막을 넘어

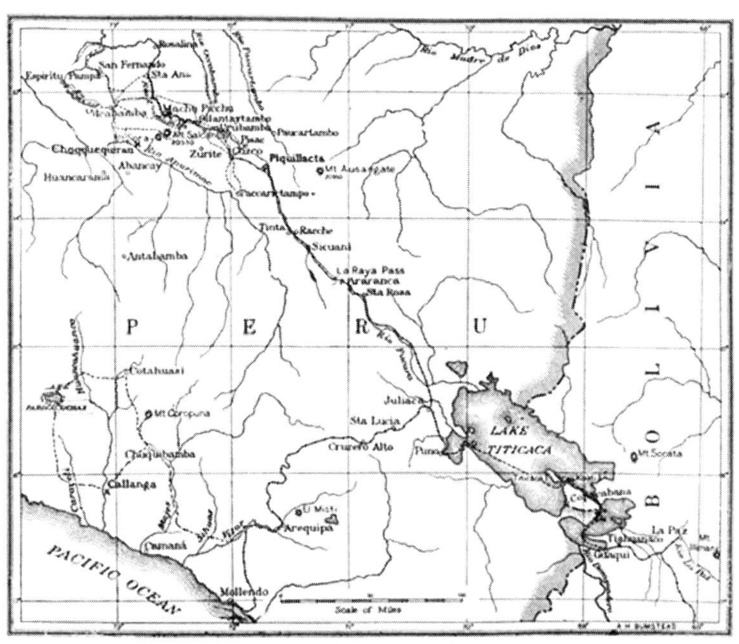

페루 남부의 지도

한번은 볼리비아에 사는 한 친한 친구가 이미 고인이 된 E. 조오지 스콰이어E. George Squier의 ≪페루 : 잉카족 땅에서의 여행과 탐험Peru: Travel and Exploration in the Land of the Incas≫이라는 아주 흥미로운 제목의 책을 내 손에 건네주었다. 이 책에는 아푸리막Apurimac 계곡의 놀라운 그림이 실려 있었다. 그 그림의 전면에는 가파른 절벽에 접한 터널에서 시작된 현수교(懸垂橋)가 "위대한 웅변가"처럼 우렁차게 소용돌이치는 강물 위 가장 높은 허공에 아슬아슬하게 걸려 있었다. 멀리로는 눈 모자를 쓴 웅장한 봉우리 하나가 주위의 거대한 산들 위로 불쑥 솟아 있었다. 아푸리막을 눈으로 확인하고 그 다리를 직접 건너는 스릴도 느껴보고 싶다는 욕망은 나로 하여금 리마Lima로 가는 육로 여행을 해야겠다는 결심을 굳히게 했다.

마침내 나는 강대했던 잉카 제국의 옛 수도 쿠스코Cuzco로 갔고, 거기서 페루 관리들로부터 새롭게 재발견된 잉카의 유적에 가보라는 권유를 받았다. ≪남미대륙을 가로질러Across South America≫를 읽어본 독자들이라면 기억하겠지만, 이 유적지는 정글로 우거진 산등성이 정상-거대한 아푸리막강의 포효하는 급류들 수 백 미터 위-이라는 흥미로운 장소인 촉케키라우Choqquequirau에 있었다. 여기에 정말 누가 살았을까 하는 의심이 들었다. 그곳 주지사는 이 유적지가 잉카 만코Inca Manco와 그의 아들들이 피사로Pizarro와 페루의 스페인 정복자들을 피해 찾아낸 은신처로서 안데스 산맥 속 아푸리막강과 우루밤바Urubamba강 사이에 있었던 주거지라고 주장했다.

클라렌스 L. 헤이와 내가 촉케키라우의 경사지에 있는 동안, 때때로 구름들이 흩어지면서 눈으로 덮인 산들이 언뜻언뜻 보였다. 마치 무엇인가 커다란 가능성을 품은 전혀 알려지지 않은 어떤 곳이 "산 뒤편"에 있을 것만 같았다. 안내인들도 그곳에 관해서는 아무것도 말해주지 못했다. 책 속에서도 거의 아무것도 찾을 수 없었다. 혹시 만코의 수도가 거기에 숨어 있을지도 모른다. 그 미지의 땅에 대한 매력에 빠진 뒤 몇 달 동안, 나의 모든 생각은 촉케키라우와 그 너머로 끌려들어 갔다. 키플링Kipling의 "탐험가Explorer"라는 시처럼:

"... 양심만큼이나 사악한 목소리가 끝없는 변화를 일으키네
하나의 끝없는 속삭임이 밤낮으로 반복되네-이렇게:
'숨겨진 무엇이 있다. 가서 그것을 찾아라.
가서 그 산 뒤편을 보라-
산 뒤편에 잃어버린 무엇인가가 있다.
잃어버려진 채 너를 기다린다. 가봐라!' "

그 다음해 여름 동안, 그 당시 막 출간된 반델리어Bandelier의 ≪티티카카섬과 고아티섬Titicaca and Koati≫을 읽으면서 나의 마음속에는 불안감이 더해져 갔다. 그 책의 각주 중 하나에는 이런 놀랍고 흥미로운 언급이 있었다: "페루 서부와 해안 지역에 있는 최고봉들의 높이를 정확히 측정해 보는 것이 절실하게 요구된다. 아레키파Arequipa주의 페루 해안 지역에 있는 코로푸나Coropuna가 이 대륙의 정점인 것 같다. 그 높이는 해발 7,010미터가 넘는다. 반면에, '남반구에서 가장 높은 봉우리로 인정된' 아콘카구아Aconcagua의 해발은 겨우 22,763피트(6,940미터)에 불과하다." 그 수치는 페루 남부철도회사Southern Railways of Peru의 토목기사들이 철도국의 측량 방식대로 측정한 것이었다. 이것을 읽은 나의 감정은 뭐라고 표현하기 어려웠다. 내가 남미의 역사와 지리를 10년 넘게 연구하고 있었지만, 코로푸나라는 이름은 들어본 적이 없었다. 거의 대부분의 지도에도 표시되어 있지 않았다. 다행히 라이몬디Raimondi의 대축척 페루 지도들 중 하나에서 마침내 "코로푸나-6,949미터"-*아콘카구아보다 9미터가 더 높다!*-를 찾아냈다. 그곳은 아레키파에서 북서쪽으로 160킬로미터 떨어진 곳이었고, 그린위치Greenwich 서경 73도 지점이었다.

페루의 아마존 계곡에서 태평양까지를 가로지르고 있는 73도 경선의 아래위를 훑어보면서, 그 선이 촉케키라우 근방을 똑바로 지나 나를 손짓하며 부르고 있는 바로 그 "산 뒤편" 땅들을 횡단하고 있는 것을 알게 되었다. 그 우연의 일치가 나를 당혹스럽게 했다. "숨겨진 무엇"을 찾아가 보고 싶다는 나의 욕망은 이제 코로푸나가 정말 미국대륙에서 제일 높은 산인지 가서 확인해 보라는 유혹으로 바뀌었다. 그래서 카누를 타고 우루밤바의 정상에서 태평양의 연안 지대까지 73도 경선을 따라 페루의 지형을 조사할 목적의 원정대가 구성되었다. 우리는 기대 이상의 성과를 거둘 수 있었다.

우리 탐사의 성공 여부는 나와 해리 W. 푸트 교수가 협력해서 고안한 식품영양소들의 균형을 고려한 휴대용 식량인 "개별포장 식량상자 unit- food-box"에 크게 달려 있었다. 우리 생각의 목표는 두 사람이 일정기간 동안 필요로 하는 모든 식량을 한 상자 안에 포장함으로써 소규모 집단의 야외용 식사 공급을 용이하게 하는 것이었다. 이 상자는 탐험가들뿐만 아니라 그들을 항상 좋은 건강상태로 유지시켜야 할 의무를 지닌 의사들에게도 전반적인 만족을 줌으로써 우리 고안품에 대한 불만의 소리가 들려서는 안 되었다.

최상의 개별포장 식량상자는 두 사람에게 아침과 저녁에는 영양가 높고 미리 익힌 음식을, 그리고 점심은 가볍고 익히지 않은 음식을 균형 잡힌 휴대용 식량으로 8일 동안 공급해줄 수 있어야 했다. 하지만 식량상자에만 전적으로 의존하지 않고, 가급적이면 그 지방에서 쉽게 구할 수 있는 모든 것들로 식량을 다양화하려고 노력했다. 페루 남부 지방의 경우에는 감자, 옥수수, 달걀, 양고기, 빵 등이 여기에 해당했다. 각 상자에는 얇게 썬 베이컨, 옥수수를 곁들인 쇠고기 통조림, 구운 쇠고기, 닭, 연어, 으깬 귀리, 우유, 치즈, 커피, 설탕, 쌀, 군대식 빵, 소금, 초콜릿, 여러 가지 잼, 피클, 말린 과일과 야채 등을 집어넣었다. 잼과 말린 과일, 스프 그리고 말린 야채들이 잘 구색을 갖춤으로써 야외식량의 영양균형을 깨뜨리지 않고 충분한 다양성을 얻을 수 있었다. 안데스 산맥 남부의 너무나 불편한 운송수단 때문에 프랑스 완두콩, 조리한 콩, 과일 통조림 등과 같이 많은 양의 수분을 포함한 음식들은 배제시켰다. 그렇지만 나머지 음식들로도 맛이 괜찮으리라 기대했다. 식량 외에도 각각의 상자에 세탁비누 한 개, 접시닦이용 타월 1.8미터 그리고 점심도시락과 채집한 표본들을 담을 면으로 짠 빈 자루도 세 개씩 넣어야 한다는 것을 알았다. 상자 속 품목들 중 가장 높은 평가를 받은 것은 맷돌에 간 귀리였다. 그것은 미리 약간 익혀두었기 때문에 쌀이 잘 익지 않는 높은 고도에서도 쉽게 조리할 수 있었다. 설탕은 탐사대원들이 만족해 할 만큼 나눠주기 어려웠다. 야영을 시작한 초기에는 허용된 하루 기준인 일인당 150그램보다도 더 지급했다. 그래서 나는 상자 무게가 초과됐다는 비난을 사람들로부터 들어야 했다. 야영 한 달 뒤부터는 지급량이 현저히 줄어 추가 보충을 해야만 했다.

많은 사람들은 탐험가들의 의무 중 하나를 "원시적으로 생활하기"나 자신들이 먹을 음식을 "행운에 맡기기"라고 생각하는 듯하다. 나는 베네수엘라와 콜롬비아 그리고 남미를 횡단한 처음 두 번에 걸친 탐험을 통해 불규칙하고 무성의한 야외음식으로 생활해야 하는 것이 가장 만족스럽지 못한 일이라는 결론을 얻었다. 경험 없고 분별력 없는 탐험가들에게서 "원시적으로 생활하기"가 더욱 더 부추겨지는 것이라면, 충분히 다양하고 건강에도 좋으며 영양소의 균형이 잡힌 포괄적인 목록을 미리 몇 달 전부터 신중하게 준비하는 평범한 조치가 "보다 나은 차원의 용기"라는 것을 페루에서 배웠다. 진리는 바로 식욕을 돋울 수 있는 풍족한 음식의 공급이 그 집단에 더욱 큰 효과를 더해준다는 사실이다. 그것이 운송을 책임진 담당자에게는 분명히 골칫거리이자 비용을 발생시키는 요인이 될 수 있고, 또한 일부 젊은 사람들에게는 만약 자신들이 딸기잼이나 초콜릿, 피클 등을 가져가서 먹은 사실이 나중에 알려지면 탐험가라는 자신들의 명성에 흠집이 날 것이라는 생각이 들 수도 있다! 그럼에도 불구하고 "행운에 맡기기"와 "원주민들이 사는 것처럼 살기"의 결과는 그날의 일과에 손실을 가져다 줄 뿐만 아니라 관찰력을 떨어뜨리고, 고된 과학적 탐험에 대한 열정을 감퇴시킨다는 것을 경험들이 잘 보여주고 있다. 우리가 어떤 삶을 살든 흥분되는 일은 언제나 하기 쉽다. 하지만 그런 일들은 일상적인 고된 노력을 요하는 일보다 중요한 결과를 이끌어내지 못하는 경우가 허다하다. 따라서 일상적인 고된 일을 수행하기 위해서는 건강에 좋은 음식이 규칙적으로 제공되어져야만 한다.

1911년 6월, 우리는 코로푸나산 등정을 위한 전초기지로 제안된 아레키파에 도착했다. 페루의 "겨울"이 7월과 8월에 절정을 이루고, 겨울 눈폭풍이 한창인 코로푸나를 등반하는 것은 정신 나간 짓이라는 사실도 알고 있었다. 반면, 11월에 시작되는 "여름철"은 구름이 끼고 안개까지 자주 더해져 이 생소한 산에 오르는 것을 어렵게 했다. 그렇지만 6월과 7월이 "산 뒤편"의 땅이라고 할 수 있는 아마존 유역 위쪽의 안데스 산맥 동쪽 경사면을 탐험하기에는 가장 적기였다. 비록 *몬타냐 montaña*나 정글 지역은 좀처럼 건조해지는 지역이 아니지만, 그 때가 1년 중 비가 가장 적게 내린다. 그래서 우루밤바 계곡을 제일 먼저 가기로 결정했다. 마지막 잉카족의 수도였던 위티코스Uiticos의 규명과 마추픽추의 발견 등 그곳에서의 우리 발견에 관한 이야기들은 이 후의 장에서 계속 이어질 것이다. 나는 9월에 아레키파로 돌아와 사막을 횡단할 충분한 운송수단을 갖추기 위한 준비를 하며 코로푸나와의 싸움을 시작했다.

모두가 알다시피, 아레키파는 하버드 대학교 천문대 기지가 있는 곳이기도 하지만, 노새들이 많기로도 유명하다. 불행히도 최근에는 "노새 트러스트"가-두말할 필요도 없이 미국인들에 의해-형성되면서, 노새를 만족스럽게 준비하는 것이 쉽지 않음을 알게 되었다. 두 주일 동안의 사소한 충돌 끝에 *아리에로스* *arrieros* 라고 불리는 노새몰이꾼들 중 두 명인 테하다 형제가 나타나 우리의 제안을 들어보기로 했다. 우리는 만약 그들이 두 달 동안 11마리의 짐 나르는 노새 무리를 이끌고 우리가 선정하는 어느 곳이든 함께 가지만 하루에 평균 일곱 리그[1) 이상은 여행하지 않는다는 조건을 받아들인다면, 1,000*솔레스* *soles*(금화 500달러)를 주겠다고 제안했다. 보기에는 아주 단순한 거래인 것 같았지만, 아레키파에 사는 우리 친구 몇몇은 이 중요한 *아리에로*들이 이번 거래로 인해 망하는 일은 절대로 일어나지 않을 것이라는 확신을 주기 위해 끝없는 논쟁과 설득을 벌여야 했다. 문제는 그들이 노새를 소유했고, 우리와 코로푸나산 사이에 놓여 있는 사막을 횡단하는 것이 엄청나게 위험하다는 것도 알고 있었으며, 또한 잘 알려지지 않은 길을 통한 여행을 두려워한다는 것이었다. 대부분의 다른 노새몰이꾼들처럼 그들도 낯선 지방을 몹시 두려워했다. 그들은 길을 다스린다는 상상 속의 악령을 황당할 정도로 믿고 있었다. 나는 그들이 이미 제안 받은 계약 조건을 받아들이도록 마지막으로 논의하면서 처음 1주일이 지난 뒤에는 짐을 현저히 줄여 최소한 두 마리의 노새를 자유롭게 해주겠다는 약속을 했다. 짐 나르는 동물은 등을 다치거나 불구가 되기 쉽다는 것을 잘 알고 있는 테하다 형제는 나의 그 약속을 안전에 대한 보장으로 받아들였다. 불구가 된 노새는 짐을 나를 수 없는 것이 당연하지 않은가!

그 달 말쯤 모든 준비가 완료되었다. 1910년 H. C. 파커 교수의 매킨리산 탐험대의 일원이었고, 눈과 얼음 등반에 관한 세세한 부분까지도 잘 알고 있는 H. L. 터커에게 우리가 필요한 적절한 장비들의 준비를 책임져 줄 것을 부탁하며, 코로푸나 등반을 위한 실제적인 계획

수립과 지휘권을 맡겼다. 이제 산에서 어떤 성과를 거둘 수 있을지는 전적으로 터커의 재능과 예측에 달려 있었다. 우리에게는 전문적인 안내인이 없었기 때문에 원래는 그 탐험대의 일원이었던 또 다른 두 사람에게도 이번 등반에 동참해줄 수 있는지 여부를 확인했었다. 하지만 지금까지도 사실상 알려지지 않은 지역을 지나 안데스 산맥의 가장 높은 산길들 중 하나(5,374미터)를 가로지르고 있는 73도 경선을 따라 지질과 지형의 단면도를 제작해야 하는 긴급한 일이 그 조사단의 발목을 잡고 있어 적어도 11월이 시작될 때까지는 그들이 코로푸나에 도착하는 것이 불가능했다. 점점 구름이 많아지는 계절이 다가오고 있었기 때문에 그들의 협조를 기다리고만 있는 것은 현명하지 못했다. 그래서 나는 아레키파에서 영국인 동식물학자 카시미르 왓킨스와 하버드 대학교 천문대의 F. 힝클리의 도움을 확보했다. 엘 미스티El Misti(5,828미터)를 두 번이나 등반한 경험이 있는 힝클리에게는 정상까지 우리와 동반해줄 것을 제안했고, 최근 병에서 회복한 왓킨스에게는 베이스캠프를 맡아주도록 부탁했다.

아레키파 주지사는 친절하게도 우리를 위해 가마라 하사를 호위병으로 보내주었다. 그는 키가 평균보다 훨씬 큰 토종 원주민으로 용맹스럽고 그 지방을 잘 알고 있었다. 기마헌병대 소속인 가마라는 이전에 코타와시Cotahuasi 지역의 수도에서 몇 달간 근무한 적이 있었다. 어느 날 술에 취해 폭동을 일으킨 한 무리의 혁명주의자들이 그가 보초근무를 서고 있는 정부 건물로 몰려들었다. 그들이 무력으로 그를 밀치고 들어가려할 때 가마라는 그 자리에서 그 무리의 우두머리를 총으로 쏘았고, 폭도들은 사방으로 흩어졌다. 주지사는 그에 대한 감사의 표시로 그가 하사로 진급할 수 있도록 해 주었고, 그 일대에서는 그의 신변에 위협이 있을 것을 배려해 그를 아레키파로 전출시켰다. 그러나 거의 모든 그의 종족 사람들이 그렇듯이 그도 곧잘 술에 빠지곤 했다.

아레키파의 기마헌병대장이 주지사로부터 사막을 횡단할 호위병을 요청받았을 때 그는 아마 기쁜 마음으로 가마라를 우리에게 보내주었을 것이다. 비록 음주습관이 그를 골칫거리로 만들었겠지만, 그의 용맹성에 대해서는 누구도 의심하지 않았다. 가마라는 우리가 코타와시로 갈 계획이라는 것을 몰랐다. 만약 그가 그 사실뿐 아니라 그 여정이 코로푸나산까지라는 것을 알았다면, 아마 무슨 핑계를 대서라도 호위를 거부했을 것이다. 하지만 나는 그럴 것을 미리 알고 대비하고 있었다.

10월 2일 터커, 힝클리, 가마라 하사 그리고 나는 아레키파를 출발했고 왓킨스는 일주일 뒤에 따라왔다. 여정의 첫 단계인 아레키파에서 비토르Vitor까지의 48킬로미터 거리는 기차를 이용했다. *아리에로*들도 짐을 싣고 출발했다. 식량상자들 외에도 텐트, 얼음 깨는 도끼, 눈에서 신을 신발, 기압계, 온도계, 전경의(轉鏡儀), 천 상자, 금속 상자, 더플백 그리고 접이식 보트를 가지고 갔다. 우리의 짐은 그 전날 아레키파에서 먼저 출발했다. 우리는 비토르에 그들과 비슷하게 도착할 것으로 예상했지만, 여정의 첫 날이었던 *아리에로*들에게 우리가 너무 큰 기대를 했던 것 같다. 덕분에 우리는 원시적인 작은 기차역 부근에서 그들을 하루 종일 기다려야만 했다.

우리는 주변의 *팜파pampa*를 돌아다니거나, 해안을 따라 있는 거대한 사막에서 일반적으로 볼 수 있는 반달 모양의 모래언덕들, 즉 *메다노스medanos*를 조사하며 시간을 보냈다. 남미의 거대한 열대정글이나 도저히 헤치고 나갈 수 없을 것 같은 그곳의 울창한 숲에 대해 책에서만 읽어 알고 있는 사람들은 태평양 연안이 북쪽으로는 에콰도르Ecuador에서 남쪽으로는 칠레Chile의 중앙까지 오아시스들이나 계곡들–그 안의 강들은 안데스 산맥의 눈이 녹아 형성되어 관개시설을 목적으로 이리저리 변형되었다–에 의해 군데군데가 끊어진 거대한 사막으로 이루어져 있다는 사실을 모르고 있다. 페루의 수도 리마도 이런 오아시스들 가운데 가장 큰 하나이다. 비록 습한 안개가 자주 끼기는 하지만 페루의 연안도시에는 비가 거의 오지 않는다. 이런 현상을 이해하는 것은 그다지 어렵지 않다. 대서양의 습한 공기와 아마존 연안의 수증기를 머금은 채 동쪽에서 불어오는 바람은 안데스 산맥의 동쪽 경사면에서 급속히 식으면서 이 습기를 *몬타나* 안에 가두어 버린다. 바람이 이 거대한 산맥을 종단하고 나면 그 바람 안에는 비가 전혀 남지 않게 된다. 이와는 반대로, 더운 태평양으로부터 불어온 바람은 차가운 험볼트 해류 Humboldt Current 위의 찬 지역에 부딪친 뒤 남미대륙의 서쪽 해안을 따라 휩쓸며 올라간다. 이 차가운 띠는 서풍으로부터 수분을 빼앗으며 상대적으로 습도가 낮은 더운 지역에 이르게 된다. 물론 어떤 해에는 연안 지역의 경사면에 많은 수증기가 떨어져 언덕 중턱이 꽃으로 뒤덮일 때도 있지만 그런 푸르름은 아주 짧은 시간 동안일 뿐이고, 우리가 지금 한 복판에 서 있는 이런 *팜파스* *pampas* 의 광활한 사막에는 그다지 큰 영향을 주지 못한다. 이 지역의 다른 *팜파스*처럼 그 평평한 표면은 바다 쪽을 향해 기울어져 있다. 그 위를 모래입자들이 바람에 따라 구르면서 마침내 반달 모양의 모래언덕(*메다노*)이 만들어진다. 이 *메다노*들은 우리의 큰 관심을 끌었다.

밤이 되면 사막의 항풍(恒風)은 차가워진 산 경사면에서 바다 쪽으로 내려가면서 상대적으로 부드러워진다. 정상적인 모래언덕 안에서는 가벼운 입자의 모래가 바람에 날려 언덕 아래쪽으로 계속 굴러 내려감으로써 무거운 입자들만 뒤에 남게 된다. 낮 동안에는 반대현상이 일어난다. 열기가 정오 무렵까지 올라가면 바람은 바다로부터 언덕을 타고 올라가 *팜파스*의 과열로 발생한 뜨거운 공기의 급속한 상승기류 때문에 생긴 진공상태를 채운다. 이른 오후 동안에는 이 바람이 높은 속도를 얻어 모래입자들을 구름 속에서 소용돌이치게 한다. 이제 바람은 무거운 모래입자도 오르막으로 움직일 수 있을 만큼 충분히 강해져 모래언덕 제일 아래쪽에 있는 가장 무거운 입자들까지 휩쓸어 뾰족한 양쪽 능선에 퇴적시킨다. 무거운 입자들은 밤 동안에도 움직이지 않고 남아 있지만 가벼운 것들은 언덕 아래로 굴러 내려간다. 그러나 전체적인 덩어리는 다음날 오후 강한 바람이 부는 동안 다시 언덕 위로 천천히 이동한다. 그 결과가 아름다운 반달 모양의 *메다노* 이다.

다섯 시 무렵 쿠스코 일대에서 구할 수 있었던 가장 훌륭하고 잘생긴 우리의 노새 무리가 먼지로 뿌연 조그마한 광장을 힘차게 걸어 들어오고 있었다. 짐을 다시 정리하는데 시간이 걸려 비토르의 오아시스를 향해 출발했을 때는 이미 달빛이 내리기 시작한 저녁 일곱 시 무렵이었다. 고원 지대를 떠나 먼지 길을 내달아 어두운 계곡 안으로 들어섰을 때 북서쪽 먼 수평선 위로 희미하면서 하얗게 가물거리는 무엇인가가 우리의 시선을 끌었다. 코로푸나였다! 아홉 시가 조금 안 되어 노새들의 짐을 내릴만한 작은 축사에 이르렀다. 쉴 수 있을 만큼 깨끗하고 바닥이 돌로 포장된 헛간을 발견하고는 간이침대들을 펼쳤다. 그러나 사막의 뜨거운 한낮 열기를 피해 밤을 이용해 지나가는 대상(隊商)들로 인해 수도 없이 잠에서 깨야만 했다.

북서쪽에서의 코로푸나산

오아시스가 단지 몇 킬로미터 간격으로 떨어져 있는 곳에서는 낮에도 종종 길을 떠날 수 있지만, 사막을 건널 때는 쉴 장소도 없고 물도 없으며 또 그늘도 없이 여덟 시간이나 열 시간을 끊임없이 걸어야 하기 때문에 짐을 진 동물들에게도 그것은 엄청난 시련이다. 그래서 대부분의 대상들은 가급적 밤에 길을 떠난다. 그러나 우리의 첫 번째 사막인 시와스의 *팜파*는 그다지 넓지 않은 것으로 알려져 있어 우리는 낮 동안 건너면서 무엇이 보이는지 알아보기로 했다. 우리는 새벽 네 시 반쯤 기상해 일곱 시가 되기 전에 출발했다. 그때부터 시련은 시작되었다. 그가 아레키파에 살아서였는지 아니면 말을 잘 탈 것같이 보여서였는지는 몰라도 테하다 형제는 힝클리에게 아주 기운 넘치는 노새에 안장을 얹어 내주었다. 내가 처음으로 목격한 것은 무거운 카메라와 건판상자 꾸러미 그리고 하버드 대학교 천문대에서 빌린 대형 수은기압계를 가지고 있던 힝클리가 사막의 모래 속으로 내동댕이쳐지는 모습이었다. 다행히 사람이 다치거나 짐이 손상을 입지는 않았지만, 가마라 하사가 재빨리 쫓아가서 달아나는 노새를 붙잡아와야만 했다. 힝클리는 다시 그의 난폭한 노새에 올라탔고, 우리는 얼마 동안 옥수수밭과 포도밭 사이로 나 있는 버드나무와 무화과나무들이 양옆에 늘어서 있는 길을 따라 천천히 나아갔다. 비토르의 주요 산업은 식민지 시대부터 시작된 포도주 제조였다. 포도주는 1.8미터가 넘는 항아리에 부어 땅 속에 묻어서 숙성시켰다. 17명이나 되는 사람들이 줄지어 서서 포도주를 팔기 위해 우리를 기다리고 있었다. 이는 마치 커다란 항아리들 속에 모든 것을 꼭꼭 숨겨놓고 아무 걱정 없이 있는 알리바바와 40인의 도적을 연상케 했다.

비토르의 오아시스 가장자리로는 등고선을 따라 용수로가 지나가고 있다. 그래서 무성한 나뭇잎들이 시들지 않는다. 사막은 놀라운 충격 그 자체이다. 한쪽 편에는 밝고 무성하게 푸른 무화과나무와 포도밭이 있고, 그 맞은편에는 아주 삭막한 벌거숭이 모래사막이 펼쳐져 있다. 오아시스 안에는 물이 풍부하다. 심지어 많은 양의 물이 낭비되고 있었다. 포도주를 제조하는 사람들은 필요한 양보다 훨씬 많은 물을 공급받았다. 사실 더 넓은 땅이 경작지로 활용될 수 있을 것 같았다. 그곳의 가장 큰 어려움은 생산한 물건을 바깥세상으로 내보낼 수 있는 항구의 부재와 오아시스와 철도역 사이를 짐 나르는 동물을 이용해 사막 운송로로 수송해야 하는 운송체계상의 비용 그리고 자본력의 부족이었다. 반면에 관개시설은 아직까지도 점유되지 않은 기름진 화산 토양의 방대한 땅 위로 얼마든지 확장해 나갈 수 있을 것 같았다.

45분을 꾸준히 등반해 계곡의 북쪽 가장자리에 이르렀다. 여기서 북서쪽으로 120킬로미터 밖에서 태양 빛에 빛나고 있는 눈 덮인 코로푸나를 다시 볼 수 있었다. 감상할 수 있는 시간도 잠시, 3분도 안되어 또 다른 협곡을 내려가야 했다. 그곳을 건너 시와스의 *팜파*를 빠져 나갔다. 우리 바로 옆으로는 특별히 관심을 끌만한 것이 거의 없었지만, 저 멀리에는 코로푸나가 있었다. 내가 막 이 가장 높은 봉우리를 정복할 수 있는 모든 루트의 문제점들을 고민하고 있을 때, 힝클리의 노새가 기운차게 행렬을 지나쳐오더니 똑바로 나의 정면으로 다가와 뒷발질을 해대기 시작했고, 그 바람에 그가 또 한 번 모래밭에 곤두박질쳐지면서 기압계며 카메라, 건판 상자 등도 모두 내동댕이쳐졌다. 불행히도 이번에는 한쪽 발이 등자(鐙子)에 끼인 채 그대로 고삐를 잡고 있는 바람에 그것을 간신히 풀 때까지 그는 한참 동안을 끌려가야만 했다. 노새가 도망치지 못하게 발버둥치며 애를 써보았지만, 노새가 세차게 발길질을 계속하자 잡고 있던 고삐를 놓쳐버리고 그 자리에서 실신하고 말았다. 우리는 곧바로 작은 "머머리" 텐트를 사막의 뜨거운 모래 바닥 위에 치고 이 운 없는 기상학자에게 응급조치를 취했다. 그러던 중 노새의 뾰족한 새 발굽 끝이 힝클리의 다리 혈관을 뚫은 사실을 발견했다. 상태는 심각하지 않았지만 등반을 무리 없이 수행하기에는 상처가 깊었다. 가마라의 도움으로 힝클리는 그날 밤 아레키파로 되돌아갈 수 있었지만, 힘차게 출발하며 코로푸나에 오르겠다던 그의 희망은 물거품이 되어버렸고, 우리에게는 빙하 지역에 도착했을 때 반드시 세 사람을 하나의 로프로 연결해야 하는 문제를 어떻게 해결할 것인지의 고민을 안겨 주었다. 우리에게는 가마라 하사가 있기는 했다. 하지만 과연 그가 동참을 해줄까? 실제로 원주민들은 눈 쌓인 산을 좋아하지 않는다. 우리는 다시 텐트를 꾸리고 길을 따라 또다시 사막을 건넜다.

거대한 협곡 아래 있는 또 하나의 아름다운 정원, 시와스의 오아시스에는 오후 네 시 무렵 도착했다. 교구 목사는 포도나무가 우거진 시원한 정자에서 쉬는 것 만큼은 결코 허락해주지 않아서 우리는 할 수 없이 *아리에로*들과 함께 야영을 했다. 그는 호의적으로 빵과 달콤한 현지의 술을 우리에게 주면서 머무르고 싶은 만큼 있어도 좋다고 말했다. 이제부터 우리 앞에 펼쳐질 마헤스Majes 사막은 아마도 이 지역에서 가장 넓으면서도 덥고 또한 메마른 곳이 될 것이다. 우리 *아리에로*들은 그곳을 낮 동안에는 건너려하지 않았다. 그들은 그다음 물이 있는 곳까지의 거리가 70킬로미터나 된다고 했다. 우리는 다음날 저녁식사를 마칠 때까지 친절한 주인의 환대를 받았다.

이 오아시스에 사는 사람들은 일 년 내내 비가 오지 않는다는 사실을 잘 알고 있었기 때문에 자신들의 집을 단지 햇빛과 바람만 피할 수 있는 대피소처럼 짓는다. 그 집들은 정글 안의 큰 강 밑이나 관개수로의 둑을 따라 자라는 나무줄기들로 지어진다. 지붕의 나무줄기들 사이 공간은 *어도비adobe*, 즉 햇볕에 말린 진흙으로 채운다. 집의 옆면에는 회반죽이 필요 없다. 왜냐하면 공기가 자유롭게 드나들어 통풍에도 좋고, 또한 그 틈새를 통해 그곳을 지나가는 모든 것을 구경하는 재미도 있기 때문이다.

달빛 아래 밤이 찾아왔다. 우리는 천천히 계곡을 빠져나와 밤 동안 한 시간씩 꾸준히 사막을 건넜다. 달이 질 무렵 오르막 지역에 들어섰고, 아침 해가 떠올랐을 때에는 허물어진 거대한 모래언덕들–마헤스 *팜파*를 건너와 계곡의 경계를 따라 축적된 수백 개에 달하는 *메다노*들의 결과–의 한복판에 다다른 것을 알게 되었다. 우리가 사막 지대로부터 깊이 1.6킬로미터, 폭 4.8킬로미터에 달하는 거대한 협곡을 볼 수 있는 지점까지 천천히 지나오는 데는 세 시간이 더 소요되었다. 그 가파른 면들은 다양한 색의 바위와 모래들로 이루어져 있었다. 제일 아래쪽에는 마헤스강의 급류가 가로질러 흐르는 밝은 초록색의 오아시스가 있었다. 그곳은 건기에도 물이 깊어 걸어서는 건널 수 없었다. 통제가 안 되는 이 강의 범람원은 개간이 되지 않아 원시림의 정글을 이루고 있었으며, 건기에도 접근이 어려울 뿐만 아니라 우기에는 강물이 불어 접근이 불가능했다. 거대한 모래언덕들과 화려한 식물들의 대비가 그야말로 진풍경을 이루고 있었다. 하지만 이런 풍경 속에서도 우리에게 가장 아름다운 것은 멀리서 계속 반짝이고 있는 하얀 덩어리의 코로푸나였고, 이제는 계곡의 맞은편 가장자리 위로 더 크게 그리고 똑바로 보였다.

아침 여덟 시, 우리가 계곡의 맨 아래로 내려가 아침을 먹을 수 있을 때까지 얼마나 시간이 걸릴까하는 생각을 하고 있을 때 피타스 Pitas(또는 세로 콜로라도 Cerro Colorado)라고 불리는 곳에서 서툰 솜씨의 그림 문자들로 뒤덮인 거대한 화산 바위를 발견했다. 그 주변을 더 조사한 결과, 각각 자기 몫의 원시적인 그림들이 그려진 대략 100여개의 바위들을 더 발견했다. 그러나 바위들 근처에서는 어떤 집터의 흔적도 찾아볼 수 없었다. 이곳에 여러 번 와 본 적이 있다는 테하다 형제뿐 아니라 이 지역에 살고 있는 원주민들 중 그 누구도 이런 뛰어난 그림 문자들이 그려진 바위들이 여기에 집단으로 있게 된 기원이나 그것들의 의미에 대해 알고 있는 사람이 없었다. 그림들은 재규어, 새, 사람 그리고 닥스훈트 같이 생긴 개를 표현하고 있었다. 더 깊이 연구해볼만 한 가치가 있었다. 원주민들이 "*로카스 헤로글리피코스rocas jeroglificos*"라고 부르는 이곳을 조사하는 호기심과 흥분도 우리가 한참 동안 식사도 못하고 잠도 자지 못한 사실을 잊게 해 주지는 못했다. 그래서 사진만 몇 장 찍은 뒤 서둘러 마헤스강 위쪽에 있는 아주 심하게 출렁거리는 임시다리를 건넜다. 그것은 건기 동안에만 놓여 있었다. 현재로서는 범람에 견딜만한 다리를 놓는 것이 쉽지 않다. 우리는 그날을 코리리Coriri라고 불리는 호감 가는 작은 마을에서 보냈다. 하지만 셀 수 없이 많은 각다귀들 때문에 잠을 자는 것은 거의 불가능했다.

그 다음날 현지 주민들이 "마헤스"라고 부르는 카스티야Castilla 지방의 수도 아플라오Aplao시를 향해 계곡의 서쪽 면을 따라 짧은 이동을 했다. 비록 라이몬디의 지도상에는 그 이름이 오직 강과 그에 이웃한 사막에만 붙여져 있었지만, 그가 방문했을 당시인 1867년의 그곳은 질병으로 인해 평판이 좋지 않았다. 지금은 훨씬 나아 보였다. 카스티야의 부지사는 우리가 도착할 것이라는 소식을 미리 전보로 받고 우리를 훌륭한 저녁식사에 초대했다.

마헤스 사람들의 상당수는 조상이 백인과 원주민인 혼혈이었다. 그들 중 많은 사람들은 사업수완이 매우 좋아 보였다. 한 회사의 소유주는 미국산 구두를 열렬히 칭송하는 사람이었다. 그의 식대로 발음한 상표이름이 우리를 한참 동안 어리둥절하게 만들었다. 스페인어에서는 "W"를 잘 쓰지 않고, "a", "l", "k"와 같은 문자들은 절대로 연달아 쓰지 않는다. 그가 우리에게 말한 상표이름이, 우리가 생각하기에는 "발룩 어페어Valluck-ofair"였던 것 같았지만, 마지막 음절을 너무 강하게 발음해 도저히 무슨 소리인지 상상할 수가 없었다. 그 또한 널리 홍보되어 잘 알려진 그 신발의 이름을 바로 알아차리지 못하고 멍청하게 있는 우리가 이해되지 않았을 것이다.

마헤스에서는 아레키파의 공장으로 보내지는 면화와 짐 나르는 동물의 사료인 값비싼 자주개자리, 백색 럼주인 *아과르디엔테* aguardiente를 만들 때 쓰이는 사탕수수 그리고 포도를 관찰할 수 있었다. 마헤스 포도밭의 유래는 16세기로 거슬러 올라간다. 지금도 사용되는 몇몇 매장된 거대한 토기 포도주 단지들은 펠리페 2세 Philip II 통치시대에 만들어진 것이라고 한다. 그 지역 공동체 안에 넘쳐나는 포도주의 존재가 이들 원주민들에게 유해한 효과를 일으키지는 않는 듯 보였다. 실제로 혹독한 추위와 생활고가 원주민들에게 작용해 종종 멍해지거나 침울해지고 또는 무기력해지는 안데스 산맥 고지대 마을의 원주민들과 비교하면 그들은 훨씬 더 호의적일 뿐만 아니라 정열적이었다. 종종 포도를 키우는 사람들의 집은 오해하기가 아주 쉽다. 그 지방 상류층 사람들의 일반적인 집은 그다지 볼품이 없었다. 길고 낮으면서 평평하고 투박한 지붕과 흰 칠을 하지 않아 진흙색이 그대로 드러난 벽을 가진 집들은 전혀 매력적인 모습이 아니었다. 그러나 너무 놀랍게도, 내부는 깨끗하고 편안하며, 현대적인 가구들과 피아노 그리고 축음기도 갖추고 있었다.

성실하고 근면한 *아리에로*들은 다음날 새벽 두 시에 기상했다. 왜냐하면 그들은 노새들이 해발 300미터에서 3,000미터에 이르는 고도를 길고도 힘겹게 올라가야 한다는 사실을 알고 있었기 때문이다. 우리는 하루 종일 이동한 끝에 노새들의 먹이를 얻을 수 있는 곳에서 야영할 수 있었다. 이제 열대식물들이 자라는 지역을 벗어나 감자와 보리가 자라는 지역으로 다시 들어섰다. 다음날, 짧은 여정 끝에 최근 추키밤바 Chuquibamba의 정력적인 "보물 사냥꾼들"에 의해 파헤쳐진 또 다른 과거의 그림문자 바위에 이르렀다. 이 큰 마을은 콘데수요스 Condesuyos 지방의 수도로 삼천 명의 주민이 살고 있다. 이곳은 우리가 코로푸나 공격을 위한 집결지로 이미 수개월 전에 정해둔 장소이다. 이곳의 기후는 쾌적해서 온대 지방의 과일이나 작물들도 잘 자란다. 마을은 과수원, 포도밭 그리고 자주개자리와 농작물 밭으로 둘러싸여 있다. 이 모두가 집약적 경작을 보여주는 증거이다. 이곳은 마헤스 계곡 지류 가운데 하나의 정상부분으로 높은 절벽들로 둘러싸여 있다.

추키밤바 사람들은 우호적이었다. 우리는 부지사인 베나비데스의 정성어린 환대를 받았고, 그는 자신의 집 커다란 응접실에 우리의 간이침대들을 펼 수 있게 해주었다. 그곳에서 그 지역 의사인 파스토르 박사를 포함한 지역관리들과 국립대학의 학장인 알레한드로 코에요 교수의 방문을 받았다. 특히, 이 두 사람은 우리와 함께 코로푸나산에 올라가기를 열망했다. 그들은 칼바리오Calvario라고 불리는 곳 근처 언덕에서 그 산을 볼 수 있다며 우리를 그곳까지 데려가 주겠다고 제안했다. 우리는 기꺼이 그 제안을 받아들였고, 동시에 두 사람 중 누가 더 우리 등반대의 일원이 되어 부족해진 한 사람의 자리를 채울 수 있을지 가늠해 볼 수 있는 기회로 삼았다. 코에요 교수가 우리를 멀찍이 앞서 나가면서 열망하던 자리를 차지했다.

칼바리오 언덕에서 우리가 나아가려는 방향으로 겨우 40킬로미터 떨어진 곳에 희고 고독한 물체의 눈부신 광경이 펼쳐져 있었다. 그 산에 코로푸나라는 이름(*koro*: "꼭대기를 자르다"; *puna*: "춥고 눈 쌓인 고지")이 붙게 된 꼭대기가 잘린 서쪽 봉우리가 그 주변에서 가장 높은 지점이었고, 동쪽에 있는 나머지 모든 봉우리들보다 더 높은 것이 분명하게 보였다. 그 뒤쪽에 있는 위가 평평한 돔 지붕이 북쪽의 최고봉임을 알 수 있었다. 터커는 그곳이 우리가 오르기로 정한 서쪽 봉우리보다 혹시나 더 높지 않을까하는 의심을 가졌다. 누구도 그 산에 대해 아는 것이 없었다. 우리에게는 원주민 안내인도 한 명 없었다. 우리는 정상에 도달할 최상의 루트와 방법에 대해 각자 나름대로의 의견을 내놓았다. 그러던 중에 그 산 바로 아래까지 이르는 길을 안다는 사람을 만나게 되었다. 그에 대한 적당한 호칭이 없어 그를 그저 "안내인"이라고 불렀다. 페루의 봄은 지금 잘 지나가고 있어 날씨는 맑고 청명했다. 하지만 그 산에서는 며칠 전에 커다란 눈보라가 있었다는 사실을 알게 되었다. 혹시 여름이 예년보다 일찍 찾아올 수도 있었으므로 우리는 지체하지 않고 등반장비들을 최대한 빨리 갖추었다.

고도 측정을 위한 우리의 장비들로는 3,600미터 이상에서의 공기압도 측정할 수 있는 기능을 가진 브루클린의 헨리 J. 그린이 제작한 산악용 특수 수은기압계와 워싱턴 카네기재단 지자기국에서 빌린 측고계, 그린이 우리를 위해 특별히 제작한 온도계, 힝클리의 노새에 의해 몇 번을 내동댕이쳐졌지만 아직도 성능에는 이상이 없는 하버드 천문대에서 빌린 기압계 그리고 그린 소유의 진동건습계였다. 우리에게 가장 필요했던 것은 충격에 약한 수은기압계가 깨졌을 때를 대비한 아네로이드기압계였다. 6개월 전 나는 영국의 유명한 장비 제작자인 J. 힉스에게 코로푸나보다 1,500미터 더 높은 고도에서도 측정이 가능한 두 개의 "왓킨스" 아네로이드기압계를 특별히 주의를 기울여 제작해 줄 수 있는지 문의하는 편지를 보냈었다. 하지만 아직까지 답신이 오지 않은 상태였고 아레키파에는 기압계에 대해 아는 사람이 아무도 없었다. 그런데 이곳 추키밤바에서 우리가 특별히 주문했던 "산악용 간식" 상자들을 열자 런던의 그레이스 브라더스사가 포장한 페미컨(쇠고기를 말린 후 과실과 지방을 섞어 빵처럼 굳힌 것/역자 주), 자가 발열 스튜통조림들과 함께 큰 자명종 시계만한 두 개의 귀중한 아네로이드가 나왔다. 나는 그때까지만 해도 편지가 분명히 중간에서 배달되지 않았다고 믿고 있었다. 안전을 위해 둘레에 여유 공간을 넓게 두고 만들어진 이 두 개의 아네로이드 덕분에 우리가 만약 정상에 도달한다면, 반델리어의 주장처럼 정말 이곳이 미국대륙의 정상인지 확인할 수 있는 기회를 가질 수 있게 되어 한없이 기뻤다.

정확한 측량을 위해 우리는 73도 경선을 따라 조사를 하는 과정에서 코로푸나를 삼각측량하게 될 지형학자 헨드릭슨에게 그 일을 일임했다. 내가 그 산에 올라가야 한다고 사람들에게 둘러댔던 가장 큰 핑계는 헨드릭슨이 좀 더 정확한 삼각측량을 하기 위한 지점으로 이용할 표식들을 정상과 그 주변에 세워야 한다는 것이었다. 이제야 고백하지만, 사실 나의 진짜 목적은 모든 산악인들이라면 누구나 느껴보고 싶어 하는 "처녀봉"을 정복했다는 만족감을 얻기 위해서였다.

1) 리그 league는 약 5.3킬로미터로서 실제로는 노새가 1시간 동안 걸을 수 있는 평균거리이다.

2
코로푸나 등정

추키밤바 위쪽의 사막고원은 마을보다도 거의 750미터나 높았고, 우리가 그 계곡을 빠져 나온 때는 10월 10일 오전 9시였다. 그 후로는 코로푸나가 늘 우리 시야에 들어와 있었기 때문에 주의 깊게 관찰하며 천천히 접근해 갔다. 고원의 해발은 4,500미터가 넘었지만, 그 산은 그보다 위에 뚜렷하게 서 있었다. 코로푸나는 그 반경이 약 36킬로미터나 되었다. 그곳의 거대한 단층은 한쪽 끝에서 다른 한쪽 끝이 눈으로 덮여 있었다. 새로운 눈이 두껍게 쌓여 있어 설원의 끝과 빙하의 시작이 어디서부터인지를 분간하기가 불가능했다. 우리는 윤곽이 뚜렷한 다섯 개의 봉우리를 볼 수 있었고, 그 중 가운데가 아마도 가장 낮은 것 같았다. 그 다음으로 높은 두 봉우리가 서 있는 오른쪽이 동쪽이자 고원의 끝 지점이었다. 부드러우면서도 침식되지 않은 면들을 가진 서쪽 끝의 꼭대기가 잘린 둥근 지붕이 나머지 산들보다는 더 이후의 화산활동기에 속하는 것이 분명했다. 그리고 그것이 이들 중 최고봉인 것 같았다. 그곳까지 접근하기는 어려워 보이지 않았다. 바위들로 뒤덮인 경사면들은 눈 덮인 위쪽으로 뻗어 있었고, 낙석들이 그다지 많지 않은 만년설로 덮인 거대한 둥근 지붕 기슭의 산등성이에서 그 정점을 이루고 있었다. 둥근 지붕의 동쪽 면 자체는 부서지지 않은 채 날카롭게 정상까지 이르고 있었다. 일단 설선(雪線)까지만 도달한다면, 아이젠이나 설상화(雪上靴)를 이용해 큰 어려움 없이 그 산을 정복할 수 있을 것 같았다.

남쪽에서의 코로푸나산

그러나 우리와 눈 덮인 첫 번째 경사면 사이에는 깊은 협곡들과 가파른 *소협곡* *quebrada*들 그리고 매우 거친 *아아*용암 *aa* lava이 서로 교차하는 30킬로미터가 넘는 화산사막이 놓여 있었다. "안내인"의 지휘에 따라 코타와시 길을 출발해 그 지역을 가로질러 갔다. 흐르는 용암들을 피하면서 그 고원의 완만한 경사면을 천천히 올라갔다. 길이 점점 더 가팔라지면서 노새들은 고통스러운 기색을 보이기 시작했다. 잠시 노새들이 숨을 가다듬는 동안, 우리는 앞으로 더 걸어가 보았다. 조금 더 오르막을 오르자, 한편으로는 놀랍고 다른 한편으로는 분통이 터지게도, 우리가 450미터 깊이의 가파른 절벽으로 둘러싸인 협곡의 가장

자리에 도착해 있음을 알게 되었다. 그 협곡은 정면의 산을 바로 지나 자르면서 우리와 그 산의 더 높은 경사면 사이에 놓여 있었다. 노새들이 휴식을 취하고 나자, 안내인은 그 산 방향으로 똑바로 가는 대신 왼쪽으로 돌아가기로 결정했다. 우리들 사이에서는 그가 이 산에 대해서 얼마나 알고 있는지, 심지어 그가 과연 코로푸나의 제일 밑이라도 알기나하는지에 대한 논쟁이 계속해서 벌어졌다. 그는 협곡 안에는 오두막 같은 것이 전혀 없다고 주장했다. "*abandonado; despoblado; desierto.*" "*폐허; 오지; 황무지.*" 그는 그렇게 표현했다. 그는 그곳에 가본 적이 있을까? "천만에 말씀." 우리는 운 좋게도 협곡 가장자리 작은 개울 부근에서 두세 채의 오두막을 발견했다. 설선까지 최대한 빨리 도착해야 한다는 것에 이론의 여지가 없었기 때문에, 이곳 사정에 아주 밝다고 했던 그 "안내인"을 해고하고 우리 스스로 헤쳐 나가기로 결정했다. 협곡 가장자리의 고도는 4,877미터였다. 노새들은 고산병 때문에 신경이 무척 날카로워진 모습을 보였다. *아리에로*들은 불평을 하기 시작했지만, 어떻게 대처해야 할지도 알고 있었다. 그들은 노새들의 귀에 작은 구멍을 뚫어 안정시켰다. 이론적으로, *소로체 soroche*에는 방혈(放血)이 좋은 방법 중 하나이다. 소심한 *아리에로*들은 협곡을 내려다볼 수 있는 지점에 이르자, 녹색의 목초지를 보고 환호하며 그 "안내인"의 무지 때문에 우울했던 마음을 떨쳐버리고, 마침내 환한 웃음을 지었다. 이윽고, 우리는 오두막으로 이르는 길을 발견했다.

오두막 부근에 한 원주민 여인이 말없이 서 있었다. 그녀에게 선불로 은화를 지불하겠다고 했지만, 그녀는 기름이나 목초 그 어떤 것도 팔기를 거절했다. 그럼에도 불구하고, 우리는 텐트를 치고 그녀의 축사 돌담을 바람막이삼아 모닥불을 지폈다. 평온함을 되찾자 우리가 해를 입힐 사람들이 아니라는 것을 알아차렸는지, 오두막들 중 한 집의 문이 열리며 원주민 남자 한 명이 나타났다. 우리가 도착하기 전에 그가 숨었던 이유를 추측해 보자면, 우리 일행인 가마라 하사의 쉽게 식별할 수 있는 청동단추 때문이었을 것이다. 무엇인가 양심에 걸리는 것이 있기 때문에 이렇게 외딴 오지에 주거지를 이루었을 이 남자는 무장한 *헨다르메* gendarme(헌병/역자 주)를 보자마자 숨는 편이 났다고 생각했을 것이다. 또 다른 추측은, 군대징집관의 방문을 두려워했을 수도 있다. 왜냐하면 그는 의무적인 군복무를 하지 않았을 것이 분명했기 때문이다. 어쨌든 그의 아내는 우리가 그를 잡으러 온 사람들이 아니라는 것을 확신하게 되자, 그에게 두려워하지 말고 나가서 우리에 대해 알아보라고 했을 것이다. 우리는 이 원주민들이 *야마* llama를 기르는 것을 보았다. 또 원시적인 토기를 직접 만들어 짚과 야마의 배설물을 이용해 그것에 불을 지폈다. 그들은 *추뇨* *chuño*라고 부르는 쓴 냉동감자로 만든 묽은 죽으로 근근이 연명했다. 감자 외에 해발 4,000미터 이상에서 자라는 것은 그다지 흔치 않을 것이다. 이 원주민들의 이웃으로는 800미터쯤 위쪽 빙하지대 근처에서 홀로 사는 노인과 계곡 아래 4킬로미터 떨어진 곳에 사는 한 가족이 전부였다.

어두워지기 전까지 이웃들의 방문을 받았다. 우리는 남자들에게 노새가 더 이상 오를 수 없는 지점부터 짐을 지고 함께 산에 오를 것을 설득하느라 여념이 없었다. 하지만 그들은 절대적이고 단호하게 거절했다. 내 생각에는 이들 중 한 명은 갈 뜻이 있는 것처럼 보였다. 그러나 그때까지 예의바르게 행동하던 그의 아내는 그의 마음이 흔들리는 것을 보자 그에게 노발대발하기 시작했다. 그에게 산이 "그를 잡아먹을 것"이라며, 자기 명대로 살고 싶으면 조용히 지금 있는 곳에 가만히 있으라고 소리쳤다. 초기의 가장 꼼꼼했던 연대기 저술가들(1550년대) 가운데 한 사람이었던 시에사 데 레온Cieza de Leon은 코로푸나에서는 "악령"이 다른 어느 곳에서보다 "더 자유롭게" 이야기했다고 말한다. "신만이 아는 어떤 은밀한 이유 때문에, 그곳에서는 악령들이 사람의 눈에 띄게 걸어 다녀 원주민들은 몹시 공포에 떤다고 한다. 나 역시도 악령들이 원주민의 모습을 하고 기독교신자들 앞에 나타난다는 말을 들었다." 아마도 이 수다스러운 아낙네가 그 유명한 코로푸나의 악령들 중 하나인 것 같다. 그녀는 분명히 평소보다 "더 자유롭게" 말을 했다. 아니면, 그녀가 코로푸나의 "악령"이 지금 자신들 앞에 기독교신자의 "모습"으로 나타났다고 생각했는지도 모른다! 어쨌든 원주민들은 코로푸나의 정상에는 아름다운 꽃과 달콤한 과일, 눈부신 깃털의 앵무새와 마코 앵무새 그리고 원숭이들과 같이 더운 날씨에 사는 것으로 알려진 동물들을 포용하는 쾌적하고 포근한 낙원이 존재한다고 믿었다. 육체를 떠난 영혼은 하늘로 올라가는 길에 이 매혹적인 곳에서 쉬고 즐기기 위해 잠시 동안 머무른다. 정상이 눈으로 덮인 산 근방에 사는 대부분의 다른 미개인들처럼, 그들도 근접하는 것이 금기시된 정상과 그곳으로부터 몰려오는 눈사태에 절망적인 공포를 가지고 있었다. 아마도 원주민들은 산 정상에 사는 악령들을 그들의 거처와 관련지은 동화 같은 이야기를 만들어 달래고 싶었었던 것 같다. 1865년 당시 위대한 탐험가였던 라이몬디가 팜파콜라Pampacola에 이웃한 작은 마을에서 "우상들을 거대한 설산 코로푸나의 산비탈로 가지고 가 희생물로 바치는 원시적인 풍습을 아직도 지키고 있는 문명과 격리된" 토착민들을 발견했다는 사실은 아주 흥미롭다. 그것은 이 산이 근처 주민들의 마음속에 아직도 두려움을 일으키는 존재라는 것을 의미한다.

그 주변 노동자들이 받는 임금의 열 배나 되는 듣도 보도 못한 임금을 그들에게 선불로 지불하겠다는 약속과 거기에 더해 귀한 *코카* *coca* 잎과 전혀 흠잡을 데 없는 "화주(火酒)", 거의 평생 본 적이 없는 담배와 그 밖에 페루의 고산 지대 사람이라면 누구나 탐낼 만한 물건들을 제공하겠다는 제안도, 그 산의 공포 앞에서는 아무런 효력을 발휘하지 못했다. 설맹(雪盲)이 그들이 당할 수 있는 불행 중에서 가장 작은 것이라고 믿었기 때문에, 우리가 무상으로 지급하는 질은 색안경이나 따뜻한 옷, 등유난로와 질 좋고 풍족한 음식도, 그들에게는 아무런 설득력이 없었다. 코에요 교수는 이런 문제들을 누구보다 잘 알고 있었고, 우리의 짐꾼이 될 수도 있는 이 사람들의 언어인 키추아Quichua어도 구사할 수 있었으며, 또 우리 탐험대에 대한 충성심에서뿐만 아니라 페루 신사가 직접 짐을 지는 것을 극히 위엄 없고 적절치 못한 행동이라고 생각했기 때문에, 그들과의 협상에서 최선을 다했다. 나는 어느 산악도시에서 사람들의 존경을 받는 매우 정열적이고 유능한 한 페루인 사업가를 만난 적이 있다. 그는 표구를 하지 않아 돌돌 말린 연필보다 조금 더 큰 사진을 손수 들고 가기 싫어서, 원주민 짐꾼인 *카르가도르cargador*를 보내 그에게 그것을 들고 오도록 했다!

사실 코에요 교수는 자신 몫의 짐이나 그 이상도 기꺼이 책임지려고 했다. 그러나 그뿐 아니라 우리 누구도 몽블랑Mont Blanc보다 수백 미터나 더 높은 산소도 희박한 곳을 등에 짐까지 지고 오르고 싶지는 않았다. 원주민들과의 협상이 길어지고 말이 많아지면서, 지급해 주겠다는 돈과 물건들도 점점 더 올라갔다. 그러나 모든 것은 수포로 돌아갔다. 결국 모든 보급품과 식량을 직접 어깨에 짊어지고 코로푸나에 올라야 한다는 사실을 깨닫게 되었다. 그날 저녁, 야영지 근처 계곡에서 바로 보이는 꼭대기가 잘린 둥근 지붕은 말문이 막히도록 아름다운 장미색의 알프스 산맥 같은 빛으로 목욕을 하고 있었다. 하지만 공기는 매우 차가워서 주변의 시냇물은 꽁꽁 얼어 있었다. 밤 동안 향수병에 걸린 *헨다르메*의 노새는 코에요의 말과 함께 어디론가 사라져버렸다. 우리는 가마라에게 가능한 빨리 우리를 쫓아오라는 지시와 함께 이들을 찾아오도록 보냈다.

짐꾼들이 확보되지 않은 상황에서의 유일한 방법은, 물론 거절을 하려하겠지만, 테하다 형제를 설득해 짐 실은 노새들을 설선까지 최대한 데리고 가는 것이었다. 하지만 돈 파블로는 자신들의 노새가 이미 다른 짐 운반 노새들이 일반적으로 가는 거리보다 훨씬 더 멀리까지 왔다고 주장했다. 야영지에 다다르고 얼마 있지 않아, 터커는 사전답사를 나갔다. 그는 협곡을 빠져나가기만 하면 산맥의 낮은 경사면에 야마들의 목초지까지 이르는 길이 있다고 보고했다. *아리에로*들은 그의 관측 결과를 믿으려하지 않았다. 그래서 오랜 협상 끝에, 그들이 길이 좋은 곳까지만 가고 그 이상 더는 가지 않기로 약속했다. 우리가 노새를 타고 가는 것에도 반론이 없었다. 직접 짐을 져야 하는 상황이 될 가급적 가장 높은 지점까지 노새에 짐을 싣고 올라가는 것이 상책이었다. 이제는 짐이 상당히 줄어들었음에도 불구하고, *아리에로*들이 불평을 늘어놓으며 짐을 아주 느릿느릿 꾸릴 모습이 눈앞에 선했다. 결국 안장과 일반 보급품 그리고 앞으로 산에 머무를 두 주일동안 꼭 필요하지 않은 모든 것들은 뒤에 그대로 남겨두고 출발했다.

우리는 짐 실은 노새들보다 쉽게 앞서서 걸을 수 있었고, 그것이 *아리에로*들의 끝없는 불평이 들리지 않을 만큼 충분히 거리를 둘 수 있는 최상의 방법이라고 생각했다. 그리 힘들지 않고 평탄한 야마 길을 한 시간 정도 올라갔을 무렵, 테하다 형제는 목초지 가장자리에 멈춰서서 우리에게 되돌아오라고 소리쳤다. 우리는 똑같은 큰 소리로 그들에게 계속 앞으로 따라오라며 소리를 질렀고, 그들은 그 뒤 30분을 더 거칠고 검은 화산모래의 경사면을 지그재그로 천천히 올라왔다. 그러더니 다시 멈춰 서서는 이번에는 노새들의 등에서 짐을 내리려 하고 있었다. 우리는 그들에게로 달려가 노새들이 "상식적으로 갈 수 있는 곳까지" 간다는 내용이 명시된 계약서를 내보이며 이에 대해 격렬하고 신랄한 논쟁을 벌였다. 테하다 형제는 미지의 코로푸나에 접근하는 것을 정말로 두려워했다. 그들은 그 산이 "*소로체*에 걸리면 반드시 그 다음날 죽게 되는" 보복으로 노새들을 죽일 것이라고 믿고 있었다. 우리는 만약 그들이 한 시간을 더 간다면 보너스로 15달러에 해당하는 30*솔레스*를 더 주겠다고 제안했고, 한편으로 만약 그렇게 하지 않는다면 우리가 취할 수 있는 모든 수단을 강구하겠다며 그들을 협박했다. 결국 그들은 짐을 다시 추슬러 등반을 시작했다.

이제 고도는 약 4,800미터에 이르렀다. 그러나 짧은 급경사 오르막이 시작되는 곳에서 *아리에로*들이 다시 멈춰 섰다. 이번에는 그들을 막으려 모래와 바위들을 헤치고 내려가기도 전에, 이미 두 마리의 노새 등에서 짐을 내려버렸다. 이제 협박이나 간청은 더 이상 통하지 않았다. 서로에게 통할 수 있는 유일한 방법은 합법적인 계약서뿐이었다! 그들은 나에게, 만약 설선으로 올라가는 이런 어리석은 시도의 결과로 노새가 죽게 될 경우, 모든 죽은 노새들에 대한 배상으로 각각 금화 200*솔레스*씩을 지불하겠다는 "서면" 동의서를 요구했다. 거기에 더해서, 만약 정오까지 등반을 계속하거나 눈 때문에 멈춰서야 할 경우에도 50*솔레스*의 보너스를 지불해야만 했다. 나는 코에요 교수가 옛 화산으로 인해 타다 남은 마치 벽돌 같은 것들이 박혀 있는 용암바위에 앉아 정식으로 작성한 서류에 서명하고 봉인했다. 더 이상의 다툼을 없애기 위해 나는 소중한 크로노미터(경선의(經線儀))를 파블로 테하다에게 건네주며, 정오까지 운반하도록 했다. 노새들 등에 짐을 다시 싣고, 우리는 또다시 올라가기 시작했다. 하지만 곧 커다란 용암바위들과 광재(鑛滓)모래로 덮인 가파른 경사면을 만나면서 노새들은 매우 힘겹게 나아갔다. 언제라도 사고가 날 것 같았다. 그러나 유리하게 자신들의 거래를 성사시킨 *아리에로*들은 최선을 다해 계속 나아가려고 애썼다. 다행히 정오에 15분 못미처 노새들은 설선에 도달했다. 테하다 형제는 바로 짐을 부리고 우리에게 보너스를 요구했다. 그들은 열흘 뒤에 돌아오겠다는 약속만 남기고, 우리가 알아차릴 사이도 없이 산 아래로 사라져버렸다.

우리는 베이스캠프를 세우면서 오후를 보냈다. 우리는 세 개의 텐트를 가지고 왔다. 하나는 런던의 에징톤이 제작한 1.2미터 높이의 매우 가볍고 조그마한 집 모양 텐트인 "머머리"였고, 또 하나는 적당한 무게의 재료와 바닥을 재봉해서 붙인 가로세로 각각 2.1미터의 일반적인 집 모양 텐트였으며, 나머지 하나는 데이비드 애버크로비가 제작해서 파커 교수가 매킨리산에서 이미 사용한 것을 터커가 다시 그 디자인을 개량한 피라미드 텐트였다. 터커의 텐트는 열리는 곳이 두 군데에 있었다. 하나는 폭풍우시 뚜껑을 조종해서 닫을 수 있는 피라미드 꼭대기의 작은 환기구였고, 다른 하나는 기어서 출입을 해야 하는 둥근 출입구였다. 이 출입구에는 벌리고 오므리는 줄이 있어 원하는 만큼만 열고 닫을 수 있었다. 적당한 무게에 가로세로 2.1미터씩인 방수바닥은 피라미드의 바닥에 재봉되어 있어서 바닥을 땅이나 눈 위에 안전하게 고정시킨 뒤 가이 로프 없이 폴 하나로 텐트를 똑바로 유지시킬 수 있었다. 터커의 텐트는 쉽게 운반할 수 있었고, 한 사람이 간편하게 세울 수도 있었으며, 또한 쉽게 환기를 시킬 수 있었을 뿐만 아니라 어떤 환경에서도 네 사람이 쉴 수 있는 장점을 가지고 있었다. 우리는 집 모양 텐트는 베이스캠프에 남겨 두고, 피라미드 텐트를 가지고 등반하기로 했다. 그리고 "머머리"를 정상까지 가지고 올라가 관측을 하는 동안 이용하기로 결정했다.

베이스캠프의 고도는 5,200미터였다. 처음에는 식욕도 좋고, *소로체*도 전혀 없어 놀랍고 기뻤다. 텐트에서 90미터쯤 떨어진 곳에는 낮 동안만 눈이 녹아 흐르는 개울이 하나 있었다. 요리나 설거지를 위해 그 물을 쓸 때마다 맥박이 놀랍게 빨리 상승했고, 호흡이 가빠지는 것을 느낄 수 있었다. 나의 정상 맥박은 70이었지만, 이 고도에서는 천천히 3미터만 걸어도 맥박이 120까지 상승했다. 잠시 앉아서 쉬었더니 100으로 떨어졌다. 우리의 행복한 느낌은 점점 사라지고, 불안하면서 전체적으로 무기력해지는 느낌이 들기 시작했다. 석양은 너무나 눈부셨지만, 너무 춥고 몸이 아파 그것을 즐길 수 있는 여유가 전혀 없었다. 그날 밤, 우리 모두는 잠을 제대로 이루지 못하고 두통에 시달렸다. 강한 바람이 산을 휘감으며 마치 텐트를 날려버릴 듯한 기세였다. 잠이 깨 누운 채 힘없는 텐트 안에 고립되어 있는 우리 자신을 발견한 순간, 우리는 코로푸나가 저 위 더 높은 곳에서는 무슨 일인가 생길 것이라는 엄중한 경고를 지금 우리들에게 하고 있는 것 같다는 생각을

코로푸나산 해발 5,200미터의 베이스캠프

떨쳐버릴 수 없었다.

아침 식사로 페미컨과 딱딱한 비스킷 그리고 완두콩 스프를 먹고, 차를 마셨다. 차에는 많은 양의 설탕을 넣어 마셨다. 맥킨리산에서의 경험으로, 터커는 극지방 탐험가들을 위해 특별히 고안된 음식인 페미컨의 장점들을 전적으로 신봉하고 있었다. 코에요와 가마라 그리고 나는 이전에는 그것을 한 번도 맛본 적이 없었다. 처음 접했을 때, 우리의 입맛에는 전혀 맞지 않았다. 비록 "소의 유지방만큼"이나 진미인 바다표범의 지방이 극지방에서 장기간 버텨야 하는 사람들에게는 큰 가치가 있을 것이라는 사실을 믿어 의심치 않지만, 우리는 그런 것 없이도 잘 해낼 수 있지 않았을까하는 생각을 해보았다.

우리는 어떤 예기치 못한 재난에도 1주일을 견딜 수 있을 만큼의 연료와 보급품을 베이스캠프에서 챙겨가기로 결정했다. 안데스 산맥의 고지 등반들이 모두 실패로 돌아갔던 근본적인 원인은 탐험가들이 새로운 정상정복에 나서기 전에 식량과 보온 그리고 대피소 등의 필요성을 간과했기 때문이다. 여러분은 두려움을 모르는 등반가들이었던 에콰도르에서의 윔퍼나 볼리비아에서의 마틴 콘웨이 그리고 칠레와 아르헨티나에서의 피츠제럴드와 같은 사람들이 거센 바람과 갑자기 나타난 공포의 눈보라 그리고 *소로체*로 인한 체력저하 때문에 번번이 실망스러운 결과를 안겨주었던 일들을 기억할 것이다. 우리는 도중에 되돌아오는 불상사를 피하기 위해 무거운 짐을 추가로 더 짊어지고 가야만 하는 대가를 지불했다. 그러면서 예상치 못한 사고로 인해 우리의 노력이 좌절되는 일이 없기만을 기원했다.

터커는 코에요와 함께 23킬로그램의 짐을 지고 그들이 하루 동안 오를 수 있는 최고 높이까지 올라가서 식량과 연료를 보관할 임시장소를 설치하기로 했다. 흐트러진 텐트를 다시 세우고 잡다한 일들을 정리하도록 나를 남겨둔 채, 그들은 각자 11.5킬로그램씩의 짐을 나누어 지고 길을 나섰다. 나의 눈에는 그들이 산으로 올라가는 속도가 엄청나게 느려 보였다. 가기는 가고 있는 것인가? 그들이 거듭해서 멈추는 모습이 우스워 보였다. 나도 나중에서야 깨달은 일이지만, 등반을 하지 않는 사람이 고산지대에서 *소로체*로 고생하며 등반하는 사람에게 동정심을 갖는 것은 선원이 배 멀미하는 사람의 마음을 헤아리는 것만큼이나 쉽지 않은 일이다.

오전 동안, 나는 기압계들을 설치하고 일련의 관측을 실시했다. 새로 가져온 두 개의 산악용 아네로이드의 눈금표시들이 일치하는 것을 보니 기뻤다. 모두 각기 다른 무게의 짐을 산까지 지고 왔기 때문에, 다음날에는 짐을 균등하게 분배하기 위해 무게를 재야만 했다. 우리는 프리머스 버너가 달린 두 개의 등유난로를 가지고 있었다. 특히 이번 등반을 위해 6개월 전에 미리 주문한 음식들로는 3.7킬로그램의 페미컨, 226그램의 콜라 초콜릿, 453그램의 씨 뺀 건포도, 1.8킬로그램의 각설탕, 2.9킬로그램의 딱딱한 비스킷 등의 통조림들과 잼, 건조한 막대형 완두콩 스프, 플라스몬 비스킷, 차 그리고 아일랜드식 스튜, 비프스튜 등의 혼합물을 넣은 실버사의 자가 발열 "반합" 몇 개 등이었다. 가마라 하사는 계곡 아래 19킬로미터나 떨어진 곳을 헤매고 있는 자신의 노새를 찾아 낮 시간에 돌아왔다. 그는 코로푸나 등반에는 관심이 없었지만, 우리가 그에게 지급한 옷들을 보고, 또 산 정상에 도착하면 금화 5파운드를 보너스로 주겠다는 말을 듣고는 자신의 임무를 냉철하게 받아들였다.

터커와 코에요는 한낮이 되어서야 돌아와, 등반 초반부에는 큰 어려움이 없어 보이고 임시 보관소는 베이스캠프보다 600미터 위쪽 설원에 설치했다고 보고했다. 터커는 곧바로 내일 우리가 가져갈 짐을 나누고, 능숙하게 가슴 끈과 짐을 끌 장비도 준비했다.

하루 종일 계속되는 생소한 두통에도 불구하고, 나는 아직까지 식욕이 있었다. 우리는 저녁 식사로 아주 맛있지는 않아도 모두가 먹을 만한 건포도를 얹은 페미컨 푸딩과 딱딱한 비스킷, 완두콩 스프를 준비했다. 그날 밤에는 잠을 잘 잘 수 있었다. 바람이 전날 밤만큼 세게 불지 않은 것도 한몫했다. 날씨는 계속해서 맑았다. 왓킨스가 아레키파로부터 하루이틀사이에 도착할 예정이었지만, 우리는 초여름 눈보라를 만날 위험까지 감수하며 그를 기다리지는 않기로 했다. 다음날 아침, 각자 23킬로그램의 짐을 익숙지 않은 등에 지고 아홉 시경 캠프를 떠났다. 우리는 애팔래치아 산악 클럽 스노우-크리퍼, 즉 아이젠과 스코틀랜드식 벙어리장갑, 양털로 짠 헬멧, 짙푸른 색안경 그리고 아주 두툼한 옷을 입고, 끼고, 썼다. 페루 북부 안데스 산맥의 와스카란 Huascaran을 등반했던 스위스 안내인들이 그곳의 높은 고도에서 깊은 눈 때문에 평생 불구가 된 경우를 체르마트 박물관Zermatt Museum에 가 본 사람이라면 잘 알고 있을 것이다. 우리는 동상에 걸리는 것을 방지하기 위해 두꺼운 양털양말을 네 켤레씩 신고, 두세 벌의 두꺼운 속옷을 껴입어 그런 일을 미연에 방지했다.

코에요 교수와 가마라는 길고 두꺼운 부츠를 신었고, 나는 양털 각반과 "북극용" 덧신을 신었다. 터커는 펠트슬리퍼와 고무판초 조각들로 즉석에서 훌륭한 샌들을 만들었다. 올라가는 길에 암벽등반을 할 일이 없었기 때문에, 산악인들에게는 익숙한 무거운 징이 박힌 등산 부츠보다 아이젠에 의존하기로 결정했다.

한 시 무렵까지는 눈발이 무척 세찼다. 그 후 세 시까지는 눈이 너무 부드러워 더 이상 앞으로 나가는 것이 불가능했다. 지금처럼 짐을 진 상태로는 완만한 오르막에서도 한 번에 20걸음 이상 올라갈 수 없었다. 더 위쪽의 설원에서도 25내지 30걸음을 걷고는 쉬어야만 했다. 매번 걷기로 정한 숫자의 마지막에 이르러서는 그것이 우리가 걸을 수 있는 마지막 걸음인 것 같이 느껴졌다. 거칠게 숨을 헐떡이고, 상상을 초월하는 피로에 시달리며, 또 고산병을 극복해 가면서, 그 다음 25걸음을 더 걸을 수 있을 때까지 멈춰 서서 얼음도끼에 의지해 쉬었다.

정상적인 호흡을 회복하는 데까지 시간이 그렇게 오래 걸리지는 않았다. 마침내 크레바스들이 그물처럼 얽혀 있는 것이 눈에 보이고, 그다지 넓지는 않았지만, 거의 대부분이 눈다리들로 덮여 있는 빙하 지대에 도착했다. 우리는 서로를 로프로 연결했다. 가끔씩 뜻하지 않게 빠졌지만, 로프에 큰 긴장을 줄 정도는 아니었다. 그렇게 해서 크레바스가 전혀 없는 거대한 설원에 이르렀다. 하루의 대부분은 단순하게 할당된 일을 끝없이 반복하는 것이었다. 즉 25걸음 그리고 휴식, 네다섯 번 반복 후, 35걸음 그리고 긴 휴식, 그 다음은 녹초가 되어 그대로 눈에 드러눕기. 빠르게 녹는 눈이 더 이상의 전진을 불가능하게 만들어서 두 시 반 무렵까지는 전혀 움직이지 못했다. 해발 약 5,600미터의 설원에 터커의 텐트가 세워져 있었다. 이때, 두 개의 큰 아네로이드의 눈금이 서로 틀려지기 시작하는 것을 발견하고 당황했다. 태양이 기울면서 기온이 급격히 떨어졌다. 다섯 시 반의 온도는 섭씨 영하 5.6도를 가리켰다. 밤 동안에는 최저기온이 섭씨 영하 12.8도를 기록했다. 북동쪽에서는 번개의 섬광을 여러 번 볼 수 있었다. 천둥은 동반하지 않았지만, 우리를 굉장히 불안하게 만들었다. 11월에나 있는 폭풍우가 혹시 일찍 찾아오는 것은 아닐까하는 걱정이 들었다. 매서운 바람 때문에 텐트 문을 닫았다. 텐트 윗부분의 환기장치 덕분에, 호흡을 제대로 할 수 있었다. 등반가들에게서는 가끔씩 높은 고도에서 몹시 쑤시거나, 백일해 같은 고통스러운 기침이 나고, 아니면 심하게 구역질이 나는 심각한 *소로체*증상들 가운데 하나가 관찰된다. 5,100미터까지는 그런 경험을 하지 않았지만, 이제는 통증이 느껴지기 시작했고, 밤낮으로 계속됐으며, 밤에는 더욱 심해졌다. 이 현상은 우리가 원주민들 오두막으로 다시 돌아올 때까지 계속되었다. 제대로 잠을 잘 수 없었고, 계속되는 기침 때문에 서로를 깨워야했다.

코로푸나산 경사면 해발 5,600미터에서의 야영

다음날 아침, 모두는 식욕도 없고, 무기력했으며, 또한 으스스하고 심하게 피로한 아주 비참한 느낌이 들었다. 그러나 짐을 직접 질 수 밖에 없었기 때문에, 가슴에 줄을 묶고 지금까지 해오던 고단한 행군을 계속해 나갔다. 이제는 전날보다 훨씬 더 힘들었다. 일곱 시 반에 캠프를 출발해서 정오에 해발 약 6,100미터 지점에 이르자, 꼭대기가 잘린 거대한 봉우리와 그 산의 나머지 산등성이까지 1.5킬로미터쯤 떨어진 설원이 펼쳐져 있었다. 여기서부터 하루정도만 더 올라가면 정상에 도달할 수 있을 것 같았다. 아네로이드들은 이제 150미터나 서로 차이를 보였다. 나는 텐트를 세우도록 남겨 두고, 다른 사람들은 보급품 가운데 일부를 가져오기 위해 임시 보관소로 되돌아갔다. 터커와 코에요가 처음 가지고 올라왔던 짐보다 두 배를 더 지고 올라왔기 때문에, 우리는 그들이 만들어 놓은 임시 보관소를 오늘까지도 들리지 않았었다. 나는 돌아오는 동료들의 모습이 보일 때까지 쉬면서 그들이 달팽이 같이 느린 속도로 설원이 있는 높이까지 도달하는 것을 보고 탄식했다. 그들이 캠프에서 겨우 90미터를 올라오는 동안 무려 네 번을 쉬는 것을 보고는 도저히 믿을 수가 없었다.

그날 저녁, 우리 중에는 아무도 허기를 느끼는 사람이 없었다. 달콤한 차만 계속해서 당겼다. 잠자리에 들기 전 다음날 아침 제일 먼저 몸을 따뜻하게 하기 위해 눈을 녹여 차를 한 주전자 끓여놓는 수고를 감수했다. 또다시 힘든 밤을 보냈다. 온도계가 섭씨 영하 13.9도를 기록했지만, 추위 때문에 고생스럽지는 않았다. 사실 네 명의 남자가 가로세로 각각 2.1미터인 텐트 바닥에 누우면, 서로 가까이 붙어서 자지 않을 수 없기 때문에 몸의 열기를 빼앗기지 않았다. 더욱이 오리털 슬리핑백과 담요 그리고 여러 벌의 두꺼운 옷에, 스웨터도 가지고 있었다. 그렇지만 *소로체*로 심하게 고생했다. 심한 백일해가 수시로 우리를 괴롭혔다. 나는 가끔씩 스스로의 맥박수를 세면서 그것을 즐겼다. 그리고 맥박이 120 아래로 내려가지 않으려고 저항하는 것을 발견했다. 몸을 움직일 경우, 135까지도 상승했다. 만약 등반을 계속할 경우, 맥박이 얼마까지 상승할지 아직은 모르겠다. 내가 측정한 바에 의하면, 맥박은 나흘 내내 120 아래로는 내려가지 않았다.

10월 15일에는 새벽 세 시에 기상했다. 오로지 뜨겁고 달콤한 차만

이 모두가 갈망하는 것이었다. 차 주전자는 텐트 안에 걸어 두었는데도 꽁꽁 얼어 있었다. 한 시간여를 다시 끓여 마시기 딱 알맞게 끓었을 때, 사람들이 가득한 텐트 안에서 내가 몸을 잘못 움직이는 바람에 차 주전자를 발로 차고 말았다! 점점 더 열악해지고 있는 상황에서, 사람들은 자신의 감정을 조절하지 못했다. 나의 멍청한 행동에 대해 비난하거나 분개하는 말은 없었지만, 텐트 가장 아래쪽에 누워 있던 불쌍한 가마라 하사는 더 추운(그래도 젖어 있지는 않은) 텐트 밖으로 황급히 나가버렸다. 나의 어리석은 사고는 출발을 한 시간 더 지연시켰다. 더욱 꽁꽁 얼어 있는 얼음을 녹여 차를 다시 끓이는 동안, 우리는 완두콩 스프와 아이리쉬 스튜를 데웠다. 터커와 나는 간신히 조금 먹었지만, 코에요와 가마라는 차외에는 아무것도 먹지 못했다. 우리는 터커의 텐트를 대부분의 옷가지와 식량과 함께 6,100미터 지점에 그대로 두고, 이곳부터 정상까지는 꼭 필요한 것들만 가지고 가기로 했다. 그래서 펙과 폴을 포함한 머머리 텐트, 산악용 수은기압계, 두 개의 왓킨스 아네로이드, 측고계, 자이스사 안경, 3A 코닥 카메라 두 대, 필름 여섯 통, 진동건습계, 프리즘 컴퍼스와 경사계, 휴대용 스탠리 수평기, 2.5미터의 산악용 로프, 얼음용 도끼 세 개, 2미터의 깃대 그리고 성조기와 예일 대학교기만 챙겼다. 눈보라로 인한 조난에 대비해 네 통의 실버사 아이리쉬 스튜와 자가 발열식 거북이고기맛 스프 통조림, 초콜릿 한 조각 그리고 여덟 조각의 딱딱한 비스킷도 가지고 갔다. 그 밖에도 건포도와 설탕을 주머니에 넣었다. 짐의 무게는 각자 9킬로그램 정도씩 되었다.

천만다행으로 날씨는 계속해서 맑았고 바람도 거의 없었다. 전날 오후까지는 눈이 너무 부드러워 거의 사람 무릎 높이까지 빠졌지만, 지금은 단단하게 얼어 있었다. 우리는 다섯 시에 캠프를 떠났다. 하지만 하늘은 아직 어두웠다. 거대한 빙하가 직접 잘라버린 코로푸나의 커다란 둥근 지붕이 왼쪽으로 어렴풋이 보였다. 그곳에 이르려면, 먼저 주능선의 산등성이를 올라가야만 했다. 거기서부터는 전혀 끊어진 부분이 없는 경사면이 정상까지 이어져 있었다. 짐이 가벼워졌음에도 불구하고, 우리의 전진은 비참할 정도로 느렸다. 산등성이에 이르렀을 때, 충격적인 놀라움이 우리를 기다리고 있었다. 우리의 북쪽으로, 처음 추키밤바 칼바리오에서 보았던 눈 덮인 원뿔 모양의 거대한 봉우리가 나타났다. 실제로 지금 오르려고 하는 둥근 지붕보다도 훨씬 더 높아 보였다! 128킬로미터 떨어져 있는 시와스 사막에서는 분명히 이 둥근 지붕이 가장 높은 지점으로 보였었다. 비록 힘든 노고가 허사로 돌아가 결국 북쪽 봉우리가 더 높은 것으로 판명날 가능성에는 언제나 직면해 있었지만, 그래도 우리는 주어진 임무에 최선을 다하기로 했다. 하지만 우리에게 이 두 곳 모두를 정복할 만한 힘이 남아 있을 지에는 의문이 들기 시작했다. 수면 부족과 *소로체* 그리고 식욕 부진이 우리의 인내력을 급속히 약화시키고 있었다.

마지막 경사면은 30도의 경사도를 가졌다. 그동안 훌륭한 역할을 해준 아이젠이 아니었다면, 위로 올라오는 내내 얼음도끼만 사용해 걸음을 옮겨야 했을 것이다. 그렇게 올라가면서 가장 가파른 부분에서는 10이나 15걸음마다 멈춰서야만 했다. 터커가 로프의 맨 앞, 내가 두 번째, 코에요는 세 번째 그리고 가마라가 맨 뒤에서 따라왔다. 우리는 전혀 즐거운 상황이 아니었다. 높은 고도는 모든 의욕을 빼앗아 버렸다. 설탕 덩어리가 가끔씩은 축 처진 정신에 다시금 생기를 빠르게 불어넣어 주었다. 설탕 속 탄소가 체내로 흡수되어 신체 내에서 일어난 불꽃을 빠르게 진정시켜 주는 것을 보고는 놀라지 않을 수 없었다. 하나의 입방체가 수 분 동안 새로운 힘과 활력을 주었다. 물론 설탕을 무한정 먹을 수는 없었다. 하지만 그것이 어려운 고비를 넘기는 데는 분명히 커다란 도움이 되었다.

몇 시간에 걸쳐, 비통하게도 분명히 북쪽의 적군만큼은 높아 보이지 않았지만, 우리가 맨 처음 정상이라고 믿었던 곳을 향해 오르고 쉬기를 반복하면서 천천히 지그재그로 올라갔다. 정상에 오르자마자, 터커는 커다랗게 소리를 질렀다. 우리는 그에게 왜 힘을 낭비하면서 소리를 지르느냐고 물어볼 수도 없을 만큼 숨이 찼다. 마침내 정상으로 보이는 곳의 가장자리까지 힘겹게 올라왔을 때, 나는 그가 환호한 이유를 알 수 있었다. 바로 정면에 우리가 서 있는 곳보다 90미터는 더 높아 보이는 또 다른 경사면이 놓여 있었다. 이미 지칠 대로 지친 상태에서, 또 다시 90미터나 더 올라갈 곳을 발견한 것을 기뻐해야할지 어떨지 얼떨떨했다. 하지만 오전 내내 무거운 마음으로 쳐다봐 온 북쪽 봉우리를 상기해 보라. 우리가 등반을 하면서 당장 겪게 된 어려움들 외에 또 다른 것을 생각할 때마다, 결국 우리의 마음을 무겁게 짓누른 것은 바로 북쪽 봉우리가 더 높을지도 모른다는 생각이었다. 그런데 우리 앞에 우리를 그토록 화나게 했던 북쪽 봉우리의 정상보다 의심할 여지없이 더 높이 이끌어줄 수 있는 또 다른 90미터가 남아 있다는 것은 두 개의 악령을 잡아야 하는 것보다는 훨씬 수월한 일이었으므로, 비로소 터커의 외침의 의미를 이해할 수 있었다. 그렇지만 아직까지 아무도 그의 외침에 응답할 수 있는 기운이 없었다.

희미한 미소를 띠며 새롭게 용기를 내어 우리는 다시 움직였다. 지금까지 해오던 것처럼, 25걸음을 걷고, 얼음도끼에 의지해 쉬면서 끝까지 올라갔다. 6,100미터 캠프로부터 여섯 시간 반을 등반한 오전 열한 시 반, 드디어 코로푸나의 정상에 도달했다. 거의 도착할 무렵, 이 거대한 산을 제일 처음 오를 수 있게 우리를 훌륭히 이끈 것을 우쭐해 할 수도 있었지만, 터커는 갑자기 걸음을 멈춰서더니 커다란 배려와 자기희생의 마음으로 탐사대장인 내가 정상에 첫 발을 내딛도록 미소를 띠며 나에게 앞으로 나가라는 몸짓을 했다. 그가 기꺼이 양보해 준 커다란 희생정신에 깊은 경의를 표한다. 그가 자진해서 우리 탐사대에 온 이유는 무엇보다 등반을 무조건적으로 좋아하고, 또한 코로푸나를 자신의 전리품 목록에 추가하고 싶은 욕망 때문이었다고 말할 수 있다. 나에게 길을 내준 그의 호의 덕분에, 나는 그의 옆에서 남은 거리

코로푸나산 등정 중에 가진 잦은 휴식들 중 한 번

정상에서의 야영

를 계속해서 함께 오를 수 있었다. 우리는 함께 정상에 발을 내디뎠고, 드러누워 쉬면서 주위를 둘러보았다.

봉우리가 잘린 정상은 타원형의 설원으로 거의 평지였으며, 크기는 약 2,000제곱미터 정도로, 남쪽에서 북쪽까지의 거리가 약 30미터, 동쪽에서 서쪽까지는 약 50미터였다. 우리의 추측처럼 만약 그곳이 화산 분화구라면, 분화구에는 긴 세월동안 눈과 얼음이 쌓였을 것이다. 분화구 가장자리에서는 돌들이 거의 보이지 않았고, 표면이 하얗게 반짝거리는 단단한 지표면으로 되어 있었다. 정상에서 본 광경은 극단적인 황량함 그 자체였다. 우리는 눈과 드문드문 빙하로 덮인 채 고립되어 있는 산봉우리들이 점점이 솟아 있는 화산사막의 한복판에 서 있었다. 어디에도 식물의 자취는 보이지 않았다. 완전히 죽어 있는 세상의 꼭대기에 서 있었다. 안데스 산맥 등반가들은 이 높은 고도에서 *콘도르* *condor*를 보았다고 종종 얘기하지만, 우리는 전혀 볼 수 없었다. 붉은 사막의 팜파 콜로라도를 가로질러 북서쪽으로 32킬로미터 떨어진 곳에는 정상이 눈으로 덮인 솔리마나Solimana가 솟아 있었다. 그 반대쪽으로는 코로푸나의 산줄기를 따라 우리가 서 있는 곳보다 겨우 몇 백 미터 낮은 여러 개의 봉우리들이 보였다. 멀리 남서쪽으로 태평양의 푸른빛이 어렴풋하게 보인다고 생각했지만, 너무나 희미했다.

나의 아버지는 열렬한 등반가로서 험난한 곳에 오르는 것을 자랑스러워하셨을 뿐만 아니라 정상에서 얻어지는 장관에 특히 만족해 하셨다. 한번은 당신의 열정 때문에, 태평양에서 가장 높은 봉우리인 하와이의 마우나케아산을 겨울에 등반하셨다. 내가 어렸을 때에는 오아후섬과 마우이섬의 산들을 등반하는 즐거움과 힘든 노고 끝에 얻을 수 있는 광경의 진가를 인정하는 법을 가르쳐 주셨다. 하지만, 지금의 나와 내 동료들 누구도 코로푸나 정상에서의 광경에 흥미를 갖거나 즐거움을 느끼는 사람은 없었다. 어려운 목표를 달성했다는 만족감에 따라

오는 환호를 할 마음이 전혀 생기지 않았다. 가마라는 그의 보너스를 요구해 받고는 만족스러운 표정으로 금화들을 들여다보고 있었지만, 나머지 우리는 심한 우울감에 거의 말을 잊었다.

잠시 동안 휴식한 뒤, 우리는 관측을 시작했다. 내가 가지고 온 아네로이드를 내려놓았을 때 측정계의 바늘이 겨우 해발 6,560미터를 가리키는 것을 보고는 놀라고 또 한편으로는 실망하지 않을 수 없었다. 터커의 아네로이드로는 300미터 이상이 더 높은 6,873미터를 가리켰으나, 이 또한 라이몬디가 측정한 6,949미터보다도 낮았고, 반델리어의 "7,010미터"보다는 훨씬 더 낮은 것이었다. 이것은 엄청난 실망이었다. 왜냐하면 우리는 아네로이드들이 적어도 아콘카구아산의 해발인 6,940미터보다는 더 높은 수치를 보여줄 것이라고 기대했기 때문이다. 이 발견은 아직도 갈 길이 먼 우리를 크게 낙담시켰다. 비록 해발 5,100미터까지는 서로의 측정값이 완벽하게 맞는 것을 확인할 수 있었지만, 이제는 이 아네로이드들을 더 이상 신뢰할 수 없게 되었다는 사실로 위안을 삼아야했다. 이 두 개의 아네로이드가 모두 부정확해서, 지금 실제로 일어난 것처럼, 수치들이 이렇게 낮게 나왔다고 생각할 수밖에 없었다. 어쨌든, 북쪽 봉우리가 우리가 서 있는 곳보다는 분명히 낮아 보였다. 이 사실에 대한 의혹을 확실히 풀기 위해 터커는 측고기가 들어 있는 상자를 가지고와 눈 위에 내려놓았다. 그리고 그 위에 휴대용 스탠리 수평기를 조심스럽게 올려놓고, 눈을 가늘게 뜬 채 북쪽 봉우리를 바라보았다. 그는 미소를 띠며 아무 말도 하지 않았다. 우리는 차례로 눈 바닥에 엎드려 눈을 가늘게 뜨고 그것을 통해 보았다. 우리가 옳았다. 우리는 그 몹쓸 봉우리보다 적어도 76미터는 더 높은 곳에 있었다.

우리는 코로푸나의 동쪽 봉우리보다 137미터 더 높은 곳에, 그리고 시야에 들어오는 다른 산들보다는 적어도 300미터나 더 높은 곳에 있었다. 어쨌든, 급속하게 소진된 체력 때문에 한동안은 더 이상 어떤 힘든 등반도 할 수 없었다. 만족스러운 종착지에 도달한 우리는 작은 머머리 텐트를 세운 뒤, 수은기압계를 설치할 삼각대를 세우고, 보조 장치들과 함께 비등점 온도계를 설치했다. 그리고 이후 네 시간 동안, 코닥 카메라로 촬영을 하며 가능한 많은 것들을 관찰하고 기록해 나갔다. 오후 2시에 수은 온도계의 눈금을 읽었다. 같은 시간, 베이스캠프의 왓킨스와 아레키파의 하버드 천문대에서도 똑같은 측정을 실시했다. 기압계는 텐트 그늘 속 삼각대에 매달려 있었다. 해수면에서 78.74센티미터를 가리키는 수은이 지금은 35.148센티미터를 가리켰다. 기압계가 있는 곳의 온도계상 온도는 정확히 섭씨 0도를 나타냈다. 같은 시간 텐트 안에서는 물을 끓여 측고계로 측정했다. 해수면에서 물은 섭씨 100도에서 끓지만, 이곳에서는 섭씨 79도에서 끓었다. 측정한 수치들을 기록하고, 우리는 측고계의 측정을 위해 끓여 놓았던 물을 게걸스럽게 마셨다. 갈증 때문에 평소의 다섯 배는 마셨다. 배는 고프지 않아서, 약간의 건포도와 설탕, 초콜릿 외에는 가지고 간 식량을 거의 사용하지 않았다.

관찰을 완료하고, 작은 텐트를 가급적 안전하게 고정시킨 다음, 눈으로 그 주위에 제방을 쌓은 채 정상에 남겨 두었다. 그리고 청동 애팔래치아 마운틴 클럽 원통 안에 먼저 예일 대학교의 교기, 현대 페루 지도 그리고 이 등정에 관한 두 개의 간단한 성명서를 넣고 봉인해 그 안에 남겨 두었다. 성조기는 2미터 깃대에 펄럭이도록 매달아 코타와시로 가는 길에서도 보이는 그 둥근 지붕의 북서쪽 가장자리에 꽂았다. 지상에서 카시미르 왓킨스는 그것을 일주일 뒤에 보았고, 이사야 보우만 박사는 이주일 뒤에 보았다. 그러나 지형도 제작팀장인 핸드릭슨이 자신의 조사를 위해 삼주일 뒤 도착했을 때는, 그것이 사라져 버렸다. 아마도 심한 눈보라가 그것을 날려 눈 속에 처박았을 것이다.

우리는 세 시에 정상을 떠나 6,100미터 캠프에 2시간 15분 만에 도착했다. 내려오는 첫 부분에서는 제동활강(制動滑降) 방식을 시도해 완만한 부분까지 내려왔다. 그 다음부터는 경사가 점점 급해져 편하게 내려가기에는 속도가 너무 붙었다. 결국, 우리는 서로를 기차처럼 연결하는 방법으로 속도를 줄일 수 있었다. 그날 밤에는 바람이 거의 없었다. 등반가들은 그 어떤 위험보다도 심하고 강한 바람을 제일 두려워한다. 그런 면에서 우리는 운이 아주 좋았다. 다행히 극단적인 육체적 능력까지 발휘해 가면서 헤쳐 나가야만 했던 장애물은 없었다. 결론적으로, 보급품을 그렇게 많이 가져 갈 필요가 없었다. 실제로, 심한 고산병이 긴 눈보라 속에서 우리를 버틸 수 있게 해주었는지 아니면 야전식량을 먹을 수 있을 만큼 충분한 식욕을 갖게 해주었는지는 아직도 풀어야 할 의문이다. 인간이 높은 고도에 적응할 수 있다고들 말하지만, 우리는 그 말에 매우 회의적이다. 지금까지 아무도 남반구의 해발 6,100미터에서 밤에 야영을 했거나 코로푸나 정상 높이만한 곳에 텐트를 세워본 적이 없었다. 고산병의 심한 정도는 전적으로 고도에만 영향을 받는 것이 아니라 장소에 따라서도 매우 다르다. 우리가 얼마나 더 견딜 수 있을지는 나로서도 잘 모르겠다. 정상을 정복할 만큼 충분한 체력을 가진 우리가 이렇게 무기력하고 고통을 느낀다는 사실이 믿어지지 않는다.

비록 녹초가 되었음에도 불구하고, 그날 밤은 아무도 잠을 푹 잘 수 없었다. 극심한 백일해가 계속되었고, 아침에는 모두가 다시 메스꺼움을 느꼈다. 몸 상태가 너무 나빠져 아무것도 먹을 수가 없어서, 최대한 빨리 낮은 고도로 내려가기로 결정했다. 짐을 가볍게 하기 위해 보급품의 일부는 그대로 남겨 두었다. 9시 20분에 야영지에서 철수했다. 18분 뒤, 우리는 한 번도 쉬지 않고 임시 보관소에 이르렀지만, 남아있는 것들을 거의 가지고 오지 않았다. 비록 많은 물품을 두고 왔음에도 불구하고, 오히려 짐은 전보다 더 무거워진 것 같았다. 크레바스에서 약간의 어려움이 있었다. 가마라가 유일하게 한 번 빠졌지만, 쉽게 다시 끌어낼 수 있었다. 정오 무렵, 우리는 어디선가 희미한 탄성소리 같은 것을 들었고, 곧 산 아래쪽 저 멀리서 움직이고 있는 두 개의 점을 발견했다. 세상 밖의 누군가를 다시 보는 것 같은 신기한 현상이었다. 숨이 막히는 느낌이 들었다. 한참 세월이 지난 뒤, 우리의 등반길을 이끌었던 터커는, 그 당시 우리는 눈치 채지 못했지만, 자신의 두 뺨으로 흐르는 눈물을 도저히 멈출 수가 없었다고 나에게 들려주었다. 그 "점들"은 바로 로프나 아이젠도 없이 그들이 올라올 수 있는 곳까지 최대한 올라와준 왓킨스와 원주민 소년이었다. 그들은 우리의 짐을 덜어주었다. 열두 시 반경 베이스캠프에 도착했다. 돌아오자마자 터커가 한 일은 짐들의 무게를 재는 것이었다. 사실을 알고는 놀라고 한편으로는 불쾌했지만, 돌아오는 길에 혹시 우리들 중 누군가 굴러 떨어지는 것을 우려해 터커는 27킬로그램을 짊어졌고, 가마라는 29킬로그램을 진 반면에, 나와 코에요에게는 똑같이 14킬로그램씩만을 지웠던 것이다. 물론 이 무게는 각자의 아이젠이나 도끼, 로프는 포함하지 않은 무게였다.

다음날까지도 매우 피곤하고 졸렸다. 사실, 나는 무기력증을 거의 극복하고 있었다. 그것은 한 손을 드는 일조차 고통스러웠다. 우리의 얼굴은 햇볕에 심하게 탔고, 입술은 부어올라 고통스러웠으며, 기침을 심하게 했다. 노새를 탈 수 있는 더 낮은 지대로 내려가는 것이 최선의 방법인 듯했다. 캠프를 철거하고 지체 없이 짐을 챙겨 슬리핑백과 담요를 등에 진 채, 신속하게 원주민들의 오두막으로 내려갔다. 그러자 고통은 바로 사라졌다. 육체적으로도 훨씬 나아졌다. 해수면 고도로 돌아온 것처럼, 호흡을 깊이 할 수 있었다. 가슴을 짓누르던 느낌도 없어졌다. 그러나 우리는 아직도 실제로는 파이크스 피크Pike's Peak(미국 로키 산맥에 있는 해발 4,300미터의 산/역자 주)보다도 높은 곳에 있었다. 호흡이 가빠지지 않으면서도 빨리 움직일 수 있었다. 무시무시한 "백일해"도 떨어졌고, 식욕도 되돌아왔다. 그렇지만 눈과 햇빛의 영향으로 인한 고통은 아직 남아 있었다. 등반 중에 나는 너무 갈증이 나서 어리석게도 상당히 많은 양의 눈을 먹었다. 그 결과, 혓바닥은 소다 비스킷이 마치 깨진 유리조각이 닿는 것처럼 느껴질 정도로 극히 예민해졌다. 설원용 안경을 항상 끼고 있는 것을 견디지 못해 자주 눈에서 안경을 벗었던 가마라는 지금 부분적인 설맹으로 고생하고 있다. 나머지 사람들도 눈에 난 염증을 걱정하고 있었다. 우리는 이틀 동안 휴식을 취하며 대기했다. 그러자, 코로푸나 모험 끝에 살아남은 우리를 다시 보는 것이 놀랍고도 반가운 *아리에로*들이 활짝 웃으며 노새들과 함께 도착했다. 테하다 형제는 우리를 진심으로 포옹해 주고는, 짐을 실으러 바로 설선으로 올라갔다. 우리는 다음날 추키밤바로 돌아왔다.

11월에 지형도 제작팀장 헨드릭슨이 조사를 마치면서, 코로푸나의 위도가 남위 15도 31분이고, 경도는 그린위치 서경 72도 42분 40초라는 사실이 밝혀졌다. 그는 그곳의 해발이 6,615미터라고 측정했다. 정상에서 잰 수은기압계들의 수치들을 아레키파에서 동시에 잰 수치들과 비교해본 결과, 실제로도 수치들이 일치했다. 둘 사이에는 1.82미터가 채 안 되는 오차 밖에 없었다. 비록 코로푸나가 반델리어의 측정치보다는 40미터가 낮고, 남미에서 가장 높은 산보다는 300미터가 낮다는 것이 밝혀졌지만, 아직도 북미의 가장 높은 산보다는 300미터가 더 높았다. 우리가 최초로 그 정상에 오른 것은 기쁜 일이었지만, 우리 모두는 다시는 그곳에 올라가지 않겠다고 맹세했다!

3
파리나코차스를 향하여

추키밤바의 좋은 날씨에서 며칠을 보내고, 잉카족의 "플라밍고 호수"라고 불리는 파리나코차스Parinacochas를 향해 나섰다. ≪페루 정복The Conquest of Peru≫의 저자를 문학적, 역사적으로 계승했다고 하는 고 클레멘츠 마컴 경Sir Clements Markham은 왕립 지리학회The Royal Geographical Society의 한 출판물을 통해 그동안 탐사된 적이 없는 이 호수에 사람들의 이목을 끌면서, 향후 페루 탐사에 있어서 가장 중요시해야 할 일 중 하나로 파리나코차스의 수심 측량을 꼽았다. 지금까지 출간된 파리나코차스의 지도들을 바탕으로 판단해 보면, 비록 티티카카Titicaca보다는 훨씬 작았지만, 페루 전체에서 가장 많은 담수량을 보유하고 있었다. 철저한 지리학 문헌들의 조사에도 불구하고, 그곳의 깊이와 관련해서는 아무것도 밝혀내지 못했다. 그곳에 관해 한 가지 알려진 것은 그곳 어디에도 배수구가 없다는 것이다. 한때 호놀룰루 영국 총영사를 역임했고, 칠레와 페루의 독립전쟁 당시에는 산 마르틴San Martin 장군의 젊은 보좌관 역할을 했던 윌리엄 밀러William Miller 장군은 1828년 런던에서 자신의 회고록을 출판했다. 거기에서 그는 페루에서 스페인 군대와 전투를 하는 동안, 내륙 지역의 외진 곳들을 많이 가보았다고 했다. 그리고 대략적으로 그린 지도들 중 하나에 파리나코차스 호수의 위치를 표시했고, 그 물에 "소금기가 있다"는 주석을 달아 놓았다. 밀러 장군의 이 말과 그 호수의 수심을 측정하는 것이 지리학적 지식에 지대한 기여를 하는 것이라는 클레멘츠 마컴 경의 암시가 우리가 알 수 있는 전부였다. 우리 *아리에로스* 테하다 형제는 파리나코차스에 가본 적은 없었지만, 대략적인 위치는 알고 있었고, 그곳에 가는 것에 대해 걱정을 하지는 않았다. 그들 친구들 중 몇몇도 이미 그곳에 가보았고, 모두 무사히 돌아왔다!

그렇지만 우선 안타밤바Antabamba 지방의 수도인 코타와시로 가서 보우만 박사와 핸드릭슨을 만나야 했다. 그들은 우루밤바 계곡에서 안데스 산맥을 가로지르며 자신들에게 주어진 과업을 수행하면서 천천히 오고 있는 중이었고, 또 73도 경선의 지질탐사를 완수하려면, 새로운 식량상자들의 보급이 필요했다. 우리가 추키밤바 계곡을 빠져나올 수 있는 진로는 그곳 정상 쪽의 가파른 절벽을 장시간에 걸쳐 힘들게 오른 뒤, 북쪽 방면으로 완만하게 경사진 반건조성 사막을 넘어, 코로푸나의 서쪽 측면 쪽으로 올라가는 것이었다. 그날 밤 춤피요Chumpillo의 *팜파*에서 야영을 위해 멈추자, *아리에로*들은 마른 이끼와 노새 배설물을 이용해 모닥불을 지폈다. 거기에는 벼과 풀들이 있었고, 평지에는 방목되고 있는 야마들도 보였다. 우리 텐트 부근에는 잉카시대 유적이 몇 군데 있었다. 아마 양치기 우두머리의 주거지였거나, 아니면 피사로 통치기간 동안 페루에서 보고 들은 것들을 기록해 높은 평가를 받는 시에사 데 레온(1519-1560)이 기술한 신전의 잔재일 가능성이 높았다. 그는 잉카족 영토에 있었던 가장 중요한 다섯 군데 신전들 중 하나가 "그들로부터 훨씬 더 존중받고 방문이 잦았던 코로푸나라는 곳"

이라고 말했다. "그 신전은 여름과 겨울 내내 눈으로 덮인 아주 높은 산에 있었다. 페루의 왕들은 제물을 바치러 이 신전을 방문했다…… [보물 사냥꾼들!]의 수중에 들어갔을 것이 분명한 이 신전에 바쳐진 제물들 가운데 많은 양의 금과 은 그리고 여러 가지 보석들이 지금은 그 위치를 알 수 없는 장소에 묻혔다. 원주민들은 그들의 우상과 그의 시중을 드는 주술사와 처녀들에게 바치기 위해 또 다른 많은 양을 숨겨두었다. 그러나 엄청난 눈 때문에 사람들은 정상에 올라가 보지도 못했고, 숨겨진 위치도 알아낼 수 없었다. 이 신전은 많은 새들과 농장 그리고 원주민 봉사자들을 소유하고 있었다." 지금은 이곳에 아무도 살고 있지 않았지만, 많은 새와 야마들이 있었고, 멀지 않은 곳에서는 고대 창고와 매장지들도 볼 수 있었다. 그날 밤, 우리는 심한 추위로 고생했고, 코로푸나의 설원에서 불어와 텐트를 사정없이 흔들어대는 사나운 바람 때문에 도저히 잠을 이룰 수 없었다.

다음날은 두 개의 오아시스와 코로푸나의 눈 녹은 물이 흐르는 작은 협곡들을 지났다. 거기에는 추키밤바 사람들이 연료의 일부로 이용하는 풍부한 양의 토탄(土炭)과 작은 옹이투성이 나무들이 있었다. 우리는 코로푸나 아래쪽 돌출부들 주위로 천천히 올라가 붉은 사막, 또는 팜파 콜로라다Pampa Colorada라고 불리는 용암바위와 스코리아질 모래로 이루어진 황폐한 사막 안에 들어섰다. 이곳의 대부분 지역은 해발 4,500에서 4,800미터 사이였고, 우리가 야영을 하면서 훨씬 쾌적한 밤을 보냈던 북서쪽은 600미터 깊이의 리오 아르마Rio Arma 협곡으로 둘러싸여 있었다. 다음날 아침, 다시 협곡의 먼 쪽으로 올라가 솔리마나 산Mt. Solimana의 동쪽 경사면을 지나갔다. 이내 그 길은 급하게 왼쪽으로 꺾였고 마침내 오랜 친구 코로푸나는 사라졌다.

우리가 올라가려는 산이 얼마나 오래전에 활화산이었는지 궁금했다. 이곳에서 남쪽으로 600미터가 채 안 되는 곳에는 지금도 이따금씩 연기를 내뿜고 있고, 가장 최근에 네 번째로 엄청난 화산재를 뿜어내 광활한 지역을 뒤덮어 사람들의 뇌리에 생생하게 기억되고 있는 엘 미스티나 우비나Ubina와 같이 아직도 활동을 하고 있는 봉우리들도 있었다. 코로푸나의 꼭대기가 잘린 거대한 봉우리는 아마도 그리 오래되지 않은 시간 전에 고대 화산의 마지막 불꽃이 식으면서 형성되었을 가능성이 있다. 보우만 박사는 이 주변의 용암과 화산재가 축적된 방대한 넓이 중 상당부분이 마지막 빙하기보다도 훨씬 앞선 시기로 거슬러 올라간다고 주장했다. 엄청난 양의 침식이 협곡 주변에서 일어났고, 용암이 흘러 형성된 수많은 지층들은 빙하기 동안 거센 시냇물에 의해 벗겨져 현재와 같은 결과에 이르렀다.

내가 탄 노새는 자기가 하고 싶은 대로 내버려두면 오히려 고분고분할 그런 짐승들 중 하나였다. 이 녀석의 경우는 오직 행렬 안에서 자기 친구들과 가까이 붙어가기만 하면 모든 것이 만족스러웠다. 내가 간단한 메모라도 하려고 강제로 멈춰 세우면, 그 사이를 못 참고 주위를 빙빙 돌거나 앞으로 돌진하고, 아니면 발길질을 해댔다. 반면에, 아무리 박차를 가하거나 두꺼운 채찍으로 채찍질을 해도, 이 녀석이 자기 동료들을 앞서 나가게 할 수는 없었다. 오늘 아침에는 특별히 코로푸나 쪽에서 똑바로 나와 사막을 평온하게 걸어가는 짐 실은 노새 행렬을 사진에 담고 싶었다. 나의 노새가 행렬을 앞서 나가려 하지 않아 할 수 없이 녀석의 등에서 내려 앞서 가는 노새들을 앞지르기 위해 100미터도 넘게 빠르게 달려가 그들이 내게 다다르기 전에 사진을 찍었다. 이제 해발 4,800미터에 도달했다. 놀라우면서도 한편으로는 기쁘게도, 다른 어느 곳에서보다 이곳에서는 뛰어다니기가 상대적으로 편했다. 나의 폐와 심장이 공기가 희박한 곳에 아주 잘 적응한 것을 느낄 수 있었다. 코로푸나를 등반하기 전에는 지금과 같은 고도에서 격렬하게 뛰는 것이 육체적으로 불가능했다. 해발 4,800미터에서 200미터 달리기를 시도해

본 사람이라면 이해할 것이다.

아직도 우리는 보편적인 사막의 관목과 억센 풀들이 가끔씩 나 있을 뿐 거의가 검은빛의 거친 모래와 자갈로 이루어진 매우 황량한 지역에 있었다. 왼쪽에 있는 솔리마나산의 경사면들은 잎사귀가 그다지 많지 않은 식물들로 고르게 덮여 있었다. 그 잡목들 속에서 신대륙에만 있는 가장 작은 낙타인 *비쿠냐vicuña*들을 보았다. 가까이 다가가 사진을 찍으려 시도했지만 실패했다. 워낙 겁이 많아 우리가 300미터 앞에 다가가기도 전에 놀라 달아나 버렸다.

완만한 경사면을 11내지 12킬로미터쯤 내려갔을 때, 기대하지도 않았던 코타와시 계곡에 사람들이 밀집해 모여 사는 거대한 협곡의 가장자리가 갑자기 나타났다. 협곡의 벽면은 수많은(수천 개는 되는) 테라스들로 이루어져 있었다. 처음에 언뜻 보았을 때는 협곡 안의 모든 가능한 공간들이 테라스로 개간되었거나 아주 작은 규모의 마을들로 분할된 것처럼 보였다. 코타와시를 포함해 십여 개의 마을들이 있었고, 그 중심 길을 따라 회반죽 칠을 한 집들이 늘어서 있었다. 협곡 안을 꾸불꾸불 내려가자, 길은 수백 개의 인위적인 테라스들을 지나 농토를 최대한 활용하기 위해 낭떠러지 위에 아무렇게나 쌓아 올려 지은 초가집들로 이루어진 작은 마을을 통과해 뻗어 있었다. 좁은 계곡의 맨 아래에서나 경작하는 모습을 볼 수 있었던 사막 지역에서 수 주일을 보냈던 터라, 테라스들이 코타와시 계곡 전체를 따라 확장되어 나간 광경을 보니 말 그대로 장관이었다. 비록 이곳은 연간 강수량이 적은 지역임에도 불구하고, 이곳의 놀라운 관개시설은 내륙 지방의 거대한 산에서 물을 끌어와 농사에 이용하는 능력을 보여주었다. 대부분의 테라스들과 관개수로들은 미국이 발견되기도 훨씬 전인 수 세기 전에 건설되었다.

페루의 고대문명에서 가장 찬사를 받는 부분이 농업의 발전이다. 쿡은 농작물을 심어도 자라기 힘든 자연 환경 속에서 그것을 키워내는 것보다 더 고통스러운 일은 세상 어디에도 없다고 했다. 물론, 다른 나라에서도 건조하지만 비옥한 토양에 관개수로를 통해 멀리서 물을 끌어와 이용하는 방식의 토지개간 사업들을 볼 수 있고, 적절한 화학적 방식으로 불모지에서 식물의 생장물질들을 공급해 주는데 필수적인 성분들로 비료를 생산하는 대형 공장들도 볼 수 있으며, 또한 자연이 비옥한 토양을 줌으로써 우리가 생명을 유지할 수 있는 곡식을 기를 수 있게 된 그 광활한 지역들에 다다르기 위해 운송수단의 수많은 장애물들을 극복해 나가는 우리 인간의 모습도 볼 수 있다. 하지만 고대 페루 고산 지대 사람들의 방식인 물을 끌어와 관개를 했던 사실이나 *구아노 guano*(페루 인근 섬에서 나는 일종의 인조 질소비료/역자 주)라는 인공비료를 주었던 사실은 논외(論外)로 하더라도, 역사가 기록되기 이전이나 이후를 통틀어 농부가 농사지을 땅을 개간하기 위해 이들처럼 믿을 수 없을 만큼 노동한 곳은 페루 바깥세상 어디에서도 발견할 수 없다. 경작할 만한 평지가 아주 높은 고산 지대에 밖에는 없었기 때문에 흰 감자나 *오카 oca*와 같이 오직 생명력 강한 근채류들만이 재배에 알맞아 그것들을 나라 전체로 전파시킴으로써 귀중한 옥수수나 음식과 약용을 목적으로 토착화시킨 다른 온대나 열대성 식물들의 재배는 좁은 계곡의 맨 아래와 비옥하긴 하지만 가파른 경사면들을 이용할 수밖에 없었다. 그들은 항상 극심한 경작지 부족에 시달렸다. 계곡의 맨 아래서는 좌우로 꾸불꾸불 급류가 흐르는 강들이 경작지를 쓸고 내려가 바다로 운반해 가는 것과 끝없는 사투를 벌이고 있었다. 계곡의 경사면들은 대부분이 너무 가팔라서 열의에 찬 현대의 농업전문가들도 어떻게 할 방법이 없다. 농부들은 어느 날 아침 일어나, 그 전날 밤사이 내린 폭우가 그들이 정성을 기울여 농작물을 심어 놓은 농토의 상당 부분을 쓸고 내려가 버린 광경을 그저 지켜보고 있을 수 밖에는 없었다. 결국, 수세기에 걸쳐 돌 옹벽을 연속적으로 쌓은 *안데네스* *andenes*, 즉 테라스들 혹은 단들이 개발되었다.

고대 *안덴*을 조사해 본 결과, 그것은 언덕 경사면에 세심하게 축조된 돌담의 뒤쪽을 단순히 파내기만 해서 만든 것이 아니라는 사실이 밝혀졌다. 돌담의 뒤 공간은 먼저 커다란 돌과 흙 그리고 잡석들로 채워졌고, 그 다음은 하층토의 배수를 위해 아주 작은 돌과 자갈들로 채워졌다. 마지막으로, 그 위에 20센티미터 정도 두께로 그들이 만들어낼 수 있었던 가장 미세한 흙이 깔렸다. 그 결과는 최고의 집약적 경작이 가능한 농토였다. 이런 조그마한 결실을 얻기 위해 그렇게 상상할 수 없는 노고를 기울였다는 사실이 실로 믿겨지지 않았다. 한편으로는, 그 필요성이 얼마나 절박했는지를 짐작할 수 있었다. 많은 경우, 테라스들의 길이는 수 백 미터에 이르렀던 반면, 넓이는 고작 몇 십 센티미터에 불과했다. 보통은 계곡의 자연적인 지형을 그대로 이용했다. 가끔씩 넓이가 수 백 미터에 길이가 400여 미터나 되는 것들도 있었다. 지금은 이들 테라스에서 옥수수나 보리, 자주개자리가 자란다.

코타와시는 계곡의 아랫부분에 위치해 있으며, 페루 전체에서 가장 향기가 좋아 사람들로부터 큰 호평을 받는 와인을 살 수 있는 온화한 곳이다. 기후가 쾌적해서 많은 지주들을 끌어들였다. 그들의 토지는 목동들이 야마나 양, 알파카 떼를 기르는 주로 주변 고산 지대의 황량한 목초지에 있었다.

우리는 비스카라 부지사의 진심어린 환대를 받고, 그의 집에 머무르라는 초대를 받았다. 그는 강력하지만 멀리 떨어져 있는 중앙정부에서 파견된 대리인이었기 때문에 주변 지역에 대해서는 잘 몰랐고, 그 지방 사람들에게도 그다지 인기가 없었다. 코타와시 같은 한 지방의 수도에 사는 주민들 가운데서도 리마에 가본 적이 있는 사람은 전무했다. 모르긴 몰라도, 리마의 정부 관료들 중에도 코타와시에 와 본 사람은 아직까지 없었을 것이다. 결국, 양측 사이에는 그다지 큰 공감대가 형성되어 있지 않았다. 페루 여행에는 어려움들이 너무 많아 여행의 즐거움은 애초에 포기하는 것이 마음 편하다. 하지만 우리의 소개장과 아레키파 주지사가 우리에게 미리 보내온 전보 덕분에, 우리는 정부와 친한 사람들로 알려졌고, 부지사로부터도 두 배의 환대를 받았다. 비스카라는 천성적으로 친절하고 점잖았으며, 보통 이상의 교육을 받아 지적이었다. 그는 모든 면에서 우리에게 최고의 정중함과 호의를 보여주었다. 우리가 온 것을 환영해주기 위해 그는 자신의 친구들을 초대했다. 그들은 테오도르 루즈벨트와 엘리우 루트의 사진을 가지고 왔을 뿐만 아니라 커다란 성조기도 직접 만들어 준비해 왔다. 비록 깃발에는 별이 36개 밖에 없었지만, 우리는 그들에게 깊은 감명을 받았다. 마침내, 미국과의 우호를 확인하는 화려한 잔치가 베풀어졌다.

하루는 부지사가 자신의 전용 이발사를 우리에게 보내 주겠다고 했다. 터커와 나는 이발소에 마지막으로 가 본 기억이 까마득했다. 파리나코차스에서는 다시 기회가 있을 것 같지 않아 우리는 흔쾌히 그의 호의를 받아들였다. 실탄이 장전된 총을 든 *헨다르메*의 호송을 받으며 이발사가 도착했을 때, 우리는 그가 그 지방 감옥의 죄수란 사실을 알았다! 나는 그의 죄명이 무엇인지 알고 싶지는 않았지만, 살인죄일 것 같다는 생각이 들었다. 그가 이발 가위를 싼 말문이 막힐 정도로 때가 묻고 기름에 찌든 헝겊을 풀었을 때, 나는 그의 봉사를 정중히 거절하고 싶은 마음이 굴뚝같았다. 하지만 부지사가 너무나 친절했고, "이발소"가 누추한 것에 대해 너무 미안해했기 때문에, 용기를 내어 머리를 자르는 것 외에는 다른 방법이 없었다. 비록 작동이 의심스러운 낡은 이발 가위에 머리를 맡기는 것이 전혀 유쾌하지는 않았지만, 그 죄수가 더 큰 양털 자르는 가위를 가지고 오지 않은 것만으로도 위안을 삼아야 했다. 그는 나의 경정맥(頸靜脈) 너무 가까이에서 가위질을 했다.

마침내 고문 같았던 시간이 끝나고, 그 죄수는 나의 감사 인사와 함께 사례를 받았다. 우리는 안도의 한숨을 내쉬며, 그가 *헨다르메*와 함께 안전하게 떠나는 모습을 동정어린 눈으로 쳐다보았다.

우리는 코타와시에 보우만 박사와 지형학자 헨드릭슨과 거의 같은 때 도착했다. 그들은 73도 경선 답사를 실시하며 믿지 못할 어려움들을 겪었지만, 이제 그 가장 힘든 난관을 통과했다. 그들의 보급품이 거의 다 떨어졌기 때문에, 우리가 아레키파에서 가져온 것들은 더욱 환영을 받았다. 왓킨슨이 헨드릭슨을 보조해 주기로 하면서, 보우만 박사는 며칠 뒤 사막의 지형과 지질조사를 위해 남쪽으로 떠났다. 그는 가마라 하사를 경호원으로 함께 데리고 갔다. 가마라는 적들의 음모를 피할 수 있는 것만으로도 기뻐했다. 우리가 오기 몇 달 전 일어난 폭동에서 코타와시의 병영과 감옥을 성공적으로 방어해낸 사람이 바로 가마라였다는 사실을 기억할 것이다. 부지사가 마을 밖까지 보우만 박사와 동행했다. 가마라의 안전을 위해 그들은 새벽 세 시에 집을 나섰고, 아량 넓은 주인은 날이 밝을 때까지 말을 타고 함께 동행해 주었다. 보우만 박사는 그의 한 중요한 논문, "남부 페루의 안데스 산맥"에서, "네 시에 우리의 은밀한 계획이 진행되었다. 소리 죽여 대문을 열고, 우리의 작은 기마행렬은 칠흑같이 어두운 마을길을 서둘러 빠져 나갔다. 그 군인은 안장에 자신의 장총을 걸친 채 앞장섰고, 바로 그 뒤를 부지사와 내가 달렸다. 짐 실은 노새들은 맨 뒤를 따랐다. 거의 길 끝에 다다랐을 때, 갑자기 대문 하나가 열리면서 섬광들이 우리를 향해 빗발치듯 쏟아졌다. 그 군인은 즉시 자신의 노새에 박차를 가해 길옆으로 피했다. 부지사는 자신의 말을 아주 세게 끌어당겼다. 또다시 섬광들이 날아오자, 그는 나를 벽으로 밀어 붙이며, 내게 속삭였다. '제기랄, 누굴까요?' 그러더니, 갑자기 그가 소리쳤다. '불지 마! 불지 마!'"

이 모든 소란의 원인은 어느 급한 손님의 옷을 다리기 위해 이런 말도 안 되는 시간에 일어나 하루 일과를 시작한 초라하지만 열심히 일하는 한 재단사 때문이었다. 그의 손에는 전력을 다해 불어서 불을 붙인 석탄이 가득 찬 구식 다리미가 쥐어져 있었다. 바로 그 불똥들이었다! 잘못을 깨달은 한 재단사와 그의 구식 다리미가 이런 새벽시간에 그렇게 어처구니없는 소동을 일으켰다는 이 이야기는 올리버 웬델 홈즈Oliver Wendell Holmes의 관심을 끌기에 충분했을 것 같다. 그는 이런 그림 같은 광경을 자신의 이야기 소재로 삼는 것을 즐기는 사람이었으므로, 코타와시의 군인을 놀라게 한 다리미에 관한 이야기를 아마 제대로 쓸 수 있었을 것이다. 특히, 다리미goose가 거위goose와 이름이 같은 것을 연관지어 고대 로마 군사들을 놀래켜 깨운 거위들에 관한 적절한 수필을 쓸 수 있었을 지도 모른다.

그 지방의 양탄자 직조산업을 살펴보는 코타와시의 부지사,
그의 군사 고문, 터커, 헨드릭슨, 보우먼 그리고 빙엄

코타와시의 가장 독특한 산업은 수직 베틀에서 손으로 짠 깔개와 양탄자들이다. 그 지방의 양탄자를 짜는 사람들은 먼저 방모사(紡毛絲)로

로 날실과 씨줄을 만들고, 거기에 원하는 문양에 따라 검정색, 회색 또는 흰색의 알파카 양모 고리들을 끼워 넣는다. 그리고 파일이 깊게 형성되도록 고리들을 자른다. 그 결과는 적당히 두껍고, 따뜻한 회색의 양탄자이다. 일반적인 페루 원주민들의 양탄자에는 파일이 없다. 이 산업은 아마도 수 세기 전 스페인 사람들에 의해 유럽에서 전해진 것 같다. 그리고 이 외딴 지역에만 제한적으로 남아 있는 듯하다. 이 양탄자 제작자들은 작은 원주민 집단을 이루며 마을 외곽에 살았지만, 그들은 사람들의 요청에 따라 수동 베틀을 들고 이집 저집으로 다녔다. 이곳의 전통은 양탄자를 원하는 사람이 양털실을 사서, 원하는 문양을 알려주고, 베 짜는 사람에게 침식과 *코카coca*, 담배와 술을 제공한 뒤, 매일 매일 조금씩 커져 가는 양탄자의 모습을 지켜보는 것이다. 양탄자를 짜는 사람들은 새로운 문양을 베끼는 솜씨가 아주 뛰어났다. 비스카라의 호의로 우리는 헨드릭슨이 특별히 도안한 각자 이름의 첫 글자가 박힌 조그마한 양탄자를 선물로 받았다.

11월의 어느 이른 아침, 친절한 주인과 작별을 고하고 파리나코차스로 가는 길을 알고 있다는 어느 그림에나 나올 법한 나이든 안내인을 따라 코타와시를 떠났다. 큰길은 불안하기 짝이 없는 다리 위에서 이웃한 시냇물과 교차하고 있었다. 다리의 중앙 교각은 시냇물 한복판에 있는 거대한 바위 위에 너무나 원시적인 석조기술로 세워져 있었다. 다리의 중심 교량으로는 두 개의 통나무가 가로질러 놓였고, 그 위에는 많은 나무 잔가지들을 얹고 흙과 돌을 깔아 놓았다. 어느 쪽에도 난간은 없었지만, 우리 노새들은 이전에도 이런 다리를 건너보았기 때문에 크게 걱정되지는 않았다. 계곡 북쪽에 있는 문기Mungi라는 아주 작은 마을을 지나 협곡을 등반해 빠져나오자, 지금은 식량용 옥수수와 보리를 경작하는 아주 훌륭한 수백 개의 인공 테라스들을 지나게 되었다. 이런 황폐한 지역에서 놀랍게도 한쪽 편에 작은 폭포로 이르는 길이 있었다. 그러나 조사해본 결과, 그것도 이들 농토처럼 인공적인 것이었다. 그것이 존재할 수 있었던 것은 아마도 고대 관개수로들의 위쪽과 아래쪽사이가 일시적으로 연결됨으로써 가능했을 것이다.

시간이 갈수록 우리의 짐 행렬은 좁고 바위로 뒤덮인 꼬불꼬불한 길로 올라갔다. 기후는 농사를 짓기에 적당했다. 협곡은 어느 면도 가파르지 않았고, 옹벽으로 된 테라스와 관개시설이 오래전에 이곳을 경작지로 바꿔 놓았다. 계곡 밑으로부터 120미터 위에서 아름다운 테라스들을 연속적으로 만났다. 협곡 정상 부근의 평평한 곳에 텐트를 세웠다. 근처에는 목동들이 고원 너머로 풀을 뜯어먹으러 오는 가축들을 위해 대충 돌로 지어놓은 축사들과 다음날 아침까지도 일부는 얼어 있는 작은 시냇물이 있었다. 우리의 야영지는 해발 4,400미터에 위치했다. 근처에는 바람과 모래에 의해 침식된 탑 모양의 신기한 바위들이 있었다.

다음날 우리는 산의 목초 지대로 들어갔다. 가끔씩 습지와 눈 녹은 작은 물웅덩이들을 지났다. 그곳을 지나던 중 뒤로 돌아서서 거대한 코타와시 협곡을 따라 솔리마나의 빙하와 눈 덮인 코로푸나까지 쭉 훑어보았다. 우리가 파리나코차스를 향해 갈수록 그들의 모습은 점점 희미해져 갔다. 해발 5,000미터의 살아 있는 생명체라고는 거의 없이 오직 바위와 모래로만 뒤덮인 거대하고 황폐한 고원을 가로질러 건넜다. 그 한복판에 있는 아름다운 호수에 다다랐지만, 그곳은 파리나코차스가 아니었다. 고원 지대는 엄청나게 추웠다. 몸을 따뜻하게 하기 위해 나는 가끔씩 노새에서 내려 그 옆을 따라 뛰었다. 코로푸나에서의 경험 덕분에, 심지어 4킬로미터를 속보로 꾸준히 걸은 후에도 불쾌감이나 고산병 증세로 인한 고통이 전혀 느껴지지 않는다는 것을 알게 되었다. 그날 오후, 우리는 고원 지대에서 람파Lampa를 향해 내려가기 시작해 아호치우차Ajochiucha의 목초 지대에 이르렀다. 그곳에서는 비와 눈으로부터 수분을 흡수해서 자라는 *이추*ichu 풀과 그 밖의 작고 잎이 무성한 식물들이 커다란 양과 야마, 알파카 무리의 먹이로 먹혔다. 그 주인들은 개간된 계곡에 살았지만, 원주민 목동들은 높은 목초지대에서 폭풍우와 살을 에는 바람을 그대로 맞아야만 했다.

알파카들은 대체로 겁이 많다. 하지만 목이 말라 작은 습지 위쪽의 물구덩이를 찾는 동안만큼은 멈춰서 있어야 했기 때문에, 내가 그들을 가까이서 관찰하는 것을 허락했다. 알파카의 털은 세상에서 가장 부드러운 털 가운데 하나이다. 하지만 알파카 털로 제조된 옷감의 수요가 많은 것을 알아차린 약삭빠른 장사꾼들은 벌써 수년전부터 외투의 안감이나 우산, 따뜻한 날 입는 얇은 외투에 사용되는 표면이 딱딱하고 보통은 검정색으로 염색한 면화뿐만 아니라 양털로 짠 훨씬 값싼 옷감에도 상술(商術)로써 "알파카"라는 이름을 붙였다. 그것들은 보통 알파카 털을 전혀 포함하지 않았으므로, 당연히 값이 저렴했다. 오늘날 시장에 나오는 진짜 알파카 털은 그렇게 부르지 않는다. 그것은 길고 매끄러우며, 양털보다 곧고, 섬유질이 강하고 짧으며, 매우 부드럽고, 유연하면서도 또한 탄력이 있다. 그것으로 아름답고 편한 직물을 짤 수 있다. 겨울용 의류로써 비싼 가격에 부드럽고 푹신한 털실로 짠 옷들을 "비쿠냐", "낙타털" 등의 여러 가지 이름으로 부르지만, 이들이 진짜 알파카로 만든 것들이다.

그의 사촌격인 야마처럼, 아마 알파카도 초기 페루 사람들에 의해 신대륙에서는 가장 큰 낙타였던 야생 구아나코guanaco가 길들여졌을 가능성이 있다. 구아나코는 아직도 야생 상태로 존재하고 있지만, 오직 단일 색을 가지고 있다. 야마와 알파카는 극단적으로 다양한 색이 되었다. 원주민들에 의해 두꺼운 담요로 사용되기는 하지만, 야마 털은 너무 거칠어 의류용 천으로는 거의 짜지 않는다. 짐 실을 목적으로 길러진 야마는 낯선 사람들에게도 익숙해져 있어 말이나 소보다도 우리를 겁내지 않았다. 반면에, 짧고 부드러운 풀과 풍부한 물처럼 좋고 귀한 먹이를 필요로 하는 알파카는 가장 외지고 높은 산의 고원 지대에서 방목되고 있었기 때문에, 털을 자르는 시기를 빼고는 한가한 목동들 외에는 거의 보기가 힘들었다. 그리고 비록 먼 사촌격인 비쿠냐만큼은 겁이 많지 않지만, 낯선 사람들을 극히 꺼렸다. 내가 처음 몇 마리의 알파카들을 보았던 때를 잊을 수 없다. 그들은 장난감 가게에서나 볼 수 있는 "털북숭이 강아지" 같았다. 목을 따라 눈까지 털이 북슬북슬했고, 다리를 따라서는 털이 발이 보이지 않을 정도로 덮고 있었다. 이 긴 다리의 우스운 모습을 말로는 설명하기가 곤란하다. 그들은 바퀴달린 장난감 같이 보이지만, 실제로는 소만큼 빨리 달릴 수 있다.

머리와 목, 다리 등에 털이 훨씬 적은 야마도 다른 관점에서 보면 흥미로운 동물이다. 그들의 표정은 아주 거만하고 건방져 보인다. 주위에 대한 그들의 태도는 마치 자신들이 그렇게 만든 것이 아니라 환경에 의해 그렇게 된 것처럼 보인다. 자기 종에 대한 자부심과 넘치는 오만함으로 머리를 있는 대로 높이 쳐든 채 목을 빳빳이 세우고 있기 때문에, 밧줄 하나만 있으면 그 주변의 다른 동료들과 함께 전체를 묶어 우리에 가둘 수 있었다. 현재는 10달러면 한 마리를 살 수 있다.

아호치우차의 목초 지대에는 많은 암수 양들 그리고 야마와 알파카 둘 다 있었다. 목동은 대부분이 어린 아이들로 자신들이 돌보는 가축들보다도 겁이 많았다. 그들은 바위나 관목 뒤에서 눈에 안 띄게 웅크린 채 우리의 주의를 끌지 않으려 애썼다. 오후 다섯 시 무렵, 치치팜파Chichipampa라는 한 건조한 *팜파*에서 만약에 발생할지도 모르는 기근에 대비해 지어진 지금까지 알려진 잉카시대 창고들 가운데 가장 큰 것들 중 하나로 밝혀진 유적을 발견했다. 그것은 나에게 안데스 산맥을 지배했던 고대 이집트의 파라오Pharaoh와 같은 존재였던 자비로운 전제군주들의 시대를 연상시켜 주었다. 인구가 밀집한 계곡들과 접해 있었지만, 아직까지 사람들에 의해 점유되지는 않았다.

다음날, 야영지를 떠나자마자 서둘러 람파 계곡의 가장자리로 갔다. 그곳에도 이 지역만의 매우 독특한 1.6킬로미터 깊이의 또 다른 협곡들이 있었다. 짐 실은 노새들은 나선형의 길을 헐떡이며 걸어 내려갔다. 그 길은 백 채도 넘는 오두막들이 이리저리 흩어져 이루어진 콜타 Colta라는 진흙빛 원주민 마을 위에 걸쳐 있었다. 코타와시 계곡에서처럼, 여기서도 협곡의 면들을 따라 위쪽으로 수백 미터나 뻗어나간 수백 개의 고대 테라스들이 있었다. 많은 것들은 전혀 손질이 되어 있지 않았지만, 콜타 근처의 것들은 옥수수나 감자, 보리의 재배를 위해 이용되고 있었다. 경작되지 않는 곳들은 선인장, 가시덤불 그리고 반건조성 지역의 구부정하고 왜소한 나무들로 덮여 있었다. 마을 안에는 여섯 그루의 호주산 유칼립투스 나무들이 있었다. 이 보기 좋고 아주 성공적인 이주자들은 페루의 심장부에서 뿐만 아니라, 콜롬비아의 안데스 산맥이나 캘리포니아와 하와이 섬들의 새로운 산림 보존 지역에서도 접할 수 있다.

콜타 근처 치치팜파에 있는 잉카시대 창고

콜타에는 타일 지붕의 이층집들이 몇 채 있었다. 그 중 몇 집에는 이층에 개방된 베란다가 있는 것으로 보아, 이곳의 기후가 항상 쾌적하다는 것을 알 수 있었다. 그 집들의 벽은 햇볕에 말린 진흙 벽돌로 지어졌고, 대부분을 이루고 있는 풀로 지붕을 이은 오두막들도 벽은 마찬가지였다. 길은 계획성 없이 나 있었고, 마을 안팎에 많은 수의 테라스들이 있는 것으로 보아, 콜타도 그 당시 대부분의 페루 마을들과 마찬가지로, 16세기 스페인 점령기 때 형성된 것으로 보였다. 리마나 아레키파와 같은 도시들은 확실히 예외적이다. 콜타를 떠나 주변에 많은 고대 문화의 흔적들이 있는 돌출된 산등성이 밑을 돌아, 넓고 황폐한 협곡 완카완카 Huancahuanca 계곡 안으로 들어갔다. 안내인은 우리가 파리나코차스에 가까이 왔다고 말했다. 두 개의 협곡을 더 지나 몇 킬로미터 떨어지지 않은 곳에는 정상이 눈으로 덮인 사라사라 Sarasara 가 있었다.

완카완카 협곡의 중심 마을인 람파는 강 위쪽으로 300미터 넘게 올라가서 자갈과 충적층으로 이루어진 거대한 자연 테라스 위에 있었다. 테라스의 일부에는 관개시설이 있었고 경작을 하는 것 같았다. 우리가 방문했을 당시, 열정적인 농부들은 그들이 현재 살고 있는 *팜파* 보다 더 넓은 지역에서 경작하기 위한 관개시설 확장 계획을 세우고 있었다. 그러나 이 새로운 관개 계획은 실제로 시행에서 완료까지 오랜 시간이 필요할 것 같았다. 람파에서는 우리를 따뜻하게 대접해주지 않았다. 알다시피, 호위병 가마라 하사는 보우만 박사와 함께 아레키파로 돌아갔다. 그리고 우리의 훌륭한 두 *아리에로스* 테하다 형제가 "청동단추"가 달린 사람 없이 여행하고 싶다는 뜻을 계속해서 내비쳤기 때문에, 코타와시의 부지사에게 그의 *헨다르메*들 중 한 사람을 우리와 함께 보내달라는 부탁을 하지 않았었다. 그런데 그것이 실수였던 것 같다. 어떤 사람의 페루여행 목적이 광산을 찾아 현지답사를 한다거나,

커다란 무역회사나 위탁판매점들 가운데 하나를 대리하고, 그것도 아니면 실제로 물건을 직접 팔러 다니는 것과 같이 사람들이 쉽게 이해할 수 있는 것이 아니라면, 그 사람이 즐거움을 위해 노새를 타고 여행을 한다는 것은 상상할 수 없고, 또 자신의 개인적 성취감을 위해 과학적 탐사를 한다는 것도 도저히 이해가 되지 않는 사람들의 본능적인 의심을 사는 것은 어쩌면 당연한 일인지도 모른다. 물론, 탐험가들이 *헨다르메*를 동행해서 도착한다면, 그것은 그 탐험 계획이 승인을 받았거나 아니면 정부의 재정적인 지원을 받는다는 완벽한 증거가 된다. 그들은 탐험가들의 수입이 좋다고 생각하기 때문에, 그 반대의 경우는 그들이 살아오면서 얻은 경험상 생각할 수도 없는 일이다. 남미의 정부들은 거의가 예외 없이 가족주의적이기 때문에 국민들은 그것이 과학적이든, 경제적이든 아니면 사회적이든 간에, 모든 연구와 관련된 일은 정부에 의해 주관되고, 모든 비용은 국고에서 지출되는 것으로 알고 있다. 개인적인 사업에는 지원이 되지 않는다. 페루에서의 나의 모든 이전 탐험들에서 레기아 대통령 정부의 호의로 지원받은 *헨다르메*가 얼마나 많은 사람들의 의심의 눈초리를 잠재우고, 또한 우리를 따뜻하게 환대하도록 만들어 주었는지 당시에는 깨닫지 못했지만, 우리는 아주 편안하게 여행할 수 있었다.

그런데 지금 *헨다르메* 없이 이 깔끔한 마을 람파에 들어서면서 우리가 극단적인 의심과 불신의 대상이라는 사실을 의심할 여지없이 곧바로 알 수 있었다. 하지만 이 마을의 잘 정돈된 길과 새로 회반죽을 입힌 집들 그리고 전체적으로 풍요로운 분위기는 감탄하지 않을 수 없었다. 마을의 *고베르나도르*governador는 중심 거리에 있는 붉은 타일로 지어진 집에 살고 있었다. 정원을 보나 아니면 지붕을 바치고 있는 기둥들을 보나, 그것은 지어진 지 적어도 이백 년은 된 것 같았다. 그는 정부로부터 우리 일에 대해 들은 바가 전혀 없었다. 그의 주변 사람들은 그에게 우리를 적대시하도록 충고했다. 다행스럽게도, 비록 람파에서는 이방인이었지만, 좋은 혈통에 어느 정도 지위도 있는 사람들인 우리 *아리에로*들이 그의 의심을 일시적으로나마 누그러뜨릴 수 있었다. 비록 우리를 구금까지는 하지 않았지만, 나는 그의 조치가 우리 여행의 진짜 목적을 이해하려고 하기보다는 우리가 어떤 죄를 짓고 도망 중인지 알아내는 편이 훨씬 쉬울 것이라고 생각하는 아주 의심 많은 마을위원회의 승인을 받은 것은 아니었다고 확신한다.

우리가 람파에서도 잘 알려진 파리나코차스호로 가려고 한다는 사실이 더욱 그들의 의심을 샀다. 람파는 그 주위에서 기르는 수많은 양과 알파카, 비쿠냐 털을 이용해 만든, 그 주변뿐만 아니라 아레키파에서도 수요가 많은, 고급 판초와 담요를 짜는 사람들로 잘 알려져 있는 것 같았다. 바깥세상에서 흔히 하는 것처럼, 이곳에서도 일 년에 한번 열리는 대규모 전시회에 수백 킬로미터 떨어진 곳에서 외부세상의 물건들을 가지고 이 외딴 마을들까지 들어오는 상인들에게 이런 훌륭한 물품들이 팔려 나갔다. 얼마 동안인지 알 수 없는 세대 동안, 이 주변 마을들의 커다란 전시회가 파리나코차스의 호숫가에서 열려 왔다. 모든 사람들이 이 전시회에 가는 것을 고대하고 있었다. 우리나라의 전국적인 전시회에서도 그런 것처럼, 그곳이 그들에게는 친구들을 서로 만날 수 있는 기회였고, 흥청거릴 수 있는 기회였으며, 술과 온갖 향락을 즐길 수 있는 기회였다. 이 일 년에 한번 열리는 전시회 주간을 제외하고, 파리나코차스 유역은 우리나라의 전시장들처럼, 전시회 때 쓸 목적의 몇 채를 빼고는 집도 거의 없이 그저 황량하고 삭막했다. 우리가 적기에 파리나코차스로 가는 길이었더라면, 그보다 더 이상적일 수는 없을 것이고 칭찬을 들을만했다. 그러나 아무것도 없는 기간인 일 년의 51주일 가운데 한 날에 파리나코차스로 가려 하는 것이 마을사람들의 정서로서는 도저히 이해할 수 없는 일이었다. 그래서 “지방 관리들"에게는 우리가 황폐한 전시장에서 야영을 하려는 이상한 떠돌이 집시 정도로 받아들여졌을 것이다.

테하다 형제는 마을에서 밤을 보내는 것을 달가워하지 않았다. 아마도 그 이유는 우리들과의 계약에 따라 노새들 먹이에 드는 비용이 그들 부담이었기 때문인 듯했다. 마초 값은 이런 큰 마을이 시골보다 훨씬 비쌌다. 이곳에서 밤을 보내기 싫은 것은 우리도 마찬가지였다. 왜냐하면 아침이 오기 전에, 마을의 말 많은 사람들이 *고베르나도르*에게 우리를 잡아가두라고 계속 설득할 것이 분명했기 때문이다. 그렇지만, 우리가 그의 집 마당에서 수동 베틀로 옷감을 짜고 있는 원주민 여인의 사진을 찍으려할 때 그녀가 당황하는 모습을 보고 굉장히 재미있어 하는 것을 보아서는, 그도 실제로는 유쾌하고 호의적인 사람이 분명했다. 그 여인은 베틀의 한쪽 끝은 자신의 허리에 묶고, 다른 한쪽은 유칼립투스나무에 묶은 채 땅바닥에 앉아 있었기 때문에, 쉽게 그 자리를 피할 수 없었다. 그러자 그녀는 자신의 눈과 입을 손으로 가리고, 우리의 이상한 행동에 수치스러워 거의 흐느껴 울었다. 페루의 여인들은 하나같이 몹시 수줍음을 탔고 거의 사진에 찍히려 하지 않았으며, 다른 사람의 주의나 시선을 피하려 애썼다. 그렇지만 스페인과 원주민 조상의 혼혈인 *고베르나도르* 가족의 여자들은 사진 찍히는 것을 거부하지도 않았을 뿐만 아니라 오히려 곤경에 빠진 그들 자매에게 보기 흉하고 인정머리 없는 조소를 보냈다.

람파를 떠나 참으로 오랜만에 좋은 상태의 길을 만났다. 이런 탁월함은 이 호감 가는 마을 사람들의 진취성과 열정 덕분이었을 것이다. 자기 마을을 깨끗하고 말끔하게 유지하고, 또한 보통 어려운 일이 아닌 새 관개시설 건설에도 매진하고 있는 주민들을 보면서, 그들의 숙원인 해안까지 이르는 편안한 길도 언젠가는 가질 수 있을 것이라는 기대를 해도 될 듯했다.

완카완카 계곡을 넘어 나오면서 람파 마을을 생겨나게 했고, 그곳의 생산물들로 그곳에 사는 사람들을 잘 먹이고 에너지가 넘치게 했을 법한 고대의 농업용 테라스 흔적을 계곡의 경사면이나 충적층 평지 위 어디에서도 발견할 수 없었다. 그것으로 보아, 그 마을 자체는 현대에 형성된 것 같았다. 콜타까지 갈 수 있는 가까운 길들도 많고, 계곡들이 주위를 둘러싸고 있음에도 불구하고, 이런 곳에 고대 국가가 있었던 흔적이 거의 없는, 아니 전혀 없는 것이 매우 의아했다. 잉카시대 사람들이 이런 경작지가 극히 적은 지역에서 이렇게 넓은 충적층 테라스와 같은 훌륭한 농사 기회를 간과했으리라고는 믿어지지 않았다. 아마도 이곳에 살았던 고대 사람들은 땅이 훌륭하고 상대적으로 평평해서 인위적으로 테라스를 만들 필요가 없다고 생각한 것 같다. 한편으로는, 이곳이 잉카시대 말기까지 어느 해안부족에 의해 점유되었을 수도 있다. 이유야 어쨌든, 완카완카의 깊은 협곡은 아주 분명하게 다른 두 개의 지역으로 나뉜다. 겨우 몇 시간 만에 겹겹의 테라스로 된 콜타에서 테라스가 아닌 람파에 이르는 것은 그 원인을 깊이 생각하고 숙고해 봐야 할 아주 인상적인 사안이다. 스페인이 정복하기 그렇게 오래 전은 아니었지만, 잉카가 페루의 정복자이기 이전 초창기에는 높은 고원에 살던 부족들과 태평양의 해안가를 따라 살던 부족들이 확연하게 나뉘어져 있었다고 대부분 알려져 있다. 그들의 도자기는 문양과 장식에서 아주 달랐고, 그들의 도시와 신전들도 분명하게 구별되었다. 상대적으로 평평한 땅이 풍부했던 해안가 부족들은 산 위 사람들처럼 테라스를 개발하려 하지 않았다. 아마도 해안가 사람들의 생존자들이 이 충적층 테라스에 살았을 가능성이 있다. 발굴을 해보면 알게 될 것이다.

완카완카 계곡을 간신히 넘어 빠져나와 다시 능선을 오르자, 또 다른 인공 테라스들이 보이는 곳에 이르렀다. 넓고 깊은 계곡너머로 마치 손에 잡힐 듯 가까이에 화산활동이 멈춘 원뿔모양의 사라사라산이 솟아 있었고, 그 낮은 쪽 경사면들은 또 다른 협곡에 의해 우리와 분리되어 있었다. 산 정상 부근의 협곡들에는 눈이 쌓여 있었다. 우리의 길은 파라르카 Pararca와 콜카밤바 Colcabamba라는 두 마을 부근으로 이어졌다. 후자는 수백 개의 테라스들로 둘러싸인 짚으로 지은 오두막들이 뿔뿔이 흩어져 마을을 이루고 있는 콜타와 무척 닮아 있었다. 계곡 경사면의 식물들이 이곳에 비가 가끔 온다는 사실을 보여 주었다. 파라르카 부근에서는 돌 옹벽으로 된 오래된 테라스들에서 보리와 밀이 자라는 들판을 지나쳤다. 모든 정황이 상당히 많은 인구가 농업에 종사한다는 것을 보여주었고, 그들은 조상들이 힘들게 개간해서 물려준 밭을 잘 경작하고 있었다. 그러나 모든 테라스들이 경작되고 있지는 않았다. 수백 개의 테라스들이 최근에는 경작되지 않은 것을 볼 수 있었다. 한동안 휴경지로 두는 것 같았다.

*아리에로*들은 작은 마을들을 피해 핀카 로다데로 Finca Rodadero 부근 길에 야영지를 정했다. 결론적으로, 편안한 텐트와 좋은 음식 그리고 솜씨 좋은 *아리에로*들이 있었던 덕분에, 비록 고도가 3,500에서 4,000미터 정도였지만 원주민 마을의 냄새와 소음에 둘러싸여 있는 것보다는 깨끗하고 탁 트인 야외에서 밤을 보내는 편이 훨씬 더 즐거웠다.

다음날 아침, 밀밭을 지나 농사가 제일 잘 되는 경작지를 남겨두기 위해 자신들은 높은 바위산 중턱에 짚과 진흙 벽돌로 집을 짓고 사는 또 다른 커다란 원주민 마을 푸유스카 Puyusca를 지나쳤다. 그곳은 샘이 많고 얕으면서 물이 충분한 계곡의 안쪽에 위치해 있었다. 코타와시를 벗어나면서부터는 주위의 풍경이 완전히 달라졌다. 사막과 가파른 절벽들로 이루어진 협곡들도 우리 뒤로 멀리 있었다. 이곳은 온대 기후에서 잘 자라는 농작물들이 보이는 테라스들로 이루어진 완만한 경사의 구릉지였다. 농지들을 지나, 마침내 계곡 정상 부근 낮은 지대의 약간 움푹하게 파인 곳으로 올라가자, 거리가 30킬로미터도 더 되는 거대한 고산 지대의 분지 가장자리에 도달했다는 사실을 알게 되었다. 분지의 한가운데는 타원형의 큰 호수였다. 그 경계 지역은 분홍색이었다. 호수의 물은 대부분 짙푸른 색이었지만, 가장자리 부근의 물은 옅은 연어빛 분홍색을 띠고 있었다. 무엇이 이런 신기한 색을 만들어냈을까? 그것은 플라밍고들이었다. 셀 수 없을 만큼 많은 수천 마리의 플라밍고들. 마침내 파리나코차스다!

4
플라밍고 호수

파리나코차스 분지는 해발 3,500에서 3,650미터 사이에 위치해 있다. 아레키파에서는 북서쪽으로 약 240킬로미터, 쿠스코에서는 남서쪽으로 약 270킬로미터 지점에 위치해 있으며, 상당한 강우량을 가졌다. 호수로는 샘과 작은 시내들로부터 물이 유입되었다. 지질학적으로 과거에 이 호수(이후에 훨씬 커졌다)에는 푸유스카 마을로부터 얼마 떨어지지 않은 곳에 배수구가 있었다. 그러나 현재 파리나코차스에는 눈에 보이는 배수구가 없다. 푸유스카 옆 계곡을 올라가면서 목격한 커다란 샘들이 이 호수로부터 물을 공급받을 가능성이 있다. 한편, 수많은 작은 샘들을 호수 바로 경계지점에서 발견할 수 있었는데, 아마도 매장된 광물질에 의해 만들어졌을 가능성이 있는 습지가 대부분을 이루고 있는 주변의 평지보다도 90에서 120센티미터 더 높은 작은 언덕에 있었다. 물가에서 위쪽으로는 아주 오래된 해변 흔적들이 뚜렷하게 있었다. 호수의 수위가 현재보다 30센티미터 이상 높았었다는 증거는 아직까지 발견되지 않았지만, 현지인들에 따르면, 우기에는 호수의 수위가 현재보다 상당히 높이 올라간다고 한다. 겨우 30센티미터 정도의 수위 상승에도 호수의 면적은 상당히 넓어진다.

클레멘츠 마컴 경이 제안한 "파리나코차스호 수심조사"를 위한 준비를 뉴 헤이븐에서 하고 있을 때, 호수 깊이가 3미터일지 아니면 3,000미터일지를 참고해 볼만한 어떤 지리학 저술도 찾을 수가 없었다. 우리는 그 깊이가 300미터 이상은 되지 않을 것이라고 추측했다. 죠지 바셋의 친절한 도움으로 낚시꾼들이 큰 고기를 잡을 때 쓰는 "24가닥" 이라고 부르는 낚싯줄을 300미터 구해 운반하기 편하게 커다란 나무 실패에 감았다. 추키밤바에 있는 동안, 왓킨스는 무료한 시간을 달래기 위해 이 두꺼운 줄에 180센티미터 간격으로 흰색과 빨간색 천을 사용해서 166개의 표식을 달았다. 그 덕분에, 깊이가 얼마나 되는지 신속하게 잴 수 있었다.

호숫가 북쪽의 낮은 쪽 반도에 도착한 뒤, 터커와 나는 야영지를 마련하고, 노새들은 먹이를 위해 푸유스카로 되돌려 보냈다. 그리고는 수심측량 작업을 위해 노새 등에 지워 먼 길을 가지고 온 아크미 접이식 보트를 조립했다. 비록 처음 대하는 것이었지만, "아크미"의 조립은 쉬웠다. 무게가 가벼워 호수 가장자리 얕은 물에서도 잘 떠 있었고, 늦은 오후의 심한 바람으로 인해 호수가 심술궂은 작은 "바다"를 이룰 때도 든든하게 버텼다. 나는 원주민들이 배를 타고 한 번도 항해해 본 적이 없었다는 호수에 노를 저어 나가 수심측량을 시작했다. 티티카카호의 깊이는 270미터가 넘는다. 여분의 줄을 가져오지 않았기 때문에 만약 파리나코차스호가 300미터가 넘는다면, 그것은 아주 난감한 일이었다. 호수가 180제곱킬로미터가 넘는 면적이므로, 300미터까지의 수심을 측정하는 것은 아주 더딘 일일 수밖에 없었다.

호숫가에서 보트를 8킬로미터나 저어 나가 수심을 재야 한다는 사실에 걱정과 기대의 두 가지 감정이 동시에 몰려왔다. 커다란 실패를 양

손으로 단단히 붙잡고, 낚싯줄을 물속으로 던졌다. 실패가 한두 번 돌더니 멈췄다. 뭔가 잘못되었다. 줄은 더 이상 내려가지 않았다. 줄이 엉켰나? 아니었다. 장비에는 아무 이상이 없었다. 그렇다면 무엇이 문제란 말인가? 바닥이 너무 얕았다! 300미터나 되는 최고의 "24가닥" 낚싯줄을 실패에 감느라 힘든 고생을 한 바셋이여! 166개나 되는 "깊이 표식"을 만드는 수고를 한 왓킨스여! 호수의 바닥은 보트 밑바닥에서 겨우 120센티미터밖에 되지 않았다! 3, 4일에 걸쳐, 호수를 길이로 29킬로미터 오르락내리락하고, 폭으로는 27킬로미터를 앞뒤로 열심히 노를 저었지만, 왓킨스의 첫 번째 표식도 물에 적셔보지 못했다! 수백 번의 시도에도 150센티미터 이상 되는 곳은 발견할 수 없었다. 만약 우기에 왔더라면, 표식 하나 정도는 적실 수 있었겠지만, 우리가 방문한 1911년 11월에는 호수의 최대 깊이가 135센티미터에 불과했다. 나는 우리가 이 호수에서 실제로 눈에 띌만한 성과를 찾지 못했다는 애석함 때문에, 지리학적 지식에 조그마나마 일조를 했다는 만족감마저 잃어버려지는 것은 아닐까하는 두려움이 든다.

이 호수가 이렇게 얕은 것을 어째서 사람들은 그렇게 오랫동안 몰랐단 말인가? 하지만 나는 이런 감정을 한 전함의 선장이 들려주었던 얘기를 떠올리며 위안으로 삼았다. 호놀룰루와 진주만 사이에 있는 한 붉은 산 부근에 원주민들 사이에서는 "바닥이 없다"고 알려진 염호(塩湖)가 하나 있었다. 그는 전함에 있는 가장 무거운 보트 중 하나를 엄청난 힘과 노동력을 들여 염호의 가장자리에서 안쪽으로 수 킬로미터를 끌고 들어가 보도록 명령했다. 어린 시절에 들었던 이 이야기에는 수심을 재는 줄을 얼마나 가지고 갔었는지는 얘기가 없었다. 어쨌든, 그들은 이 "깊이를 헤아릴 수 없는" 물의 깊이가 4.5미터가 채 넘지 않는다는 것을 알아냈다.

파리나코차스의 수심에는 실망했지만, 작은 접이식 보트를 가지고 온 것은 정말 잘한 일이었다. 왜냐하면 얕은 수심의 물을 아주 좋은 먹이터전으로 삼는 수많은 새들 사이를 유유히 떠다닐 수 있게 해 주었기 때문이다. 새들 중에는 분홍색의 플라밍고와 흰 갈매기, 작은 "잠수하는 물새", 큰 검정 오리, 도요새, 검정 따오기, 상오리 그리고 큰 거위 등이 있었다. 둑 위에는 올빼미와 딱따구리가 앉아 있었다. 원주민들이 이곳에 "파리나코차스(파리나 : 플라밍고, 코차스 : 호수)"라는 이름을 붙인 것은 하나도 이상한 일이 아니었다. 이곳에는 플라밍고들이 믿지 못할 만큼 많았다. 다른 어떤 종류의 새들보다도 그 숫자가 많았고, 이미 얘기한 것처럼, 실제로 호수의 얕은 물을 분홍색으로 보이게 만들었다. 다행히 그들은 깃털 때문에 사냥을 당하지는 않아서인지 그다지 겁이 없었다. 이틀 정도 보트와 친숙해지자, 내가 20미터 정도까지 다가가도 날아가지 않았다. 단조로운 회색과 갈색의 대지에서 그들의 색 물결은 눈을 즐겁게 해주었다. 머리는 흰색, 부리는 검정이며, 목은 흰색에서 연어빛 분홍색으로 변해간다. 몸통 색깔은 등 위쪽은 분홍빛이 나는 흰색이고, 가슴은 흰색, 꼬리는 연어빛 분홍색이다. 날개의 앞은 연어빛 분홍색이지만, 끝과 아래쪽 부분은 검정색이다. 물에 서 있거나 물 위를 헤엄칠 때는 전체적으로 분홍색과 흰색으로 보인다. 그러나 물에서 날아오르면, 날개 아랫부분의 검정색이 두드러지게 눈에 띄기 때문에, 만약 플라밍고들이 무리지어 날아오르면 눈부신 흑백의 대조를 일으킨다. 비행할 때는 목이 앞으로 일정하고 지속적으로 움직이는 것처럼 보이지만, 천천히 날갯짓을 할 때는 마치 로프같이 생긴 목이 물결을 친다. 이것이 시각적 혼란 때문인지는 나도 확실하지 않다. 그럼에도 불구하고, 나는 플라밍고가 머리를 일정한 속도로 앞으로 움직일 때 생겨나는 목의 파동 차이로, 무거운 몸이 불규칙하게 추진력을 받아 앞으로 나아간다고 생각한다.

파리나코차스호의 플라밍고들과 사라사라산

플라밍고는 재미있게 생겼다. 그 도도한 로마인들의 코와 거의 믿기지 않게 감고 비트는 긴 로프 같은 목은 특히 호수의 수심을 재보고 실망한 사람의 마음을 다른 데로 돌리려는 듯 했다. 그 쉰 목소리로 꺽꺽대는, "무슨 일이야what is it", "무슨 일이야what is it"하는 듯한 소리는 수심을 재는 작업에 깊은 목소리로 동정을 보내주는 듯 했다. 어느 달빛 밝던 날, 플라밍고들이 계속해서 아주 쉰 목소리로 "무슨-일-이야"하며 아주 시끄럽게 꺽꺽대는 소리를 내고 있었다. 잠자리에 들어야할 시간까지도 자기들이 기대했던 답을 제때 듣지 못한 게 분명했다. 다음날 아침, 우리는 자신의 머리를 날개 밑에 묻은 채 조용한 호숫가에 서서 모두 깊은 잠에 빠져 있는 플라밍고들을 목격했다. 오전 내내 호수의 물이 잔잔할 때, 그들은 호수 안으로 멀리 나갔다. 오후가 되어 만약 바람과 물결이 일면 호숫가 근처로 옮겨오지만, 그렇지 않으면 거의 물을 떠나지 않았다. 파리나코차스의 넓고 얕은 물은 그들에게 멋지고 드넓은 먹이터전이었다. 그들이 어디로부터 왔는지는 의문이다. 분명한 것은 그들이 여기서는 번식을 하지 않는다는 것이다. 비록 수천 마리의 새들이 있었지만, 아무리 조사해 보아도 오래되거나 새로 지은 플라밍고의 둥지는 전혀 발견할 수 없었다. 이 사실은 모험심 강한 생물학 탐험가에게 정말 흥미로운 문제를 던져준다. 프랭크 채프만이라면 언젠가 이 문제를 풀 수 있을 것이다.

플라밍고 다음으로 많은 개체는 해발 3,500미터 안데스 산맥의 호수까지 날아 온 것 자체가 신기한 아름다운 흰색 갈매기들(또는 제비갈매기?)이었다. 그들은 보통 수백 마리씩 함께 무리를 이루고 있었다. 플라밍고가 가지 않는 호수의 깊은 곳에는 작고 검은 잠수하는 물새들이 많이 있었다. 그들은 아주 빠르고 예리하며, 철저히 혼자서만 활동하고, 물속 먼 거리를 잠수해 가는 놀라운 솜씨를 보여 주었다. 커다란 검정 오리들은 플라밍고들보다도 훨씬 겁이 없어 카누 근처까지 헤엄쳐 왔다. 하지만 그들이 놀랐을 때는, 필사적으로 도망치려고 양 날개와 발로 물 위를 무서운 속도로 내달렸다. 이들 오리는 무리를 지어 있었고, 작은 물새들만큼 흔했다. 호수 여기저기에는 아주 작은 섬들이 몇 개 있었는데, 각 섬마다 따오기나 오리들의 것으로 보이는 버려진 새둥지가 오직 한 개씩만 덩그러니 남아 있었다. 우리의 첫 번째 야영지 근처 낮은 샘의 둑에는 이 지역에서 나무나 전봇대들을 찾는데 실패한 딱따구리들이 만들어 놓은 구멍들이 있었다.

호숫가에서 1.5킬로미터 정도 떨어진 곳에는, 물 밖으로 몸을 반쯤 내놓은 채 조용히 수분이 많은 물풀을 뜯어먹던 커다란 물소가 가끔씩 내 보트에 화들짝 놀라곤 했다. 그 녀석은 안전을 위해 머리와 목을 물속으로 깊숙이 집어넣었다.

내가 물에 거품을 일으켜 소와 플라밍고들을 놀래켜 쫓는 동안, 터커는 파리나코차스 연안을 삼각측량하면서 이 주변의 정확한 첫 번째 지도를 제작하고 있었다. 그는 각 지점들로 경위의(經緯儀)를 가지고 가면서, 거만하고 의심스러운 눈길로 그를 응시하는 작은 육지올빼미들을 쫓으려 종종 그것을 휘둘렀다. 그들만이 유일하게 그의 행동에 의심과 반감을 가지고 있는 생명체는 아니었다. 나의 일 가운데 또 한 가지는 그가 삼각측량을 신속하게 수행할 수 있도록, 완만한 언덕 위의 눈에 잘 띄는 지점에 돌들을 쌓아 신호용 표식을 세우는 것이었다. 밤 동안, 이 신호용 표식들 중 일부는 자신들 주위에 이상한 신들이 세워지는 것을 거부하는-오두막에 흩어져 무리를 이루고 살며 미신을 신봉하는-목동들에 의해 없어지거나 부서져 버렸다. 아마도 그들은 자신들의 목초지가 점령당한다고 생각한 것 같다. 우리는 이전에 호수의 바닥이었던 평평한 땅에서 수백 마리의 양과 소들이 풀을 뜯고 있는 것을 목격했다. 파리나코차스 유역의 산에는 나무가 거의 없어 방목지로는 제격이었다. 어떤 곳은 깨진 바위들로 덮여 있었다. 스페인 식민지시대에 들어온 양의 개량된 후손들이 그 풀을 뜯어 먹었다. 그들은 몸집이 작고 검정색도 많았지만, 대부분은 흰색이었다. 여기서는 양 한 마리의 가격이 50센트라고 했다.

처음 파리나코차스에 왔을 때, 우리는 목동들로부터 심하게 외면당했다. 그러나 이틀이 지나자, 호기심이 서서히 그들의 수줍음을 이겼다. 한 무리의 젊은 남녀 목동들은 천막으로 지은 집에 머물면서 사실상 금기시되어 있는 호수에 들어가기도 하고, 이상한 삼각대 위에 반짝거리는 유리 눈을 마술처럼 올렸다 내렸다하면서 매일같이 바쁜 수상한 사람들을 훔쳐보기 위해 점점 우리 야영지 근처로 다가와 우리를 지켜보았다. 여자들은 무거운 재질로 만든 옷을 입고 있었고, 치마길이는 무릎과 발목의 중간에 왔다. 그녀들은 햇빛과 바람으로부터 목과 어깨를 보호하기 위해, 모자 대신 수동 베틀로 짠 숄을 뾰족한 보닛이 만들어지게 접어 머리 위에 쓰고 있었다. 여자들은 각자의 손에 방추를 들고 쉴 새 없이 돌리면서, 그들의 아기와 용품들 그리고 담요는 끈을 가슴 쪽으로 통과시켜 머리 윗부분에 거는 해먹이나 삼각건에 넣어 다녔다. 이 온갖 것들을 나르는 삼각건은 부드러운 양털로 깔끔하게 짰고, 매력적인 문양들로 장식했다. 여자들과 남자아이들은 모두 맨발이었다. 남자아이들은 원주민들이 만든 낡은 펠트 모자를 썼고, 자신의 몸보다 훨씬 큰 외투와 바지를 입고 있었다.

호수 유역의 고지대 한쪽 끝으로 우아한 원뿔모양의 사라사라산이 솟아 있다. 이른 아침 유리 같은 호수 물에 투영된 눈 덮인 정상의 전경은 오래도록 기억에 남을 것이다. 한때는 사라사라가 현재보다 훨씬 더 높았던 것이 분명하다. 그 화산 원뿔은 눈과 얼음에 심하게 침식되어 왔다. 높이가 훨씬 더 높고, 설원이 더 넓었던 때에는 녹은 눈이 파리나코차스에 훨씬 더 많은 물을 모이게 했을 것이다. 우리가 이곳에 여름이 시작될 무렵 머무르고 있었음에도 불구하고, 밤에는 산에서 내려오는 바람이 무척이나 차가웠다. 한밤중에 온도계는 호숫가 부근에서 최저기온 섭씨 영하 6도를 가리켰다. 그럼에도 불구하고, 아침에는 호수의 경계에만 아주 얇은 살얼음이 얼 뿐, 가장 얕은 호수 가장자리를 제외하고는 안으로 갈수록 얼음은 볼 수 없었다. 오전 10시, 호숫가 근처와 표면에서 25센티미터 아래의 수온은 섭씨 16도였다. 반면에, 안쪽으로 갈수록 2, 3도 더 따뜻했다. 정오에 호숫가에서 8킬로미터 떨어진 곳의 수온은 섭씨 20도였다. 정오가 조금 지나자, 강한 바람이 호수 쪽으로부터 불어와 얕은 물을 휘저어 식혔다. 비록 뜨거운 태양이 거의 바로 머리 위에서 빛나고 있었지만, 곧바로 수온이 떨어지기 시작해 오후 두 시 반에는 섭씨 18도까지 떨어졌다.

호수의 물에는 소금기가 있다. 비록 어떤 경우에도 호숫가 근처를 벗어날 수는 없었지만, 우리는 소금기 없는 조그마한 샘 근처에서 야영을 할 수 있었다. 호숫가 부근에서 채취한 물 시료들은 뉴 헤이븐으로 보내졌고, 셰필드 과학학교의 조지 S. 제미슨 박사에 의해 분석되었다. 그는 그 물에 실리카, 철인산염, 탄산마그네슘, 황산칼슘, 질산칼륨, 황산칼륨, 붕산나트륨, 황산나트륨 그리고 상당량의 염화나트륨이 포함된 것을 알아냈다. 파리나코차스의 물에는 대서양이나 그레이트 솔트 레이크Great Salt Lake보다 탄산염과 칼륨이 더 포함되어 있었다. 일반적인 바닷물의 염분과 비교해 본 결과, 파리나코차스의 염도는 중간 정도였다. 코코-노르Koko-Nor보다는 높았지만, 대서양보다는 낮았으며, 그레이트 솔트 레이크 염분의 겨우 20분의 1이었다.

우리가 두 번째 야영지로 이동할 때, 테하다 형제는 노새들을 아주 좋은 자주개자리 마초가 있는 푸유스카 계곡에서 쉬게 하고 싶어 했다. *아리에로*들은 주로 파리나코차스의 당나귀로 구성된 대상행렬에 자비(自費)로 참여했다. 이 지방에서는 화물을 생가죽으로 만든 커다란 망사 그물에 담아 운반할 동물에 뱃대끈으로 묶는 것이 전통이다. 당나귀 행렬을 끌고 오는 원주민들은 "대량 생산된 옷"에 밀짚모자를 쓴 상냥한 표정의 강인한 사람들이었다. 그 당나귀들도 보통 당나귀들만큼 심술궂었지만, 까다롭거나 변덕스럽지는 않았다. 그렇지만 고집스럽게 저항했기 때문에 짐이 있는 근처까지 온갖 노력을 기울여 끌고 와야 했다.

두 번째 야영지는 그 유역의 북서쪽 모퉁이에 있는 "잉카의 집the house of the Inca"이라는 뜻의 잉카와시Incahuasi 마을 근처였다. 라이몬디는 1863년에 이곳을 방문했었다. 파리나코차스 소유자의 대리인이 그곳 집들 중 한 곳에 살고 있었다. 나머지 집들은 일 년에 한번 열리는 전시회 때인 8월 셋째 주 동안에만 사용된다. 지금은 아무도 없는 광장에는 부분적으로 진흙 칠을 한 나지막하게 돌로 지은 직사각형 물체들이 여러 곳에 있었는데, 나중에 부스로 사용하기 위해 준비해 둔 것들이었다. 광장은 진흙 벽돌과 투박한 마름돌(일정한 치수의 크기로 잘라 놓은 돌/역자 주)로 지은 긴 초가지붕 건물들로 둘러싸여 있었다. 몇몇 마름돌들에서는 고대 석공들이 심혈을 기울여 다듬은 흔적을 엿볼 수 있었다. 일부 무너진 돌들은 무게가 반 톤쯤으로, 현대의 건축가들도 시도할 엄두를 내지 못할 정도였다.

꼭 들어맞는 마름돌들이 아름답게 펼쳐진 벽은 커다란 교회를 짓는 과정에 많은 이점이 있었다. 잉카와시라는 이름은 잘 붙여졌다. 과거 한때, 아마도 이곳에는 신전(당시 호수는 숭배의 대상)이었던 잉카의 거처가 있었거나, 족장이나 세금을 걷는 관리들이 잉카의 광활한 영토를 편안하게 여행할 수 있도록 건축한 휴식처가 있었을 것이다. 우리는 파리나코차스 유역 언덕의 경사면이 고대 테라스의 잔재들로 잘 덮여 있는 것을 발견했다. 아마 한때는 이곳에서 감자와 기타 근채류들이 상당량 재배되었던 것으로 보였다. 산림벌채와 그에 따라 증가한 황폐화가 한때는 경작지였던 이곳에 사막화를 초래했을 것이다. 호수의 서쪽 언덕에는 과거 매장장소로 쓰였던 동굴들이 있는 몇 개의 메마른 협곡이 서로 교차하고 있었다. 동굴 안쪽은 한때 진흙에 돌을 넣어 만든 벽으로 막혀 있었으나, 벽의 일부가 무너져 내리면서 무덤 안에 소장되어 있었을 모든 귀중한 물건들은 도둑맞았다. 우리는 동굴의 잡석들 속에 방치된 9내지 10개의 두개골을 발견했다. 그중 하나에는 구멍이 뚫려 있는 것 같이 보인다.

산등성이 정상에는 돌들이 흩어져 있는 들판을 가로지르는 1.5미터 폭의 풀로 뒤덮인 넓은 길이 나 있었다. 이 길을 정비하거나 포장하려 한 노력은 전혀 보이지 않았고, 최근에 이용한 흔적도 없었다. 이 길은 호수에서 시작해 산등성이를 가로질러 많은 테라스와 경작지들이 있는 서쪽방향의 넓은 계곡으로 이어졌다. 나스카Nasca에서도 그다지 멀지 않았다. 아마도 돌투성이 산등성이들을 넘어야 했던 야마 대상들이 시간을 절약하기 위해 돌을 치워 양옆에 쌓아놓은 것 같았다. 야마는 어떤 장애물, 심지어 아무리 낮은 담장도 그 위로는 넘어가려 하지 않는다. 풀로만 덮인 이 길로는 분명히 이 거만한 짐승을 가고자 하는 방향으로 끌고 갈 수 있었을 것이다.

언덕들 위 여러 곳에서는 이런 고도(3,600미터)에서도 만날 수 있는 예상치 못한 사납고 갑작스러운 눈 폭풍이나 우박을 피하기 위해 크고 작은 돌들로 임시로 지어 놓은 원형 울타리와 대피소들의 윤곽이 보였다. 대피소들은 거의 허물어져 가는 상태였고, 거친 스코리아질 화산암으로 만들어져 있었다. 원형 울타리들은 직경이 2.5에서 7.5미터로 다양했다. 대부분은 최근에 누가 이용했던 흔적이 전혀 보이지 않았다. 작은 울타리들은 작은 원형 오두막들의 기초였을 것이고, 큰 울타리들은 아마도 알파카와 야마들이 흩어지지 않게 가둬둠으로써 늑대나 코요테들로부터 보호할 수 있는 축사였을 것이다. 이 잔재들의 연대는 솔직히 의문이다. 울타리들의 모양이나 크기에서 의심이 가기는 하지만, 그것들이 유사(有史)이래 목동들이 정착했었다는 사실을 보여주는 것일 수 있다. 이 대피소들은 잉카시대 목동들에 의해 지어진 것이 분명하다. 어쨌든, 파리나코차스 서쪽 언덕 위에 있는 것들은 오랜 세월 동안 사용되지 않았다. 북서쪽으로 얼마 떨어지지 않은 나스카는 페루의 가장 예술적인 잉카이전시대 문화들 중 하나의 중심지이다. 그곳은 매우 우아한 도자기로 유명하다.

우리의 세 번째 야영지는 호수 남쪽 편에 있었다. 우리들 근처에는 고대의 길 흔적이 두 개의 커다란 원형 축사로 이어졌다. 그것은 이 신기한 길이 야마들이 목초지 위를 멋대로 흩어져 돌아다니는 것을 막기 위한 것이라는 나의 믿음을 실증해 주었다. 호수의 남쪽 연안에는 잉카와시에 있던 마름돌이나 섬세하게 지은 벽처럼 확실하게 잉카시대에 속한다는 근거는 없었지만, 북쪽보다는 주거 흔적이 훨씬 더 많았다. 바위로 이루어진 한 낭떠러지 꼭대기에서 아주 작은 마을의 투박한 석벽(石壁) 기초들을 발견했다. 낭떠러지 경사면들은 거의 삼면이 절벽이었다. 4, 50여 채 되는 아주 원시적인 주거지들은 외부침략에 대항해 쉽게 방어할 수 있는 위치인 이곳에 일찍부터 밀집해 있었다. 유적에서 가공되지 않은 질그릇과 흑요암 조각들을 몇 개 발견했다. 이 작은 언덕 마을의 유적이 잉카시대에서 기원한다는 것을 밝혀주는 증거는 아무 것도 발견할 수 없었다. 아마도 잉카시대 이전으로 거슬러 올라가는 것 같다. 아무도 이곳에 관해 말해주지 못했다. 만약 이곳에 관한 전설이 있었다면, 그것은 주변의 과묵하고 미신을 숭배하는 목동들에 의해 잘 숨겨져 온 것이다. 어쩌면 이곳이 신들로부터 저주받은 재수 없는 장소로 여겨졌을 수도 있다.

이웃하는 경사면들에는 대충 테라스를 만들어 경작했던 흔적들이 희미하게 남아 있었다. 여기서는 *투투 tutu* 감자가 자랐다. 이 감자는 갓 수확한 상태에서는 먹을 수 없는 단단한 변종이지만, 얼리기와 녹이기를 반복해서 모든 쓴 즙이 추출되면 대부분 감자가루로 가공되었다. 또한, 우리의 애기수영과 친척관계인 *오카*, 금련화의 일종인 *아뉴 añu* 그리고 *우유쿠 ullucus* (ullucus tuberosus)와 같은 페루사람들의 또 다른 고산 지대 근채류들도 길러졌다.

호숫가 부근 평지에는 잘 보수되어 지금도 상태가 좋은 커다란 축사들이 있었다. 마침 우리가 방문했을 때 원주민들이 담장을 새로 쌓고 있었다. 호수의 가장 남쪽 모퉁이에는 가축 상인이나 목동들이 사는 돌과 진흙 벽돌에 짚으로 지붕을 얹은 요즘의 오두막들이 몇 채 있었다. 어느 곳에서보다 호수의 동쪽 끝에서 소들을 가장 많이 볼 수 있었다. 그들은 사라사라 경사면의 덩어리진 거친 풀보다는 호수의 신선한 물에서 자란 풀을 더 선호하는 것 같았다.

회색 이끼로 덮인 바위들 사이에서는 *비스카차 viscacha* 들이 가장 일반적이었다. 상업적 이름으로는 "친칠라"인 그들은 아름다운 진주빛 회색털 때문에 사냥의 표적이 되었다. 식용으로도 아주 많이 잡히기 때문에, 페루 사람들의 접근이 용이한 곳에서는 이미 오래전에 자취를 감추었다. 이제는 위험한 늪과 깊은 권곡호(圈谷湖)들로 인해 사람의 발길이 닿지 않는 윌카팜파 Uilcapampa 산맥의 황량한 고산 지대에서나 발견될 뿐 거의 눈에 띄지 않는다. 작가들은 가끔 비스카차를 "토끼 다람쥐"라고 부른다. 그들은 길고 둥근 귀와 긴 뒷다리, 길고 털이 많은 꼬리를 가졌으며, 토끼와 회색 다람쥐의 잡종같이 보인다.

어느 날 높은 산등성이 하나를 오르다가 뜻밖에 커다란 야생 비스쿠냐 무리와 마주쳤다. 그들은 100마리도 훨씬 넘었다. 그들이 상대적으로 겁이 없는 것은 파리나코차스가 그만큼 멀리 고립되어 있다는 것을 반증해 주는 것이었고, 여기서는 사냥이 흔하지 않았다는 것을 뜻하기도 했다. 비스쿠냐는 아직 사육이 되지 않아, 그 가죽 때문에 사냥되고 있다. 그들의 부드러운 털은 알파카보다도 섬세하다. 털이 제일 많은 부분들로만 박음질해서 솜털오리의 가슴 털만큼이나 부드러운 금빛의 갈색 퀼트로 만들어진다.

터커가 호수의 삼각측량을 끝마쳤을 때, 나는 *아리에로*들에게 되돌아가는 최단거리를 찾아볼 것을 지시했다. 그러자 그들은 미소를 지으며 "아레키파"를 되뇌고는 남쪽을 향해 출발했다. 우리는 곧 멀리 남쪽 방향으로 올려다 보이는 산들 중에서 코로푸나가 어렴풋이 보이는 마라이카사 Maraicasa 계곡의 가장자리에 도착했다. 마라이카사 계곡은 사람들이 살기 좋았다. 테라스는 거의 보이지 않았지만, 많은 농작물 밭이 눈에 들어왔다. 주위를 둘러싸고 있는 작은 산들은 부드럽고 상당히 둥글며, 계곡 아래쪽에는 더 많은 충적층 땅이 있었다. 어둠이 내릴 무렵, 극히 의심 많고 불친절한 가축 상인들의 작은 마을 손도르 Sondor에 들어섰다. 어둠속에서 돈 파블로는 좋은 짚으로 지은 초가집 주인들에게 우리를 대변하느라 바빴다. 그는 우리가 얼마나 "중요한" 사람들인지에 대해 그들에게 설명했다. 하지만 그들이 그 어떤 휴식처도 제공해주기를 거절하는 바람에, 우리는 한 오두막집 정면에 있는 돼지와 개, 소들이 밤새도록 괴롭히는 더러운 바위투성이의 축사 안에 텐트를 쳐야만 했다. 우리가 만약 어두워지기 전에 도착했더라면, 다른 대접을 받았을지도 모른다. 사실, 목동들은 상대방이 똑똑히 보이고 서로 충분히 이야기를 나눌 수 있는 낮 시간에 오지 않은 산악인이나 타 지역 사람들에게 일반적으로 적대감을 보인다.

다음날 아침, 아주 최근까지 용암이 흘렀던 곳을 지나면서 바람과 모래에 침식되어 신기한 모습으로 변한 바위들을 많이 볼 수 있었다. 우리는 이제 가축을 먹일 수 있는 지대를 떠나 다시 한 번 사막으로 들어섰다. 마침내 1.5킬로미터 깊이의 카라벨리Caraveli 협곡 가장자리에 이르자, 협곡의 황량한 벽들과는 눈에 띄게 대조를 이루는 짙은 녹음의 오아시스가 시야에 들어왔고 우리의 눈에는 기쁨이 넘쳤다. 길고 꾸불꾸불한 길을 내려오면서, 많은 종류의 훌륭한 선인장들을 지나쳤다. 가파른 경사면 바닥에 이르러서야 비로소, 반드시 건너야만 하는 아주 넓은 강에 의해 제일 가까운 주거지와 우리가 분리되어 있는 사실을 알게 되었다. 테하다 형제 중 아무도 이곳에 와본 적이 없었기 때문에, 얼마나 깊고 위험한지를 알 수 없었다. 다행히 파블로가 강가의 조그마한 오두막에서 혼자 살고 있는 어떤 사람을 발견했고, 그가 안전하게 건널 수 있는 길을 알려 주었다. 손에 땀을 쥐게 하는 두 시간을 보내고, 마침내 목표로 했던 강가로 건너갔다. 사람이나 동물들 모두 높고 황폐한 사막을 벗어나 자주개자리의 감미로운 녹색 들판과 넓은 그늘이 있는 무화과나무들 그리고 큰 키의 유칼립투스들이 있는 카라벨리의 오아시스로 들어가는 것이 너무나 즐거웠다. 풍부한 식물들의 향기가 자극하는 공기는 더 시원하고 원기를 돋우는 듯했다.

카라벨리에서 한 현대적인 영국의 금광개발 회사, "라 빅토리아"를 발견했다. 그곳의 관리자인 프래인과 그의 동료들은 그들의 캠프에서 우리를 따뜻하게 맞아주었고, 오래도록 기억될만한 훌륭한 저녁을 대접해 주었다. 해안의 사막에서 두 달을 지낸 후인지라 이곳은 마치 집 같았다. 저녁 동안, 우리는 프래인으로부터 자신의 기계를 가장 가까운 항구에서 고원을 넘어 운반해 오면서 겪었던 어려움에 대해서 들을 수 있었다. 거기에 비하면 우리의 고생은 아무것도 아니었다. 분해한 덩치

카라벨리 부근 산길에서의 터커

큰 석영분쇄기 부품들을 각각 노새의 등짐으로 운반하는 비용은 일등급 짐 싣는 노새 한 마리의 가격과 맞먹었다. 사실, 겨우 이틀간의 여정이었지만, 노새들의 등은 250킬로그램이나 되는 기계 부품을 지고 해발 1,200미터의 사막 고원을 오르는 것을 견딜 수 없었다. 노새들은 기계 부품들을 해안에서 협곡 입구까지는 지고 왔지만, 카라벨리까지의 가파른 내리막길을 운반해 내려갈 수는 없었다. 따라서 벼랑 가장자리에 양묘기(揚錨機)를 세우고 도르래장치를 이용해 기계들을 조금씩 내렸다. 하지만, 그것은 이 불굴의 기술자들이 싸워야 할 장애물들 중 하나에 불과했다. 만약 이 기계를 설계한 사람이 운반행렬과 함께 산악길이라고 불리는 바위계단 길을 오르내렸다면, 나는 그가 자신의 제작물을 훨씬 더 작게 다시 만들었을 것이라고 확신한다.

나는 종종 남미대륙의 내륙으로 물건을 수송하는 사람들이 어떤 짐도 그것을 실어 나를 동물들이 *한쪽으로* 편하게 질 수 있는 무게를 초과해서는 안 된다는 사실을 깨닫지 못하고 있는 것에 놀랐다. 한 번에 70킬로그램이 초과하지 말아야 할 제한 무게이다. 크고 강한 노새라도, 만약 한 번에 실은 짐의 무게가 140킬로그램이 넘어갈 경우, 여기에 실린 사진들에서 보이는 것과 같은 이런 길에서는 겨우 며칠밖에는 행군을 계속할 수 없다. 만약 한 덩어리의 짐이 90킬로그램을 넘을 경우에는, 그 동물의 등 위에 균형을 잘 맞추어 올려야 한다. 또한, 돌덩이를 실을 경우에는 노새꾼들에게 불편한 심기와 끊임없는 걱정을 불러일으킬 뿐만 아니라 불쌍한 노새에게도 찰과상을 입히게 된다. 가장 편한 방법은 각각의 짐 무게를 35킬로그램 정도로 나누는 것이다. 특히, 안데스 산맥과 같이 전반적으로 오르막과 내리막이 반복되는 길에서는, 이 무게가 짐을 실었다 내리고 또 다시 실으며 하루 종일 가야 하는 *아리에로*들이 다루기에 훨씬 수월한 무게이다. 35킬로그램 한 덩어리가 사람이나 야마가 다룰 수 있는 적절한 무게이고, 두 덩어리는 당나귀 그리고 평균적인 노새에게는 세 덩어리이다. 경우에 따라, 강한 노새에게는 네 덩어리까지도 가능할 것이다.

호의적인 광산 기술자들은 "라 빅토리아"에 더 머무르기를 권했지만, 우리는 서둘러야만 했다. 카라벨리의 쾌적한 나무 그늘을 떠나, 거친 자갈과 용암바위들로 이루어진 황폐한 작은 산들을 넘어 협곡을 벗어났다. 우리가 올라간 정상 주변에서 여기저기 흩어진 직경이 2.5미터 정도의 원형과 타원형의 오두막 기초들을 50여 군데나 발견했다. 근방에는 물이 전혀 없었다. 주위에서 푸르른 흔적이라고는 찾아볼 수도 없는 곳에 한때는 마을이 있었던 것이다. 파리나코차스 유역 남쪽 경사면에서 발견한 것들과 같은 시기에 속하는 것 같았다. 길은 지금까지 지나온 중에서 가장 형편없었다. 때때로 용암 덩어리들이 거대하게 쌓여 있는 위나 그 사이로 나 있는 완전히 거친 바위투성이 길이었다. 여러 개의 상대적으로 큰 바위들에는 상형문자들이 새겨져 있었다. 그것들은 사람과 동물뿐만 아니라 뱀과 태양을 묘사하고 있었다.

잠시 후, 카얀가Callanga의 리오 그란데Rio Grande 계곡으로 내려가 내가 해안 지역 사막에서 본 유적들 중에서는 가장 넓은 곳에 야영지를 정했다. 그 유적지는 40만 제곱미터에 달했으며, 집들이 가까이에 함께 모여 있었다. 이렇게 컸던 대도시가 지금은 황폐한 지역으로 변한 것을 보니 묘한 감정이 들었다. 카얀가의 전반적인 모습은 방대한 우리나라 남서부 유적군의 일부를 놀라우리만큼 연상시켰다. 잉카시대의 흔적은 전혀 발견할 수 없었다. 주변에는 테라스들도 없었다. 그렇게 많은 인구가 여기서 무엇을 했으며, 어떻게 살았는지 상상하기가 힘들었다. 벽은 조약돌들을 층층이 대충 쌓고 진흙과 모래로 벽토를 발랐다. 대부분의 회벽 칠은 이미 벗겨져 있었다. 어떤 집에는 한쪽 끝에 의자나 작은 침상이 놓여 있었다. 또 다른 집에는 출입문이나 창도 없는 아마도 창고인 것 같은 작은 방들이 두세 개씩 있었다. 우리는 몇 개는 사각형이고, 나머지는 둥근 형태로 작은 자갈들이 채워진 많은 매장용 석관들도 발견했다. 한 집에서는 지하실 계단 아래에서 지하 방이었거나 무덤이었던 곳을 발견했다. 그 입구에는 돌 상인방(上引枋) 한 개가 덮여 있었다. 이 무덤을 조사하면서, 터커는 하마터면 거의 90센티미터 길이에 사나운 입과 방울뱀 같은 독이빨 그리고 몸에는 눈에 띄는 반점들이 있는 독사 *보바 boba*에게 물릴 뻔 했다. 한 곳에는 높이가 채 3미터도 안 되는 작은 피라미드가 있었다. 그 꼭대기로 허술한 돌계단이 놓여 있었다.

유적에서는 부드럽고 아주 구멍이 많은 스코리아질 용암을 투박하게 다듬은 깨진 돌 접시들을 많이 발견했다. 그 접시들은 깨끗하게 관리하기가 거의 불가능했을 것 같다! 또한, 물감을 가는데 사용했던 것 같은 작은 돌절구와 부순 돌로 만든 전투용 곤봉 그리고 옥수수를 가는데 사용했던 것으로 추정되는 작은 돌절구와 찧는 봉을 발견했다. 길이가 45센티미터에 약간 둥글고, 평평한 옆면의 중앙에 얕은 홈이 있는 두 개의 돌은 큰 그물을 아래로 끌어내리기 위해 어부들이 사용하는 그물추를 닮았지만, 내가 여태껏 본 것들 보다 열 배는 더 컸다. 아마도 강한 바람에 대비해 지붕을 고정시키는 역할을 한 것 같다. 땅 표면에는 몇 개의 질그릇 조각들이 있었으나, 비바람에 그대로 노출되어 그 표면에 있었던 문양들이 모두 사라져버렸다. 우리는 땅을 파는 발굴은 하지 않았다. 카얀가는 고고학적 조사에 있어 충분히 흥미로움을 준다. 불행하게도, 우리는 이곳에 관해 사전에 전혀 들어본 적이 없었고, 우연히 이곳을 알게 되었기 때문에 이곳에 시간을 할애할 여유가 없었다. 이 죽음의 도시 한복판에서 첫날밤 야영을 하면서, 비록 지금은 사람들이 전혀 살고 있지 않지만, 한때는 이곳에 인구가 상당했었다는 사실을 발견했다! 나는 T. D. 세이무어 교수가 고대 그리스 유적지의 연구에 관해 이야기한 것이 생각났다. 우리는 갑자기 벼룩들이 평소에 무엇을 먹고 사는지 궁금해졌다.

그 다음으로 다다른 곳은 주로 돌에 진흙을 바른 초가집들로 이루어진 안다라이Andaray라는 작은 마을이었다. 이 마을 근처에서 노새를 끌고 가는 두 남자와 마주쳤다. 그들은 마을로 들어가 그것을 싸게 팔려고 한다고 말했다. 정황이 좀 의심스럽기는 했지만, 테하다 형제는 좋

추키밤바의 주도로

은 동물을 싼값에 산다는 유혹을 도저히 뿌리칠 수 없었다. 우리에게서 금화 여섯 개를 빌려 그들은 흡족해하며 새 노새를 짐 행렬에 합류시켰다. 추키밤바에 도착해서야 비로소, 그들이 그것을 도둑들로부터 샀다는 사실을 알게 되었다. 우리는 *아리에로*들이 도둑들과 공범이 아니라는 것은 명백하게 증명해 줄 수 있었지만, 도둑맞았던 노새 주인은 어떤 보상도 해 줄 마음이 없었다. 결국, 그들은 노새와 금화를 모두 날렸다. 우리는 베나비데스 부지사와 하루 밤을 더 추키밤바에서 보내고, 한 번 왔던 경험이 있는 길로 아레키파를 향해 다시 나섰다. 마헤스 계곡을 오후에 떠나 전처럼 밤에 사막을 횡단했다.

오로지 모래에 끌리는 노새들의 발소리와 가끔 보이는 반달 모양의 모래언덕들 그리고 별빛에 겨우 희미하게 볼 수 있는 캄캄하고 고요한 밤을 열두 시간 정도 꾸준히 걷고 나니, 새벽 세 시 무렵에 동쪽 수평선이 희미하게 밝아오기 시작했다. 달은 이미 진 지 오래였다. 이게 새벽이 가까워져 오는 것인가? 일출까지는 아직도 두 시간은 더 있어야 했다. 열대 지방에서는 날이 밝기 전 여명이 거의 없다. 말하자면, "새벽이 번개처럼 온다." 분명히 달이 다시 떠오를 리는 없다! 동쪽 하늘이 빠르게 밝아오는 의미는 무엇인가? 우리가 쳐다보며 감탄하고 있는 동안, 수평선 위로 도도하게 떠오른 눈부신 발광체는 우리가 황홀경에 빠져 탄성을 지를 때까지 순백색의 빛으로 점점 더 밝아왔다. 태양이나 달의 광채도 아닌 것이 우리의 머리 위에서 빛났다. 그것은 새벽별이었다. 그 완벽한 아름다움 때문에 "신성하고, 매혹적이며, 황홀했던" 그날의 금성은 내가 그동안 보아온 그 어떤 것들도 모두 초월했다. 아시아의 사막에서 그런 광경을 종종 본 위대한 동방(東邦) 시인의 시 구절처럼, "새벽별들이 모여 노래를 부르면, 신의 모든 아들들은 기쁨의 함성을 질렀다."

5
티티카카(Titicaca)

아레키파는 산 속 공기와 밝은 햇빛, 따뜻한 낮과 시원한 밤 그리고 별을 좋아하는 사람들의 마음을 사로잡는 반짝이는 하늘을 가진 세계적으로도 쾌적한 장소들 가운데 한 곳이다. 이 도시는 차차니Chachani (6,000미터), 엘 미스티(5,700미터) 그리고 피추 피추Pichu Pichu(5,400미터)의 눈 모자를 쓴 힘이 넘치는 화산들이 둘러싼 고원에 위치해 있다. 하지만 아레키파에는 한 가지 악몽이 있다. 그것은 바로 지진이다. 한 세기에 두 번 정도씩 잠자던 화산의 악령이 깨어나 세상을 뒤흔들고는 다시 잠자리로 돌아간다. 그들이 침대를 흔들어 댄다! 그래도 아레키파는 그들의 침대에서 안식을 얻는다. 아레키파 사람들의 잠재의식 속에는 "*테레모토 terremoto*"의 가능성이 항상 존재하고 있다.

어느 날 저녁, 나는 화기애애한 아레키파 클럽에서 친구와 식사를 하고 있었다. 갑자기 창문들이 심하게 덜컹거리고, 커다란 폭발 소리가 들렸다. 적어도 내게는 그렇게 들렸다. 그런데 클럽 안의 회원들에게는 오로지 한가지만을 의미할 뿐이었다. 지진. 모두들 뛰쳐나갔고

길바닥은 이미 겁에 질린 사람들로 가득했다. 그들은 울부짖으며 아름다운 성당 정면의 개방된 커다란 광장을 향해 뛰어갔다. 거기에서 어떤 사람들은 무릎을 꿇고 무너지는 벽을 피해 무사히 나올 수 있었던 것에 대한 감사의 기도를 올렸고, 또 다른 사람들은 지진을 다스리는 신에게 그들의 도시를 용서해 달라고 빌었다. 아직까지 무너져 내린 벽은 없었다! 상업 지역 쪽에서 커다란 검은 연기 기둥이 솟아오르고 있었다. 공포에 질린 군중들은 하나 둘씩 그 굉음과 진동이 지진 때문이 아니라, 휘발유와 등유, 다이너마이트 그리고 엄청난 양의 화약을 보관해 온 큰 창고가 폭발한 것이라는 것을 알게 되었다.

인구 35,000명으로 페루에서는 두 번째로 큰 이 도시에서 화재는 일 년은 고사하고 이 년에 한 번 날까 말까할 정도로 드물었다. 그래서 이곳에는 소방시설이 전무했다. 양동이를 든 사람들이 무리를 지어 거리를 흐르는 수로, *아세키아azequia*에서 물을 퍼 이글거리는 화마를 잡으려 애쓰고 있었다. 불은 엄청난 양의 연기와 불꽃을 쉴 새 없이 뿜어냈다. 미국의 여느 도시들이었다면 그런 불은 엄청난 대화재가 되었을 것이다.

불이 절정에 달했을 때, 내가 도울 수 있는 일이 있을까 해서 불이 난 곳과 이웃한 건물로 들어가 보았다. 나를 완전히 놀라게 한 것은 성난 용광로 같은 불길의 바로 옆에 있는 벽이었음에도 불구하고, 그 표면은 전혀 미지근하지도 않다는 것이었다. 그것은 집을 지을 때 벽에 어마어마한 양의 돌을 사용했기 때문이다. 더욱이, 아레키파에서는 지붕에 타일을 썼다. 덕분에 불똥이 튀더라도 피해가 없었다. 그래서 소방서가 없어도 그런 무시무시한 불은 겨우 창고 한 채만을 태우고 끝이 났다! 다음날 신문들은 소방시설의 "절대적 필요성"에 대한 기사를 실었다. 나는 어떤 훌륭한 소방시설이 제 역할을 할 수 있었을까하는 의문이 들었다. 일단 불이 난 뒤에는 창고 자체를 구할 수 있는 방법이 전혀 없었다. 오히려 옆 건물들이 쏟아 부은 엄청난 물 때문에 물난리가 났다. 모든 상황이 미국인인 나에게는 믿기지가 않았다. 우리는 도시에서 화재와 폭발이 일어나는 것을 당연하게 받아들인다. 그러나 아레키파에서는 모두가 그것을 지진이라고 생각한다!

우리는 기차로 하루를 달려 해발 3,800미터에 위치한 티티카카호의 주 항구, 푸노Puno에 도착했다. 푸노는 한 군인의 기념비와 진정 "영화 궁전"이라고 할 만한 새 극장이 자랑거리였다. 그곳에는 좋은 항구가 있었지만, 증기기선이 다니기 위해서는 잉카인들이 했던 것과 같은 준설이 필요했다. 호수의 보트 수리는 그 물 위에서도 했지만, 그 보다는 철길, *로쿠스트리네*locustrine에서 주로 이루어졌다. 푸노만에는 많은 양의 거대한 갈대(가끔은 그 길이가 3.5미터나 되는) *토토라*totora가 자란다. 수세대 전, 호수에 살던 사람들은 토토라를 말려 길게 한 묶음으로 묶고, 그것을 다시 여러 묶음들로 묶은 다음, 끝부분들을 위로 향하게 하고, 또 작은 묶음들은 옆면을 따라 건현(乾舷)이 되도록 고정시켜 낚싯배, 즉 *발사*balsa를 만드는 방법을 알게 되었다. 물론 *발사*는 결국에는 물에 젖어 침수가 되므로, 사용하는 기간 동안 많은 시간을 호숫가에 세워 두고 햇볕에 말려야 한다. 더욱이, 그것은 부력이 그다지 좋지 않다. 내가 실험해 본 결과, 발을 적시지 않고서 타고 있을 수 있는 방법은 없었다. 원주민들처럼 맨발로 타거나 샌들을 신어야 한다.

발사는 세련되지 못하고, 노를 젓기도 힘들다. 가장 적절한 이동 방법은 작대기를 이용하거나, 바람이 불 때 항해하는 것이다. 돛대는 배의 중앙보다 조금 앞쪽 양편에 두 개의 가벼운 작대기를 서로 묶은 3.5미터 높이의 A자형 장치이다. 이 지역에서는 작대기를 구하기가 매우 어렵다. 통나무들은 9,500킬로미터나 떨어진 푸젯 소운드Puget Sound에서 가져와야 한다. 그래서 내가 본 거의 모든 돛대들은 작은 나무토막을 두세 번씩 얇게 썰어서 만든다. A자의 꼭대기에는 포크모양의 작대기를 붙여, 그 위로 돛 줄이 이동할 수 있게 한다. 직사각형의 "돛"은 커다란 매트보다 크지도 작지도 않고, 빠른 속도를 낼 수도 있다. 짧은 당김 줄은 돛을 올리다 돛대가 넘어지지 않도록 선체보다 1.2미터 정도 더 높게 "A"의 양쪽 옆에 묶는다. 중심 돛 줄이 돛대의 받침 줄

푸노에 있는 티티카카호의 발사

역할을 한다. 발사는 마파람을 이기지는 못하지만, 얕은 물에서 적당히 부는 바람에는 아주 제격이다. 바람이 반대방향일 때, 사공들은 작대기를 써야 한다. 그들은 배에서 떨어지지 않도록 극히 조심해야 한다. 왜냐하면 호수의 물은 섭씨 13도로 차갑고, 그들은 전혀 수영을 할 줄 모르기 때문이다. 겨울철 밤 동안에는 얕은 만이나 그 가장자리에 얼음이 얼지만, 티티카카 자체는 절대로 얼지 않는다.

원주민들이 가장 얕은 물로 가려고 할 때는, 한사람의 무게를 간신히 지탱해 줄 수 있는 2.5미터가 채 안 되는 아주 작은 *발사*를 이용한다. 반면, 큰 *발사*는 십여 명의 사람들과 그들의 짐을 싣고도 거친 물살의 깊은 쪽 호수를 건널 수 있을 만큼 크게 만든다. 이전에 어느 밭가는 사람과 그의 한 무리 소들이 갈대로 만든 뗏목을 타고 호수를 건너는 것을 본 적이 있다. 더욱 확실한 안전을 위해 두 척의 카누를 연결하는 것을 흉내 내어 가끔씩 두 척의 *발사*를 함께 묶는 경우도 있다.

볼리비아의 저술가들 중에서도 매우 사색적인 사람으로 알려진 라파스 출신의 포스난스키Posnansky는 10톤짜리 돌덩이를 호수를 건너 티아와나코Tiahuanaco까지 운반하는데 거대한 *발사*들이 이용되었다고 믿었다. 이 이론은 티티카카가 지금보다 훨씬 더 깊었다는 가정에 근거한 것으로, 이 가설은 현대의 지질학자들이나 지형학자들에게는 받아들여지지 않는다. 이곳의 지질과 지형을 연구한 이사야 보우만 박사와 허버트 그레고리 교수는 티티카카호가 이전에는 더 높았었다거나 바다와 연결되었었다는 직접적인 증거를 발견하지 못했다.

그럼에도 불구하고, 포스난스키는 티티카카호가 안데스 산맥이 솟아오르면서 바다로부터 분리된 한때는 소금기 있던 바다였다고 믿고 있다. 그에게 호수의 물고기들이 바다고기가 아니라 민물고기라는 사실은 그다지 문제가 되지 않는다. 포스난스키는 티티카카의 한 어부가 그에게 건네준 작은 말린 해마에 자신의 신념을 걸고 있다. 그는 해양

생물의 말린 표본들이 불가사리와 마찬가지로 거의 모든 시장에서 발견되며, 원주민들의 전통적인 약으로써, 장사꾼들에 의해 안데스 지방에서도 자주 거래가 된다는 사실을 잊고 있는 듯하다. 아마도 포스난스키의 해마는 어느 장사꾼이 바다에서 가져왔을 가능성이 크다. 비록 불가사리가 안데스 지방 전역에서 일반적으로 발견되고, 해마 또한 라파스를 자신의 안식처로 삼았지만, 그것이 과학적인 조사자들이 티티카카호에서 해양 생물을 발견한 적이 전혀 없었던 사실을 뒤바꿀 수는 없다. 한편, 호수에는 두세 종류의 먹을 수 있는 민물고기들이 있다. 그중 하나는 리마 근처의 리막Rimac강에서 발견되는 종이 포함되어 있다. 전체적인 맥락에서 보았을 때, 무거운 짐을 지고는 갈 수 없을 것 같아 보이는 길을 고생스럽게 가는 것이 싫었던 잉카족 사람들이 리막강에 있는 민물고기들 가운데 그들이 원하는 것들만을 티티카카호에 계획적으로 옮겨다 풀어 놓았을 가능성이 있다.

1560년 당시 쿠스코에 살았던 폴로 데 온데가르도Polo de Ondegardo는 잉카족 사람들이 특별한 심부름꾼들을 시켜 바다에서 신선한 생선을 가져오곤 했고, "삼백 리그이상 떨어진 툼베스Tumbez로부터 생선을 가져 왔었다고 그들의 결승(結繩)문자로 기록했다"고 말한다. 만약 그것이 바람직한 일이라고 생각했다면, 잉카족 사람들에게 있어 실제로 물고기들을 물 항아리에 담아 운반하는 것이 극복하기 어려운 심각한 걸림돌은 되지 못했다. 포스난스키와 마찬가지로 나 역시도 틀렸을지 모른다! 그러나 어쨌든, 현재의 호수보다 훨씬 더 방대했으며, 실제로 고대 도시 티아와나코를 둘러쌌던 거대한 내륙 속 바다였다는 공상 같은 이야기에 대해서는 정중히 회의적인 태도를 취해야 한다.

볼리비아쪽 티티카카호의 남쪽 끝에 위치한 티아와나코는 잉카시대 이전 문명의 잔재들로 유명하다. 페루나 볼리비아 고산 지대의 선사시대 잔재들 가운데 독특한 것은 바위에 새겨진 형상들이다. 비록 풍화와 반달리즘(문화와 예술 파괴행위/역자 주)에 시달리기는 했지만, 남아 있는 것에서 옷을 입고 있는 인류 모습의 표현들을 충분히 알아볼 수 있다. 풍부하게 장식된 허리띠와 긴 튜닉들이 난해한 문양들과 함께 얕게 부조되어 있다. 어떤 형상들은 계급과 업적, 신이나 족장의 특징을 상징적으로 나타내고 있는 것이 분명했지만, 상형문자는 전혀 찾아볼 수 없었다. 새겨진 형상들의 모습은 부자연스러웠고, 인간 육체의 아름다운 진가를 전혀 표현해내지 못했다. 아마도 이 고대 예술가들에게는 인간의 육체를 연구해 볼 기회가 전혀 없었던 듯하다. 안데스 지방의 마을들에서는 따뜻한 기후에 사는 미개한 사람들의 아이들조차도 벌거벗은 채 다니는 일이 없었다. 페루와 볼리비아의 고산지대 사람들은 하루 종일 두꺼운 옷을 입고 생활했다. 기후의 영향으로 옷의 두께나 양에 있어 생활하기 편하게 입는 방법을 찾아야 했기 때문에, 남쪽 바다의 따뜻한 해안에 사는 사람들과는 정반대로 신체의 노출을 극도로 피하는 복장이 발달했다. 잉카시대 조각가들과 도공들은 인간의 신체를 거의 *주제*로 삼지 않았다. 그런데 티아와나코는 잉카시대 이전임에도 불구하고, 이곳에 새겨진 형상들은 모두 옷을 입고 있다. 그것은 조각가들이 작품 활동을 보다 쉽게 하기 위해 옷 입은 모습만을 표현한 것은 아니다. 그 조각들은 그들이 뛰어난 실력과 관찰력 그리고 진정한 예술적 감각을 지니고 있었음을 보여준다. "나체"에 대한 금기는 분명히 그들에게 너무나 가혹한 처사였을 것이다.

티티카카호의 서른여섯 개 섬들 중 일부는 페루에, 그리고 나머지는 볼리비아에 속한다. 후자에 속한 것들 중 두 개의 섬인 티티카카와 코아티는 특히 잉카시대의 모습을 잘 보존하고 있다. 그곳에는 아직도 요즘의 원주민 농부들에 의해 경작되고 있는 인공 테라스들이 있다. 두 섬에는 중요한 잉카시대의 건축 유적들이 있다. 티티카카섬에서는 원주민들이 태양과 달이 나와 자신들을 창조했다고 말하는 동굴들을 볼 수 있었다. 이 동굴들은 사람이 똑바로 설 수 있을 만큼 크지 않았지만, 천체(天體)의 크기를 인식하지 못했던 사람들로서는 2.5미터 넓이의 동굴에서 그런 찬란한 원반들이 튀어 나왔다는 사실을 믿기 위해 굳이 상상의 나래를 펼 필요가 없었다. 아마도 이 신화는 종종 이 섬 위로 떠오르는 태양이나 달을 본 호수 서쪽 가에 사는 사람들에 의해 만들어진 이야기인 듯하다. 섬을 가로질러 나 있는 고대 길에서, 원주민 안내인은 언뜻 보기에 6내지 9미터 정도로 보이는 두 개의 거인 발자국을 닮은 신기한 침식현상을 가리키며 "태양과 달의 발자국"이라고 말했다.

아이마라족Aymaras으로 알려진 현재의 원주민들은 열심히 일하며, 상당히 즐겁게 사는 듯 보인다. 반델리어가 그의 저서 "티티카카섬과 코아티섬"에서 보여준 이들 원주민들에 대한 폄하와 그들의 무뚝뚝한 성격에 대한 인상을 1915년의 나의 짧은 방문기간 동안에는 전혀 경험할 수 없었다. 하지만 그가 그랬던 것처럼, 내가 원주민들과 수개월을 함께 지내며 그들의 조상들이 제사를 드리던 신성한 곳들을 파헤치거나, 그들의 미신적 편향에 간섭하고, 또한 그들 마음속의 맑거나 흐린 날의 적절한 균형을 혹시라도 혼란시켰다면, 나 역시도 그가 경험한 것과 같은 그들의 야만적인 모습과 거칠고 무뚝뚝한 대접을 스스로 초래했을지도 모른다. 티티카카 원주민들의 마음 상태를 판단하는데 있어서, 우리가 반드시 고려해야 할 것은 그들이 너무나 척박한 기후와 환경에 살고 있다는 사실이다. 일 년 중 수개월은 모든 것이 바싹 마르고 타들어간다. 열대의 이글거리는 태양은 희박한 공기를 무자비하게 통과해 작렬하면서, 그렇지 않아도 부족한 식물들을 시들게 하는 주범이 된다. 그 다음에는 폭우가 퍼붓는다. 나는 난생 처음 티티카카호에서 우리들이 탄 증기선이 엄청난 비바람을 만났던 때를 결코 잊을 수 없다. 엄청난 물이 갑판 위로 범람했다. 그런 폭우는 두말할 필요도 없이 농부들이 들이나 뜰을 만들기 위해 힘들게 모은 흙을 쓸어가 버렸다. 낮 동안의 햇볕은 너무나 뜨거워서 양지와 그늘의 온도 차이가 몹시 크다. 더욱이, 한밤중의 바람은 아주 축축해서 추위가 심하게 파고든다. 연료는 겨우 조리를 위한 정도밖에 없어 인위적으로 열을 낼 수 있는 곳에 쓸 것은 거의 없다.

식량을 얻기도 힘들다. 3,800미터에서는 곡식이 거의 자라지 못한다. 보리가 약간 자라긴 하지만, 토양에 질소 성분이 부족하다. 중요한 농작물은 쓴 백색 감자로서, 냉동시켜 건조하면 쓴맛이 사라져 *추뇨*가 되고 이것은 가난한 가족들의 중요한 주식이다. 태평양 연안 섬들에서 *구아노*를 가져오던 잉카시대의 체계는 붕괴된 지 이미 오래되었다. 현대적인 비료를 살 돈이 그들에게는 없다. 결국, 곡식 수확량이 형편없다. 티티카카섬에서 원주민 여인들이 길이가 2.5에서 7.5센티미터 정도의 다양한 옥수수를 수확해 그 껍질을 벗겨내 말리는 것을 보았다. 이 작은 옥수수들은 60일이면 수확할 수 있는 장점이 있지만, 만약 토양이 좋고 거기에 비료도 준다면, 크기와 수확량을 두 배로 끌어올릴 수도 있을 것이다.

원래부터 원주민들은 자신들의 운명이 언제나 하늘에 달려 있다고 믿어왔다. 긴 우기나 가뭄은 심각한 굶주림과 극심한 고통의 원인이다. 따라서 페루나 볼리비아의 고산 지대 사람들에게서 자주 볼 수 있는 무뚝뚝함이나 침울함을 무턱대고 비난만 할 수는 없다. 반대로, 사모아 사람들이 행복해 하고, 우호적이며, 밝은 마음씨를 가진 것을 칭송할 필요도 없다. 이 운 좋은 폴리네시아 사람들은 항상 수영을 즐길 수 있는 따뜻한 물과 언제든 맛있는 과일을 얻을 수 있는 나무들, 그리고 아무것도 지불하지 않고도 시원한 음료를 제공해주는 코코넛으로 둘러싸여 있다. 어느 누가 그런 환경에서 쾌활함을 발달시키지 못하겠는가?

작은 섬 코아티에는 눈에 띄는 잉카시대 석조물들의 일부가 남아 있는데, 거기에는 하나의 천장과 또 다른 천장 사이가 계단식 아치를 이루는 의식용 벽감 niche(壁龕, 장식을 목적으로 두꺼운 벽면을 파서 만든 움푹한 대/역자 주) 같이 많은 노력을 기울인 커다란 요각(凹角)모양의 특이한 형태를 가진 석조물들도 여러 개 있다. 작은 장식용 벽감들은 그들을 포함하고 있는 움푹하게 들어간 직사각형 전체와 위쪽의

코아티섬의 계단식 천정을 한 벽감

양 모서리 사이 공간을 나누는데 이용되었다. 또 다른 독특한 점은 정확하게 십자(十字) 방향으로 나 있는 출입문 사이 벽감들이다. 처음에 무심코 보면, 그 모양이 스페인의 영향을 받은 것처럼 보인다. 왜냐하면 그 모양의 오목한 부분을 따라 그늘이 드리워지면서 카톨릭교의 십자가 모양이 만들어지기 때문이다. 사실, 이 사분면(四分面) 십자가는 수직과 그 반대로 이루어지는 계단 모양의 구도로 장식되면서 자연적으로 나오게 된 것이다. 또한, 잉카족 영토였던 모든 곳에서는 장식이나 의식을 목적으로 반복해서 사용한 일렬로 늘어선 계단이나 테라스들을 발견할 수 있다. 어떤 계단은 사람이 이용할 수 있을 정도로 크지만, 그 나머지들은 작은 모형들이다. 신성하다고 여겨지는 바위들은 거의 조상들께 제사를 올리기 위한 계단들로 잘려졌다. 비록 카톨릭교의 십자가나 사분면 십자가가 그려진 것을 본 적은 없었지만, 계단이라는 주제에 익숙했던 잉카족 건축가들에게 코아티의 신기한 출입구들과 그 사이의 십자가 같은 벽감들을 착안해내는 것은 그렇게 어려운 일이 아니었다. 일례로, 나의 친구 반셀 라 파지 또한 알함브라 Alhambra의 사자들의 뜰에 있는 사제석 sedilia(司祭席)과 비슷한 벽감들이 아라비아나 무어인들의 건축물에서도 놀랍도록 유사하게 나타난다는 견해를 밝힌 바 있다. 천장의 계단식 아치는 형태에 있어서 분명히 동양식이지만, 일렬로 된 계단과 테라스들은 철저히 잉카식이다.

코아티에서 가장 중요한 건물들은 작은 광장의 세 방향 주변에 지어져 있다. 그 광장은 섬 동쪽의 약간 움푹한 부분에 있는 인공 테라스 위에 조성되어 있다. 나머지 한 방향은 탁 트여 있어 호수뿐만 아니라 길이가 320킬로미터에 이르고, 어느 지점의 해발도 5,100미터보다 낮지 않은 멋지게 눈이 덮인 코르디예라 레알 Cordillera Real의 장엄한 전경을 제공해 준다. 우뚝 치솟은 설봉(雪峰)들을 가진 이 산맥의 빼어난 아름다움은 6,559미터의 소라타산 Mt. Sorata에서 절정을 이룬다. 가장 정성스러운 종교의식을 올리기 위해 신성한 섬들을 찾아온 태양과 달 숭배자들에게 눈 덮인 장엄한 산들을 넘어 천국으로부터 온 발광체들의 모습과 그들이 호수의 반짝이는 물에 투영된 그런 장관은 틀림없이 숭고한 광경이었을 것이다. 그 상황에서 이 작은 광장은 정말 볼만했을 것이다. 우리는 흥겹게 차려입은 잉카 사람들의 "아침의 딸이라는 장밋빛으로 물든 새벽"의 빛깔로 빛나는 얼굴과 그들 뒤편 건물들의 높게 치장된 벽을 등지고 빈틈없이 늘어서 있는 의식 대형을 상상해 볼 수 있다. 통치자와 고위 주술사들은 아마도 커다란 계단식 천장 벽감 앞의 특별한 자리들을 차지했을 것이다. 밝은 색을 좋아했고, 섬세한 옷감을 짤 수 있는 능력도 있었으며, 또한 그들의 옷을 금박별과 원반으로 장식하기를 좋아했던 이 사람들이 진정으로 눈부신 고대의식을 만들어 낼 수 있는 이런 기회를 놓쳤을 리 없다는 것을 충분히 수긍할 수 있을 것이다.

신성한 섬들의 맞은편에 있는 코파카바나Copacabana 반도에서는 지금도 매년 8월이면 커다란 퍼레이드가 열리고 있다. 비록 현재는 "코파카바나 동정녀Virgin of Copacabana"의 신기한 영정이 모셔진 사당까지 신성한 성지순례를 하는 것에 불과하지만, 남미 국가들을 통틀어 가장 크게 기념되고 있는 이 강렬한 구경거리의 기원은 분명하지가 않다. 우리의 추수감사절 축제와 일맥상통한 이 행사는 옥수수를 추수한 직후에 열린다. 이 광경은 광장에 있는 크고 신기하게 생긴 교회 앞에서 벌어진다. 8월의 첫 열흘 동안, 근처 혹은 멀리 떨어진 산악 지대에서 온 사람들이 여기에 수천 명씩 모인다. 그들이 즐겨 마시는 마실 거리들을 비롯해 아이마라 원주민들 마음에 소중하다고 여겨지는 모든 것들이 이곳에서 서로 거래된다. 일반적으로 여자들인 장사꾼들은 자갈로 포장된 길 위에 담요를 펴고 긴 줄로 앉는다. 그들 중 몇몇은 대나무로 만든 골격 위에 면으로 짠 사각형 천을 씌워 원시적인 파라솔을 만들어 햇볕을 피한다. 한쪽 줄에는 볶거나 튀긴 옥수수며, 샌들과 신발, 또는 가장 가난한 도보 여행자들의 간단한 장비 그리고 라 파스의 부유한 촐라 Chola 여인들에게 영향을 받아 오랜 시간 공들여 많은 장식을 단 부츠를 파는 장사들이 있다. 다른 줄에는 원주민식 담요를 파는 장사들이 있다. 어떤 사람들은 우리의 "수예"점에서나 볼 수 있을 것 같은 그런 시시한 물건들에 아직도 전념을 하고 있다. 크기가 피콜로에서 바순만한 다양한 대나무 피리를 여러 개 가지고 나온 무심한 아이마라 장사꾼들과 일 년은 끄떡없이 쓸 수 있을 것 같은 원주민들의 펠트로 갓 만들어 온 모자를 쌓아놓고 있는 장사들 그리고 아닐린 염료를 파는 상인들도 있다. 잉카시대부터 전해져오는 직물들은 아름답고 부드러운 천연 염료로 염색된다. 잉카 유적에서는 원시적인 염료들이 정성스럽게 분쇄되고 혼합되었던 작은 돌절구들을 발견할 수 있다. 현대 원주민들은 아직도 수동 베틀로 짠 물건들을 선호하고는 있지만, 구하기 쉽고 훨씬 눈에 띄는 결과물을 만들어내는 꺼칠꺼칠한 아닐린 염색을 빠르게 수용하고 있다.

코네티컷의 시민으로서 뉴 헤이븐이나 뉴 브리튼에서 들어온 반들반들한 새 자물쇠와 열쇠, 용수철저울, 볼트, 나사못 그리고 걸쇠 같은 공구들과 그 밖의 "가짜 향신료들"이 광장의 울퉁불퉁한 자갈길 위에 여기저기 펼쳐져 있는 것을 보고는 놀라지 않을 수 없었다.

이 신성한 울타리 바로 바깥에는 그 무엇도 신경 쓰지 않고 오직 돈벌이에만 혈안이 되어 있는 "야바위꾼들"의 좌판이 펼쳐져 있다. 골무 야바위꾼들 thimble-riggers(골무 모양의 종지들 중 하나에 공을 넣고 찾는 놀음을 하는 야바위꾼들/역자 주)과 쓰리-카드-몬테꾼들 three-card-monte-men(퀸을 포함한 세 장의 카드를 보여준 후 교묘하게 섞어 뒤집어 놓고 퀸을 찾는 놀음의 야바위꾼들/역자 주)이 왕성한 사업을 벌인 채 순진한 원주민들이나 의심스럽지 않은 외국인들의 주머닛돈을 갈취

할 준비를 하고 서 있다. 야바위꾼들은 누더기 판초를 입은 채 어떤 음흉한 속임수도 꾸밀 수 없을 것같이 보이지만, 그들은 이 사업을 위해 필요한 모든 기술을 이미 다 지니고 있다! 이 행사에서 가장 눈길을 끄는 것은 혐오스러운 가면을 쓰고, 원시시대 상상력이 창조한 너무나 기이한 복장을 한 다양한 아이마라족의 비밀스러운 단체들의 출현이다. 각 단체는 반짝이는 금박과 그림이 그려진 공단들, 은박, 금과 은으로 된 꽃잎, 화려한 헝겊조각들, 그리고 유리를 물들인 반짝이는 보석들로 장식한 은 배경에 커다란 황금 별들을 새긴 화려한 견장(肩章)으로 장식한 자신들 고유의 단체복을 입고 있다. 또한, 머리 위에는 45센티미터 길이의 여러 가지 색으로 물들인 "타조" 깃털을 꼽거나 번쩍이는 리본들, 너풀거리는 보디스(끈으로 가슴 및 허리를 조여 매는 여성용 웃옷/역자 주), 부풀린 소매 그리고 갈기갈기 찢겨진 반바지를 착용하거나 입고 있다. 이런 이상한 복장들 중 몇몇은 실제로 16세기 당시를 생각나게 하기도 한다. 그런 복장을 한 사람들은 피리, 호루라기, 심벌즈, 플래절렛, 작은 북 그리고 딸랑이 같이 온갖 소음을 일으킬만한 것들을 들고 있다. 그 결과는 말로는 도저히 형용할 수 없는 왁자지껄함이다. 그것은 재즈 밴드 십여 개를 합친 것보다도 크고 잔인한 울부짖음이자 도저히 음악이라고 할 수 없는 소음과 함께 하는 화려한 인간 요지경 그 자체이다. 그것은 통제 불능의 대혼란이며, 광란의 소란과 혼돈의 광경이다.

한 단체의 회원들은 길게 나부끼는 여러 개의 깃털들을 최대한 지탱하기 위해 그들의 머리를 터번을 두르듯 꼭 감싼 채 여자 천사를 표현한 옷을 입고 있다. 그들 등에는 어린이 무언극에나 나올법한 나비를 닮은 반짝이는 날개가 있다. 많은 이들이 고글을 쓰고 있다. 그들은 대나무 플래절렛으로 쿵쿵대는 커다란 큰북과 시끄러운 트럼펫 소리에 묻혀 버린 구슬픈 곡들을 연주하면서 광장 주위를 장엄하게 행진한다.

이 법석을 떠는 군중들 속에서 철저히 비주류인 평온한 표정의 한 아이마라족 사람은 버밍햄이나 맨체스터의 겉만 번드르르한 사람들처럼 번쩍거리는 치장을 하고 볼리비아 동부의 작은 대나무 관으로 만든 매력적이고 목가적인 팬파이프로 우울한 곡을 조용히 연주하고 있다.

축제의 막바지인 일요일 오후, 가장무도회 행렬은 사라지고 이른바 소 곯리기 bull-baiting(옛날 영국에서 불독을 부추겨 황소를 성나게 만드는 경기/역자 주)가 시작된다. 광장에 모인 사람들 쪽에는 임시로 튼튼한 방벽이 세워지고, 집주인들은 대문에 빗장을 지른다. 수백 명의 쾌락을 즐기려는 사람들로 이루어진 과격한 군중들은 술기운에 부리는 용기로 충만한 채 싸움터로 몰려든다. 그들은 소들이 자신들을 향해 돌진해 올 경우를 대비해 어느 방향으로든 쏜살같이 뛸 준비가 되어 있다. 이것은 엄격히 말하면 투우가 아니다. 여기에는 소를 찔러 흥분시킬 창을 든 *피카도르picador*(기마 투우사)도 없고, *반데리예로banderillero*(갈고리 날 창을 든 투우사)도 없으며, 흥분하고 지친 소에게 최후의 일격을 가할 번쩍이는 칼날을 든 영웅적인 *마타도르matador*(주 투우사)도 없다. 여기의 모든 것은 재미와 장난이다. 더 자세히 묘사하자면, 소는 허풍떠는 남자들과 술 취한 아이마라족 사람들이 자기를 작대기로 찌르거나 밝은 색 판초를 얼굴 앞에서 흔들어대는 정도의 적당한 괴롭힘을 당한다. 그러면 소는 자기를 괴롭힌 사람들을 향해 달려들고, 구경꾼들이 놀라 흩어지면서 그들 사이에서는 즐거운 비명소리들이 터져 나온다. 한 녀석이 지치면 다른 하나를 데리고 온다. 소가 다치거나 심하게 상처를 입는 일은 결코 없다. 우리가 방문했을 때, 사람들에게 정말로 상처를 입힐 것 같은 한 녀석은 혼자 그대로 방치되어 있었다. 그는 군중들에게 무조건 닥치는 대로 돌진할 생각이 전혀 없어 보였다. 광장에는 구경꾼들이 너무나 겹겹이 에워싸고 있어서 그는 자신의 분노를 발산할 한 명의 특별한 대상을 고를 수가 없었다. 그러다 갑자기 광장을 가로질러가는 모든 사람들을 향해 달려들었다. 흥분이 고조되면서 대여섯 마리의 소들이 더 풀렸지만 아무도 다치지 않았고, 모두는 떠들썩하게 즐거운 시간을 가졌다.

그것이 장사와 오락, 이단과 기독교, 스페인과 티티카카가 뒤섞인 코파카바나의 모습이다. 아수라장은 누구의 귀에도 즐겁지 않다. 그렇지만 다양한 색깔의 깃털과 페티코트 그리고 어깨장식에 고글을 한 채 입술을 부풀려 대나무 플래절렛을 힘차게 불고 있는 깊은 산속의 목동을 보는 것은 긴 여행을 할 만한 충분한 의미를 우리들에게 부여해준다.

6
빌카노타 지방과 페루의 고산 지대 사람들

티티카카 유역의 최북단에는 곱고 부드러운 목초를 수많은 알파카들이 먹고 자라는 코디예라 빌카노타Cordillera Vilcanota의 푸르고 나지막한 산들이 있다. 산타 로사Santa Rosa가 그 중심의 큰 마을이다. 이곳으로는 양들로부터 깎은 양털에 입찰하기 위해 양털 구입업자들이 찾아온다. 높은 값어치를 하는 알파카털이 이 마을의 번영을 가져다 주었다. 그 무게와 짜임새로 페루 남부에서 높은 품질을 인정받고 있는 담요들은 이곳에서 수동으로 생산된다. 고도가 거의 파이크스 피크와 맞먹는 곳임에도 불구하고, 산타 로사의 튼튼한 주민들은 강건하고, 활기차며, 정력적이다. 우리가 고용했던 키추아인들 중 가장 훌륭한 안내자였던 리카르도 차라하도 바로 산타 로사 출신이었다. 거의 모든 주민들이 순수 원주민 혈통이다.

이들은 좋은 야마를 많이 가지고 있다. 목초는 풍부하게 있고, 야마들은 그들이 개별적으로 떨어져 있는 것을 좋아하지 않아, 항상 자기가 소유한 무리와 붙어 지내는 원주민들의 각별한 보살핌을 받는다. 한번은 쿠스코의 지인을 통해 예일 대학교 박물관으로 보내기 위한 좋은 품종의 야마 가죽과 뼈를 구하는 시도를 했다. 그는 주민들과도 친숙했고, 키추아어도 유창하게 구사했다. 그는 좋은 가격을 제시했고, 여러 명의 야마 소유자들로부터 보내줄 수 있는 "낙타" 가죽과 뼈를 가지고 오겠다는 약속을 받았다. 하지만, 아무도 그렇게 하지 않았다. 그들은 야마를 강제로 죽이는 것을 분명히 부정한 행위로 여겼을 것이고, 우리를 위해 일부러 야마를 죽이는 일은 일어나지 않았다. 야마는 말처럼 자신의 주인에게 애정을 나타내는 모습을 보이지 않는다. 그렇지만 야마가 자신의 주인을 차거나 무는 모습은 본 적이 없다.

야마는 콜롬부스 이전 시대부터 북미나 남미에서 짐을 나르던 유일한 동물이었다. 그들은 스페인 사람들에 의해 잉카족 영토 전역에서 발견되었다. 강한 발바닥을 가진 작은 두 발톱의 발은 산에서 기른 빠른 발의 노새들에게조차 버거운 거칠고 가파른 경사길도 쉽게 걸을 수 있다. 이 녀석들은 비록 적은 양이기는 하지만 역겨운 냄새가 나는 재채기를 하거나 침을 상당히 멀리까지 내뱉기 때문에 사람들에게 불쾌한 동물로 낙인찍혀 있다. 나의 대학시절, 바넘 서커스단이 마을에 왔었다. 우리 속 동물들 중에는 거만한 몸짓과 공격적이지 않은 모습을 한 자그마한 몸집의 야마들도 십 여 마리 함께 있었다. 장난으로 좀 괴롭혀 주고 싶은 충동이 들 정도로 키가 작아 겨우 어깨높이 정도인 90센티미터 밖에 되지 않았다. 그러나 야마들이 보복을 해야겠다고 마음먹자, 그들은 사람들을 똑바로 조준해 침을 뱉었고, 결과는 괴롭히던 사람들이 허둥대며 도망치는 것이었다. 그들을 괴롭힌 사람들은 비명을 지르고 눈을 비비면서 집으로 달려가 얼굴을 씻어야만 했다. 신기하게도, 내가 2년에 걸쳐 페루의 고산 지대에 머무는 동안, 나는 단 한 번도 야마가 사람을 공격하는 광경을 목격하지 못했다. 한편, 산타 로사에 머물던 1915년, 절대로 괴롭힐 목적이 아니라 과학적인 목적으로 관찰하려는 사람이었음에도 불구하고, 자신이 있는 곳 반경 6미터 이내에 접근하는 모든 낯선 사람들을 향해 똑바로 재채기를 해대는 길들여진 비쿠냐를 가진 사람을 본 적이 있다. 비쿠냐는 미국대륙에서 가장 작은 "낙타"이다. 하지만 그 길고 가냘픈 목, 작은 머리, 긴 다리들 그리고 작은 몸통에 깃털처럼 길게 난 털은 낙타라기보다는 타조에 가까워 보인다.

산타 로사의 교회 경내에는 수세기 동안 잘 보존된 두세 그루의 옹이투성이 나무들이 있다. 어떤 여행자들은 해발 4,200미터이면 수목한계선을 넘은 것이라고 생각하겠지만, 산타 로사에 이들 나무가 존재한다는 것은 "수목한계선"이라는 용어가 안데스 산맥에는 적용되지 않음을 보여준다. 쿡은 해안가 사막을 제외한 페루의 고원 지대가 한때는 숲으로 우거져 있었다고 믿는다. 사람들이 처음으로 안데스 산맥에 들어왔을 때만 해도 바위 턱과 설원 그리고 빙하를 제외한 모든 곳들이 산림으로 덮여 있었다. 비록 지금은 많은 지역에서 나무들이 완전히 사라졌지만, 쿡은 이런 높은 고도에서도 빛과 온도 그리고 습도와 같은 조건들이 나무들이 생장하기에 충분했었다는 것을 발견했다. 그리고 토양도 충분히 비옥했다. 그의 이론은 내가 발견한 아주 높은 고도에서 빙하들을 따라 산발적으로 형성되어 있는 여러 개의 산림 지대들이 잘 증명해주고 있다. 특히, 범스테드에 의해 소이록코차산Mt.Soiroccocha 경사면에서 발견된 한 산림 지대는 해발 4,570미터 이상에 위치해 있는 것이 분명하게 확인되었다. 낙석과 절벽으로 인해 사람들의 주거가 단절된 계곡이었기 때문에 아직까지도 연료용으로 벌채되어지지 않았다. 경작이 시작된 페루의 어느 고산 지대에도 이제는 더 이상의 처녀림이 존재하지 않는다. 일부 높은 계곡의 버려진 농사용 테라스에서는 약간의 토종 나무들이 자연적으로 재식림되고 있었다. 비록 이 나무들이 많은 다른 종(種)과 과(科)를 형성하고 있었지만, 쿡은 그들이 다음과 같은 눈에 띄는 특징을 갖는다는 사실을 발견했다. 즉, 나무가 잘려지더라도 그 그루터기에서 바로 싹이 피기 때문에 반복적으로 가지를 잘라도 살아남을 수 있다. 따라서 이것이 페루의 원시림들이 아주 오랜 과거에 연료채취를 위해 벌목되었거나 농사를 위해 불태워졌다는 사실의 결정적인 증거가 된다.

산타 로사의 나무들 근처에는 높은 종탑이 있다. 각각의 창에 크기가 서로 다른 네댓 개의 종들이 매달려 있는 그림 같이 아름다운 종탑의 모습은 매우 강한 인상을 심어준다. 그러나 일요일 아침에는 완전히 다른 모습이 되어 버린다. 똑같은 종들이건만, 그들은 동시에 울리면서 "불협화음"도 아닌 깨지는 소리를 만들어 낸다. 쏟아져 나오는 땡그랑 소리와 쨍쨍거리는 소리를 도저히 잊을 수 없다. 만약 중국 사람들이 거기에 있었다면, 악령을 쫓는 소리라고 말했을 것 같은 생각이 든다. 그리고 프레데릭 해밀톤 경이 광동 지방의 의식들에 관해 얘기했던 것처럼, 그런 소음은 분명히 "가장 교화시키기 어려운 악령에게도 절대로 통하지 않을" 소리임에 틀림없었다. 미국이나 영국의 교회 종소리는 대부분 부드러운 음색이고, 듣는 사람을 예배에 나오도록 초대하는 듯하다. 그렇지 않으면, 어느 축제시간을 알리려는 즐거운 종소리를 울려 퍼뜨린다. 그러나 페루 남부의 종소리들에는 그런 초대나 즐거움이 전혀 내포되어 있지 않다. 이따금씩, 죽어가는 어느 카톨릭 신자를 위한 마지막 성사(聖事)를 행할 때 울리는 종소리에서는 쿠스코의 커다란 종소리와 같은 깊고 부드러운 음색의 소리를 들을 수 있다. 그러나 이쪽 세계에서 종을 울리는 사람들의 전체적인 생각은 가능한 제일 큰 소음을 만들어 내는 것인 듯하다. 대중적인 성인들의 축일에는 다시 한 번 중국인들의 풍습을 연상시키는 폭죽과 불꽃놀이 그리고 온갖 소음을 일으키는 기구들이 등장한다. 그것은 단지 소음을 일으키는 것 자체를 근본적으로 좋아하는 모든 천진난만한 어린아이들에게서 볼 수 있는 바로 그것 같다.

일요일 오후의 산타 로사 광장은 행락객들로 넘친다. 그 중 많은 사람들은 보통 옥수수를 익혀서 만든 부드러운 토속주 *치차* *chicha*를 자유롭게 마신다. 모인 사람들은 아주 온순하고, 특히 웃음이 많고 유쾌하다. 그들에게 일요일은 진정으로 쉬고, 원기를 회복하며, 또 사교적 행사를 갖는 날이다. 주중에는 심지어 작은 어린이들을 포함한 대부분의 사람들이 산타 로사에 번영을 가져다주는 양털을 제공하는 양들을 돌보기 위해 목초지로 나간다. 일요일 오후, 호기심 많은 이방인들의 출현에 시비를 거는 *치차*에 완전히 취한 산악 원주민들을 가끔 만날 수 있다. 이들은 산타 로사의 불청객이다.

광장에 길게 두 줄로 웅크리고 앉아 달걀, 감자, 후추 그리고 잡다한 토종 야채들을 파는 여자 행상들은 사진이 찍히는 것을 분명히 좋아하지 않았지만, 남자들과 사내아이들은 떼를 지어 앞으로 다가와서는 내가 하고 있는 수고에 많은 관심을 보였다. 마을이나 부족 관내를 책임지는 관리들로서 해마다 선출로 뽑히는 그 지역의 행정관들인 *알칼데* *alcalde*들 중 일부는 우리에게 많은 편의를 제공해 주었다. 그들은 덩치 크고 은으로 치장한 사무실의 무장한 직원들과 함께 시장의 수줍고 내성적인 여인들을 데려와 겁먹고 시무룩한 표정에 맨발인 그녀들을 우리의 카메라 앞에 단체로 세우려고 애썼다. 그 여인들은 몸에 달라붙는 전통적인 보디스와 두꺼운 양털치마 그리고 고원에서 입는 풍성한 페티코트를 입고 있었다. 그들의 어깨 위에는 수동 베틀로 짠 두툼한 양털 숄이 둘러져 있었다. 그리고 비오는 날에는 질 낮은 양털을 씌운 쪽을 겉으로 하고, 맑은 날에는 반짝이는 금속조각이나 면벨벳을 씌운 쪽을 겉으로 하는 짚으로 짠 양면 "팬케익" 모자를 머리에 쓰고 있었다. 첫 번째 잉카는 관리들에게 원주민들이 어느 부족에 속하는지를 쉽게 알아볼 수 있도록 각 마을마다 서로 다른 옷을 입히도록 명령했다고 한다. 비록 아주 힘든 일이었지만, 마음씨 좋은 주술사와 시장 격인 *고베르나도르* 그리고 *알칼데스*의 힘을 합친 노력 덕분에 몹시 꺼리는 여인들을 마침내 설득해서 십여 명의 얼굴을 카메라에 담을 수 있었다. 그들의 얼굴 표정은 매우 인상적이었다. 몇몇은 아주 화가 난 표정이었고, 또 다른 이들은 어리석거나 거만해 보였으며, 두세 사람은 마치 바로 옆에 악령이라도 나타난 것처럼 완전히 겁에 질린 표정이었다. 그들을 아는 다른 남자들의 태도에서 추측할 수 있었지만, 그 상황을 즐기는 표정이거나 악의 없는 장난으로 받아들이는 사람은 아무도 없었다. 그렇지만 남자들 중 몇몇은 자신들이 찍힌 사진을 갖고 싶어 안달이 나서, 우리를 계속 따라다니며 모든 단체 사진의 옆에 끼어 함께 포즈를 취했다.

산타 로사의 원주민 알칼데스

남자들과 사내아이들은 모두 귀 덮개가 달린 양털 모자를 썼고, 거의 하루 종일 그것을 벗지 않았다. 그 위에 다시 커다란 펠트 모자를 쓰고 자신들의 건장함과 용감한 면을 돋보이게 하기 위해 앞쪽을 접어 올렸다. 어깨 위로는 밝은 줄무늬로 장식한 판초를 입었다. 그들의 바지는 고원 지대의 길고 이슬에 젖은 풀 속을 걸어 다녀야 하는 목동들에게 편리한 스타일로써 무릎과 발목사이 중간에서 바지의 밑단이 갑자기 끝나 있었다. 이 "아주 짧은" 바지는 그들의 전통처럼 샌들과 입으면 잘 어울렸지만, 일요일이 되어 모든 부유한 남자들이 바지밑단까지 닿지도 않는 유럽인들의 부츠를 신고 나왔을 때는 전혀 유행에 어울리지 않는 우스꽝스러운 모양새를 만들어냈다.

이 마을이 번성했다는 것은 골 파인 철 지붕들에서도 알 수 있었다. 초가지붕이나 타일보다는 미관상 그렇게 아름답지 않지만, 우기에도 그다지 신경 쓰지 않아도 되고, 훨씬 더 만족을 준다. 또한, 볼트로 서까래들을 튼튼하게 고정시킬 수도 있다. 이런 바람이 심한 고원에서는 초가지붕 위로 밧줄을 넘겨 고정시키고, 무거운 것들을 지붕 위에 올려놓는 모습을 자주 목격할 수 있다. 가끔 박공(搏拱, 뱃집 양쪽에 八자 모양으로 붙인 널/역자 주) 꼭대기에는 십자가나 작은 깃발, 아니면 보통은 악령의 눈길을 막아주거나 행운을 불러온다는 동물들의 두개골이 꼽혀 있다. 말굽은 그다지 수요가 없어 보이지만, 말의 두개골은 아주 효험이 있다고 여겨진다.

라 라야La Raya는 티티카카 유역의 가장자리에 있다. 그 분수계(分水界)는 떨어진 빗방울이 티티카카호로 흘러들어갈지 아니면 대서양으로 흘러들어갈지를 말하기가 거의 불가능한 위치에 있다. 아라란카Araranca 기차역 근처에서 솟아나는 샘물은 분명히 북쪽으로 흐르고 있다. 사람들은 이 샘물이 우카얄리Ucayali강과 아마존강the Amazon의 한 중요한 지류인 우루밤바Urubamba강의 근원들 중 하나라고 말한다. 그러나 나는 "아마존강의 기원에서 입구까지From the Source to the Mouth of the Amazon"라는 유혹적인 제목의 활동사진을 제작했던 모험가이자 강연가였던 블랭크 선장Captain Blank을 제외하고, 그것을 "아마존강의 기원"이라고 주장하는 사람을 아직까지 보지 못했다. 비록 그의 사진들 속에 등장하는 대부분의 "정글 속" 야생동물들은 파라Para에 있는 동물원에서 촬영된 것으로 보였고, 그의 카누 여행에서 흥분을 자아낸 비극적 상황의 실제 무대는 쿠스코에서 일주일도 채 떨어지지 않은 산타아나Santa Ana 부근의 평온한 대토지였지만, 이 특별한 작은 샘에 그런 과장된 칭호를 붙인 그를 굳이 욕을 할 필요까지는 없을 것 같다.

우루밤바강은 이 기슭에 사는 사람들에 의해 여러 가지 이름으로 불린다. 위쪽 지역은 가끔 이 주변의 눈 덮인 봉우리들로 이루어진 산맥과 마찬가지로 호수에도 같은 이름이 붙여져 빌카노타Vilcanota라고 불렸고, 아래쪽 지역은 잉카족에 의해 윌카Uilca 또는 윌카마유Uilcamayu라고 불려졌다.

라 라야 분수계 부근에서는 코야족the Collas이나 티티카카 유역의 호전적인 부족들로부터 쿠스코의 잉카족을 분리하기 위해 수세기 전에 건설한 흥미로운 방벽의 잔재들을 발견할 수 있었다. 곳곳에는 방목지 주인들에 의해 보수되어 사용되고 있는 방벽들도 있었지만, 나머지 대부분은 계곡을 가로질러 이웃하는 경사면 위쪽에 위치한 코디예라 빌카노타의 절벽까지 이르면서 희미하게 흔적만 남아 있었다. 방벽은 가공하지 않은 돌들로 지어졌다. 이 역사적인 방벽 주변에는 잉카 수비대가 한때 거처했던 것으로 보이는 고대 주택들의 유적이 있다. 그 유적에서는 마름돌로 치장했거나, 세심한 석공술의 흔적을 전혀 찾아볼 수 없었다. 내가 보기에는 영국 북부에 남아 있는 로마인들의 장벽이나 중국의 만리장성처럼 영구적인 목적의 것이 아니라, 한 번의 전투를 목적으로 서둘러 쌓아올린 방벽처럼 보였다. 그들의 전설로부터 티티카카 유역 사람들과 우루밤바 계곡과 쿠스코 계곡 사람들 사이에 전쟁이 빈번하게 일어났던 사실을 알 수 있었다. 이곳은 그런 전쟁터들 중 하나의 잔재일 가능성이 높다.

그렇지 않으면, 잉카시대보다 훨씬 더 오래되었을 수도 있다. 초창기 최고의 역사학자들 중 한사람이었던 몬테시노스Montesinos[1)]는 잉카족보다 그 이전 지배자였던 페루 아마우타족Amautas의 제 62대 아마우타로서 파차쿠티 6세Pachacuti Ⅵ로 불렸던 티투 유판키Titu Yupanqui에 관해 말한 적이 있다. 파차쿠티 6세에 대항해서 남쪽과 동쪽으로부터 커다란 무리의 잔인한 군대가 몰려왔다(서기 약 800년경). 그들은 황폐한 들판에 머물면서 도시와 마을들을 약탈했다. 즉 어느 특정시기 동안 야만인들의 이주가 계속적으로 이루어졌던 것이 분명해 보인다. 이런 전쟁들이 계속되는 동안, 커다란 슬픔과 어려움 속에 건설된 20세기 이전의 고대 문명은 심각한 위협을 받게 되었다. 호전적이지 않으면서 신앙심이 깊었고, 군사적으로 보다는 농업적으로 더 위대한 업적을 이루어 낸 사람들의 통치자였던 파차쿠티 6세는 자신에게 많은 불길한 예언들을 하는 점쟁이와 주술사들에게 겁이 났다. 그들로부터 군사적인 준비를 갖추는 정책을 실시하라는 자문을 받기보다는 신에게 바칠 희생물들을 준비하도록 강요받았다. 그럼에도 불구하고, 그는 자신의 지휘관들에게 전략적 요충지들을 강화하고, 방어태세를 갖추도록 지시했다. 침략자들은 아마도 아르헨티나 쪽으로부터 왔을 것이다. 점차적인 산림 지역의 고갈과 그로 인해 방대한 *팜파스*에 경작할 수 없는 초원 지대가 확장되면서 발생하게 된 굶주림과 기근이 그들의 침략을 촉발시켰을 가능성이 있다. 몬테시노스는 그 당시 고산 지대로 올라온 사람들의 상당수는 식량을 얻기 위해 경작할 수 있는 땅을 찾아 나선 사람들과 그들을 자기들의 영토에서 내쫓은(아마도 파타고니아족Patagonians이나 아라우카니아족Araucanians) "거인종족들을 피해 도망친" 사람들이었다고 말한다. 그들은 원정길에 평지뿐만 아니라 늪지대와 정글들도 지나쳐 갔다. 이 과정에서 광범위한 토착민들의 재배치가 진행되었을 것이 분명하다. 이 약탈자들이 통과한 지역의 지배자들은 이들에게 저항할 만큼 충분한 군대를 소집할 수 없었다. 파차쿠티 6세는 상당수의 군대를 라 라야로 가는 통로 부근에 배치하고 적들이 다가오기를 기다렸다. 만약 몬테시노스의 이야기가 사실이라면, 이 라 라야 부근의 방벽은 "전략적 요충지들을 강화하라"는 명령을 받은 지휘관들에 의해 1,100년 전에 건설된 것이 된다.

티티카카 유역에서 우루밤바 유역의 주요 도시와 마을들까지의 긴 관문인 라 라야의 통과가 그 상황에서는 분명히 중요한 열쇠가 되었다. 파차쿠티 6세가 자신의 군대를 방벽 뒤에 배치시켜 놓았을 만하다. 그의 군대는 틀림없이 고산 지대 목동들에게 가장 보편적인 무기였던 투석기로 무장했을 것이다. 그러나 침략자들은 그보다 훨씬 더 효과적인 무기이고, 훨씬 더 빠르며, 훨씬 더 보기 어렵고, 훨씬 더 몸을 피하기 쉽지 않은 활과 화살을 지니고 있었다. 파차쿠티 6세가 자신의 군사들을 독려하기 위해 황금 가마 위에 앉아 전쟁터로 나왔을 때, 그는 화살에 맞아 전사했다. 그리고 그의 군대도 참패했다. 몬테시노스는 겨우 500명 정도가 달아날 수 있었다고 말한다. 부상자들을 남겨둔 채 그들은 통치자의 고귀한 시신을 숨길 수 있는 동굴이 있고 안전한 장소인 "탐푸-톡코Tampu-tocco"로 도망쳤다. 대부분의 저술가들은 그곳이 흥미롭게 조각된 바위 아래 동굴들이 있는 팍카리탐푸Paccaritampu라고 믿고 있다. 오늘날, 페루 어디에도 탐푸-톡코라는 지명을 가진 곳은 없다. 현존하지만 그들의 현대적인 이름이 초기 스페인 저술가들에게는 알려지지 않았던 유적들로부터 그것을 찾아 확인하는 것이 나의 페루 탐험의 중요한 목적들 중 하나였고, 앞으로 전개될 장들에서 더 자세히 기술되어질 것이다.

우리는 라 라야 분수계 부근에서 많은 무리의 양과 알파카, 수많은 가축우리들 그리고 짚으로 지붕을 얹은 목동들의 오두막들을 볼 수 있었다. 키추아 여인들은 항상 부지런하다. 여러분들은 종종 그녀들이 땅에 말뚝으로 고정시킨 수동 베틀에서 숄이나 허리장식용 띠, 판초 또는 담요를 짜고 있는 모습을 보았을 것이다. 단체로 모여 있거나 길을 따라 걸으면서도, 그녀들은 항상 실을 감거나 돌린다. 성인남자들이나 나이 먹은 아이들조차 가끔 그렇게 하고 있다. 나이가 여섯이나 일곱 살이 되어 목동으로 이용되는 어린 아이들은 자신에게 주어진 가축을 지키는 임무 외에는 별다른 할 일이 없다. 그들 중 몇몇은 에어데일 종만큼이나 덩치는 크지만 겁이 많아 사람들에게 짖고는 곧바로 달아나 버리고 마는 긴 털의 양치기 개, *순카suncca*를 함께 데리고 다녔다. *순카*는 또 다른 두 변종들과 마찬가지로 잉카족에 의해 길들여졌다고 주장된다. 그 녀석들 중 누구도 나의 에어데일 종 충견 "체커스"와는 사귈 수 있을 것 같지 않았다. 하지만, 그 주인들은 "체커스"가 영어를 알아들을 수 있는지 항상 궁금해 했다. 그들은 개가 키추아어 외에 다른 언어를 알아듣는 것을 본 적이 없었다!

담요를 짜기 위한 준비: 라 라야의 통행로 근처

쿡과 길버트 그리고 나는 라 라야 부근 해발 4,400미터 산중턱에 있는 비옥한 감자밭을 방문했다. 감자가 재배되고 있는 최고 높이의 신기록이다. 이 근처 높은 경사면들을 쟁기와 삽으로 감자밭을 일굴 때, 이곳 원주민들은 전통적으로 "밭고랑"을 약 4.5미터씩 떨어뜨려 사각형 모양들로 나눈다. 키추아 사람들은 날이 밝자마자 일을 시작한다. 인공적인 조명시설도 없고, 새벽 전의 사무치게 추운 날씨에 일어나야 하는 고통 때문에, 그들의 아내들은 10시 전까지는 아침 준비를 하지 않다가, 비로소 그 시간이 되면 위를 덮은 토기 그릇에 아침을 담아 집에서 가져오거나 남편이 일하고 있는 근처 야외에서 직접 조리를 한다.

우리는 우연히 이십 여명 이상의 감자밭을 "일구는" 사람들을 감독하는 한 정렬적인 지주를 만났다. 그는 유럽식 복장에 확실한 재력과 학식도 겸비했으며, 무엇보다도 철도 인근에 살고 있었지만, 현대적인 농사장비는 전혀 눈에 띄지 않았다. 원주민들이 자기 조상 대대로 사용해오던 기구들 외에 다른 도구를 사용하는 것은 보지 못했다. 이 밭을 "일구는" 과정도 의심할 여지없이 아마 스페인 정복 훨씬 이전인 수세기 전부터 내려오는 방식일 것이다. 발 딛는 부분의 자루를 줄로 묶은 원시적인 삽이나 "발 쟁기"를 각자 들고 일렬로 늘어서서 일하는 남자들은 신호에 따라 일제히 함성과 함께 그들의 삽으로 풀밭을 파면서 앞으로 나아갔다. 남자들과 얼굴을 마주 보고 한 쌍이 되어 파낸 흙을 맨손으로 뒤집는 것은 여자 아이들이나 여인들의 소임이었다. 남자들은 판초를 벗어젖히고 행동을 최대한 자유롭게 했지만, 여자들은 평소처럼 옷을 완전하게 입고 있었다. 심지어는 얌전하게 보이려고 그러는지 어깨 위에 무거운 숄도 계속 두르고 있었다. 비록 노동은 힘들고 고됐지만, 공동체 일에 동참한다는 즐거움 때문에 고생은 덜했다. 모두들 진심으로 일을 했다. 일하는 사람들 사이에서는 서로 뒤지지 않으려는 경쟁심도 보였다. 뒤로 처지는 사람은 악의 없는 놀림을 받아야만 했다. 비록 강한 지도력을 가지고 이끄는 손이 필요하기는 하지만, 가끔씩은 공동체 일도 즐겁다. 그래서 거기에는 반드시 "감독자"가 있었다. 이런 일은 독립성 강한 사람들에게는 절대 어울리지 않는다.

라 라야에서의 감자밭 갈기

잉카가 지배했던 수세기 동안에는 백성들의 개인적인 행동이 거의 허용되지 않았다. 사유재산도 인정되지 않았다. 모든 것은 국가에 귀속되었다. 모든 수확물들은 잉카, 주술사 그리고 귀족들의 소유였다. 하지만 일반 백성들의 삶이 우리가 생각하는 것처럼 불행하지는 않았다. 백성들은 절대 혼자서만 노동하지 않았다. 모든 것을 공동으로 했다. 밭을 경작하거나 추수를 할 때 잉카는 노동자들을 가족단위의 커다란 집단을 이루도록 명령했다. 그들은 농사일의 고단함을 마을의 뜬소문을 쑥덕거리거나 함께 합창을 하며 달랬고, 규칙적인 간격으로 휴식시간도 가졌으며, 이때는 갈증을 달래거나 마음에 흥을 돋우기 위해 마음껏 *치차*를 마셨다.

공동체 일의 습관은 아직도 안데스 산맥 안에서 보인다. 우리는 종종 이삼십 명의 원주민들이 밀이나 보리 묶음 같은 커다란 덩어리들을 함께 운반하는 모습을 볼 수 있다. 나는 어느 넓은 들판에서 고삐에 묶인 십여 마리의 소들을 몇 미터 간격으로 나란히 세우고 각자 할당받은 넓이만큼 동시에 쟁기질하는 모습을 본 적이 있다. 지주들은 리마를 자주 다녀오거나 가끔씩 파리나 뉴욕에도 가서 자신들에게 필요한 현대적인 발명품들을 샀지만, 들판에서는 아직도 3세기 전 짐수레 끄는 동물과 고대 지중해 사람들이 쓰던 원시적인 뾰족한 쟁기를 처음으로 가져와서 소개한 스페인 정복자들의 방식 그대로 경작을 하고 있었다.

라 라야의 농작물은 감자에만 국한되지 않는다. 또 다른 식용작물은 유럽인들에게는 거의 알려지지 않았고, 리마에 사는 사람들에게도 생소한 일종의 명아주류 잡초인 *카니와* *cañihua* 이다. 이것은 우리가 방문했던 4월에 추수했다. *카니와*를 도리깨질할 땅바닥에는 커다란 담요가 깔려 있다. 그 위에 줄기들을 놓고 바구니를 댄다. 담요는 작은 회색빛이 도는 씨앗들이 튀어 나가는 것을 막아준다. 전체 과정은 처음 유럽인들이 전해준 방식 그대로 수세기동안 전혀 바뀌지 않은 것 같다.

우리는 또한 해발 4,200미터에서 *키노아* *quinoa* 와 보리가 자라는 사실에 주목했다. *키노아*는 또 다른 종의 명아주류 잡초이다. 그것은 종종 90에서 120센티미터까지 자란다. 종류도 매우 다양하다. 씨가 흰색인 종은 끓이고 나면 오트밀과 상당히 유사하다. 쿡은 실제로 맛과 느낌 모두에서 스코틀랜드 종보다 이것을 선호했다. 조리를 한 후에도 씨의 형태가 그대로 유지되었고, "오트밀처럼 질척질척해지지도 않는다." *키노아*의 다른 변종들은 쓰고, 여러 번 끓여야 했으며, 물도 자주 갈아주어야만 한다. *키노아*가 자랄 때는 아주 매력적인 자태를 뽐낸다. 잎사귀들은 여러 가지 색을 띤다.

계곡을 내려가자, 고대와 현대에 걸쳐 꾸준히 늘어난 넓은 경작지의 증거들이 보였다. 오래된 수많은 테라스들이 눈에 들어왔다. 많은 밀밭들도 있었는데, 그 중 일부는 가파른 경사 때문에 경작할 엄두를 낼 수 없는 *템포랄레스* temporales 라고 불리는 산허리 높이에서도 재배를 하고 있었다. 그곳은 재배하는 사람이 거의 아무런 노력도 기울일 수 없기 때문에, 그 보상으로 약간의 수확이라도 얻는 것을 그저 운에 맡기고 있었다. 4월 14일, 시쿠아니 Sicuani 바로 위쪽에서는 *아바스*콩 *habas* bean을 수확하고 남은 그 마른 줄기들을 작은 더미들로 쌓아 놓은 들판을 보았다. *오카*가 자라는 *팜파*인 옥코밤바 Occobamba에서는 이제 막 익기 시작한 유용한 *괴경* tuber(塊莖)밭도 발견했다. 그 근처에는 감시꾼들이 추수철의 밤 동안 임시로 거쳐하기 위해 짚으로 지어 놓은 작은 휴식처들도 있었다.

우리가 길가에서 만난 페루 고산 지대 사람들의 용모나 태도 그리고 복장은 거리상으로 얼마 떨어지지 않은 티티카카 유역이나 산타 로사 사람들과는 확연하게 달랐다. 그들이 바로 평소 안데스 산맥에서 까마득한 옛날부터 사용해오고 있는 작은 손 방추를 빙빙 돌리며 양털실을 감는 전형적인 키추아족 사람들–평화로운 농사꾼들–이었다. 그들의 오두막은 진흙 벽돌로 지어졌고, 지붕은 조악한 풀로 엮은 초가지붕이었다.

키추아족의 피부색은 갈색이다. 그들의 머리카락은 곧고 검은색이다. 백발인 사람은 거의 보이지 않는다. 어떤 지역 남자들 사이에서는 그들의 머리카락을 길게 땋는 것이 전통이다. 턱수염은 숱이 적거나 거의 없다. 대머리는 매우 드물다. 이빨은 우리보다 튼튼해 보였다. 케익을 만들 때 넣거나 볶은 옥수수에 섞고, 아니면 여행용 휴대음식으로 먹는 정제하지 않은 황설탕을 마음먹은 대로 얻을 수 있는 기회가 많은 사탕수수 농장에서 일하는 사람들을 제외하면 안데스 산맥 전역이 이빨을 잘 보존한 사람들의 빈도가 높은 곳이라는 사실에 주목할 필요가 있다.

키추아족의 얼굴은 넓고 짧다. 그 넓이는 거의 에스키모만하다. 주근깨는 흔치 않고 얼굴과 팔에 제한적으로 나타나지만, 관찰된 경우는 거의 없다. 반면, 원주민들 중 상당수에게는 마마자국이 있는데, "의학적인 학대로부터 자유로운" 시골에서 산 결과를 보여준다. 그들에게 의무적인 예방접종이란 없다.

살찐 키추아족은 거의 찾아볼 수 없다. 그것이 인종적인 특성인지 그보다는 그들의 식생활에서 지방을 만들어내는 음식이 없기 때문인지는 단정 짓기 어렵다. 페루 고산 지대 사람들은 그들의 야마를 최대한 이용할 수 있게 개량해 왔지만, 그들의 가냘픈 다리와 약한 등을 35나 45킬로그램이 넘는 무게를 실을 수 있을 만큼 충분히 발달시키는 것은 결코 이룰 수 없었다. 그래서 정작 무거운 짐을 운반해야 할 때는 그들 스스로 짊어져야 한다. 결론적으로 말하면, 어떤 사람의 팔이 약하게 발달되면 그의 어깨는 더 넓어지고, 등 근육도 더 강해지며, 다리의 종아리는 다른 어느 인종보다도 크고 강해진다는 페리스Ferris 박사의 이론이 결코 놀랍지만은 않다.

키추아족은 악수를 좋아한다. 방문 온 어느 원주민이 한 집단에 어울리게 되면 그는 거의 예외 없이 한사람씩 차례대로 점잖은 의식을 치러야 한다. 나는 이것이 스페인 사람들에 의해 소개된 것인지 아니면 선사시대부터 전통적으로 내려오는 것인지는 알 수 없었다. 어쨌든 이들의 악수는 대학에 처음 입학한 학생들에게서 볼 수 있는 마음이 담긴 그런 악수와는 전혀 닮은 구석이 없다. 사실 키추아식 악수에는 상대방에 대한 극도의 의심이 담겨 있어 온정이 결여되어 있다. 검력기로 키추아족의 손으로 쥐는 힘을 측정한 의사들은 키추아족의 팔뚝

근육이 제대로 발달되지 않았고, 양쪽성별 모두에서 최대로 쥐는 힘이 약하게 나타나 남자들의 평균은 미국에서 주로 앉아서 일하는 백인 성인들의 겨우 절반정도에 불과하다는 것을 발견했다.

알레스 허들리치카Ales Hrdlicka 박사는 남미와 북미의 원시종족들이 모두 같은 줄기라고 믿는다. 북미와 남미 부족들 사이의 관상학적 관찰에서 커다란 차이가 나타나는 것은 아마도 과거 10,000에서 20,000년에 걸친 환경적 역사에 기인한다. 미국 자연사 박물관의 프랭크 채프만Frank Chapman은 티에라 델 푸에고Tierra del Fuego의 추운 지역 해수면에서 발견되는 동물이나 새들이 페루의 해수면에서는 발견되지 않지만, 기후가 자신들이 살던 곳과 비슷한 고도가 아주 높은 곳에는 살고 있다는 흥미로운 생물학적 사실을 알려 주었다. 이와 유사하게, 고도가 해발 2,700에서 4,200미터에 이르는 도시와 마을들이 있는 페루 남부의 춥고 높은 지역에 사는 사람들이 티에라 델 푸에고나 알래스카 그리고 라브라도르Labrador의 해수면에 사는 사람들과 신체적 특징들이 유사하게 닮았다는 것도 흥미로운 지식이다. 페리스 박사는 라브라도르의 에스키모들과 키추아족이 "미국대륙에서 가장 잘 알려진 키 작은 두 인종"을 구성하고 있다고 말한다.

우리가 지금까지의 설문과 관찰로 알아낸 바에 따르면, 키추아족의 4분의 1은 아이가 없었다. 아이가 있는 가정의 아이들 평균 숫자는 셋이나 넷이었다. 비록 한 가정에 살고 있는 아이들의 숫자가 보통 태어난 숫자의 절반에 약간 못 미친다는 사실을 전체적으로 발견했지만, 대가족을 이루고 있는 가정은 흔치 않았다. 유아사망률이 대단히 높다. 아이들에게 적절한 음식을 먹이는 것에 대한 이해가 전무하기 때문에 아이들이 성인으로 성장하는 것 자체만으로도 놀라움을 금치 못할 일이다.

원주민들에게 기침과 기관지염은 아주 보편적이다. 사실, 고산 지대에서 가장 흔한 고통은 목과 폐의 통증들이다. 이 나라의 전체 질병에서 폐렴은 가장 심각하고 두려워하는 병이다. 그것은 정말 무시무시하다. 공기가 희박해 상대적으로 산소가 부족하기 때문에, 폐렴은 일반적으로 해발 3,300미터에서와 마찬가지 2,400미터에서도 치명적이다. 환자들은 24시간 내내 잦은 통증에 시달린다. 결핵도 마찬가지로 흔한데, 그것의 확산은 의심할 필요도 없이 바깥의 신선한 공기가 실내로 들어오지 못하게 창문 등을 꼭꼭 끌어 닫고 잠을 자는 고산 지대 사람들의 생활습관에 기인한다. 모질게 추운 고원의 공기가 통하지 않는 마치 광 같은 오두막대신, 상대적으로 따뜻한 계곡에서 짚이나 갈대를 이용해 지은 오두막에서 육체적으로 편안하게 살고 있는 원주민들에게서는 결핵이 거의 발견되지 않는다. 물론 "건강관리청"과 같은 것은 존재하지도 않을 뿐만 아니라, 공중위생법을 따르지 않는다고 해서 상관할 사람은 아무도 없다. 급수는 너무 자주 오염되어 사람들은 가급적 그 물을 먹지 않는다. 대신 그들은 많은 양의 스프를 먹는다.

계곡에서 가장 큰 마을이면서 감자가 자라는 고지대와 옥수수가 자라는 저지대 사이의 경계지점이기도 한 시쿠아니 마을의 시장이 있는 곳을 유명한 일요시장이 열리는 날 찾았다. 많은 원주민 "약장사"들이 보였다. 그 물건들은 대부분 잉카시대에 이미 그 효능이 알려진 "약품들"로 구성되어 있었다. 거기에는 4, 50여 가지의 단순한 약에서부터 신기한 약과 만병통치약 그리고 특효약들이 있었다. 내가 보기에는 그 가운데 절반 이상이 "신선한 바깥 공기"나 외풍으로 인한 나쁜 영향에 유용하다는 것들이었다. "약품들" 중에는 철광석이나 유황 같은 광물들과 잉카족에 의해 이미 수백 년 전에 토착화되어 심어졌거나 우루밤바 계곡 아래쪽 열대정글에서 채취한 초목의 말린 씨앗과 뿌리 그리고 잎사귀 같은 식물들, 그리고 태평양에서 가져온 불가사리 같은 동물들이 포함되어 있었다. 그중 일부는 진짜 유용한 약초들도 있었지만, 나머지

대부분은 환자들에게 단지 심리적인 효과밖에 없는 것들이었다. 각각의 약은 매력적이고 조그마한 여러 가지 색깔의 양털자루에 들어 있었다. 작은 수동 베틀로 짠 모양과 색이 각기 다른 자루들은 내용물이 보이도록 윗부분을 뒤집어 말아 내린 상태로 땅바닥에 차례대로 정렬되어 있었다.

시쿠아니 광장의 원주민 약장수들

시쿠아니에서 몇 킬로미터 내려가지 않은 락체Racche라는 곳에는 스콰이어가 묘사한 이른바 비라코차 신전Temple of Viracocha이라는 주목할 만한 유적이 있다. 처음 락체를 보면 그저 아홉 개나 열 개쯤 되는 1.2에서 1.5미터 높이의 진흙 벽돌 각주들이 한 줄로 늘어서 있는 것처럼 보인다! 그러나 가까이에서 살펴보면, 그것들 모두가 거대한 신전 중앙벽의 일부분이라는 것을 알 수 있다. 그 벽체에는 커다란 문들이 나 있고, 문 사이 공간들은 아래쪽 보다 위쪽이 더 좁은 형태의 벽감들로 쪼개져 있다. 문기둥에는 빗장걸이를 위한 작은 구멍들이 나 있다. 거대한 벽체의 기초는 약 1.5미터 두께의 돌로 이루어져 있다. 기초를 아주 튼튼히 쌓기 위해 마름돌들을 직사각형이 아닌 거의 정사각형으로 아름답게 잘라 최대한 세심하게 서로를 맞췄다. 그 표면은 너무나 매혹적이다. 이상하게 들릴지는 모르겠지만, 이곳을 건축한 사람들은 자신들의 석조물을 남들에게 보여 주고 싶은 마음이 없었던 것이 분명하다. 아주 중요한 사실이지만, 표면에는 점토 칠이 한번 되어 있었다. 그 건축가들은 이 벽체가 전체적으로 진흙 벽돌로 지어진 것처럼 보이기를 원했다. 만약 지상에 거대한 진흙 벽이 섰다면, 홍수와 침식이 그것을 금방 훼손시켰을 것이다. 그러나 그것은 견고한 석공술로 빚어낸 뛰어난 기초 위에 지금도 든든하게 서 있다. 그럼에도 불구하고, 이 거대한 벽체는 완벽하게 똑바로 서 있지 못하고, 서쪽방향으로 약간 기울어져 있다. 또한, 그 서쪽편이 덜 풍화되어 보인다. 아마도 강한 바람이 주로 동쪽에서 불어오는 듯하다.

락체의 비라코차 신전 유적

이 유적의 흥미로운 특징 중 하나는 잉카시대 건축에서는 매우 드물게 보이는 약 6미터 높이의 둥근 기둥이다. 그 또한 기초는 돌이고, 진흙으로 겉을 발랐다. 지금은 오직 한 개의 기둥만 서 있다. 스콰이어가 방문했을 당시에는 다른 나머지 기둥들도 있었지만, 나는 그것들을 찾을 수 없었다. 이들 기둥은 아마 두 줄로 서서 지붕의 가로보와 이음보들을 지지하고 있었을 것이다. 이음보의 한쪽 끝은 분명히 둥근 기둥 위에 놓였을 것이고, 다른 한쪽 끝은 중심이 되는 벽에 박혔을 것이다. 이음보가 박혔던 벽의 구멍에는 돌 상인방이 남아 있다.

이 거대한 신전 유적 근처에 있는 다른 건물들도 또한, 내가 알고 있기로는 독특한 유적이다. 커다란 벽감들로 장식된 경계 벽의 기초는 마름돌을 잘라서 조심스럽게 쌓았고, 중간 부분은 진흙 벽돌로 쌓았으며, 위쪽 3분의 1은 거칠고 다듬지 않은 돌로 쌓았다. 지금은 매우 보기 흉하지만, 처음에는 미세한 진흙이나 회반죽이 입혀져 있었다. 특히 풍화로부터 보호받은 곳에는 회반죽이 발린 벽들이 아직도 상당히 좋은 상태로 서 있는 것을 여러 군데에서 볼 수 있다.

하지만 락체에서 가장 경이로운 것은 그 신전의 진흙 벽체로서 높이가 거의 15미터에 달한다. 모두가 예상했겠지만, 그것은 서서히 붕괴되고 있다. 놀라운 사실은 아무런 지붕이나 덮개도 없이 이런 비가 잦은 지역에서 그렇게 오랜 세월을 견딜 수 있었다는 점이다. 햇볕에 마른 진흙 벽체가 모진 폭풍우에 맞서며 적어도 500년을 견뎠다는 것은 도저히 믿을 수 없는 일이다. 일부분이 벽에 박혀 있던 단단한 목재를 가공해 만든 상인방들은 이미 없어졌지만, 진흙은 아직도 남아 있다. 신전 주변의 샘물에 석회성분이 포함되어 있는지 확인해 볼 수 있다면 매우 흥미로울 것이다. 만약 그렇다면, 그것이 진흙에 자연적인 석회질 시멘트를 충분히 공급해 특별히 끈끈한 성질을 만들어줌으로써 풍화에 저항할 수 있게 해주었을 것이다. 여름철인 12월부터 3월까지는 많은 비가 내림에도 불구하고, 이 범상치 않은 진흙 벽체가 수세기 동안 그렇게 노출된 상태로 풍화를 견딜 수 있었던 이유는 더 연구할만한 충분한 가치가 있다.

이 신전은 고대 판테온(기원전 27년에 로마의 신들을 모시기 위해 세운 신전/역자 주)의 조우브Jove나 제우스Zeus와 같은 위대한 신, 비라코차Viracocha에게 제사를 바치던 곳이라고 주장되고 있다. 내게는 태고적 사람들이 그들에게 이런 고귀한 점토를 준 이 지방 신을 위해 여기에 신전을 지었을 것이라는 추측이 더 합리적으로 보인다. 이곳에 이웃하고 있는 마을들의 주요 산업은 아직도 도자기 제작이다. 도자기용 점토는 안데스 지방의 것을 최고로 쳐준다.

선사시대 도공들이 아마도 점토를 준 것에 대해서만 감사를 한 것이 아니라, 도자기를 구울 때 신의 노여움을 피하고 또한 나쁜 기운을 막기 위해 이곳을 주관하는 신을 달래려 했을 것은 더할 나위 없이 자연스러운 일이다. 잉카시대 최고의 도자기는 그 짜임새가 극히 정밀하다는 것이 이미 잘 알려져 있다. 도자기를 공부해 본 사람이라면 점토를 구울 때 그 결과의 불확실성에 대해 누구보다 잘 알고 있을 것이다. 할 수 있는 모든 노력과 정성을 기울였음에도 불구하고, 불운은 도저히 말로는 설명할 수 없게 찾아온다. 최고의 도자기를 창조하려던 사람들이 그 성공을 보장받고 가능한 큰 행운을 얻기 위해 이 신전을 짓기로 결정했을 가능성도 있지 않을까? 이 고대 신전 근처에는 두 개의 종탑을 가진 현대적인 작은 교회가 있다. 교회 안뜰은 도자기를 굽기에 좋은 장소들 중 하나로 보인다. 고대 도공들이 비라코차의 위대한 신전을 이용했던 것처럼, 현대 도공들은 아마 교회를 자신들이 도자기를 구울 때 성공을 비는 장소로 이용하는 것 같다. 교회 벽의 일부는 진흙 벽돌이고, 나머지 일부는 유적지에서 가져온 잘려진 돌들이다.

멀지 않은 곳에는 상당히 최근(비록 선사시대이지만)까지도 용암이 흘러내렸던 흔적이 있다. 나는 이 흐름이 고대 도공들이 고귀한 물질을 얻어오던 점토층의 일부를 파괴했을 것이라고 추측한다. 이 신전이 노여움의 발산으로 그들에게 흐르는 용암을 분출시킨 그 화산을 주관하는 신을 달래기 위한 목적으로 세워졌을 가능성도 생각해 볼 수 있게 하는 대목이다. 또한, 범상치 않으며 타고난 통치자였던 잉카 비라코차가 특히 도자기에 관심이 많아 그 신전의 건립을 자신이 직접 주도했을 가능성도 있다. 그렇다면 조상숭배에 헌신적이었던 그 당시 사람들이 이곳에서 그를 추모했을 것은 당연한 일이다.

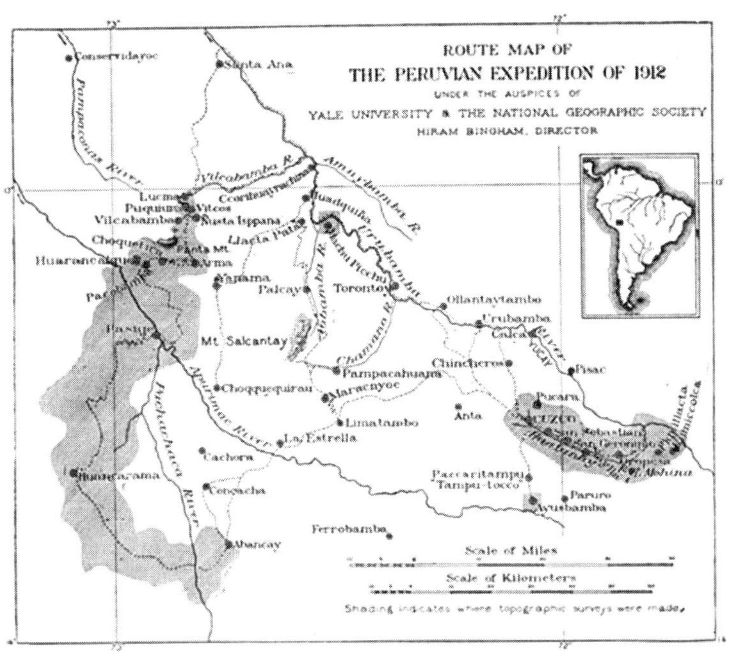

1912년의 페루 탐사 경로도

1) 17세기 교회 변호사였던 페르난도 몬테시노스Fernando Montesinos는 당시 유명한 총독, 친촌 백작the Count of Chinchon의 수행원으로 1629년 페루에 왔던 것이 확실하다. 총독의 부인이 말라리아에 걸렸을 때, 페루산 기나피인 퀴닌이 사용되어 완치되었고, 그래서 이 약이 유럽에

전해지는 계기가 되었다. 신코나류geus cinchona라는 식물학명이 여기서 유래된 것도 사실이다. 몬테시노스는 학식이 풍부했고, 스스로도 역사 연구에 전념했던 것이 분명하다. 그는 페루를 광범위하게 여행하면서 여러 권의 책을 저술했다. 그가 정통 신앙 변호사였다는 점에서 충분히 예상할 수 있었겠지만, 그는 노아Noah의 증손자인 오빌Ophir의 영도 아래 처음으로 페루에 사람들이 정착했다!는 주장을 폄으로써, 그의 잉카시대에 대한 역사관은 도입 부분부터 손상을 입었다. 그럼에도 불구하고, 그의 저작들은 커다란 가치를 지녔으며, 특히, 영국의 페루 고고학자들 중에서도 첫 번째로 꼽히는 고 클레멘츠 마컴 경은 그의 주장들을 상당히 신뢰했던 편이다. 그의 스페인 정복 이전의 페루에 관한 기록들은 해클루트학회Hakluyt Society를 위해 하버드 대학교의 필립 A. 민즈에 의해 최근에 다시 손질되어졌다.

7
와타나이 계곡

와타나이Huatanay 계곡은 우루밤바 계곡의 많은 지류들 중 하나이다. 그곳은 고대 페루 사람들의 식용작물이 자라기에 적당한 기후조건을 갖춘 덕분에 다른 곳들보다 더 많은 경작지를 가지고 있다는 점이 다르다. 대략 415제곱킬로미터에 조금 못 미치는 면적을 차지하고 있지만, 남미대륙에 존재했던 가장 위대한 제국의 심장부 역할을 했다. 이곳에서는 지금도 집약적인 경작이 이루어지고 있으며, 이 지역 사람들의 상당수가 거주하고 있다. 와타나이는 어떻게 보면 계곡을 따라 자연적으로 구불구불하게 이루어져 있는 것처럼 보이지만, 또 어떻게 보면 홍수와 침식으로부터 그들의 밭을 지키려 했던 선사시대 농사전문가들에 의해 세심하게 축조된 돌담 안에 갇혀 있는 것처럼 보이기도 한다. 기후는 온화하다. 혹한이 온 적도 없다. 비록 6월과 7월의 건조한 겨울철에는 저지대의 물이 얼고, 해발 3,900미터 이상에서는 일 년 내내 밤 동안 서리가 내리기도 하지만, 전반적으로는 덥지도 춥지도 않은 기후라고 말할 수 있다.

이 풍요로운 계곡은 스페인 정복자들에 의해 분할되어 그들의 군인들에게 커다란 토지뿐만 아니라 그곳에 살고 있던 원주민 노동력까지 함께 수여되었다. 이런 방식은 아직도 널리 팽배해 있어 가끔씩 길에서 마을로 오가는 부유한 지주들을 만날 수 있다. 원래 안데스 지방에서는 노새가 일할 때 가장 믿을 수 있는 길들인 동물이지만, 이 지주들은 보통 크고 빠를 뿐만 아니라 훨씬 점잖고 길들이기도 쉬운 말을 더 선호한다. 와타나이 계곡의 부유층들은 앉는 자리가 깊이 파여 그 위에 무거운 양가죽이나 두꺼운 모피매트를 깔 수 있는 안장을 선호한다. 유행하는 등자는 나무로 만들어 은으로 그 테두리를 장식한 피라미드 형태이다. 길이 가파르기 때문에 껑거리끈(말꼬리 밑을 지나 안장에 매는 가죽 끈/역자 주)은 필수적이고, 그것은 보통 중세시대 마구를 연상케 하는 작은 장식들이 매달린 넓고 도들 새김을 한 패널로 꾸민다. 고삐는 일반적으로 가죽 끈을 세심하게 꼬아 은으로 장식하며, 말을 더욱 기운차게 하기 위해 문양들을 도들 새김한 가죽 눈가리개도 함께 제작한다. 이 양쪽 눈이 완전히 안보이도록 내려진 눈가리개가 말을 얌전히 서 있게 하는 데는 말을 매는 말뚝보다 훨씬 더 효과적이다.

와타나이강의 계곡은 루크레 Lucre, 오로페사 Oropesa 그리고 쿠스코 Cuzco의 세 부분으로 나뉜다. 오로페사 근처의 현무암 절벽들은 오로페사 유역으로부터 루크레 유역을 나누고 있고, 앙고스투라 Angostura의 통로격인 "하협(河峽)"은 오로페사 유역과 쿠스코 유역사이의 자연적인 통행로가 된다. 각각의 유역은 흥미로운 유적지들을 가지고 있다. 루크레 유역에는 가장 흥미로운 루믹콜카 Rumiccolca와 피키약타 Piquillacta 유적이 있다.

계곡의 가장 동쪽 끝에서 빌카노타로 이르는 통행로의 제일 높은 위치에는 루믹콜카(*루미 Rumi* : "돌"; *콜카 ccolca* : "창고")라고 불리는 고대 관문이 있다. 이곳이 쿠스코에 있는 족장들을 빌카노타의 족장들과 분리시켜 놓기 위한 잉카의 요새였다는 것이 보편적인 추측이다. 지금은 이 지역 사람들에 의해 "*포르탈레사 fortaleza*"로 불린다. 성벽의 가장 중요한 부분은 다듬지 않은 돌들로 잘 쌓여졌고, 겉에는 진흙이 발렸다. 그렇지만 관문의 옆면은 완전히 다른 종류의 세심하게 가공된 안산암 마름돌들로 이루어져 있었다. 고산 지대들이 작은 독립적인 통치자들에 의해 제각기 나뉘어 있던 시대에 어느 강력한 족장이 원시적인 방벽을 쌓았지만, 그 후 와타나이 계곡과 빌카노타 계곡사이에 더 이상 요새가 존재할 필요가 없다고 판단한 어느 잉카가 그 벽의 일부를 허물어내고 거기에 멋진 관문을 세웠을 것이라고도 생각해 볼 수 있다. 마름돌의 표면은 여러 개의 작은 돌기와 혹을 빼고는 훌륭하게 다듬어져 있었다. 그것들은 고대 석공들이 최종적으로 마름돌들을 쇠지레를 이용해 맞출 때, 보다 안전하게 붙들기 위해 만들었던 것으로 추정된다. 방벽이 완성된 후에는 석공들이 이 돌기들을 제거하려고 했을 것이다. 마추픽추에 있는 아직 완성되지 않은 구조물 중 하나에서도 유사한 돌기들을 볼 수 있었다. "돌 창고"라는 이름은 지금은 폐허가 되어버린 그 이웃 건물에서 유래한 것 같다.

루믹콜카 위 바위언덕에는 많은 고대 테라스와 건물 유적들이 있다. 루믹콜카에서 그리 멀지 않은 피키약타산에는 마찬가지로 피키약타라고 불리는 방대한 도시 유적이 있다. 그곳의 많은 집들에는 유난히 높은 담장들이 있다. 남북으로 펼쳐진 도시 외곽의 높은 방벽은 빌카노타 계곡 쪽에서 몰려오는 적을 막기 위해 세운 것이 분명했다. 다른 방향들은 경사면이 너무 가팔라서 방벽을 세울 필요가 없었다. 방벽은 피키약타산을 뒤덮고 있는 용암바위 조각들을 이용해 쌓았다. 유적지에서는 선인장과 가시덤불이 자라고 있었지만, 화산토양은 주변 마을들에서 농사를 짓는 사람들이 곡식을 경작하기 위해 이곳으로 올 만큼 충분히 비옥하다. 도시 위쪽의 경사면에서는 지금도 테라스 없이 광범위하게 경작이 이루어지고 있다. 밀과 보리가 주요 작물이다.

고대 페루의 위치들을 파악해서 그것을 그림으로 나타내는 것은 물론 어려운 일이지만, 현재는 루믹콜카라고 불리는 관문이 스콰이어의 "페루"에서는 "피키약타"로 표기되어 있는 점에 주의를 기울일 필요가 있다. 한편, "거의 2.5제곱킬로미터에 걸쳐 밀집해 있는" 커다란 도시 유적지를 스콰이어는 "위대한 잉카의 도시 무이나Muyna"라고 불렀지만, 그것 또한 루크레 유역 가장 아래쪽에 위치한 작은 호수에 붙여진 이름이다. 스콰이어는 락체로부터 길을 따라 왔기 때문에 맨 처음 피키약타산, 다음은 관문, 그 다음에 무이나 호수 그리고 마지막에 그 도시 유적을 순서대로 보았다. 각각의 유적지에는 그가 물어 본 사람들이 부르던 가장 돋보이고, 순수하며, 자연 현상적인 이름이 붙여진 것으로 보인다. 그렇지만 나의 경험은 달랐다.

고향 근처에 자신의 집이 있고, 이 지역을 잘 알고 있는 쿠스코 대학교의 아길라르 박사가 다른 쪽 방향에서 나를 이 고대 도시로 데려

루크레 유역, 무이나 호수 그리고 피키약타의 도시 방벽

와 주었다. 그에게서 이 도시 유적지가 피키약타라고 불렸으며, 그 이름이 이 유적지에서 동쪽을 따라 360미터 더 올라가는 산에도 똑같이 붙여져 있다는 사실을 알게 되었다. 아길라르 박사는 오로페사 부근에 산다. 오로페사로부터 올 경우에는 피키약타산이 가장 눈에 띄는 지점이고, 그 도시 유적지와도 똑바로 일직선을 이루고 있다. 따라서 이 방향에서 똑바로 보이는 유적에 호수의 이름보다는 그 산의 이름을 붙이는 것이 자연스러웠을 것이다. 그렇지 않다면, 산이 유적의 이름을 따랐을 수도 있다. *피키 Piqui*의 뜻은 "벼룩"이고, *약타 llacta*는 "마을, 도시, 나라, 지역, 영토"이다. "벼룩들의 영토" 아니면 "벼룩들의 마을"이었단 말인가? 그리고 잉카시대 당시의 이름은 무엇이었을까? 옛 이름이 불길하다고 여겼기 때문에 버린 것은 아닐까?

이유가 어찌되었든, 가장 놀라운 것은 버려진 채 오랜 시간이 흐른 잉카시대 이전으로 추정되는 아주 커다란 마을의 증거를 이곳에서 찾았다는 사실이다. 이십 여 채의 집들과 많은 복합건물들이 규칙적으로 배치되어 있고, 도로는 서로 직각으로 교차하며, 전체적인 마을의 규모는 중요했던 오얀타이탐보Ollyantaytambo보다도 훨씬 크다. 사람은 전혀 살고 있지 않다. 빌카노타를 가로질러 동쪽으로는 그 주에서 가장 높은 봉우리인 아우상가테산Mt. Ausangate에서 절정을 이루는 험난한 산악 지방이 펼쳐져 있는 것이 사실이다. 그럼에도 불구하고, 피키약타는 인구가 많은 지역의 한복판에 위치해 있다. 북쪽으로는 사람들이 빽빽이 정착해 있는 피삭Pisac과 유카이Yucay 계곡이, 남쪽으로는 십여 개의 마을들로 이루어진 중요한 빌카노타 계곡이, 그리고 서쪽으로는 인구가 밀집한 와타나이 계곡과 페루 고산 지대에서 가장 큰 도시인 쿠스코가 위치해 있다. 수천 명의 사람들이 피키약타 반경 30킬로미터 이내에 살고 있고, 인구는 계속 늘어나는 중이다. 그곳은 접근성이 뛰어나고, 철도에서 동쪽으로 1.5킬로미터도 채 떨어져 있지 않다. 그럼에도 불구하고, 그곳은 "아반도나도-데시에르토-데스포블라도(버려진/역자 주)"이다! 한때 이곳이 커다란 중요성을 가진 매우 큰 도시였었다는 것에는 의심의 여지가 없다. 이곳이 버려진 이유는 식수 부족 때문인 것으로 보인다. 비록 피키약타산의 규모는 거의 8킬로미터 길이에 3킬로미터 넓이로 컸지만, 와타나이강과 빌카노타강보다 600미터나 더 높은 지점까지 솟아 있어 시냇물이나 개울물 혹은 샘물 등이 전혀 없다. 그것은 화성암과 화산암, 안산암 그리고 현무암으로 둘러싸인 고립된 사화산이다.

어떻게 식수도 없는 산 경사면에 피키약타 같은 큰 도시를 건설할 수 있었을까? 그 이후 기후가 급속히 변한 것일까? 만약 그렇다면, 어떻게 주변 지역이 아직까지도 페루 남부에서 인구가 제일 집중된 곳이 될 수 있단 말인가? 인간이나 야마의 등에 물을 일일이 지고 산을 오르는 엄청나게 고된 수고를 하지 않고도 물을 얻을 수 있는 방법이 있지 않고서 가장 가까이 있는 물로부터 120미터나 높은 고원에 그렇게 큰 도시를 건설해서 지탱할 수 있었던 것은 상상을 할 수가 없는 일이다. 이 근처에 그 장소보다 물을 공급받을 수 있었던 더 가까운 곳이 없었다면, 이곳에 거주한 사람들은 전적으로 물장수에게 의존해 살아야 했다고 밖에 달리 생각할 수가 없다. 한편, 흐르는 시냇물 부근에는 아직까지 점유되지 않은 터들이 반경 10킬로미터 이내에 6군데 정도나 있다. 이 수수께끼 같은 문제를 풀 추가적인 연구가 필요하겠지만, 나는 그 해답이 일반적으로 요새라고 여겨지고 있는 루믹콜카 유적에 있다고 믿는다.

스콰이어는 이 "요새"가 "첫 번째 잉카의 통치권이 닿았던 남쪽 경계"였다고 말한다. "요새는 한쪽 산에서 시작해 다른 한쪽은 높은 바위지대까지 이른다. 그것은 애쿼덕트aqueduct(고가식 수로)와 연관된 근거가 없지만, 그와 유사한 '엘 아케둑토El Aqueducto'라고 보통은 불린다.

하지만 그 이름은 분명히 잘못 붙여진 것이다." 그는 만약 그것이 "다른 용도"였다면, "양쪽 면에서 일어나는 수축이나 층(層)으로 인해" 그 자체가 줄어들게 되는 벽의 단면 때문에 "수비나 방어를 목적으로 한 것이라는 가설과 분명히 상충된다."는 점을 인정한다. 그는 "방벽의 꼭대기는 전체가 같은 수준이지만, 방벽이 언덕에 이르면서 전체적으로 높이가 낮아지고, 또한 고가식 수로에서처럼 두께가 줄어드는" 사실에 주목했다. 하지만 "요새"라는 생각에 너무 집착한 나머지, 그는 원주민식 이름으로 나타내는 그들의 전통뿐만 아니라 자기 눈으로 직접 확인한 증거들에 대해서도 등을 돌리고 말았다. 루믹콜카 유적이 방어시설을 보여주는 것이 아니라 피키약타 사람들에게 물을 공급하기 위해 어느 강력한 부족장에 의해 건설된 고대 *아세키아 azequia*, 즉 고가식 수로의 잔재라는 것에는 거의 의심의 여지가 없어 보인다.

루믹콜카의 고가식(高架式) 수로 유적

이 지역의 한 지형학적 연구는 루크레 마을 남서쪽에서 발원해 지금은 현대적인 섬유공장들에 수자원을 공급해 주고 있는 강이, 그 당시에는 *아세키아*에 그렇게 했을 가능성을 보여준다. 해발 3,260미터에서 모인 물은 루크레 유역의 남쪽 경사면들을 따라 루믹콜카산을 돌아 다시 해발 약 3,230미터에 있는 오래된 길을 가로질러 고가식 수로를 통해 10킬로미터를 쉽게 흘러갈 수 있었을 것이다. 이것이 피키약타의 일부 거리들을 통과하며 물이 흐를 수 있게 했을 것이고, 이 고대 도시에 물 공급이 가능하게 했을 것이다. 루믹콜카 경사면들에서는 많은 고대 테라스들이 눈길을 끈다. 그것들의 위쪽 경계는 그런 *아세키아*가 통과했던 윤곽선과 거의 일치하는 모습을 보여준다. 실제로 산중턱에는 한때 *아세키아*가 그길로 지나갔던 것처럼 보이는 뚜렷한 선이 나 있다. 루크레의 뒤쪽 계곡에도 오래된 *아세키아*의 희미한 흔적이 있다. 그러나 산 위에서는 상당히 심각한 침식이 일어났다. 만약 이들 급수시설이 수세기 동안 고장 난 상태(물론 그렇게 보이지만)로 방치되었다면, 곳곳에서 그것들의 흔적이 완전히 사라져버렸을 것도 놀랄 일은 아니다. 나는 발전 가능성이 있는 이 이론을 면밀히 연구해볼 수 있는 기회가 막혀 있는 현실에 대해 아무런 조치도 취할 수 없는 현재 상황이 너무나 유감스럽다. 피키약타의 거주자들이 누구였으며, 그들이 물 공급을 어떻게 확보했는지 그리고 왜 도시가 버려졌는지에 대한 결론은 미래의 어느 축복 받은 연구자에게 남겨둔다.

그런 날이 올 때까지 나는 가능성이 있는 유동적인 가설을 다음과 같이 주장한다: 우리가 피키약타에서 발견한 것은 잉카시대 이전의 도시 유적이다; 그곳의 부족장과 부족민들이 루크레 유역과 그 지류들에서 경작을 했다; 사회 공동체 차원에서 그들은 쿠스코 사람들과는 별개의 정치체제를 유지했다; 아마도 잉카였을 가능성이 높은 쿠스코 사람들의 통치자가 마침내 루크레 유역 사람들을 정복할 만큼 충분히 강력해지면서, 피키약타를 차지하고 있던 부족들을 그의 통치하에 있는 다른 먼 지역으로 이주시켰다(잉카 역사에서 잘 알려진 식민지화 방법); 피키약타를 건설해서 살았던 사람들이 떠나고 난 뒤, 그 이후의 거주자들은 그 지역을 다시 점유하려 하지 않았고, 결국 그 고가식 수로도 황폐해졌다. 처음부터 그런 장소를 부정 탄 곳으로 여겼으리라고 생각하는 것도 어렵지 않다. 익숙하지도 않고 멋도 없는 모양의 집들은 그들에게 전혀 호감이 가지 않았을 것이다. 만약 물 공급이 원활했다면, 그들의 높은 방벽은 도시를 재건하는데 쓰였을 것이다. 여하튼, 루크레 유역의 유적지는 우리에게 아주 매력적인 숙제를 던져주고 있다.

오로페사 유역에서 가장 중요한 유적은 키스피칸치Quispicanchi 마을 수십 미터 위의 온화하고 물이 잘 공급되는 계곡에 위치한 티폰Tipon 유적지이다. 거기에는 돌 상인방들을 균형 맞춰 배열한 많은 벽감들을 포함해서, 잉카시대 건축의 특징들을 잘 보여주는 정성들여 지은 집들이 함께 있다. 대부분 집들의 벽체는 진흙에 다듬지 않은 돌을 넣어 쌓았다. 아마도 티폰은 오로페사 유역에서 가장 높은 부족장이 거처했던 곳으로 보인다. 그곳에서는 마을 전체를 편안하게 내려다 볼 수 있고, 지금은 밀과 보리밭들로 뒤덮인 남쪽으로 뻗은 구릉지들도 볼 수 있다. 티폰에는 다듬어진 돌들로 잘 꾸민 샘이 하나 있다. 몇몇 테라스들은 거의 정사각형의 블록들이 서로 단단하게 맞춰져 아주 훌륭하게 축조되었다. 한 테라스에서 다른 테라스로의 이동은 테라스 표면에 한 개씩 돌출시킨 이음돌들로 이어진 계단을 이용했다. 테라스들은 지금도 키스피칸치 사람들에 의해 경작되고 있다. 어린 목동이나 염소 치는 사람들이 종종 들릴 뿐 지금은 티폰에 사람이 살지 않는다. 농사를 짓는 사람들에게도 좁은 계곡 안을 150미터씩 올라가서 낡은 건물을 차지하는 것보다는 계곡 맨 아래에 있는 자신들의 밭 가운데 가장 넓은 밭 가장자리에 사는 것이 훨씬 더 편리하다. 이곳에서는 탁 트인 평지에서보다 주거지의 안전에 대한 신경을 덜 써도 된다.

내가 유적지를 조사하며 몇 개의 매력적인 잉카의 무늬를 가진 질그릇 조각들을 파내는 동안, 나와 동행해서 온 쿠스코 대학교 총장 히에섹케 박사는 아길라르 박사와 함께 티폰 위쪽 산으로 올라가 정상 부근에 방어시설이 존재하는 것을 확인했다. 나의 오로페사 체류는 아길라르 박사의 환대 덕분에 아주 편하고 행복했다. 그의 *농장* *finca*은 키스피칸치와 오르페사 사이에 있었는데, 계곡의 매혹적인 경관이 한눈에 내려다 보였다.

오르페사 유역에서 쿠스코 유역으로 들어가려면 산 헤로니모San Geronimo라는 현대적인 마을 근처 앙고스투라 사암(砂岩)절벽 안에 있는 틈새를 통과해야 한다. 앙고스투라 바로 너머 와타나이 남쪽 기슭위 경사면들에는 잉카 건축의 특징인 박공지붕의 주택 유적이 이십여 군데 넘게 있다. 이 고대 건물들은 진흙에 작은 돌들을 넣어 쌓은 벽에 출입문과 창문 그리고 벽감들을 갖추고 있다. 나무로 만들었던 상인방들은 지금은 썩어서 모두 없어졌다. 우리가 이 유적지의 이름을 물어봤을 때, 사람들은 사이야Saylla라고 말해 주었다. 하지만 이것은 와타나이 아래 오로페사 유역에서도 안쪽으로 5킬로미터 더 들어간 현대적인 마을의 이름이다. 피키약타처럼 옛 사이야에는 현재 물이 공급되지 않는다. 이곳은 카이라Kkaira라고 불리는 시냇물에서 그다지 멀지 않기 때문에, *아세키아*를 이용해 3,300미터 등고선을 따라 채 3킬로미터도 안 되는 거리만 끌어오면 물이 쉽게 공급될 수 있다. 이 경우는 잉카족이 고산 지대에서 평화를 확립하자, 처음에는 상대적으로 안전한 구릉지에 마을을 세웠지만, 그곳이 점점 고립되면서 나중에는 계곡 맨 아래의 넓은 길 근처에 살게 되면 누릴 수 있는 혜택을 동경한 나머지, 마침내 그동안 자신들이 살아오던 곳을 버리게 되었다는 전형적인 사례를 보여주는 듯하다. 물론, 다른 해석도 있을 수 있을 것이다.

쿡은 자신의 연구에서 사람들 손에 의한 쿠스코 유역에서의 산림 벌채와 테라스화되지 않은 경사면에서의 현대적 방식의 경작이 상상할 수 없는 토양 침식을 일으키고 있다고 주장한다. 우기에는 산사태가 빈번한 것이 사실이다.

사이야 맞은편은 피콜산Mt. Picol으로 그 북쪽 기슭에는 가장 눈에 띄는 쌍둥이 봉우리가 있다. 그 경사면에서 흘러 내려오는 쓸모없는 물질들은 산 헤로니모 마을 북쪽에 거대한 자갈더미가 부채꼴 모양으로 빠르게 퍼져 나가는 원인이 되고 있다. 그레고리 교수는 현재 그 부채꼴을 횡단하며 흐르고 있는 시냇물이 "자갈들을 부채꼴 위쪽에서 아래쪽 가장자리로 운반함"으로써 고대 들판들이 묻혀 버리고 있고, 앙고스투라 해협에 에워싸인 쿠스코 유역 아래쪽의 끝인 와타나이는 그 지류들이 퇴적물을 운반해오는 속도만큼 빨리 실어내가지 못해 점점 막히고 있다는 사실을 알아냈다. 만약 옛 사이야가 쿠스코를 옛 오로페사로부터 방어하기 위해 세운 요새가 맞다면, 잉카의 지배력이 마침내 안데스 지방의 멀리까지 퍼져나갔을 때 이곳은 아주 자연스럽게 버려졌을 수 있다. 한편으로는, 사이야를 건설한 사람들이 농부들이었으므로, 쿠스코 유역 아래쪽이 침식의 증가로 인해 하저부(河底部)에 퇴적물이 차면서, 그들이 이 장소를 버리고 근처의 경작에 알맞은 다른 땅을 찾아 떠나버렸을 가능성이 훨씬 더 커 보인다. 이곳 고대 주택들에 거주하며 농사를 짓고 살던 주민들이 어느 날 맹렬한 폭풍우에 어마어마한 양의 커다란 자갈들이 피콜산의 가파른 경사면들로부터 밀려내려와 언덕 아래 있던 그들의 아름다운 들판을 며칠 아니 단 몇 시간 만에 뒤덮어 버리는 광경을 목격하고는 낙담했을 모습을 충분히 상상할 수 있을 것이다. 그런 정도의 재난이라면, 그들이 자신들의 거주지를 다른 곳으로 옮기기에 충분했을 것이다. 사실, 그곳이 언제 버려졌는지는 알 수 없다. 향후의 조사는 그곳이 산 헤로니모에 스페인 사람들의 마을이 건설되면서 버려지게 되었는지 여부에 초점이 맞춰져야 할 것이다. 하지만 농업을 공부한 사람이라면, 산림벌채와 침식의 증가 그리고 자갈이 퇴적되는 강 유역이 아마도 사람들을 사이야에서 떠나게 한 원인이었을 것이라는 나의 이론에 동의할 것이다.

비록 가장 높은 지점인 와나카우라이Huanacaurai(4,851미터)가 몇몇 중요한 축제와 종교의식에서 잉카 전통과 연관성을 가지고 있기는 하지만, 쿠스코 유역 남쪽 가장자리 지역은 아주 높은 산들로 나뉘어져 있지는 않다. 와타나이 계곡 북쪽으로 티카 티카Ttica Ttica 통로(3,600미터)에서 파차툭사산Mt. Pachatucsa(4,850미터)까지에 걸쳐서는 훨씬 더 고르지 않고 자주 눈으로 덮이는 다섯 개의 작은 봉우리들이 있다. 와타나이 계곡의 이곳이나 다른 어느 곳에도 만년설이 있는 곳은 없다.

쿠스코 유역 사람들은 심각한 연료 부족에 시달리고 있다. 매장된 석탄도 없다. 기차운행에 사용하는 것은 호주에서 수입한 것이다. 땔나무도 거의 없다. 고대 숲은 사라진지 오래다. 눈에 띄는 유일한 나무들은 유럽에서 들여 온 버드나무나 포플러나무 겨우 몇 그루와 역시 호주에서 들여 온 유칼립투스 숲 한두 군데가 전부이다. 쿠스코가 수목한계선보다 위쪽에 있다고 생각되거나 문헌들에도 그렇게 나와 있지만, 실제로는 그렇지 않다. 주변의 낮은 산에 나무가 없는 이유는 전적으로 사람들의 벌채와 장기 점유, 집약적 테라스 농업시대 이전에 숲을 베어 버린 초창기 농부들의 필요 불가결했던 상황 그리고 많은 인구의 장작 수요에 기인한다. 쿠스코 사람들은 그들의 집을 따뜻하고 안락하게 할 수 있을 만큼의 충분한 연료를 갖는 것은 꿈도 꾸지 않는다. 음식을 조리할 수 있을 만큼의 연료도 얻기가 힘들다. 그들은 사람이나 동물의 등짐으로 이 도시에 들어오는 장작다발이나 짚에 의존한다.

우리는 밀과 보리를 추수하고 그루터기만 남은 밭에서 많은 양을 먹이는 모습을 보았다. 그들은 마르고 다리가 길었으며, 많은 숫양은 뿔이 네 개였다. 그것은 수세기에 걸친 근친교배와 새롭고 더 나은 혈통의 도입에 따라 원래의 품종을 개량하는데 실패했기 때문이 분명했다.

쿠스코 유역 구릉지의 대부분인 어마어마한 숫자의 경작중인 경사면들과 와타나이 일대의 유난히 넓은 평지를 보고 있으면, 왜 잉카제국의 중심이 안데스 산맥 안에서 매우 비정상적인 인구 집중을 보였는지를 쉽게 이해할 수 있다. 그 유역을 사등분으로 나누었을 때, 대부분의 중요한 유적들은 북서쪽인 쿠스코 바로 주변이나 도시 북쪽의 "*팜파스*"에 집중되어 있다. 그 이유는 광범위하게 감자를 경작할 수 있는 대부분의 경작지들이 이 4분의 1등분 안쪽에 있었기 때문이다. 피삭과 파우카르탐보Paucartambo로 바로 이어지는 통행로의 초입인 이 감자 지방의 한복판에는 원주민들이 *푸카라Pucará*라고 부르는 그림 같은 유적이 있다.

푸카라는 키추아어로 요새라는 뜻이고, 직사각형의 방어시설이 왕관을 쓴 것처럼 있는 작은 언덕 위를 보면 바로 한눈에 그 말뜻을 수긍하게 된다. 방벽은 불규칙한 크기의 불록들이 서로 빈틈없이 맞춰져 있어 보기에도 아름답다. 그 언덕의 두 면은 작은 절벽들로 이루어져 있어 방어력을 강화시켜 주는 이점이 있었다. 우리는 바깥 경사지보다 수 미터 높은 곳에 있는 요새의 방벽으로 둘러싸인 테라스 바닥에서 습기가 고이는 것을 방지하기 위해 처음 방벽을 건설한 사람들에 의해 뚫린 배수구 같은 구멍들을 발견했다. 쿠스코 도시 안의 오래된 많은 방벽들에서도 이와 유사한 도관들을 볼 수 있다. 고대 사람들도 배수로의 중요성을 충분히 인식하고 있었기 때문에 그것을 확실히 확보하기 위한 수고를 아끼지 않았다는 것이 분명해졌다. 현재는 요새 안이 아주 편리한 목장 역할을 해준다는 사실을 알고 있는 야마를 키우는 목동들과 그 장사꾼들이 푸카라를 차지하고 있다. 아마도 푸카라는 근채류를 기르며 주변의 풀로 뒤덮인 경사지에서 야마와 알파카 떼를 키우던 선사시대 목축 부족의 족장에 의해 건설되었을 것 같은 생각이

든다.

푸카라 위의 르카야 차카Lkalla Chaca라는 시냇물에서 위쪽으로 조금 떨어진 곳에는 따뜻한 광천(鑛泉)이 있다. 바로 이웃에는 다듬어진 돌들로 장식된 샘이 있다. 또, 근처에는 아름다운 테라스 유적이 있고, 그 위에는 지상과 약 1.8미터 높이에 네 개의 커다란 의식용 벽감들을 품고 있는 아주 훌륭한 벽체가 서 있다. 지금은 이곳을 탐푸 마차이Tampu Machai라고 부른다. 1560년 당시 쿠스코에 살고 있던 폴로 데 온데가르도는 그때까지도 원주민들 사이에서 모셔지고 있던 신성한 장소들의 명부를 공개했다(많은 잉카의 왕족들이 그 당시까지도 아직 생존해 있었다). 그는 그 장소들 중 탐보 마차이Tambo Machai 부근의 "온천지," 팀푹푸키오Timpucpuquio는 "물이 끓어오르는 것 같았기 때문에 그렇게 불려졌다."라고 말했다. 그 다음 *와카huaca*, 즉 신성한 장소는 "잉카 유판키Inca Yupanqui가 갓 결혼했을 당시 머물며 여흥을 즐겼던 그의 저택"이 있었던 탐보 마차이 그 자체라고 말한다. "이 저택은 안데스 산맥 위로 난 길 근처 언덕 위에 있었다. 그들은 이곳에서 아이들을 제외한 모든 것을 희생물로 바쳤다."

이곳 유적지 석조물들은 너무나 훌륭한 조화를 이룬다. 마름돌들은 세심하게 서로 맞춰져 있어 이 장소가 애초부터 종교적인 용도였다는 것을 쉽게 추측할 수 있게 해 준다. 키추아어로 *막치니macchini*는 "씻다" 또는 "주둥이가 좁은 큰 물주전자를 헹구다"라는 의미이다. 아마도 탐푸 마차이에서 왕족이나 제사장이 사용하도록 바친 도구들의 정화의식이 행해졌던 것으로 추측된다. 몰리나Molina에 따르면, 그 달의 스물한 번째 날에 열리는 11월의 대규모 축제에서 기사처럼 무장한 모든 쿠스코의 젊은이들은 목욕을 하고 새로운 옷으로 갈아입는다. 그런 다음, 도시로 다시 돌아와 그들의 친지들로부터 가르침을 듣는다. "각자의 희생물을 바친 친지들은 젊은이들을 채찍질하며 설교했다. 그들에게 용감해지고, 태양과 잉카를 절대로 배신하지 말며, 그들 조상의 용맹성과 용기를 본받으라고 훈계했다."

탐푸 마차이는 산 세바스티안San Sebastian 마을 근처에서 와타나이와 최종적으로 합쳐지는 작은 시냇물인 르카야 차카의 위쪽 작은 절벽에 위치해 있다. 와타나이에 다다르기 전에 르카야 차카는 광범위한 소금 관련 일들이 발생할 만큼 염분기를 많이 함유하고 있는 것으로 유명한 카치마요강the Cachimayo과 합류한다. 실제로, 피사로의 군대는 원주민들이 꼼꼼한 솜씨로 테라스 방식으로 만들어 놓은 염전이 가득한 카치마요 계곡을 보고는 그곳을 라 살리나스La Salinas, 즉 "소금 채굴장"이라고 명명했다. 프레스콧Prescott은 처음에는 페루 정복을 위해 동맹 관계를 맺었지만, 후에는 차지한 영토의 분할을 놓고 다투게 된 두 지휘관들, 피사로와 알마그로Almagro의 군대 사이에 1539년 4월 26일 이곳에서 전투가 벌어졌다고 기술하고 있다. 염전들 부근에는 많은 잉카의 벽체들과 루미와시Rumihuasi, 즉 "돌로 지은 집"이라고 불리는 벽감이 있는 구조물 유적이 있다. 와타나이 계곡의 많은 샘들에는 염분이 함유되어 있어, 그 지역에서 야영을 해야 했던 우리 지도제작 기술자들은 마실 물 때문에 고생을 해야 했고, 차 맛도 완전히 망쳐 버렸다.

그레고리 교수는 쿠스코 유역이 한때는 "고대 수역의 물 표면이 현재의 산 세바스티안이나 산 헤르니모 지역보다 더 높이까지 이르렀던" 호수 지역이었다는 것에 의심의 여지가 없다고 말한다. 이 호수는 홍적세 초기에 최대로 확장되었던 것으로 믿어진다. 옥수수와 *아바*스콩 그리고 *키노아*에 아주 적합한 침니(모래보다 잘고 진흙보다는 거친 침적토/역자 주)가 풍부해서 농부들에게 언제나 인기가 있고, 지금도 집약적인 경작이 이루어지고 있다. 페루 사람들은 이곳의 과학적 연구의 충실한 동반자인 윌리엄 L. 모킬William L. Morkill, Esq.을 기념하기 위해 이곳을 "모킬 호수"라고 부른다. 그의 지칠 줄 모르는 후원이 아니었다면, 우리의 페루 탐험에서 계획한 만큼 멀리 가는 것이 절대로 불가능했을 것이다. 모킬 호수에도 빙하기 이전까지는 많은 물이 출렁거리고 있었다. 때때로, 호숫가 일부는 식물들이 뿌리를 양분이 풍부한 물질들까지 뻗칠 수 있을 만큼 충분히 오랫동안 노출되어 있었고, 햇볕은 흙을 달구어 갈라지게 했다. 호숫가에서는 마스토돈(코끼리와 비슷한 고대의 대형 포유동물/역자 주)들이 풀을 뜯어먹고 있었다. "아마도 모킬 호수는 빙하기 내내 또는 거의 내내 존재하고 있었다." 와타나이강이 사이야 부근의 사암 언덕들을 깎아내면서 마침내 배수로가 생성되었고, 앙고스투라 골짜기를 발달시켰다.

쿠스코 조금 아래쪽 와타나이 기슭에 있는 사라진 모킬 호수의 층들로 형성된 바닥에는 오늘날 많은 조개껍질 화석들이 남아 있다. 그 위층은 그 보다 더 현대에 발생한 홍수와 산사태에 의해 밀려온 자갈들이 덮고 있다. 아마도 그 안에서는 질그릇 파편이나 뼈들도 발견될 것이다. 와타나이의 중요한 지류들 중 하나인 춘추유마요 Chunchullumayo는 쿠스코의 도시 중심과 가장 남쪽의 3분의 1 지점을 가르면서 흐른다. 그 기슭은 테라스로 개발되어 있고, 지금도 텃밭이나 식용 작물의 재배를 위해 이용되고 있다. 그곳에는 호의적인 캐나다인 선교사들이 그들 앵글로-색슨족의 청결함이 깃들어 있는 오아시스에서 평온하게 거주하고 있다.

1911년 7월 어느 날 아침, 푸트 교수 그리고 어빙 박사와 함께 춘추유마요의 한 지류인 아야와익코 *협곡* Ayahuaycco *quebrada* 위를 거닐고 있을 때, 이 작은 *협곡*의 자갈들이 층층이 쌓여 있는 제방에서 최근 침식으로 인해 여러 개의 뼈 조각들과 질그릇 조각들이 드러나 있는 광경이 나의 주목을 끌었다. 그 후의 추가적인 조사에서는 최근 침식으로 인해 옛날에 재를 버렸던 장소가 드러나 있는 것도 발견되었다. 쿠스코 방면으로는 대충 다듬은 돌들로 그런대로 서로를 세심하게 맞춰 축조한 돌담 지역을 발견했는데, 첫눈에 보기에도 협곡의 그쪽 방면이 더 이상 물에 쓸려 내려가는 것을 막기 위한 목적으로 세운 것임을 알 수 있었다. 돌담 위로는 그 표면과 수평으로 자갈들이 층을 이루고 있는 제방이 나타났는데, 그것은 돌담이 자갈이 퇴적되기 이전의 것임을 보여주는 증거였다. 협곡의 15미터 더 위쪽 자갈제방 안쪽에서는 또 다른 돌담의 일부가 나타났다. 그 제방 위는 경작이 되었던 들판이었다! 빽빽하게 들어찬 자갈들을 30분정도 파자, 그 들판 밑에서 또 다른 돌담이 드러났다. 훗날 보우만 박사의 재조사에서 이 돌담은 약 90센티미터 두께에 2.7미터 높이로, 쿠스코 서부의 일부 오래된 건물들의 기초에서 일반적으로 보이는 석조물 형식과 마찬가지로 양쪽 옆을 대충 다듬은 돌들로 세심하게 옹벽을 쌓고, 그 안을 잡석들로 채운 것으로 밝혀졌다.

와타나이 계곡, 쿠스코 그리고 아야와익코 케브라다

첫눈에 보기에도 사람들 손으로 축조된 이 돌담을 강물에 의해 빽빽하게 쌓인 자갈제방이 1.8에서 2.4미터 두께로 완전히 덮고 있는 것을 분명히 볼 수 있었다. 며칠 뒤까지도 이 현상을 충분히 이해하기 어려워 그 수수께끼를 풀기 위해 매달려 있던 중에 나는 훨씬 더 흥분되는 어떤 것을 발견했다. 협곡 위로 800미터를 더 올라간 지점에 새롭게 뚫린 길이 좁게 수직으로 자갈제방 가까이까지 나 있었다. 그 길 위로 약 1.5미터 높이에서 이곳 자갈밭 도처에 제멋대로 흩어져 있는 작은 돌들 중 하나처럼 생긴 것을 보았다. 가까이에서 조사해 보니 그것은 인간의 대퇴부 끝이었다. 그것도 분명히 자갈제방을 형성하고 있는 구성요소들 중 하나를 이루고 있었고, 제방은 그것으로부터 다시 수직으로 거의 21 내지 24미터를 더 위로 올라갔다. 이곳 잉카 영토의 심장부 21미터 아래 자갈 속에 인간의 뼈가 묻혀 있다는 것이 사실로 밝혀질 수 있는 가능성에 감격하면서도, 나는 우리의 1911년 탐험대에 지질학자와 동식물학자 자격으로 아야와익코 협곡까지 함께 온 보우만 박사와 푸트 교수가 당도할 때까지 그곳에 손을 대는 것을 참았다. 마침내 우리는 그 대퇴부를 발굴했고, 그 안쪽에서는 더 많은 숫자의 또 다른 뼈 조각들을 발견했다. 그것들은 굉장히 부서지기 쉬웠다. 대퇴부는 10센티미터가 넘는 길이의 자기 무게를 감당하지 못해 자갈을 일부 제거하자 부서져 버렸다. 자갈 자체는 다소 축축했지만, 뼈들은 수분이 없어 쉽게 부서졌으며, 색깔은 회백색이었다. 뼈들은 센트럴 호텔로 운반되어 조심스럽게 사진에 담겨졌고, 녹인 바셀린에 씻겨진 뒤, 이불솜에 싸여 마침내 뉴 헤이븐으로 보내졌다. 그곳에서 피보디 박물관의 골해부학 담당관인 죠지 F. 이튼 박사가 그 뼈들을 검시했다. 한편, 보우만은 아야와익코의 빽빽하게 쌓인 자갈들이 빙하기 때 생성된 것이라고 확신하게 되었다.

처음 뼈들을 검시하던 이튼 박사는 그 중에서 말의 뼈를 발견하고는 깜짝 놀랐다. 우리는 쿠스코에서 찍은 7월 11일에 발굴한 모든 뼈 조각들의 사진을 면밀히 조사했지만, 불행히도 이 특별한 뼈를 찾아내지 못했다. 이런 의문이 제기되자, 보우만 박사는 그때서야 자신이 우리가 7월 11일에 발굴했던 인근 절벽에서 한두 개의 뼈들을 더 발굴했고, 그것들을 우리의 원래 뭉치에 같이 넣었다고 말했다. 추측컨대, 이 말뼈가 뼈들을 포장할 때 그가 추가로 넣은 것들 중 하나인 듯하다. 그러나 그는 난처해하지 않았다. 그는 자신의 자갈바닥 분석 결과를 굉장히 확신했기 때문에 설령 우리가 페르슈롱Percheron 종마의 뼈를 발견했다하더라도 염려하지 않는다고 단언했다. 주변 지역 땅들의 지질에 대한 추가적인 연구가 있어야겠지만, 그는 그 척추동물 잔존물의 연대가 "잠정적으로 20,000에서 40,000년 전으로 추정"된다고 확신했다. 그들이 묻혀 있던 돌담에 관한 한 논문에서, 보우만 박사는 "그 돌담은 잉카시대 이전의 것이고, 그것을 덮고 있는 퇴적물들과의 관계가 그것이 묻혀 있는 층적 경사면보다 이전에 세워졌다는 것을 보여주며, 또한 그것이 현재로서는 쿠스코 유역에서 알려진 가장 초기 형태의 건축물로 대표된다."고 결론지었다.

이튼 박사의 뼈 분석에서는 그들 중 여덟 개가 적어도 세 사람 이상의 것으로 보이는 인간의 뼈 조각이고, 네 개는 야마의 뼈 조각이며, 하나는 개의 것 그리고 세 개는 "소과에 속하는 동물의 잔해들"이라고 밝혀졌다. 인간의 뼈 조각들은 "모든 본질적인 면"에서 현대 키추아 사람의 뼈로 인정되었고, 야마와 개는 모두 잉카시대나 오히려 그보다 더 가까운 시대에 속했지만, 소과 동물의 잔해들은 밝혀내기가 상당히 어려웠다. 세 개의 파편들은 "골격의 별다른 특색이 없는 부분들"에서 나온 뼈들이었다. 가장 큰 관심을 끈 것은 멸종된 들소의 1번 갈비뼈와 유사한 1번 갈비뼈 한 개였다. 이 소과 동물의 갈비뼈 조각이 미국내에서 사육되고 있는 소에서는 보이지 않는 분명히 들소의 특징적인 형태를 가지고 있었기 때문에 이튼 박사는 "비록 적은 숫자의 개체들의 1번 갈비뼈 연구에서 얻어진 특징들만을 가지고 들소를 사육되고 있는 소와 구별 짓는 것은 신중한 방식이 아니지만, 검시한 재료가 어떤 들소의 한 종일 가능성을 여기서 내놓는 것"이 부정되어서는 안 된다고 생각했다. 비록 그 척추동물 뼈의 연대에 대한 자신의 이론을 일관되게 주장하고는 있었지만, 보우만은 그것의 지질학적 연관성에 대한 자신의 보고서에서 그 소과 동물의 잔해들이 현대의 소뼈들과 확연하게 구별되지는 않는다는 사실과 "비록 그럴 가능성은 거의 없어 보이지만…… 뼈들이 발견된 절벽 면에 새로 밀려 내려온 자갈들이 쌓였을 가능성과 더 이후에 계곡이 국지적으로 채워지면서 퇴적된 자갈층에서 뼈들이 발견되었을 가능성"의 경우와 같은 약점들은 스스로도 인정을 하고 있었다.

미국대륙에서의 빙하기시대 사람들에 관한 보고서들에 의하면, 그들은 캘리포니아에서 아르헨티나에 걸쳐 넓게 흩어져 살았다. 그렇지만 주의 깊게 연구해보면, 어느 먼 시대를 반드시 인간의 어떤 남겨진 잔해들에만 근거하는 것에는 항상 의구심이 던져진다. 골격 증거물의 단편적인 특징과 인간 골격 조각들의 특징만으로 먼 옛날 사람의 것이라는 증거를 끌어낼 수는 없다는 사실과 뼈들을 품고 있던 자갈들의 기원이 그가 생각했던 것보다 훨씬 후대일 가능성에 대한 보우만 박사의 암시를 고려해서 우리는 추가적이고 더욱 완전한 조사를 1912년에 다시 실시하기로 결정했다. 모든 의혹을 깨끗이 하고, 모든 회의론을 불식시키는 것이 가장 바람직했다. 내가 잘못 생각했는지는 몰라도 나는 한편으로 쿠스코 유역의 추가적인 지질 연구가 틀림없이 보우만 박사가 자신의 견해를 뒤집는 쪽으로 이끌어질 것이라고 생각했지만, 다른 한편으로는 일부 지질학자들의 예상처럼, 만약 그것이 그의 원래 의견을 확인하는 쪽으로 이끌어지더라도, 그 회의론자들은 계속해서 자신들의 회의론을 펼치면서 그가 자신의 이전 견해를 합리화하려는 시도를 했다고 말할 수도 있었다. 따라서 나는 제 3의 지질학자가 와타나이 계곡의 철저한 지질학적 조사를 통해 지금까지의 결론을 확인해 줄 수 있는 것을 찾는다면, 그의 독립적인 입증이 그 결론에 커다란 무게를 실어줄 수 있을 것이라고 믿었다. 나는 보우만 박사의 동료인 그레고리 교수에게 필요한 연구를 해줄 것을 부탁했다. 그의 요청에 따라, 수석 지형학자로 임명된 알버트 H. 범스태드의 지휘 하에 매우 정밀한 와타나이 계곡의 지도가 작성되었다. 페루에 가 본 경험이 전혀 없었던 이튼 박사도 우리와 함께 가면서 현대 페루 소들의 뼈뿐만 아니라 그동안 발견된 모든 골격의 잔해들을 연구해 주도록 초청받았다.

한걸음 더 나아가, 우리가 1911년 당시 뼈들을 발굴했던 아야와익코 산중턱 바로 그 지점에 터널을 뚫는 시도도 해 볼 만했다. 나는 토목공사 훈련을 콜로라도에서 한 적이 있는 K. C. 힐드에게 그 일을 지휘해 달라고 부탁했다. 힐드는 순전히 자갈로만 이루어진 곳에 단면이 가로세로 1.35미터와 90센티미터인 터널을 3.3미터 안까지 팠다. 그는 버팀목을 사용하려 했지만, 자갈이 워낙 단단하게 채워져 있어 그럴 필요가 없었다. 뼈나 유물은 전혀 발견하지 못했고, 울퉁불퉁한 자갈과 군복 조각 그리고 성층(成層)이 이루어진 증거만 발견했다. 분명히 그 뼈들은 아주 오래되고 빽빽하게 들어찬 자갈더미 가장자리의 산사태로 무너져 내린 지점에 묻혀 있었다.

그레고리 교수는 그의 쿠스코 유역 연구에서 아야와익코 자갈제방이 지난 몇 세기 동안 파묻히고 다시 파이기를 수차례 반복했다는 결론을 내렸다. 그는 "지난 백 년 동안" 일부 자갈 테라스들이 주기적으로 파괴되고 다시 재건설된 사실을 보여주는 증거를 찾아냈다. 따라서 아야와익코 협곡에서 우리가 찾아낸 뼈들이나 돌담이 아주 태고의 것이기를 바라는 기대를 더 이상은 할 필요가 없게 되었다. 비록 "쿠스코의 자갈들은 홍적세 후기에 매우 광범위하고 두껍게 퍼져 있었지만," 훨씬 최근의 퇴적물들이 그 위와 옆으로 첨가되었다. "기후 변화에 따라 양과 특징이 조절을 받은 서로 접한 경사면의 표면 침식에 의한 축적이 아마도 빙하기 이래 계속해서 이루어져 왔고, 인간들이 점유하기 시작하면서 더욱 크게 증가했을 것이다." "지질학 자료들에 따르면, 쿠스코의 자갈 속에서 발견된 인간 뼈들의 연대는 겨우 몇 백 년 전인 것으로 판명되었다."

그렇다면 "들소"는 어떻게 된 것일까? 쿠스코에 도착한 직후, 이튼 박사는 시중에서 판매용으로 도살된 소들의 1번 갈비뼈들을 조사했다. 그는 "들소"가 바로 페루에서 사육되고 있는 소라는 확신을 갖게 되었다. "안데스 산맥 안 이 지역의 일반적인 생존조건과 희박한 공기로 인해 호흡활동이 더욱 증가할 수 있는 상관관계에 따라, 사육되는 소들도 가끔씩 1번 갈비뼈가 들소에서 관찰되는 정도까지 발달하는 경우가 있다." "들소"건과 내가 40,000살은 되었을 것으로 생각했지만 지금으로서는 아마도 200살이라고 믿어야 할 "쿠스코인"건은 그렇게 슬픈 결말을 맞았다. 키추아어로 아야와익코는 "죽은 육체의 계곡" 또는 "죽은 자의 협곡"이라는 의미이다. 한 이야기에 따르면, 세 세대도 지나지 않은 과거에는 그곳이 쿠스코에서 흑사병으로 죽은 사람들을 매장하던 곳으로 쓰였다고 한다!

8

남미 최고(最古)의 도시

남미에서 가장 오래된 도시인 쿠스코는 스콰이어가 다녀간 이후 완전히 변했다. 사실, 내 자신의 첫 번째 감동이 담긴 저서 ≪남미대륙을 가로질러≫가 출판된 이래로도 상당히 많이 변했다. 아직까지 고대 유산의 증거들이 모든 방면에서 보이기는 하지만, 한편으로 이에 상응하는 발전의 증거들도 있다. 전화, 전깃불, 전차 그리고 "활동사진"도 들어와 있다. 거리들은 깨끗하다. 만약 현대의 어느 여행자가 자신이 맞이한 상황들에서 어떤 결점을 발견한다면, 그는 고대 쿠스코 사람들의 많은 업적들이 그가 살고 있는 나라에는 아직까지 알려지지 않았고, 세상의 다른 어느 곳도 그들을 당할 수 없었다는 사실을 기억해야만 한다. 그리고 현대의 쿠스코는 끊임없이 발전하고 있다. 성당 정면의 커다란 광장은 1911년 당시 누네스 시장에 의해 완전히 변모되었다. 그는 콘크리트 보도와 화려한 꽃밭들로 시장과 옛 자갈 포장길들을 바꾸어 놓았고, 광장을 상쾌한 저녁에 시민들이 애용하는 산책길로도 바꾸었다.

현재 시장의 중심은 산 프란시스코San Francisco 광장이다. 그곳은 온갖 종류의 물품을 파는 노점들로 붐빈다. 거의 모든 먹거리와 원주민의 생활용품들이 여기에 나와 있는 것 같다. 특히 이른 아침 원주민들이 종종 무리를 지어 물건을 사고팔고, 입씨름하며, 소리치는 모습은 그림 같은 광경을 좋아하고, 생소한 풍습과 관습에 관심이 많은 사람들에게 무한한 즐거움의 원천을 제공해 준다.

쿠스코의 소매상인들은 취급 품목에 따라 끼리끼리 모이는 아주 오래된 관습을 따른다. 한 거리에는 모자를 취급하는 상인들만 있고, 다른 한 거리에는 *코카*를 취급하는 상인들만 있다. 양재사와 재단사들은 모두 이십 여개 정도의 어둡고 작은 가게들이 길게 늘어선 하나의 상가 안에 있다. 빛이라고는 전적으로 입구에서 들어오는 것이 전부인 듯하다. 그곳 사람들은 주문받은 옷을 미국산 재봉틀로 만들어낼 뿐만 아니라 다양한 문양을 가진 표준 체형의 기성복들도 항상 구비하고 있다. 또 다른 상가에는 *아리에로*들의 눈과 지갑을 유혹하는 물건들을 전문으로 파는 가게들이 있다. 거기에는 자신이 가장 아끼는 노새를 악령의 눈으로부터 피하게 해준다고 믿는 화려하게 장식한 고삐와 *코카*나 다른 귀중품들을 담을 수 있는 가죽배낭, 천 안장띠와 가죽재갈, 노새를 옭아매기보다는 다이아몬드를 묶고 싶을 것 같은 생가죽 올가미, 여행 중 무료한 시간을 달래줄 피리 그리고 마을을 멀리 떠날 때 자신의 수호신 앞에 켜두는 양초 등등 한 마디로 그의 직업과 관계된 모든 비품들이 구비되어 있다.

쿠스코의 거리를 가득 메우고 있는 그림에나 나올 법한 키추아 사람들에 대해 더 잘 알기 위해서는 적어도 원주민 백 명의 인체측정학적 신체치수를 확보해야 한다고 느꼈다. 이에 따라, 넬슨 박사는 센트럴 호텔에 실험실을 차렸다. 그의 실험 대상은 길에서 억지로 이끌려온 본의 아닌 희생자들이었다. 그는 호의적인 *헨다르메*들에게 거리로 나가 검사를 위한 순수 혈통의 키추아 사람들을 데리고 오라고 지시했다. 대부분의 원주민들은 화를 내지 않았고, 오히려 끝에는 즐거워했다. 시간을 빼앗긴 것에 대한 보상으로 작은 은화를 받아들고는 자기들 스스로도 놀라워했다.

페루 지도와 쿠스코 전경(출처: "Speculum Orbis Terrarum," 1578년, 앤트워프)

여러분은 넬슨 박사의 실험 대상자들 중 상당수가 쿠스코가 그들의 출생지로 나왔을 것이라고 추측했겠지만, 실상은 그렇지 않았다. 실제로는 그 도시 출신 원주민 숫자가 안타Anta나 와라콘도Huaracondo 또는 마라스Maras 같이 상대적으로 작은 마을 출신들보다도 훨씬 적었다. 거기에는 여러 가지 원인들이 있었다. 먼저, *헨다르메*들은 훨씬 쉽게 복종하는 먼 마을에서 온 낯선 사람들을 붙잡으려 했을 것이다. 둘째, 도시 사람들은 가게 안에서 장사를 하거나 광장에서 물건을 지키고 있었기 때문에 *헨다르메*들이 그들의 일을 간섭할 수 없었을 것이다. 한편, 실제로 쿠스코 거주자들 중에는 오늘날까지도 스페인어를 구사할 수 있는 사람이 두세 명도 안 되는 고립된 마을들보다 훨씬 많은 수의 혼혈 후손이 있는 것 또한 사실이다. 더욱이, 도시에서 오랜 세월을 살면서 유럽풍의 복식에 적응된 사람들보다는, 아직 도시의 유행이 널리 퍼지지 않아 진기하고 화려한 복장을 한 채 시골에서 일시적으로 와 있는 원주민들이 *헨다르메*들의 주의를 훨씬 쉽게 끌었을 것이다. 스콰이어에 따르면, 1870년 당시까지도 쿠스코 인구의 8분의 7은 아직 순수 혈통의 원주민이었다. 지금 현재도 길거리에서 마주치는 사람들 중 높은 비율이 순수 원주민 선조를 둔 것으로 보인다. 하지만 이들 중 많은 수는 외곽에 있는 마을들에서 잠시 다니러온 사람들이라는 것을 알았다. 쿠스코는 안데스 산맥 일대에서 가장 인구밀도가 높은 메카이다.

시민들 중 상당수는 아마도 스페인과 키추아 선조들의 혼혈인 듯하다. 스페인 *콘키스타도르*(정복자/역자 주)들은 유럽의 여자들을 함께 데리고 오지 않았다. 거의 대부분은 원주민을 아내로 취했다. 스페인 인종은 보기 드물게도 유럽인과 북아프리카인, 켈트인, 이베리아인, 로마인, 고트인 뿐만 아니라 카르타고인, 베르베르인 그리고 무어인들의 혼혈로 이루어져 있었기 때문에 스페인계 사람들은 앵글로-색슨계나 북유럽의 튜턴계 사람들만큼 미국대륙 원주민들과의 결혼에 대해 그다지 거부감을 가지고 있지 않았다. 결국, 스페인 사람들과 원주민들 사이의 수세기 동안에 걸친 타종족 간 결혼으로 인해 그 결과를 단정 짓기 어렵다. 어떤 저술가들은 한때 쿠스코에 20만 명의 사람들이 살았다고 한다. 원시적인 교통수단을 고려할 때 그렇게 많은 수의 사람들에게 식량을 공급하기는 어려웠을 것이다. 더욱이 몬테시노스에 의하면, 1559년 당시 쿠스코의 원주민 숫자는 겨우 2만 명이었다.

쿠스코의 매력 중 하나는 과거와 현재의 공존이다. 철로 위를 쨍그랑거리며 달리는 전차들은 멋쟁이 *쿠세뇨스* *Cuzceños*(쿠스코 시민들)를 태우고 잉카시대 담장들을 지나 철도역에서 기다리고 있는 그들의 반가운 친구들의 환영을 받는다. 전차 기사는 작은 감자자루들을 쿠스코 시장까지 실어 나르기 위해 촘촘히 무리지어 서 있는 조용하면서 거만한 야마들을 치지 않으려고, 브레이크를 있는 힘껏 밟는다. 현대적인 수도원 라 메르세드La Merced는 고대 잉카 건축물들에서 가져온 돌로 지어졌다. 6, 7세기 전 잉카 석공들의 손길이 남아 있는 마름돌에 매여 있는 쿠스코에서 가장 큰 활동사진 극장의 광고판도 보인다. 1915년 7월 2일의 상영작은 벨기에 적십자사의 수익을 위한 것이었다! 그 광고판을 경외심으로 응시하고 있는 이들은 밝은 색에 가장자리가 넓은 판초와 꼭대기가 장식술로 화려하게 장식되어 있고 정성이 깃든 귀덮개가 달린 털모자를 쓴 멀리 떨어진 안데스 산맥의 마을에서 온 소년들로 복장에서는 전혀 유럽인들의 영향을 찾아볼 수 없었다. 이 그림 같은 방문자들과 함께 줄무늬 셔츠에 천 모자, 겉옷 그리고 영국식 문양의 바지를 입은 맨발의 쿠스코 개구쟁이 하나가 나란히 서 있었다.

전깃불 공급을 위한 전선들이 스페인 정복자들에 의해 400년 전 지어진 집들의 담장에 고정되어 있다. 담장 자체는 정복되기 수세기 전에 잉카 석공들에 의해 지어진 거대한 돌 기초 위에 서 있다. 한쪽에는 전화선들이 지금은 쿠스코 대학교의 일부가 된 옛 예수회 교회의 아름답게 돌로 지어진 정면 풍경을 가로막고 있다. 그것은 피콜산의 쌍둥이 봉우리 부근에 있었던 왁코토Huaccoto 채석장의 불그스름한 현무암들로 지어졌다. 그레고리 교수는 이 왁코토의 현무암이 부드러움과 결정의 균일함을 가지고 있어 16세기 교회 건축가들이 열렬히 갈망했던 정교한 돌 세공에 특히 많이 사용되었다고 말한다. 잉카족에 의해 광범위하게 사용되었던 밀도가 높은 섬록암에 비해 현무암은 훨씬 빠르게 풍화된다. 풍화된 부분들의 농후한 붉은색이 예수회 교회 건물에 극단적으로 유구한 세월이 흐른 듯한 분위기를 연출한다. 예일 대학교가 생기기도 훨씬 전에 학식 넘치는 예수회 설교사들의 발소리가 메아리쳤을 대학 교정의 아케이드는 최근에 콘크리트로 포장되어 테니스장으로 이어져 있고, 지금은 훌륭한 총장 히에섹케 박사가 "*건전한 신체에 건전한 정신이 깃든다.* Mens sona in corpore sano."는 고대 금언의 진리를 학생들에게 가르치는 외침이 메아리로 울려 퍼지고 있다.

현대 쿠스코는 인구 약 2만 명의 도시이다. 비록 페루 남부의 가장 중요한 주의 수도임에도 불구하고, 1911년 현재 병원이라고는 도시 서쪽 가장 큰 묘지 바로 옆에 있는 반관반민(半官半民)으로 비종교 단체에 의해 운영되고 있는 것이 유일하다. 실제로 그곳은 모든 것들로부터 멀리 떨어져 있고, 묘지가 너무 가까이 있어 환자들에게는 조화(弔花)와 보지 않으려고 해도 볼 수밖에 없는 더욱 눈에 잘 띄는 묘비들이 유일한 볼거리이다. 건물은 커다란 정원들과 개방된 열주(列柱)들로 이루어져 있어 환자들이 야외치료를 받을 수 있는 이점이 있는 이상적인 환경을 제공해 주고 있다. 어빙 박사가 방문했을 때, 그는 환자들이 작은 창문들이 항상 닫혀 있거나 잠겨 있는 병실에 수용되어 있어 환기가 차단되고 빛도 충분하지 않은 것을 발견했다. 그곳의 병실과 우리에게 익숙한 미국의 병실(햇빛이나 신선한 공기가 최대한 통하도록 하고, 환자들에게 야외에 앉아 있기를 권장하며, 심지어 간이침대를 현관에 놓아두기까지 하는) 사이에 존재하는 커다란 차이는 거의 상상을 초월했다. 그곳에는 상주하는 의사도 없었다. 병원에서 가장 신경을 쓰는 것은 모든 것을 가급적 어두운 상태로 유지하는 것이었다. 그것은 햇빛과 공기의 나쁜 영향들과 관련한 고대 산악 지대의 전통에 따른 것이었다. 두말할 필요도 없이 그 병원은 높은 치사율을 보였고, 그 주의 유일한 병원임에도 불구하고, 지역에서의 평판은 아주 좋지 않았다. 우리가 방문해 본 쿠스코의 외곽 어느 지역에서도 자신

쿠스코 대학교의 회랑(回廊), 테니스 코트와 함께 있는 예수회 교회의 탑들

들의 집 외에 질병을 치료할 수 있는 시설은 찾아볼 수 없었다. 조금 더 큰 지역에는 아주 일반적인 약들 중 일부를 구할 수 있는 상점들이 있었지만, 거의 대다수의 도시와 마을들에서는 현대적인 의약품을 구할 수 없었다. 그 대학의 히에섹케 총장이 축구나 테니스를 하도록 학생들에게 강조하는 이유를 이해할 수 있었다.

대학 구내에 그늘을 드리우는 작은 산의 경사면에는 흥미를 끄는 콜캄파타Colcampata 테라스들이 있다. 스페인에 정복된 후, 코르디예라 윌카팜파Cordillera Uilcapampa의 황무지에서 위태로운 생존을 유지해 갔던 원주민 통치자들 중 한사람이었던 잉카 투티 쿠시Inca Tuti Cusi의 사촌, 카를로스 잉카Carlos Inca가 1571년 당시 여기서 살았다. 콜캄파타의 정원들에는 페루에서 볼 수 있는 잉카족 돌 세공술의 극치 중 하나가 아직도 잘 보존되어 있다. 그곳이 멋진 왕궁의 잔재인지 아니면 티투 쿠시의 사촌에게 걸맞은 거처를 마련해 주고자 했던 쓰러져 가는 왕조의 마지막 노력을 보여주는 것인지는 알 수 없었다. 그곳은 쿠스코의 중요한 사업가 돈 세사레에 의해 세심하게 보존되고 있었다. 그는 이태리 태생의 거상인 동시에 은행가이고, 피혁 및 기타 지방 특산물의 수출가이며, 한편으로는 연필과 사탕수수 압착기, 목재와 모자, 사탕과 철물 등을 포함한 모든 종류의 제품들을 수입하는 수입가이기도 하다. 또한 그는 스페인 식민시대 가구뿐 아니라 아름다운 잉카족 도자기의 아마추어 수집가이기도 하다. 더욱이, 그는 자신의 커다란 사업의 급한 일들을 제쳐두고, 우리 탐사대를 돕기 위해 항상 시간을 할애해 주었다. 자주 우리를 그 지방의 지주들에게 소개해 주거나 소개장을 써주어 우리의 여행을 쉽게 해주었다. 우리에게 장비를 보관할 수 있는 창고를 제공해 주었고, 믿을 만한 노새몰이꾼을 확보할 수 있도록 도와 주었으며, 또 노새나 짐 나를 동물들을 살 때는 사기를 당하지 않도록 지켜봐 주었고, 우리가 어려움을 이겨낼 수 있도록 고귀한 충고를 아끼지 않았다. 한마디로 우리를 마치 가장 마음에 들고, 제일 돈 지불도 잘하는 자신의 고객을 대하듯 하며, 전적으로 우리의 뜻에 따라주었다. 사실, 그는 자신이 우리에게 베풀어준 호의에 대한 보상을 받을 생각이 조금도 없었다. 그는 우리 탐험의 성공에 있어 가장 중요한 요소로서 우리 탐험에 참가한 모든 사람들로부터 감사하게 기억될 만하다.

콜캄파타에 있는 그의 별장 위는 삭사와만Sacsahuaman 언덕이다. 그 경사면을 기어 올라갈 수는 있겠지만, 3,570미터의 이런 고도에서는 보통 때보다 훨씬 더 큰 노력을 기울여야만 한다. 그 유명한 "요새"로 가는 가장 쉬운 방법은 쿠스코를 네 부분으로 가르고 있는 세 개의 운하로 이루어진 시냇물들 가운데 가장 동쪽으로 흐르는 "연약한 시냇물"이란 뜻의 작은 투유마유Tuyumayu 줄기를 따라가는 것이다. 그 기슭에서 먼저 제혁소를 지나고, 가파른 골짜기 위로 멀지 않은 거리에 있는 옛 물레방앗간 잔해들을 지난다. 오늘날의 쿠스코 사람들은 일반적으로 그 돌 수로와 그에 이웃한 유적이 잉카시대의 것이라고 말하지만,

삭사와만: 낮은 쪽 테라스 옹벽의 자세한 모습

내가 보기에는 잉카 석조물처럼 보이지 않는다. 잉카족은 수레바퀴의 기계적 원리를 이해하지 못했기 때문에 수력을 이용하는 방법을 몰랐을 것이다. 주의 깊게 수로를 조사해 본 결과, 잉카족 석공들은 알지 못했던 물질인 납이 함유된 시멘트 성분이 발견되었다.

시냇물에서 조금 더 위쪽의 웅장하고 거대한 바위 문을 통과하자, ≪남미대륙을 가로질러≫에서 묘사했던 사람을 아연실색하게 만드는 삭사와만의 거대한 회청색 방벽 앞에 내 자신이 서 있는 것을 발견했다. 고대 건축가들은 여기에 두 개의 깊은 골짜기 사이 언덕을 500여 미터 가로지르며 뻗어 나가는 세 개의 거대한 테라스들을 계단 모양으로 건설했다. "요새의 가장 낮은 쪽 테라스는 거대한 바위들과 면하고 있는데, 이들 중 상당수는 무게가 10톤은 나가 보였고, 그 중 몇몇은 족히 20톤은 나가 보였으며, 아직까지도 서로가 고도로 정밀하게 맞춰져 있다. 나는 삭사와만을 반복해서 방문했다. 매번 갈 때마다 그곳은 변함없이 압도적이고 놀라웠다. 미신을 숭배했던 원주민들은 이 방벽을 처음 보았을 때 그것을 신들이 건설했다고 생각했을 것이다.

삭사와만에서 북동쪽으로 약 1.5킬로미터 지점에는 식물들이 군데군데 덮여 있는 마치 회청색 바위 조각들로 이루어진 것같이 보이는 여러 개의 인공적인 언덕들이 있다. "요새" 건설을 위해 여기서 채석된 거대한 석회석 덩어리의 토막들은 이후 고통스러운 극한의 노력 끝에 삭사와만까지 운반되어 내려갔다. 그것은 수천 명의 석공들의 무수한 노동을 상상할 수 있게 해준다. 증기 착암기나 폭약, 강철 연장들 그리고 경편 철도를 이용할 수 있는 현시대의 기준으로 보아도 이 언덕은 눈에 띄는 곳이다. 하물며, 고대 석공들은 그런 기계적인 장비들을 전혀 알지 못했을 것이고, 따라서 이 언덕의 돌덩이들이 순전히 돌연장만으로 가공되어 채석장으로부터 일일이 손으로 운반되어 왔을 것이라고 곰곰이 생각해 보면, 상상만으로도 정말 정신이 혼미해진다.

삭사와만 유적은 믿을 수 없는 인간의 노동량뿐만 아니라 매우 훌륭한 통치체제를 보여준다. 수천 명의 사람들을 생업인 농사일에서 동원해 그렇게 오랜 시간동안 채석장에서 돌덩이들을 끌어내고, 필요한 모양으로 자르고, 다시 돌투성이 지대에서 수 킬로미터를 운반해 그런 복잡한 방식으로 서로를 이어붙이도록 일을 시킬 수 있었던 것은 그 지도자들이 지력(智力)과 함께 그런 많은 인력이 할 일을 조직하고 조정할 수 있는 능력도 갖추었었다는 것을 의미한다. 그런 사람들이 군사 훈련이나 전쟁 준비에 많은 시간을 할애할 수는 없었을 것이다. 그들의 건설공사에는 무한한 노동과 끝없는 시간 그리고 헌신적인 재능이 요구되었다. 만약 결과물이 대부분이 농부였던 그 많은 사람들이 공감할 수 있는 것이 아니었다면, 아무리 강력한 군주의 힘이었다 하더라도 그런 수준 높은 질을 이끌어내지는 못했을 것이다. 그들은 자신들의 들판이 아마존의 평지로 밀려 내려가거나 흩어지는 것을 막아주는 섬세하게 지은 돌 옹벽 테라스를 이용해 배고픔과 기근을 피하는 방법을 알고 있었다. 나는 삭사와만이 그들의 신들을 기쁘게 해주기 위한 욕망에서 지어졌을 가능성도 있다고 본다. 돌 옹벽 테라스들이 자신들의 생명을 이어주는 식량을 제공해 주는 장소라고 여긴 사람들은 그들에게 테라스 건설방법을 가르쳐 준 신들께 바치기 위해, 어느 날 삭사와만과 같은 키클롭스Cyclops(그리스로마신화에 나오는 정수리에 눈이 하나만 있는 거인/역자 주)에 걸맞는 육중한 테라스들을 건설했을 것이라고 추측해 볼 수도 있지 않을까? 내가 보기에는 삭사와만을 짓기 위해 그런 어마어마한 노동력을 투여한 목적이 요새로써의 유용성보다는 오히려 그쪽이 더 가능성이 있어 보인다. 쿠스코 뒤편 언덕 정상을 공격해오는 적들을 막기 위한 그것만큼 튼튼한 방어시설은 그보다 훨씬 작은 돌을 사용해서 극히 짧은 시간에 훨씬 적은 노동력과 수고를 들여서도 충분히 건설할 수 있었다.

투여된 비용에 반해 비현실적인 농업적 또는 전략적 결과가 나오는 이런 비생산적인 일에 수천 명에 달하는 개인의 노동력을 동원하고 초인적인 노동을 강제로 시킬 수 있는 그런 힘의 과시는 어느 위세 높은 군인의 극도의 허영심에서 기인했을 수 있다. 한편, 고대 페루 사람들은 호전적이기보다는 오히려 신앙적이었기 때문에 큰 싸움을 벌이기보다는 태양 숭배에 더 몰두하려고 했다. 삭사와만이 테라스에서 자라고 있는 곡식들의 결실이 잘 맺히도록 보살펴 주는 신을 위해 어떤 비용이 들더라도 그를 기쁘게 해주고자 한 욕망에서 기인했던 것은 아닐까? 태생이 호전적이고 전사(戰士)인 인종의 20대 후손인 스페인 정복자들은 돌출된 유럽의 요새 형태에 익숙해 있었기 때문에 삭사와만을 요새로 생각했을 것도 놀라운 일은 아니다. 그들에게 그 요새는 군사적인 이용가치를 완벽하게 갖추고 있었다. 최근의 십자군 원정에 참전했던 조상들로부터 배운 그들은 그 돌출부와 요각의 가치를 간과하지 않았을 것이다. 그 강력한 방벽의 높이와 힘은 당시 군인들에게 무엇과도 바꿀 수 없는 이점이었다. 그들은 자신들이 익숙하게 알고 있는 그 어떤 대포의 공격에도 요새는 실제로 난공불락일 것이라고 생각했다. 사실, 잉카족의 전쟁들에서나 피사로가 쿠스코에 입성한 후의 전쟁들에서도 삭사와만은 계속해서 요새로 이용되었다.

스페인 정복자들은 폭약이나 대포의 사용에 관해 전혀 알지 못했던 페루 사람들이 유럽의 요새들에서나 있을 수 있는 공격에 대항하기 위해 삭사와만을 건설했을 리 만무하다는 생각을 하지 못했다. 따라서 그것을 처음 본 유럽인들이 그것을 요새로만 간주했을 뿐 다른 각도로는 생각해 보지 않았을 것도 어쩌면 당연해 보인다. 신성한 도시 쿠스코가 계곡이나 서쪽의 완만한 경사지너머, 또는 북쪽 통행로(수세기 동안 안데스 산맥 중앙의 중심 길의 한 부분으로 이용되었다)를 통해 올라온 침략자들의 공격을 자주 받았을 것이라는 사실이, 저술가들로 하여금 삭사와만을 필연적인 요새로 간주하는데 전혀 문제가 없게 한 것으로 보인다. 하지만 삭사와만이 한때는 우기가 끝날 때 춘분을 기리고, 하지 때는 태양이 "가장 먼 북쪽"으로부터 다시 돌아오기를 기원하는 태양 숭배자들이 모이던 장소였을 것이라고 추측된다. 이유야 어찌되었든, 나는 그것을 건축하는데 들었을 어마어마한 비용으로 봐서 아마도 그것은 군사적인 목적보다는 종교적인 의도가 더 있었을 것이라고 믿는다. 다시 말해, 그것은 강력한 요새였다기보다는 고대 신전이었을 것 같다.

나의 쿠스코 북부 탐험에 관한 이야기를 하기 위해서는 그 전에 페루의 어느 지역을 통치했던 마지막 네 명의 잉카들에 대한 간단한 설명에 지금부터 독자 여러분의 주목을 당부할 필요가 있다.

9
마지막 네 명의 잉카들

프레스콧의 매혹적인 고전 ≪페루 정복≫을 읽어본 사람들은 피사로가 부질없이 황금을 담은 단지들로 방을 채워주고 자신의 죽음을 모면해 보려고 했던 잉카 아타왈파Atahualpa를 죽이고, 스페인의 명령에 따라 잉카족을 통치할 원주민 왕자를 왕위에 옹립하기로 마음먹었던 사실을 알고 있을 것이다. 위대한 잉카 와이나 카팍Huayna Capac의 아들인 젊은 왕자 만코Manco(초대 잉카이자 왕조의 창시자인 만코 카팍Manco Ccapac의 이름을 따랐다)가 그 조건을 가장 잘 갖추고 있어 꼭두각시 왕으로 선택되었다. 하지만 그는 능력과 정신을 갖춘 젊은이였다. 1534년, 특별한 의식-의식의 원시적 화려함은 그 광대극을 더욱 처량하게 만들었다-과 함께 이루어진 그의 왕위 계승은 타고난 그의 야망을 거의 채워주지 못했다. 예견됐던 것처럼, 그는 그들의 속박에서 벗어나려 애썼고, 그가 할 수 있는 한 최대한 빨리 철저한 감시자들로부터 탈출에 성공해 충성스러운 키추아 사람들로 이루어진 군대를 일으켰다. 곧바로 쿠스코 공격이 이루어졌고, 이 전쟁에 참전했던 돈 알론

소 엔리케스Don Alonzo Enriques는 이 전쟁을 한마디로 "세상에서 가장 무시무시하고 잔인한 전쟁"이었다라고 그 분위기를 전한다. 1536년, 쿠스코는 피사로의 동료 알마그로에 의해 다시 회복되었고, 자기 조상들의 오랜 수도를 되찾겠다는 만코의 마지막 시도가 실패로 돌아가면서, 잉카족은 오얀타이탐보로 퇴각했다. 만코는 그곳 우루밤바강 기슭에서 그들과 맞서려 했지만, 오얀타이탐보는 피사로의 기마기사들이 너무 쉽게 다다를 수 있었다. 비록 거대한 돌 건물과 요새, 식량창고, 왕궁 그리고 선조들의 공중정원이 이미 지어져 있어 최대한 저항을 할 수는 있었지만, 잉카의 추종자들은 결국 다시 퇴각해야만 했다. 그들은 북쪽 방향으로 퇴각해 눈 쌓인 산길을 통해 진정한 미국대륙의 스위스라고 할 수 있는 윌카팜파의 요새들로 둘러싸인 위티코스Uiticos까지 탈출했다.

만코를 추적하던 스페인 군대는 그의 위치가 사실상 난공불락이라는 사실을 깨달았다. 가장 난해한 변수들 중 하나인 자연에 의해 방어되고 있는 거대한 천연 요새 윌카팜파의 마지막 거점은 오로지 위험한 급류들을 건너고 유럽의 가장 높은 산 정상보다도 더 높은 곳에 있는 좁은 골짜기를 통해 산맥을 가로질러가야만 다다를 수 있었다. 한니발이나 나폴레옹에게는 상대적으로 낮은 알프스 산맥의 산길도 군대를 이끌고 지나는 것이 모험이었다. 피사로는 몽블랑 정상보다도 높고 그 자체가 눈으로 덮인 황무지인 판티카야Panticalla의 산길을 넘어 잉카 만코를 추적하기는 것은 불가능하다는 사실을 깨달았다. 페루 안데스 산맥의 다른 어디에도 이렇게 아름다운 눈 정상들은 없다. 바로 근처에는 날카롭고 뾰족한 얼음 정상의 베로니카산Mt. Veronica(5,895미터)이 있다. 얼마 떨어지지 않은 곳에는 해발 6,268미터의 눈으로 덮인 또 다른 거대한 정상, 살칸타이산Mt. Salcantay이 있다. 살칸타이 곁에는 바늘처럼 뾰족한 소라이산Mt. Soray(5,923미터)이 있고, 그 서쪽으로는 판타Panta(5,666미터)와 소이록코차Soiroccocha(5,546미터)가 있다. 이들 산의 어깨는 건장한 채광꾼들이나 호기심 많은 탐험가들이 아니면 본 적이 없을 이름 없는 빙하와 작은 계곡들로 이루어져 있다. 이들 계곡은 격렬한 우박이나 눈 폭풍 때문에 여행자들은 길을 잃기 십

쿠스코와 위티코스 사이의 빙하

상일 것 같은 골짜기를 통해서만 도달할 수 있다. 우기 동안에는 윌카팜파의 대부분을 절대로 통과할 수 없다. 심지어 건기 동안에도 통행의 어려움은 매우 크다. 가장 발 디딤이 튼튼하다는 노새들도 가끔씩 사람의 도움 없이는 그 길을 이용할 수 없다. 그곳은 잉카 만코에게 이상적인 장소였다.

1550년, 페루에서의 전쟁들에 대해 생생한 설명을 기록한 *콘키스타도르*, 시에사 데 레온은 만코가 "여러 지역에서 거둔 막대한 양의 보물과 많은 양의 섬세한 조직을 가진 아름답고 화려한 양털로 짠 귀한 옷들"을 함께 가지고 떠났다고 말한다. 스페인 사람들로서는 한 나라의 통치자가 값진 "보물"들 없이 맨몸으로 다닌다는 것은 결코 생각할 수 없는 일이었다. 혹시, 만코가 많은 금은보화로 인해 오히려 자기 자신에게 스스로 짐을 지운 것은 아닌가라는 의구심이 강하게 든다. 장식품을 제외하고 그가 귀금속들을 쌓아두고 사용할 일은 거의 없었으므로, 그것들은 오히려 적들의 탐욕을 불러일으키는 빌미가 될 뿐이었다. 백성들은 금이나 은으로 보상받은 적이 전혀 없었다. 그들의 노동은 당연히 그에게 바쳐져야 하는 것으로 여겨졌기 때문에, 그중에서 자신들의 곡식을 키우고, 자신들의 옷을 만드는 데 필요한 만큼만 그들에게 허용되었다. 사실, 그들의 운명은 그의 손에 달려 있었고, 수세기 동안의 관습과 풍습은 그들을 위대한 우두머리의 충성스러운 추종자들로 길들였다. 실제로, 백성들은 만코가 아름다운 옷감을 몸에 두르고, 온갖 좋은 물건들을 지니는 것을 당연하게 받아들였을 것이다. 잉카는 무장한 적의 위협으로부터 안전한 위티코스에서도 쾌적한 기후의 혜택을 누릴 수 있었고, 또한 옥수수와 희고 단 감자 그리고 온대와 아열대 지방의 과일들이 잘 자라는 물이 풍족한 곳에 있었다. 이곳을 기반으로 그는 스페인 사람들을 자주 그리고 예상치 못한 방향에서 습격하곤 했다. 습격은 대부분 성공적이었다. 소수의 행동대를 데리고 산 밖으로 신속하게 나와 수영이나 원시적인 뗏목으로 아프리막Aprimac강을 건너 페루의 중요한 교통로인 쿠스코와 리마 사이의 큰 길에 이를 수 있었다. 이 길을 이용해야 하는 관리들이나 상인들은 극도의 불안감을 느낄 수밖에 없었다. 만코는 스페인 사람들에 대한 이러한 공격들이 페루에서 그들이 자행하고 있는 것에 대해 통쾌하게 보복하는 것이라고 일깨우며 자신의 추종자들을 북돋았다. 시에사 데 레온이 그 원인을 사실은 스페인 사람들이 "그의 재산을 몰수하고 자신의 땅을 떠나 쫓겨나 살지 않을 수 없게 만들었기" 때문이라며 만코를 주관적으로 정당화시켜 놓은 것을 보면 재미있다.

만코의 성공적인 은신처 확보와 그곳을 기반으로 그의 적들을 자주 괴롭힐 수 있었던 것이 쿠스코에 있는 *오레호네스Orejones*로 하여금 그를 추종하게 만들었다. 잉카의 부족장들은 스페인 사람들에 의해 "큰 귀(耳)들"이라는 뜻의 *오레호네스*로 불렸다. 그 이유는 그들이 자신들이 좋아하는 커다란 금 귀걸이를 달기 위해 귓불을 인위적으로 크게 늘였기 때문이다. 만코가 윌카밤파의 광야에 은신한지 3년째인 1539년 잉카의 공주와 *콘키스타도레스* 가운데 한 사람 사이에서 아들, 가르실라소 잉카 데 라 베가Garcilasso Inca de la Vega가 쿠스코에서 태어났다. 어린 시절 가르실라소는 왕족들의 활약상에 관해 들을 수 있었다. 그는 어릴 때 페루를 떠나 그의 나머지 일생을 스페인에서 보냈다. 유럽에서 40년을 보낸 뒤, 그는 자신의 원주민 조상들의 나라에 관해 일부는 자신의 기억에 근거해서 "왕족 회고록"을 남겼다. 그는 어린 시절 자주 들었을 잉카 만코를 비하하는 말들에 대해 옹호적으로 이야기한다. 그는 "잉카 만코 시대에 여러 명의 강도가 백성들에 의해 현장에서 붙잡혔다. 그러나 강도들은 자신들에게는 아무 쓸모도 없는 그런 상품들을 다시는 약탈하지 않기로 맹세하자 자신들을 풀어준 스페인 상인들에게 항상 존경심을 가지고 있었다. 그러나 그들은 외딴 곳에서 사육되는 원주민들의 가축들 [야마와 알파카]를 약탈했다…… 잉카는 가축을 길들일 수 있는 여건이 전혀 되지 않는 오로지 호랑이와 사자, 7.5에서 9미터에 달하는 뱀 그리고 그 밖의 독충들이 우글거리는 산속에 살았다."고 말한다. (1688년 런던에서 출간된 폴 라이코트 경의 번역본에서 인용했다.) 가르실라소는 만코의 군대가 "평소 잉카가 자신의 소유라고 주장하는 원주민들 수중의 식량"만을 취했다고 말하고 있고, 또한 "온 제국의 주인인 그는 자신이 필요로 하거나 당연히 바쳐져야 한다고 생각한 만큼을 합법적으로 요구할 수 있었다."고 말한다. 합리적인 변명이다. 그러나 내 개인적으로는 과연 만코가 스페인 상인들을 해치지도 않았고, 그들의 "상품들"을 약탈하지도 않았을지 여부에 대해서는 의문이 든다. 나중에 알게 되겠지만, 우리는 만코의 왕궁에서 그의 약탈자들에 의해 탈취되었을 가능성이 아주 높은 유럽산 금속제품들을 발견했다. 더욱이 프레스콧이 종종 언급했던 것처럼, 가르실라소는 열여섯 살 때 페루를 떠나 오랜 세월을 스페인에서 생활했기 때문에 그의 생각들은 상당히 변색되었을 것이고, 또한 그가 글을 남기는 대상인 유럽의 백인들로부터 멸시받는 유색인종 어머니의 백성들의 미덕을 당연히 극찬(極讚)하고 싶었을 것이라는 사실을 염두에 두어야 한다.

그 당시, 만코와 그 추종자들의 전쟁 수단과 사용한 무기들에 대해서는 구스만Guzman이 잘 기술하고 있다. 그는 그들에게 투구나 방패, 갑옷과 같은 방어용 장비들은 없었고, 대신 "창이나 화살, 칼, 도끼, 도끼 창, 던지는 창 그리고 투석기를 사용했으며, 또 다른 무기로써 둥근 돌멩이 세 개를 가죽에 넣고 꿰맨 뒤 각각을 큐빗(팔꿈치에서 가운데 손가락 끝까지의 거리로 약 43에서 53센티미터/역자 주) 길이의 가는 끈으로 묶어 만든 *아이야스ayllas*라고 불리는 올가미를 사용했다. 이것을 말에게 던져 다리를 옭아매고, 같은 방식으로 사람의 팔을 옆으로 묶는데 사용한다. 원주민들은 이 무기를 아주 능숙하게 사용해 사슴을 쫓아가 넘어뜨릴 수 있다. 하지만 그들의 가장 중요한 무기는 투석기이다…… 이것을 이용해 커다란 돌을 말도 죽일 수 있을 만한 힘으로 던질 수 있을 것이다. 사실 그 위력은 화승총에 훨씬 미치지 못한다. 투석기로 30걸음 떨어진 곳에서 던진 돌이 사람 손에 들린 칼을 두 동강내는 모습을 본 적이 있다."고 말한다.

만코의 잦은 습격은 결국 피사로로 하여금 잉카를 공격하기 위해 비야디에고 대위Captain Villadiego가 이끄는 소규모 군대를 쿠스코로부터 파견할 만큼 골칫거리가 되었다. 비야디에고 대위는 기병대가 "이 원주민들에 대한 중요한 무기"가 될 수 있다는 사실을 알았지만, 거기에서는 말을 이용하는 것이 불가능하다는 사실을 깨달았다. 자기 부대의 힘과 화기의 효율성을 확신했고, 가족과 함께 "*많은 보물들*"을 지닌 채 옮겨 다니고 있다고 알려진 잉카를 성공적으로 기습해 전리품을 차지해야겠다는 욕심 때문에, 그는 자신의 부대를 높은 계곡을 지나 산맥의 협곡(아마도 판티카야의 산길로 추정되는)을 향해 올라가도록 열심히 독려했다. 부대가 힘든 행군으로 피곤하고 지친데다 고도(4,876미터)의 영향으로 고생하고 있을 때 "80명이 조금 넘는 원주민들"로 이루어진 작은 잉카족 무리의 기습을 받게 되었다. 그들은 "28내지 30명 정도 되는 기독교도들을 공격해 두세 명을 제외하고 비야디에고 대위를 포함한 모두를 전멸시켰다." 코디예라 윌카팜파의 통행로를 기어 올라가 본 사람들에게는 이 부대의 원정이 실패로 끝난 것과 잉카족이 적당한 장소에서 예리하게 감시하던 원주민들의 신호를 받아 17세기의 무거운 나팔총으로 무장한 지칠 대로 지친 작은 병력의 군대를 물리칠 수 있었던 것이 전혀 놀랄만한 일이 아니다. 거대한 바위들을 보호막으로 삼고, 투석기에 쓸 수 있는 자연적인 탄약이 지천으로 널려 있는 바위 협곡 안에서 "커다란 돌을 말도 죽일 수 있을 만한 힘으로 던질 수 있는" 키추아 사람들이 비야디에고 대위의 작은 부대를 그들이 어설픈 무기를 쏘아볼 준비도 하기 전에 문자 그대로 돌로 맞혀 죽이는 것은 상대적으로 식은 죽 먹기였을 것이다.

우루밤바 계곡: 윌카팜파에서 잉카족이 안전할 수 있었던 이유

도망쳐 나온 병사들은 쿠스코로 돌아와 그들의 참패를 보고했다. 피사로가 페루를 정복했을 때의 군대 규모가 비야디에고 대위의 중대가

만코에 의해 몰살당한 것보다 겨우 몇 배 밖에 크지 않은 이백 명이 채 안되었던 것을 고려한다면, 그런 역전된 상황의 중요성을 훨씬 잘 인식할 수 있을 것이다. 가급적 모든 사실을 과장하려고 하는 경향이 강했던 현대의 스페인 저술가들이 만코의 병력 숫자를 겨우 "80명이 조금 넘는 원주민들"이라고 못 박은 사실에서 그 중요성이 더욱 증폭된다. 아마도 거기에는 그 숫자만큼도 있지 않았을 것이다. 잉카의 병력이 수천 명이었다고 보고되지 않은 것이 오히려 이상하다.

이제는 프란시스코 피사로 자신이 직접 군대를 이끌고 나서 스페인 군대의 명성에 일격을 가한 이 젊은 잉카를 처단하기로 결심했지만, 잉카족이 윌카팜파의 산과 강을 넘어 위티코스로 철수해버림으로써, "이 시도도 실패로 끝났다." 시에라 데 레온에 따르면, 그곳에서 잉카는 죽인 적들의 머리를 보여주며 추종자들을 고취시켰다고 한다. 하지만 정확히 바로잡으면, 막대 끝에 적의 머리를 매달아 전시하는 것은 페루가 아닌 유럽인들의 관습이었다. 분명한 것은 아마존 정글의 몇몇 미개한 원주민들이 적의 목을 베어 머리뼈를 제거하고 쪼그라든 두피와 얼굴을 말려 북미 인디언들이 적의 두피를 쓰는 것처럼 힘의 상징으로써 그 전리품을 쓰고 다녔다. 그런 관습을 페루 중부에 살았던 평화를 사랑하고 농사에 전념했던 잉카족 사람들에게서는 찾아볼 수 없었다. 당시 비야디에고의 불행한 병사들의 시체가 그렇게 유린당했다고 보고했을만한 어떤 스페인 사람도 만코와 함께 있지 않았다. 아마도 스페인 정복자들은 자신들이 그와 비슷한 상황이었다면 자행했을 법한 행위를 만코도 그렇게 했을 것이라고 추측한 듯하다.

프란시스코 피사로의 위티코스 침공이 실패한 직후, 그의 동생인 곤살로Gonzalo가 "잉카족 추적을 맡아 그들의 통행로와 다리들 중 일부를 점령했지만," 미로 같은 산속을 뚫고 들어가는 데는 성공하지 못했다. 비야디에고 대위처럼 무모하지는 않아서 직접적으로 만코와 맞부딪쳐 전투를 벌이지는 않았다. 젊은 잉카를 제압하거나 쿠스코와 리마 사이 여행자들의 약탈을 막을 수 없다는 사실을 깨달은 프란시스코 피사로는 "그와 함께 체류하던 왕정관리들의 동의하에" 여행자들의 안전을 확보하기 위해서 그 길 중간의 적당한 위치에 새로운 도시 아야쿠초 Ayacucho를 세웠다. 몬테시노스에 따르면, 그럼에도 불구하고, 만코는 아야쿠초의 많은 사람들에게 상당한 피해를 입혔다. 결국 프란시스코 피사로는 "만코의 부인들 중 한 명을 다른 원주민들과 함께 감옥에 가두고, 옷을 벗겨 채찍질했으며, 나중에는 그녀를 활로 쏘아 죽였다."고 한다.

만코의 통치시기에 위티코스에서 일어났던 일들에 대한 평가는 그다지 만족스럽지 못하다. 칼란차 Calanch 신부는 1639년에 출간한 "*코로니카 모랄리사다* *Coronica Moralizada*," 즉 페루에서의 "아우구스티노 수도회 선교 활동의 경건한 가치"에서 잉카 만코는 "여러 지방에 수많은 원주민들이 살고 있는 동쪽과 남쪽으로 이백 리그 이상"에 걸친 지역에서 모든 원주민들의 복종을 받았다고 말하고 있다. 보편적인 수도사의 열의와 적당한 종교적 열정을 지녔던 칼란차 신부는 잉카가 스페인 사람들로부터 도망쳐 그에게로 온 세례 받은 원주민들에게 새로운 신앙을 포기하도록 강요했고, 또 옛 잉카의 "우상들"을 더 이상 숭배하지 않는 사람들을 고문했다며 그를 비난한다. 탈출한 원주민들은 세례를 받은 사실이 절대로 없었던 것처럼 행동했을 것은 의심할 필요가 없기 때문에, 이 이야기를 너무 곧이곧대로 받아들일 필요는 없을 것 같다.

무자비한 주인들로부터 도망쳐 온 원주민들 외에도, 1542년에는 고메스 페레스, 디에고 멘데스를 비롯한 대여섯 명의 다른 스페인인 탈주자들과 알마그로의 지지자들 그리고 "불량배들"과 같이 "만코의 은혜를 입을 만한" 사람들이 윌카팜파로 찾아 들어왔다. 정복자들 사이의 내전으로 어쩔 수 없이 피사로 세력으로부터 도망쳐온 그들은 위티코스에서의 환대에 만족했다고 칼란차는 말한다. 도망쳐와 있는 동안, 그들은 노름을 하거나, 잉카에게 서양장기와 잔디볼링, 고리던지기 등을 가르쳐 주었다. 몬테시노스는 그들이 잉카에게 말을 탄 채 화승총을 쏘는 법도 가르쳐 주었다고 말한다. 노름을 아주 심하게 했고, 가끔씩 폭력이 발생해 요즘의 우리도 볼 수 있는 그런 섬뜩한 결과를 초래하는 경우도 있었다. 그들은 만코로부터 총독 관할지역에서 일어나고 있는 일들을 항상 들을 수 있었다. 비록 "험준하고 높은 산들로 둘러싸여 있었지만," 잉카는 자신에게 이로울 만한 모든 "혁명적인 사건들"을 빠짐없이 파악하고 있었다.

1544년 당시 위티코스에 당도한 소식들 중 가장 흥분되는 것은 아마도 첫 스페인 총독의 부임에 관한 것이었다. 그는 공정한 라스 카사스 Las Casas 주교의 노력으로 제정된 원주민의 고통을 덜어주는 새로운 법률을 지참하고 부임했다. 무엇보다도 새 법률은 모든 관리들의 *레파르티미엔토스 repartimientos*, 즉 노예소유를 금지하고, 의무적인 개인 봉사를 완전히 폐지하는 내용을 포함하고 있었다. 따라서 정복자들에게 주어졌던 *레파르티미엔토스*는 그들의 상속인들에게 세습 승계되는 것이 아니라, 왕에게 귀속되었다. 다른 말로 바꾸면, 새로운 법률은 스페인 왕정이 원주민들에게 인정을 베풀고 싶고, 동시에 피사로 세력을 승인하지 않는다는 것을 명확히 보여주었다. 이것은 만코에게 좋은 소식이었고 망명자들을 매우 고무시켰다. 그들은 만코로 하여금 새로 부임한 총독에게 그의 앞으로 나가 스페인 국왕께 자신의 봉사를 제의할 수 있도록 허용해 줄 것을 요청하는 편지를 쓰도록 설득했다. 스페인인 망명자들은 만코에게 이 방법으로 그가 자신의 제국 영토 전체나, "아니면 적어도 가장 중요한 일부"라도 가까운 장래에 다시 회복할 수 있을 것이라며 부추겼다. 그들이 "과거에 자신들이 저지른 죄에 대한 사면"과 또한 스페인 영토로 다시 돌아가는 것에 대한 허락을 희망하는 내용을 그들 스스로 썼던 점을 보면, 잉카로 하여금 그런 뜻을 총독에게 보이도록 설득한 그들의 목적이 분명하게 드러난다.

그 작은 집단의 실질적인 지도자였던 고메스 페레스가 잉카와 망명자들의 서신을 지참하고 갈 사람으로 뽑혔다. 그는 잉카로부터 하인과 경호원의 역할을 부여받은 십여 명의 원주민들과 함께 윌카팜파를 떠나 가지고 간 편지들을 총독에게 전하고, "잉카의 상황과 형편에 대한 광범위한 이야기와 그의 국왕께 봉사하고자 하는 진심어린 뜻"을 전달했다. "부왕은 그 소식을 기쁘게 받아들여, 그들이 희망한 대로 모든 과거의 범죄에 대해 완전하고 충분한 사면을 내렸다. 그리고 잉카에게는 많은 애정과 존경의 표현을 쓰며, 전쟁 시든 평화 시든 잉카의 이익이 그에게도 득이 될 수 있도록 진심으로 고려하겠노라고 전했다. 이런 만족스러운 회신을 가지고 고메스 페레스는 잉카와 동료들에게로 돌아왔다." 망명자들은 그 소식에 기뻐하며 자신들의 국왕과 조국으로 돌아갈 준비를 했다. 그러나 그들이 위티코스를 떠나는 것은 비극적인 사건으로 실현되지 못했다. 가르실라소는 그때 상황을 이렇게 묘사했다.

"스페인 사람들의 기분도 전환시켜 주고 자신도 그들과 즐기기 위해, 잉카는 잔디 볼링장을 만들도록 지시했었다. 하루는 거기에서 고메스 페레스와 놀이를 했다. 그는 공을 던진 거리의 계산이 페레스와 다르게 나오자, 그와 말다툼을 하게 되었다. 그것은 그들 사이에 종종 있어온 일이다. 페레스는 판단력이나 이해심이 전혀 없고 다혈질에 불같은 성질을 가지고 있어 조금도 잉카와 맞서는 것을 주저하지 않았기 때문에, 결국은 그를 화나게 만들었다. 그의 무례함을 더 이상 참지 못한 잉카는 그의 가슴을 치며 그의 언사에 대해 곰곰이 생각해 보라고 꾸짖었다. 이에 흥분하고 화가 난 페레스는 자신과 동료들의 안전에 대해서는 생각해보지도 않고, 손으로 볼링공을 집어 잉카의 머리를 무지막지하게 내리쳐 쓰러뜨렸다. [그는 삼 일 뒤 죽었다.] 그러자 원주민들은 왕의 죽음에 분노하며 고메스와 스페인 사람들에게로 모여들었고, 그들은 어느 집 안으로 달아나 손에 칼을 들고 대문을 막았다. 그러자 잉카 사람들은 그 집에 불을 질렀고, 열기를 참지 못한 그들은 집에서 뛰쳐나와 시장 안으로 달아났다. 거기서 원주민들은 그들을 공격해 모두 화살로 쏘아 죽였다. 그 뒤, 분노의 표출로써 그들은 자신들의 전통에 따라 시체를 날로 먹거나 불에 태워 그 재를 강물에 버려 그들 잔해의 흔적이나 형체가 남지 않게 하려는 계획을 세웠다. 그러나 얼마간의 논의 끝에, 마침내 그들의 시체를 들판에 내다버려 하늘의 독수리와 새들이 뜯어 먹게 두기로 결정했다. 그들은 이 방법이 시신에 대한 가장 큰 모욕이며 불명예라고 생각했다." 가르실라소는 다음과 같이 결론을 맺었다: "나는 지각없고 무모하며 또한 어리석은 자에 의해 자행된 한편의 광기가 벌어졌던 현장에서 그 광경을 목격한 부족장과 귀족들로부터 아주 생생하게 전해 들었다. 그리고 그들이 이 이야기를 나의 부모님께 눈물을 흘리며 말하는 것을 들었다." 그 비극에 대해서는 여러 가지 다른 이야기들도 있다.[1] 하지만, 그 이야기들도 모두 스페인 사람이 잉카를 살해했다는 사실에는 동의하고 있다.

이렇게 해서 매력적이고 강력했던 인물의 통치는 1545년에 갑작스러운 종말을 맞았다. 만코는 세 명의 아들을 두었는데, 사이리 투팍 Sayri Tupac, 티투 쿠시 Titu Cusi, 투팍 아마루 Tupac Amaru가 그들이다. 비록 성년이 되지는 않았지만, 사이리 투팍이 그의 아버지를 이어 잉카가 되었다. 만약 1555년에 아반카이 Abancay 부근 다리들이 계획적으로 불태워졌다는 몬테시노스의 자료가 틀렸다면, 그는 섭정(攝政)들의 도움을 받으며 스페인 정복자들을 방해하거나 그들로부터 간섭을 받지 않으면서 10년을 통치했다. 어떤 이상한 착오로 인해, 몬테시노스는 이 사건을 죽은 지 이미 10년이나 지난 잉카 만코의 탓으로 돌리고 있다. 1555년 새로운 총독이 리마에 부임했다. 그는 젊은 사이리 투팍이 윌카팜파의 접근할 수 없는 불모지에 사는 것보다 자신의 영향이 미치는 곳에 있게 하는 것이 더 안전하다고 생각했다. 총독은 현명하게도 이 어려운 사안을 쿠스코에 살고 있는 잉카의 숙모, 베아트릭스 코야Beatrix Coya를 내세워 해결하려 했다. 그녀는 그 제안을 기꺼이 받아들여 왕족들 가운데 한 명을 사절(使節)로 뽑아 원주민 하인들을 동행시켜 위티코스로 떠나보냈다. 여정은 매우 위험했다. 다리들은 끊어져 있었고, 위험한 길들은 거의 통과할 수가 없었다. 사이리 투팍의 섭정들은 사절이 윌카팜파로 들어와 총독의 초대장을 전달하도록 허락해 주었다. 하지만 비록 잉카의 친척이 가져온 초대장이었지만, 그 표면에 나타난 아주 매력적인 제안을 쉽게 믿으려 하지 않았다. 그래서 그들은 방문자들을 인질로 잡아두고, 자신들의 밀정을 쿠스코로 보내 어떤 속임수가 있지는 않은지 살피도록 하는 한편, 더욱 신뢰할 수 있는 사촌, 존 시에라John Siera가 이 사안을 맡도록 요구했다. 이 모든 과정에는 오랜 시간이 걸렸다.

1558년 더 이상 참을 수 없게 된 총독은 수도사 멜키오르Melchior와 불운한 잉카 아타왈파의 딸과 결혼해 자기 아내의 언어를 아주 잘하는 척 행세한 존 베탄소스John Betanzos라는 사람을 리마로부터 보냈다. 몬테시노스는 그를 "훌륭한 언어학자"라고 칭했다. 그들은 상당한 확신을 가지고 위티코스로 출발했다. 선물로 여러 벌의 벨벳 원단과 다마스크 원단 그리고 두 개의 은도금 컵을 가지고 갔다. 처음으로 잉카를 만나는 영예를 안기 위해, "위티코스 계곡에 이르는 열쇠가 되는" 추키차카Chuquichaca 다리로 서둘러 갔다. 여기서 그들은 섭정들의 군대에게 붙들렸다. 하루쯤 뒤 쿠스코에서 출발한 잉카의 사촌, 존 시에라도 그 다리에 이르렀다. 그는 통과가 허용되었지만, 수도사와 베탄소스는 그대로 붙잡혀 있었다. 존 시에라는 잉카와 그의 귀족들로부터 환영을 받았고, 그는 사이리 투팍이 총독의 제안을 받아들이도록 부추기느라 여념이 없었다. 마침내 존 베탄소스와 수도사도 풀려나 총독이 보낸 선물들을 가지고 잉카 앞에 섰다. 사이리 투팍의 처음 생각은 지금까지와 마찬가지로 자유롭고 독립적으로 남아 있는 것이었다. 그래서 그는 총독의 사절에게 그들의 은도금 컵을 가지고 즉시 떠나라고 명령했다. 그들은 아프리막을 건너는 서쪽 길들 가운데 하나로 돌아갔다. 그런데 며칠 후 존 시에라가 쿠스코 생활의 흥미로운 이야기들을 들려주자, 잉카는 총독의 제안을 다시 생각해 보기로 결심했다. 가르실라소에 따르면, 그의 섭정들은 긴 논쟁을 벌였고, 새들의 비행과 자연계 날씨의 변화도 관찰했지만, "악령에게는 물어보지 않았다."고 한다. 징조가 좋게 나왔기 때문에, 섭정들은 마침내 잉카가 총독의 초대를 받아들이는 것을 승인하기로 결정했다.

새로운 세상을 너무 보고 싶었던 사이리 투팍은 그를 섬기는 삼백 명의 원주민들 중에서 뽑은 사람들이 교대로 드는 호사스러운 재료들로 만든 가마를 타고 곧바로 리마로 향했다. 그는 총독의 환대를 받은 뒤, 쿠스코로 가서 숙모의 저택에 머물렀다. 친지들이 그를 환영하러 그곳으로 왔다. 가르실라소는, "나는 아버지를 대신해서 갔다. 그를 만나 원주민들 사이에서 즐겨하는 오락들을 하며 즐거운 시간을 보냈다 …… 나는 그의 손에 입을 맞추고 인사말을 전했다. 그가 나에게 앉으라고 하자, 이내 그들은 진귀한 *마이스Mayz*[*치차*]로 빚은 4온스(약 118cc)의 술이 든 은도금 잔을 두 개 들고 들어왔다. 그는 두 잔 모두를 자신의 손으로 받아 하나를 직접 내게 건네주었다. 그가 먼저 마셨고, 나는 그를 위해 축배를 들었다. 내가 이미 얘기했던 것처럼 그것이 그들 사이의 의례적인 관습이다. 이런 의식이 끝나자, 그는 내게 왜 자기를 만나러 윌카팜파로 오지 않았느냐고 물었다. 나는 '잉카시여, 제가 어리기 때문에, 아버지는 저를 중요하게 여기지 않아, 이런 의식들에나 참석하고 있습니다!'라고 대답했다. '내가 이 도시에 있는 수도사나 신부들보다 너를 얼마나 더 보고 싶어 하는지 아느냐?'며 그는 화답했다. 나는 떠나면서 원주민 방식을 따라 그의 동맹자나 친척들이 보이는 복종의 예를 갖추어 그에게 인사했다. 그는 기뻐했다. 더욱 감동을 받은 그는 마음에서 우러난 애정을 담아 나를 안아 주었다." 라고 말하고 있다.

이제 사이리 투팍은 잉카 통치권의 상징인 신성한 붉은색 수술을 수여받고, 왕가의 한 공주와 결혼해 그녀처럼 세례도 받았다. 거처는 쿠스코에서 북동쪽으로 하루 거리인 아름다운 유카이 Yucay 계곡으로 옮겼다. 그리고 그는 위티코스로는 다시 돌아가지 않았다. 그의 유일한 딸은 어느 이름이 알려지지 않은 가르시아 대위와 결혼했다. 1560년, 사이리 투팍은 두 명의 형제들, 서자인 형 티투 쿠시 유판키 Titu Cusi Yupanqui와 적법한 후계자였지만 경험이 없고 어린 동생 투팍 아마루 Tupac Amaru를 뒤로 하고 세상을 떠났다.

사이리 투팍의 마지막 거처, 유카이

위티코스의 왕위는 티투 쿠시의 차지가 되었다. 이 당시 잉카는 사이리 투팍의 급사(急死)에 의심을 품었던 것 같고, 자신에게도 스페인 사람들이 또 다른 비열한 수법을 쓸지도 모른다고 느낀 듯하다. 그래서 그는 자신의 이복동생과 함께 윌카팜파에서 조용히 지냈다. 우리가 알아낸 그들의 첫 방문객은 디에고 로드리게스 데 피게로아Diego Rodriguez de Figueroa라는 사람으로서 그는 위티코스에 관해 흥미롭게 쓰고 있고, 자신이 잉카에게 가위를 선물했다고 말하고 있다. 티투 쿠시를 쿠스코로 데려 가려던 그의 노력은 성공하지 못했다. 칼란차 신부는 그로부터 얼마 뒤 아우구스티노 수도회의 선교사, 마르코스 가르시아Marcos Garcia 수도사가 사이리 투팍 사후 6년 만에 "충분한 자원과 큰 강들 그리고 늘 비가 내리는 땅. 그래서 숲이 우거진 산들이 장관인" 험준한 윌카팜파 지역으로 들어갔다고 말한다. 마르코스 수도사는 힘든 여행을 했다. 다리는 끊겨 있었고, 길도 파괴되었으며, 산길은 막혀 있었다. 쿠스코에 아주 가끔 나타나는 윌카팜파에서 온 원주민들은 "새로 변신할 수 있는 능력이 없다면," 그 수도사가 그곳에 들어가는 것은 불가능할 것이라고 말했다. 불굴의 용기와 고집으로 수많은 선교활동을 해왔던 마르코스 수도사는 마침내 모든 고난을 이겨내고 위티고스에 도착했다.

이 선교사이자 연대기 편찬자는 티투 쿠시가 그를 보고 전혀 반가워하지 않았으며, 오히려 화난 듯이 맞이했다고 말하고 있다. 그는 스페인 사람이 자신의 은둔처를 헤치고 들어오는데 성공한 것을 보고 걱정이 들었다. 또한 잉카는 자신의 "우상숭배"에 대해 설교하는 사람을 갖게 되는 것이 귀찮았다. 마르코스 수도사에 의해 기록된 티투 쿠시에 관한 이야기들은 칼란차의 것들과 일치하지 않는다. 어쨌든, 마르코스 수도사는 당시 잉카 사람들이 많이 거주했던 푸키우라Puquiura라는 곳에 작은 교회를 세웠다. "그는 들판과 산 여기저기에 십자가를 세웠는데, 이들이 악령을 겁주어 쫓는 데는 최고였다." 그는 "잉카의 족장들과 핵심 추종자들로부터 심한 모욕을 당했다. 그들 가운데 일부는 악령을 기쁘게 하기 위해서, 또 어떤 사람들은 잉카에게 아첨하기 위해서 그리고 다른 많은 사람들은 자신들의 부도덕한 행위를 꾸짖거나 기독교로 개종한 사람들 중 아내를 네 명이나 여섯 명씩 보유하고 있는 것을 혐오하는 그의 설교가 싫어서 그를 모욕했다. 그들은 식량 문제를 트집 잡아, 그에게 쿠스코에 식량을 요청하도록 강요했다. 결국 수도회는 그에게 있어서는 가장 맛있는 성찬과도 같은 딱딱한 비스킷을 보내주었다."

일 년여가 지날 무렵 또 다른 아우구스티노 수도회의 선교사 디에고 오르티스Diego Ortiz 수도사가 홀로 쿠스코에서 윌카팜파로 떠났다. 그는 오는 길에 심한 고생을 했지만, 마침내 잉카의 은신처에 도착해 마르코스 수도사와 함께 잉카를 알현하러 들어갔다. "비록 잉카는 새로운 전도사를 맞아들이는 것이 그다지 탐탁지 않았지만, 디에고 수도사가 자기를 귀찮게 하거나 잔소리를 하며 문제를 일으키지 않으리라 생각해 그에게 머무는 것을 허락했다. 잉카는 그에게 허가서를 내주었다. 그들은 주위 크고 작은 마을들의 한가운데 위치해 있고, 인구도 상당히 많은 와란카야Huarancalla라는 마을을 선택했다. 현재의 교구에서 이 새로운 교구까지는 이틀에서 사흘이 걸리는 거리가 떨어져 있었다. 푸키우라의 마르코스 수도사를 떠나, 그의 새로운 정착지로 간 디에고 수도사는 짧은 시간에 교회와 자신의 집 그리고 병원을 지었다. 짧은 시간에 지었기 때문에 건물들은 모두 형편없었다." 또한 아이들을 위해 학교를 열었다. 그가 치료도 해주고, 가르치며 다님으로써, 사람들에게 아주 유명해졌다. 그는 재치도 별로 없고, 의술도 전혀 없으면서 잉카를 숭배하는 사람들의 중심에 더 가까이 있었던 마르코스 수도사보다는 훨씬 더 편안한 시간을 보냈다.

가장 중요한 잉카 신전에 대한 칼란차 신부의 묘사는 다음과 같다:

"태양의 신전 House of the Sun은 비트코스 Vitcos(혹은 위티코스) 근처 추키팔파 Chuquipalpa라는 마을에 있었고, 그 안에는 악령이 사람들 눈에 보이는 형체로 나타난다는 샘 위에 흰 바위가 있어 우상숭배자들로부터 참배를 받았다. 그곳은 숲이 무성한 산맥 안에 있는 가장 중요한 *모차데로* mochadero였다. '*모차데로*'[2)]라는 말은 원주민들이 자신들의 숭배 장소를 부르던 일반적인 이름이다. 다시 말하면, 그곳이 그들이 신성한 입맞춤의 의식을 행했던 최적의 장소라는 뜻이다. 그들 의식의 가장 중요한 부분인 이것의 출처는 욥 Job이 신 앞에서 엄숙하게 자신의 모든 죄를 떨쳐낼 때 그가 혐오했던 바로 그 행위를 신께 다음과 같이 말하는 대목이다: '신이시여, 제가 분별없는 이교도들처럼 태양이 눈부시게 떠오르거나 달이 맑게 빛날 때 기뻐 날뛰며 태양을 향해 손을 뻗어 그것에 입을 맞추는 행동을 했었다면, 저는 그 어떠한 벌이나 그보다 더한 고통도 달게 받겠습니다.' 이런 아주 심각한 부정(不正)행위는 신의 존재를 부인하는 것이다."

이 성직자이자 연대기 편찬자는 아시아와 아라비아 그리고 팔레스타인에도 널리 퍼져 있었고, 고대 유대교 예언자들과 모하메드에 의해 통렬하게 비난받은 그런 특이한 천체 숭배 의식에 대한 페루에서의 경험을 그렇게 언급했다. 이런 "가장 심오한 체념과 숭배"의 의식이 분명히 잉카 티투 쿠시가 통치하는 위티코스 부근의 추키팔파에서는 거행되고 있었다.

칼란차는 다음과 같이 계속 얘기한다: "유락 루미 Yurac Rumi(흰 바위라는 의미의 키추아어)라 불린 앞서 언급한 태양의 신전의 이 흰 바위에는 군대 우두머리 악령이 나타난다고 한다. 그와 그의 군대는 원주민 숭배자들에게는 커다란 호의를 보이지만, 카톨릭 교도들에게는 엄청난 공포를 느끼게 한다. 그들은 이제 자신들에게 입 맞추는 숭배의식을 더 이상 하지 않는 세례 받은 사람들을 소름끼치도록 잔인하게 응징해서 많은 원주민들은 이들 악령이 그들에게 내린 무시무시한 공포로 죽었다."

어느 날 잉카와 그의 어머니, 그리고 주요 부족장들과 조언자들이 위티코스를 떠나 그들의 사유지들 중 한 곳을 방문하고 있을 때, 마르코스 수도사와 디에고 수도사는 커다란 "샘 위의 흰 바위"에 있는 이 특이한 악령이 깜짝 놀랄 공격을 하기로 결정했다. 두 수도사는 모든 개종한 원주민들을 푸키우라의 교회와 그 부근 광장에 모이도록 부른 뒤, 그들에게 고통을 주는 이 악령을 화형에 처할 장작개비를 각자 가져오라고 지시했다. "헤아릴 수 없이 많은 사람들"이 그날 모였다. 개종한 원주민들의 대부분은 그들의 친구들을 죽이고 자신에게도 고통을 주는 이 악령에게 앙갚음을 하고 싶어 했다. 의심을 품는 사람들은 그 결과가 어떻게 될지 궁금하게 보았다. 그리고 잉카 주술사들도 자신들의 신이 이 기독교인들을 물리치는 것을 보기 위해 그곳에 나와 있었다. 한편, 이미 예상을 했겠지만, 다른 나머지 사람들도 이 법석을 구경하기 위해 모여 있었다. 푸큐라Pucyura를 출발해서 그들은 "위티코스 부근 추키팔파 마을에 있는 태양의 신전"으로 행진해 갔다.

그 신성한 울타리 앞에 다다르자, 수도사들과 그 일행은 십자가를 세우고 기도문을 암송하며 샘과 흰 바위 그리고 태양의 신전을 둘러싸고 장작개비들을 높이 쌓았다. 그런 다음, 그곳의 악령을 불러냈다. 그들은 자기들이 생각할 수 있는 온갖 혐오스러운 이름들로 악령을 부르며 자신들의 경멸을 나타냈고, 마지막으로 악령에게 다시는 이 근처에 얼씬거리지 말라고 호통 치며, 예수와 동정녀 마리아를 연호하면서 장작에 불을 붙였다. "그러자 악령은 달아나면서 그 분을 참지 못해 울부짖었고, 그 소리에 사방의 산들이 요동쳤다."

외딴 곳에 떨어져 있는 두 명의 수도사가 사람들이 버젓이 살고 있는 그 종족의 가장 중요한 신전을 모독했다는 것은 실로 엄청난 용기가 아닐 수 없다. 그들이 다른 동료들로부터도 멀리 떨어져 있고, 스페인 총독의 보호도 받을 수 없는 이런 외딴 계곡에서 감히 그곳 주인들의 신앙에 그런 모독을 가했다는 것은 거의 믿을 수 없는 일이다. 그 소식을 들은 잉카 티투 쿠시는 당연히 분노했다. 그의 어머니도 격노했다. 그들은 곧 바로 푸큐라로 돌아왔다. 부족장들은 "수도사들을 참수해 그들을 작은 조각으로 찢어버리자."고 주장했다. 만약 디에고 수도사가 가지고 있는 재능만 아니었다면 의심할 필요도 없이 그렇게 했을 것이다. 그의 질병 고치는 재능은 원주민들로부터 크게 인정을 받았고, 잉카 자신도 태양의 신전을 공격한 그를 함부로 어쩔 수 없었다. 하지만 애초에 그 계획을 꾸몄고, 원주민들로부터도 그다지 사랑을 받지 못한 마르코스 수도사는 그렇지 못했다. 칼란차는 그가 돌팔매질을 당하며 그곳에서 쫓겨났고, 잉카는 만약 그가 다시 돌아오면 죽이겠다는 경고를 했다고 말한다. 열병이 자주 창궐했던 계곡 아래쪽의 정글 지역 원주민들로부터 특히 더 많은 사랑을 받은 디에고 수도사는 계속 머무는 것이 허락되어, 나중에는 티투 쿠시의 친구이자 조언자가 되었다.

어느 날 모험을 좋아하는 로메로라는 이름의 스페인인 금광 탐사꾼이 산속 계곡들을 통과해오다 발견되었다. 그리고 그는 잉카로부터 그곳에 어떤 물질들이 묻혀 있는지 알아보아도 좋다는 허락을 얻었다. 조사는 아주 성공적이었다. 작은 산들에서 금과 은 모두가 발견되면서, 그는 자기가 횡재할 것에 매우 고무되었다. 그러나 그의 소문이 다른 사람들을 윌카팜파로 끌어들일 것을 두려워한 잉카는 디에고 수도사의 만류에도 불구하고 이 불행한 탐사꾼을 처형했다. 그는 외국인들이 윌카팜파에 모여드는 것을 원치 않았다.

1570년 티투 쿠시가 위티코스에서 잉카족 왕위에 오른 지 10년째 되던 해에 새로운 스페인 총독이 쿠스코에 부임했다. 잉카 사람들에게는 불행하게도 불굴의 군인이자 행정가였던 돈 프란시스코 데 톨레도

Don Francisco de Toledo는 극히 외고집에 편협했고, 잔인했으며, 인정도 없는 사람이었다. 더욱이, 펠리페 2세와 그의 인도제국평의회는 잉카를 위티코스에서 나오게 하는데 모든 노력을 기울일 필요가 있다고 생각했다. 지난 35년 동안 스페인 정복자들은 쿠스코를 비롯해 페루의 대부분을 점령했지만, 윌카팜파 지방에 사는 원주민들의 복종은 받아낼 수 없었다. 만약 티투 쿠시를 스페인 관리들이 언제라도 접근할 수 있는 곳으로 나와 살도록 설득한다면, 그것은 톨레도에게 커다란 업적이 될 수 있었다.

계속되는 우기 동안 유난히 화기애애한 연회를 마치고, 잉카는 비에 흠뻑 젖어 감기로 몸져누웠다. 한편, 총독은 티투 쿠시를 쿠스코로 오도록 설득하러 보내기 위해 잉카도 좋아하는 틸라노 데 아나야Tilano de Anaya라는 쿠스코 군인을 뽑았다. 틸라노는 오얀타이탐보와 추키차카 다리를 통해서 가라는 지시를 받았다. 그에게는 운이 따르지 않았다. 티투 쿠시의 병세가 심각했다. 그의 주치의인 디에고 수도사는 평상시대로 치료약을 처방했다. 하지만 불행하게도 수도사의 모든 노력은 수포로 돌아갔고, 그의 환자인 왕은 운명하고 말았다. "치료약"은 책임 여부를 가리기 위해 티투 쿠시의 어머니와 그녀의 조언자들에 의해 압수되었다. 불쌍한 수도사는 "잉카의 죽음을 초래한" 죄로 사형을 당하고 말았다.

위티코스 부근 신전에서 태양의 처녀들Virgins of the Sun의 놀이 친구로 성장하다 지금은 행복한 결혼 생활을 하고 있던 만코의 셋째 아들 투팍 아마루가 그 작은 왕국의 통치자로 선출되었다. 비록 그의 이마는 군주의 상징인 주홍색 수술로 치장되었지만, 그는 강력했던 이복형의 두려움에 찬 경계심 때문에 그동안 군인으로서의 자질은 키울 수가 없었다. 불행히도 그는 단명할 존재로 운명지어져 있었다. 이 젊은 잉카의 조언자들은 총독이 보낸 사절이 오고 있다는 소식을 듣고 일곱 명의 전사를 그가 오는 길에서 맞이하도록 보냈다. 틸라노는 추키차카 다리에서 밤을 보내려고 준비하던 중 그들의 공격을 받고 살해되었다.

총독은 자신의 사절이 살해되었다는 소식과 함께 디에고 수도사의 순교에 대해서도 알게 되었다. 그것은 스페인 지배자들의 심장에 일격을 가한 것이었다. 만약 하늘의 부섭정 대리인(수도사/역자 주)과 펠리페 2세의 총독이 보낸 전령을 범할 수 있다면, 세상에 그 누가 안전할 수 있단 말인가? 종려주일(예수 부활 1주일 전 일요일/역자 주)에 자신의 자문위원들과 둘러앉은 정력적인 톨레도는 이 불길한 젊은이 투팍 아마루와 전쟁을 벌이기로 결정하고, 잉카를 잡는데 공을 세우는 병사에게 상을 내릴 것을 약속했다. 위원회는 "그 제국 안에서 이 젊은 후계자로 인해 많은 반란이 일어날 것"이라고 예상했다. 가르실라소는 "더욱이 잉카를 생포해 감금한다면, 와이나 카팍이 제일 중요하고 장중한 날인 그들의 축제날 걸기 위해 제작한 황금 목걸이를 비롯해 선대 왕들로부터 물려받은 모든 보물들을 찾아낼 수 있을 것이라는 말이 떠돌았다."고 말한다! 당연히 "정복자의 권리에 따라 황금 목걸이와 나머지 보물들도 모두 스페인 국왕의 *소유가 되어야* 한다!" 어떤 이유도 필요하지 않았다. 잉카족은 몰살되어야 했다.

원정대는 두 편으로 나뉘었다. 한 부대는 만약 잉카가 아푸리막을 넘어 이전에 그의 아버지 만코가 약탈 원정 때 이용했던 길들 중 하나로 탈주할 경우에 대비해 리마탐보Limatambo를 거쳐 쿠라와시Curahuasi로 보내졌다. 마르틴 우르타도Martin Hurtado 장군과 가르시아 대위 휘하의 다른 한 부대는 쿠스코로부터 유카이와 오얀타이탐보를 거쳐 진군했다. 그들은 35년 전 판티카야의 산길에서 매복을 만나 전멸당한 비야디에고 대위의 부대보다는 훨씬 운이 좋았다. 그것은 힘이 넘쳤던 잉카 만코 시절의 일이었다. 지금은 이 중요한 길을 지키는 군대가 전혀 없었다. 그들은 루쿠마요Lucumayo와 우루밤바가 만나는 지점까지 내려가 추키차카 다리에 이르렀다.

주변에서 자라는 나무줄기들을 엮어 만든 좁은 다리는 낭떠러지에 매달려 가운데가 밑으로 축 늘어진 채 우루밤바 골짜기 위에서 너무나 위험하게 흔들리고 있어 한 번에 겨우 한 사람씩 밖에는 건널 수가 없었다. 물살이 센 강물은 너무 깊어 걸어서는 도저히 건널 수 없었다. 카누 같은 것도 없었다. 여기서 자라는 대부분의 나무들은 너무 단단하고 물에 뜨지도 않아 뗏목을 만드는 일도 쉽지 않았을 것이다. 우루밤바 반대편에는 투팍 아마루가 그의 섭정과 부족장 그리고 군사들의 호위를 받으며 서 있었다. 적개심에 불탔던 피사로 시절의 첫 번째 원정대도 그들 방식대로 윌카팜파로 들어가 싸워보려 했었지만, 지금처럼 만코는 결코 쉽게 그것을 허락하지 않았었다. 하지만 그의 가장 어린 아들 투팍 아마루는 이런 사태에 전혀 경험이 없었다. 부족장들과 귀족들은 산길을 막는데 실패했고, 추키차카 다리를 끊는 것도 실패했기 때문에 이제 남은 유일한 방법은 좁고 흔들리는 다리를 한 번에 한 명씩 건너오는 스페인 병사들을 상대할 수 있는 그들의 능력에 달려 있었다. 그러나 우르타도 장군은 결코 그렇게 쉽게 당할 사람이 아니었다. 그는 잉카의 원시적인 군사들이 한 번도 본 적 없는 가벼운 산악용 무기를 두어 대 가지고 왔다. 이 지점의 계곡면들은 강으로부터 가파르게 치솟아 있어 총을 발사했을 때 울리는 소리는 지금까지 그런 소리를 한 번도 들어보지 못한 사람들에게 어마어마한 공포를 일으키기에 충분했다. 대포와 화승총을 겨우 몇 발 쏘자 원주민들은 허둥지둥 사방으로 달아났고, 그 다리는 그대로 무방비 상태로 남겨졌다.

사이리 투팍의 딸과 결혼한 가르시아 대위는 잉카를 추적하도록 명령받았다. 그의 병사들은 "오른쪽은 숲으로 이루어진 좁은 오르막이고 왼쪽은 엄청나게 깊은 계곡"인 길을 하나 발견했다. 두 사람이 겨우 지날 수 있는 폭의 보행로였다. 타고난 스페인 사람의 용맹성을 지닌 가르시아는 자신의 부대를 진두지휘해서 전진했다. 울창한 숲 속에서 투팍 아마루의 도주를 보호하려는 잉카의 한 족장, 왈파Hualpa가 갑자기 가르시아에게로 뛰쳐나와 그가 칼을 잡을 겨를도 없이 그를 붙잡고 벼랑으로 밀어 떨어뜨리려 했다. 대위의 생명은 그의 칼을 들고 바로 뒤에서 따라오던 그의 충실한 원주민 하인 덕분에 구할 수 있었다. 그 원주민은 "매우 솜씨 있고 빠르게" 칼집에서 칼을 뽑아 왈파를 죽이고 자기 주인의 생명을 구했다.

가르시아는 여러 번의 전투를 치루면서 요새들을 함락시키고 많은 포로를 잡았다. 그들로부터 잉카가 "내륙을 통해 시마폰테Simaponte 계곡으로 달아나 호전적인 부족이지만 그의 친구들이기도 했던 마냐리족Mañaries 원주민들 지역으로 들어간 뒤 *발사*와 카누를 제공받아 목숨을 구하고 탈출에 성공했다."는 사실을 알게 되었다. 정글 속 어떤 위험이나 강의 급류도 그에게는 위협이 되지 못했다. 가르시아는 천신만고 끝에 다섯 대의 뗏목을 만들어 그의 병사들 가운데 일부를 태웠다. 그 자신도 그들과 함께 타고 내려가면서 여러 번의 죽을 고비를 가까스로 헤엄쳐 나와 모면하며 오로지 잉카를 잡겠다는 일념으로 마침내 모노리Monori라는 곳에 도착했다. 그러나 그들의 추격을 알아차린 잉카는 산림 지대 안으로 더 깊숙이 들어갔다. 가르시아와 그의 병사들은 이제 맨발에 식량 부족의 고통까지 겪었지만, 그들은 오히려 추격을 강화했다. 그들은 끝내 잉카를 붙잡았다. 가르실라소에 따르면, 투팍 아마루는 "사람들에게 저항하지 말도록 했고, 자신이 어떤 범죄나 혼란도 일으킨 적이 없다고 인식했기 때문에 자신을 붙잡아 가도록 내버려 두었다. 또 이런 산 속에서 기아로 멸망하거나 커다란 강물에 빠져 죽느니 차라리 스페인 사람들의 손에 자신을 맡기는 쪽을 선택했다. 이렇게 해서 잉카와 그의 부인, 두 명의 아들과 딸을 포함해 그와 함께 있던 모든 원주민 남자와 여자들을 붙잡은 스페인 사람들은 그들을 전리

품처럼 데리고 쿠스코로 돌아왔다. 스페인 부왕이 그곳에 도착했을 때, 그는 초라한 왕자가 감옥에 갇혀 있다는 보고를 받았다." 이윽고 형식적인 재판이 열렸다. 잡혀온 부족장들은 무자비하고 잔인하게 고문을 받고 죽었다. 투팍 아마루의 아내는 그가 보는 앞에서 난도질당했다. 그 자신도 머리가 잘려 쿠스코 광장에 내걸렸다. 그의 어린 아들들도 오래 살아남지 못했다. 미국대륙에서 가장 현명했던 원주민 통치자들의 후손이었던 잉카들의 최후는 그렇게 사라져버렸다.

≪마지막 네 명의 잉카들에 대한 간단한 요약≫

1534. 잉카 만코가 그의 선조들을 계승해 왕위에 오른다.

1536. 만코는 쿠스코에서 피신해 위티코스와 윌카팜파로 간다.

1542. "새로운 법률"의 공포.

1545. 만코의 살해와 그의 아들 사이리 투팍의 즉위.

1555. 사이리 투팍은 쿠스코와 유카이로 간다.

1560. 사이리 투팍의 사망. 그의 이복동생 티투 쿠시가 잉카에 오른다.

1566. 마르코스 수도사가 위티코스에 도착. 푸키우라에 정착.

1566. 디에고 수도사가 그와 합류한다.

1568-9(?). 그들은 추키팔파의 유락 루미에 있던 태양의 신전을 불태운다.

1571. 티투 쿠시가 죽는다. 디에고 수사가 고통을 겪으며 순교한다.

1572. 마르틴 우리타도 장군과 가르시아 데 로욜라 대위의 원정. 투팍 아마루의 처형.

---

1) 이 사건의 또 다른 설은, 잉카와 또 다른 망명자 디에고 멘데스가 *서양장기*를 두던 중 말다툼이 벌어졌는데, 그가 자신의 이성을 잃고 잉카를 개라고 불렀다. 자기 손님의 말씨와 어투에

화가 난 잉카는 그에게 주먹을 휘둘렀다. 이에 디에고 멘데스는 그에게 단도를 던져 죽였다는 것이다. 가르실라소가 자신에게 이 이야기를 들려준 사람으로부터 얻은 내용과 그 사건이 있은 지 20년 뒤에 만코의 아들 티투 쿠시로부터 마르코스 수도사가 들어 알려지게 된 내용은 완전히 다르다. 다음은 클레멘츠 마컴 경이 번역한 내용의 인용이다:

"비티코스라는 마을에서 나의 아버지와 여러 해를 함께하면서 친분을 쌓은 이 스페인 사람들은 어느 날 아버지와 고리던지기 놀이를 하고 있었다. 오로지 그들과 나의 아버지 그리고 당시에 어렸던(10살) 나만이 거기에 있었다. 반바라는 한 원주민 여인이 스페인 사람들이 잉카를 시해하려 한다고 말해 주었음에도 불구하고, 아버지는 아무런 의심도 갖지 않은 그들과 평소처럼 놀이를 하셨다. 놀이 중에 아버지가 고리를 던지려고 막 드는 순간, 그들은 칼과 단도 그리고 긴 칼을 들고 한꺼번에 아버지께로 달려들었다. 상처를 입은 나의 아버지는 방어를 하려고 애를 쓰셨지만, 그는 홀로 무장도 하지 않은 상태였고, 그들은 완전히 무장한 일곱 명이었다. 그는 온몸에 상처를 입고 땅에 쓰러지셨고, 그들은 그를 돌아가시게 내버려두고 달아났다. 어린 나는 아버지가 그렇게 당하시는 것을 보고 도움을 받을 수 있는 곳으로 모셔가려 했지만, 그들은 무섭게 내게로 돌아서서 창을 던져 나도 죽이려 했지만 빗나갔다. 나는 겁이 나서 어느 숲 속으로 달아났다. 그들은 나를 찾았지만, 찾을 수 없었다. 아버지의 숨이 멎은 것을 확인한 스페인 사람들은 이에 고무되어 '우리는 지금 막 잉카를 죽였다. 우리에게 두려울 것은 아무것도 없다.'고 소리치며 정문을 통해 나갔다. 그러나 이때 리마치 유판키 Rimachi Yupanqui 대장이 진압군과 함께 도착해 그들이 길이 나빠 멀리 도망치기 전에 따라잡아 그들을 말에서 끌어내렸다. 그들은 모두 끔찍한 고통 속에 죽음을 맞았고 몇몇은 화형을 당했다. 여하튼, 나의 아버지는 상처들로 인해 사흘을 더 사셨다."

또 다른 설은 몬테시노스에 의해 그의 *연대기*에 나와 있다. 그것은 티투 쿠시의 것과 거의 일치한다.

2) 키추아어 *무차 mucha*에서 유래한 스페인어가 "입맞춤 kiss"이다. *무차니 muchani*는 "존경하다, 숭배하다, 손에 입을 맞추다"의 의미이다.

10
잉카의 마지막 수도를 찾아서

이전 장에서 기술한 사건들의 대부분은 오얀타이탐보의 북서쪽이고 스페인 총독의 쿠스코 궁전으로부터 150여 킬로미터 떨어진 프레스콧이 "안데스 산맥의 외딴 은신처"라고 부른 위티코스[1)]와 윌카팜파에서 일어났던 일들이다. 비록 옛 지도들 중에는 여러 개에 나타나 있지만, 현대의 페루 지도들에서는 위티코스를 찾는 것이 헛수고이다. 1625년 당시 드 라에뜨의 페루 지도에는 리마의 북동쪽 그리고 빌카밤바에서 북서쪽으로 560킬로미터 떨어진 산악 지역에 "비티코스Viticos"가 표시되어 있다! 이런 실수는 모든 페루 지도에서 "비티코스"가 사라진 1740년 무렵까지 메르카토르를 비롯한 후발 지도 제작자들이 베끼는 과정에서 발생했다. 지도 제작자들은 그 주변에 그런 지명이 없다는 것을 알고 있었다. 그곳의 실제 위치는 300여 년 전에 잃어버렸다. 1599년에 뉘른베르크에서 출간된 한 지도에는 "안데스" 산맥 안의 "쿠스코" 서쪽 작은 산맥에 "핀코스Pincos"가 표시되어 있다. 비록 1739년 팔스의 지도에도 거의 같은 지점에 "피코스Picos"가 표시되어 있었지만, 다른 지도 제작자들에 의해서는 차용되지 않은 것 같다. 18세기의 거의 모든 지도 제작자들은 "비티코스"를 "로스 비티코스Los Viticos"나 "레스 비티코스Les Viticos"와 같이 어느 부족의 이름으로 생각했던 것 같다.

핀코스와 안데스산맥이 나타나 있는 1599년도 뉘른베르크 지도의 일부

페루를 횡단하고 또 횡단하며 평생을 보낸 위대한 탐험가 라이몬디가 제작한 가장 큰 공식 페루 지도에는 위티코스나 비티코스, 비트코스Vitcos, 피트코스Pitcos 또는 비티코스Biticos와 같은 많은 유사한 이름들 중 어느 하나도 포함되어 있지 않다. 위티코스가 우연히 "비티코스Biticos"로 쓰였다는 것도 이상해 보인다. 키추아어에는 알파벳 V의 음가가 없다. 그러나 초기 스페인 저술가들은 대문자 V를 정확히 대문자 U처럼 썼다. 공적인 서류나 문서들에는 위티코스Uiticos가 비티코스Viticos로 되어 있다. 그 단어의 발음을 들어본 적 없이 그것을 읽은 관청의 사람들은 자연히 U의 음가대신 V의 음가를 적용했다. V와 P 모두는 또 쉽게 B가 되었다. 그래서 위티코스Uiticos는 비티코스Biticos 또 윌카팜파Uilcapampa는 빌카밤바Vilcabamba가 되었다.

라이몬디는 놀라운 활동력으로 여태껏 그 누구도 하지 못했고 앞으로도 하지 못할 만큼 페루의 작은 마을들을 찾아다녔다. 어떤 자연 장애물도 그를 막을 수는 없었다. 1865년 그는 깊숙이 윌카팜파의 심장부까지 들어갔지만, 위티코스는 발견하지 못했다. 그는 촉케키라우 유적이 잉카족의 마지막 거주지였다고 믿었다. 이런 시각은 촉케키라우가 만코의 장남 사이리 투팍이 유카이로 거처를 옮기면서 버려진 것이라고 믿은 1834년 당시의 프랑스 탐험가 콩트 드 사르티에Count de Sartiges의 생각을 따른 것이다. 라이몬디의 이런 관점은 1877년 파스 솔단Paz Soldan을 비롯한 선도적인 페루인 지리학자들과 1909년 누네스 주지사와 그의 친구들 그리고 촉케키라우를 방문했을 당시 나의 관점들과도 일치하는 것이다.[2] 유일하게 찬성하지 않는 사람은 페루의 학식 높은 역사학자 돈 카를로스 로메로Don Carlos Romero로서, 그는 잉카의 마지막 수도는 다른 곳이 분명하다고 주장했다. 그는 지금은 빌카밤바와 우루밤바로 불리는 강들의 계곡 안에서 위티코스를 찾는 것이 급선무라고 주장했다. 1911년 예일 대학교 페루 원정대의 임무는 기록들의 내용과 일치하는 지리학적 증거들을 수집하고, 또 오랫동안 잊혀졌던 잉카 수도의 위치에 대한 물적 증거를 찾는 것이었다.

우루밤바 계곡 안에 기록에도 없고 아직 밝혀지지도 않은 유적들이 있다는 것은 대부분 쿠스코에 살지만 콘벤시온Convencion 지방에 거대한 토지를 가지고 있는 일부 부유한 농장주들에게는 이미 잘 알려져 있는 사실이다. 해마다 산타 아나에 간다는 한 사람은 우리들에게 산 미구엘San Miguel 다리 근처의 흥미로운 유적에 대해 알고 있는 노새몰이꾼을 알고 있다고 말했다. 그러나 그 촌사람들의 허풍을 잘 알고 있었기 때문에 그는 그 이야기에 크게 신빙성을 두지는 않았다. 그리고 스무 번도 넘게 그 다리를 건너며 그런 사실을 유심히 살펴볼 수 있었기에, 그는 우리에게 자신의 어깨를 으쓱해 보였다. 또 다른 사람으로

서, 빌카밤바 계곡에 농장이 있는 판코르보는 특히 푸큐라 근처에 있는 자신의 농장 위쪽 계곡 안에 유적이 있다는 어렴풋한 소문을 들은 적이 있다고 말해 주었다. 만약 그의 이야기가 사실로 판명된다면, 그곳이 마르코스 수도사가 "윌카팜파 지방"에 처음 교회를 세운 바로 그 푸키우라일 가능성이 높아진다. 그러나 태양의 신전 유적과 그 안에 있던 "샘 위의 흰 바위"가 발견되어야 하는 곳은 위티코스 "근처"나 추키팔파라는 이름을 가진 마을 근처라야 한다. 그럼에도 불구하고, 친절한 이 농장주들이나 그들이 물어보았던 사람들 누구도 위티코스나 추키팔파라는 장소에 대해서는 들어본 적이 없었고, 그런 흥미로운 바위에 관해서도 들어본 적이 없었다. 그리고 그들이 이야기로만 들었던 유적을 직접 자신들의 눈으로 확인한 적은 더더욱 없었다.

말 많고 쿠스코 주에서 평생 광산을 탐사하면서 살았다는 롬멜리니의 한 친구는 와이나 픽추Huayna Picchu라는 곳에서 "촉케키라우보다 훨씬 더 훌륭한" 유적을 본 적이 있다고 말했다. 하지만 그는 촉케키라우를 가본 적도 없었다. 그를 잘 아는 사람들은 어깨를 으쓱하며 그가 말하는 장소에 대해 그다지 신뢰를 하지 않는 눈치였다. 그는 이전에도 "금이 나오지도 않은" 광산들에 대해 자주 과장해서 이야기하곤 했다. 그의 이야기는 1875년경 안데스 산맥을 여기저기 탐험하다가 오얀타이탐보를 방문했던 프랑스의 탐험가 샤를르 위네어Charles Wiener의 이야기와 유사했다. 그는 그곳에 갔을 때 우루밤바 계곡 아래쪽의 "와이나-픽추Huaina-Picchu" 또는 "맛초-픽추Matcho-Picchu"라고 불리는 곳에 훌륭한 유적이 있다는 말을 들었다. 그래서 계곡을 따라 내려가 이 유적을 찾아보기로 결심했다. 그의 글에 따르면, 그는 판티카야의 산길을 넘어 루쿠마요강의 촉케착카Choqquechacca 다리까지 내려가서 우루밤바 아래쪽까지 둘러본 후 같은 경로로 돌아왔다. 그리고는 그 계곡의 세밀한 지도를 출간했다. 그는 그곳 산봉우리들 중 하나에 "와이나픽추Huaynapicchu, 해발 1,815미터"라고 지명을 붙였고, 또 하나에는 "맛초픽추Matchopicchu, 해발 1,720미터"라고 표기했다. 잉카 유적들에 대한 그의 관심은 강렬했다. 책에서도 많은 지면을 오얀타이탐보에 할애했다. 그러나 그는 마추픽추에 이르거나 우루밤바 계곡과 빌카밤바 계곡에 있는 어떤 중요한 유적의 발견에도 실패했다. 우리는 그 이상의 성공을 기대할 수 있을까? 우리가 들은 소문들도 위네어가 그렇게 열심히 들었던 소문들처럼 아무 "성과도 없이 끝나는" 것은 아닐까? 그의 시대이후 페루 정부는 실제로 마추픽추를 지나가는 길을 완공했다. 한편 윌리엄 C. 파라비 박사가 이끄는 하버드 대학교의 인류학 탐사대도 최근에 이 길을 넘어 지나갔지만, 그 어떤 중요한 유적에 대한 보고도 없었다. 물론 그들이 찾고 있던 것은 유적이 아니라 미개인의 흔적이었다. 그렇지만, 만약 마추픽추가 "촉케키라우보다도 훌륭했다"면, 왜 아무도 그들에게 그곳을 가르쳐주지 않았겠는가?

1915년의 페루 탐사 경로도

쿠스코에 있는 우리가 아는 대부분의 사람들에게 촉케키라우보다 더 훌륭한 다른 어떤 것이 있을 수 있다는 생각은 전혀 터무니없어 보인다. 그들은 "지금까지의 가장 눈부신 고고학적 발견"을 "황금 요람"이라고 여기고 있다. 이 세상 그 어떤 것의 가치도 그것의 절반에도 미치지 못한다고 우리에게 장담했다. 심지어는 우리가 그곳에 몰래 다시 가서 *묻혀 있는 보물을 파낼지도* 모른다는 추측을 했다! 어떻게 부인해도 통하지 않았다. 운 좋은 "성공"으로 부를 잡은 조상들을 가졌고, 또한 어느 행운의 발굴자에게 발견될 날만을 기다리고 있는 어마어마한 부가 있다는 이야기들에 스스로가 몰입되어 있는 이 사람들에게 *테소로* tesoro(보물, 부, 재산)에 대한 의문은 영원히 존재할 대화의 원천이다. 심지어 쿠스코 주지사조차도 내가 발견을 위한 열정에서 하는 일들을 상당부분 이해하지 못했다. 그는 내가 촉케키라우에서 엄청난 부를 얻을 것이라고 확신하고 있었다. 그는 내가 아주 많은 보수를 받는다고 믿고 있었다! 우리 탐험대 대원들이 겨우 그들의 경비정도만 받고 있다는 사실을 믿으려 하지 않았다. 그는 비밀스럽게 나에게 푸트 박사의 곤충 수집물을 최소한 만 달러에는 팔 수 있다고 귀띔했다! 페루 사람들은 지금까지, 정부로부터 지원을 받거나 철도나 광산회사에 고용된 경우를 제외하고, 어떤 사람이 개인적으로 과학적인 연구활동을 하는 것에 익숙해 있지 않다. 우리는 우리의 일이 잘못 이해되는 경우를 자주 접했다. 심지어는 쿠스코 역사학회로부터도 의심의 눈길을 받았다.

예전부터 윌카마유라고 불리기도 했던 우루밤바 계곡은 쿠스코로부터 여러 경로를 통해 다다를 수 있다. 이중 가장 보편적인 유카이쪽으로 가는 경로는 도시로부터 북서쪽으로 광대한 안데스 산맥의 큰길을 넘어 센카산 Mt. Sencca의 경사지를 통과한다. 티카-티카(3,600미터)에서 길은 쿠스코 유역 서쪽 끝의 가장 낮은 산길과 교차한다. 쿠스코의 시가지가 보이는 마지막 지점에서는 계곡을 빠져 나가거나 안으로 들어오는 모든 순수 원주민들이 멈춰 서서 동쪽 방향인 도시 쪽을 바라보고 그들의 모자를 벗은 채 기도문을 소리내어 외운다. 내가 보기에는 그들이 외우는 것이 "아베 마리아"나 카톨릭 교회의 기도문 같은 것으로 생각된다. 하지만 이런 전통은 첫 스페인 선교사들이 나타나기 훨씬 이전으로 거슬러 올라가는 것이 분명하다. 아마 떠오르는 태양을 숭배하던 고대 관습의 잔재일 수도 있다. 정복되기 바로 전 수세기 동안, 쿠스코는 교권과 국권Church and State의 수장으로서 신성한 존재였던 바로 잉카의 거처가 있던 곳이다. 그의 거처가 보이는 곳에서 숭배 행위를 하는 것보다 더 자연스러운 일은 없을 것이다. 시대가 바뀌었어도 그 도시를 떠나는 사람들은 같은 지점에서 같은 관습을 계속해서 행하고 있는 것이다. 나는 수백 명의 여행자들이 이 지점을 통과하는 것을 지켜보았다. 유럽식 복장을 한 백인이나 혼혈 후손들이 기도를 하기 위해 멈춰서거나 경의를 표하는 모습은 볼 수 없었다. 반면에 원주민 복장을 한 사람들은 예외 없이 모두 잠시 멈춰 서서 고대 도시를 응시하며 모자를 벗고 짧은 기도문을 외웠다.

티카-티카를 떠난 우리는 북쪽 방향으로 여러 리그를 가 오래된 잉카의 방벽들이 있는 친체로스Chincheros 마을을 지나서, 마침내 아름다운 유카이 계곡의 가장자리에 도착했다. 그 맨 아래에는 선조들의 불굴의 의지 덕분에 우루밤바강으로부터 보호받을 수 있었던 어마어마한 면적의 테라스들이 있다. 계곡 양쪽의 가파른 경사면에는 지금도 일부가 이용되고 있는 좁은 테라스들이 많이 남아 있다. 그 위에는 경작이 불가능해 보이는 경사면에 퀼트 조각들을 모아 붙여놓은 것처럼 얹혀 있는 "*템포랄레스*," 즉 농작물 밭들이 있다. 더 위쪽으로는 구름보다도 높이 눈 덮인 정상을 가진 뾰족한 봉우리들이 있다. 그 전체는 풍부한 대조와 웅장한 규모의 환상적인 그림을 안겨준다. 유카이는 잉카 만코의 장남, 사이리 투팍이 스페인의 보호 아래 들어가기 위해 총독의 초청을 수락한 뒤 한때 머물렀던 곳이다. 그는 여기서 3년을 살았고, 1560년 이곳에서 급사(急死)하면서, 형제들인 티투 쿠시와 투팍 아마루에게 위티코스가 더 안전하다는 생각을 갖게 하는 상황이 벌어진다. 우리는 이 지방의 현대적인 수도인 우루밤바에서 그날 밤을 보냈다. 요즘의 페루 사람들은 풍부한 물 공급과 온화한 기후 그리고 풍성한 과일들 때문에 이곳을 선호한다. 해발 3,300미터의 쿠스코는 호감이 가는 환경을 갖기에는 너무 높다. 하지만 600미터가 더 낮은 우루밤바 계곡 안에는 눈을 즐겁게 하고, 원예가들을 기쁘게 하는 모든 것들이 있다.

원예가들을 언급하다 보니 그들의 적을 떠올리게 된다. *우루 uru*는 키추아어로 애벌레 또는 유충이라는 뜻이고, *팜파 pampa*는 평평한 땅을 의미한다. 그렇다면 *우루밤바 Urubamba*는 "유충이나 애벌레가 있는 평평한 땅"이라는 것이다. 만약 그곳의 지명이 곤충들이 많은 따뜻한 지역에서 온 사람들에 의해 지어졌다면, 그렇게 지어지지는 않았을 것이다. 땅에 애벌레나 유충이 많은 것에 익숙하지 않은 사람들만이 그런 상황에 충격을 받았을 것이다. 결국, 그곳의 이름은 아마도 고원지대에 살다가 나비와 나방들이 날아다니는 것이 훨씬 일반적인 따뜻한 지역으로 내려와 일하기 시작한 사람들에 의해 명명되어졌을 가능성이 높다. 그 유명한 애벌레들에도 불구하고, 오늘날 우루밤바의 정원들은 장미와 백합 그리고 그 밖의 화려한 꽃들로 가득하다. 거기에는 복숭아, 배 그리고 사과 과수원들도 있고, 쿠스코 시장에 내다 팔 달콤한 딸기를 키우는 밭들도 있다. 유충들이 다 먹어치우지 못하는 것만은 분명하다.

다음날, 계곡을 내려가자 오래 전에 카스텔누 Castelnau, 마르코 Marcou, 위네어 그리고 스콰이어에 의해 강렬한 말들로 묘사되었던 신비로운 오얀타이탐보에 이르렀다. 비록 마르코의 스케치들은 상상적이었고 스콰이어의 것들은 과장되었지만, 그 마력은 전혀 잃지 않았다. 우루밤바에서처럼, 여기에도 화원과 높게 경작되는 녹색의 들판들이 있다. 시냇물은 버드나무와 포플러나무들에 의해 그늘이 드리워져 있다. 그 위로는 눈 덮인 산봉우리들을 왕관처럼 쓰고 있는 엄청난 절벽들이 있다. 이 마을은 한때 그 역사가 신비의 베일에 싸여 있던 어느 고대 주권국가의 수도였다. 용도가 궁금한 박공들이 있는 건물들과 창고들, "감옥"이었거나 "수도원"이었을 것 같은 유적들이 마을 위 거의 접근이 불가능한 낭떠러지 여기저기에 자리를 차지하고 있다. 아래로는 엄청난 양의 농작물이 지금도 경작되고 있는 믿기 어려울 만큼 넓은 테라스들이 있다. 이 테라스들은 과거에 지나간 종족의 정열과 기술의 기념물로서 앞으로도 오랫동안 굳건하게 서 있을 것이다. "요새"는 작은 언덕 위에 접근하기 어려운 가파른 절벽과 높은 방벽 그리고 공중정원들로 둘러싸여 있다. 수세기전 이 계곡에서 풍요로운 들판을 경작하던 어느 부족이 주위의 야만인들로 인해 두려움과 공포에 떨며 살았을 때, 이 언덕은 그들이 퇴각할 수 있는 피신처를 제공해 주었다. 당시에는 요새로서의 역할을 했을 것이다. 그러나 세월이 흘러 이 땅이 평화롭게 농사짓는 것을 가장 중요하게 여겼던 잉카족의 지배하에 들어가면서, 이 요새는 왕족들의 정원으로 변한 것 같다. 언덕 정상에 일렬로 놓인 무게가 15에서 20톤은 나가는 여섯 개의 거대한 붉은 빛 화강암 마름돌들은 형용할 수 없는 노동과 노고 덕분에 수 킬로미터 떨어진 채석장으로부터 운반되어 올 수 있었다. 그것은 아마도 어느 유능한 통치자의 위대함을 기록으로 남기려 했던 것 같다. 그는 이 바위들을 채석장에서 끌어내 계곡 맨 밑에서 언덕 정상까지 경사면을 따라 끌어 올릴 수 있을 만큼 충분한 숫자의 사람들에게 봉사를 명령할 수 있었을 뿐만 아니라, 그 사람들에게 먹을 것도 제공해 줄 수 있었어야만 한다. 그런 기념비적인 건물을 건축하려면, 평범하게 농사일에 종사하던 원주민들을 적어도 500명은 동원했어야 한다는 것을 의미한다. 그는 아주 훌륭한 관리자였음이 분명하다. 백성들에게도 그 거석들은 의심할 필요도 없이 자부심의 원천이었다. 또한 적에게는 그의 권력과 힘의 상징이었다.

윌카팜파로의 관문인 베로니카산과 살라푼코산

오얀타이탐보 한 리그 아래에서 길은 갈라진다. 오른쪽 곁길은 가파른 계곡을 올라가 눈 덮인 베로니카산 부근에서 판티카야 산길과 교차한다. 그 길 근처에는 두 군데의 유적이 있다. 그 중 하나는 위네어가 "그 모습(아파헤일 appareil)이 오얀타이탐보에서 가장 아름다운 화강암 궁전"이라고 과장되게 표현했던 실제로는 창고에 불과한 건물이고, 또 다른 하나는 아마도 공적으로 여행하는 사람들을 위한 탐푸 tampu, 즉 여관으로 추정되는 것이다. 잉카시대의 모든 여행자들은 심지어 짐꾼들조차도 공식적인 명령에 의해서만 일을 했다. 상업적 거래의 개념은 갖지 못했다. 개인의 소유권에 대해서도 이해하지 못했다. 아무도 판매를 위한 물건을 가지고 있지 않았고, 마찬가지로 아무도 그것을 살 수 있는 돈을 가지고 있지 않았다. 반면에 잉카에는 세금 징수를 위한 체계가 잘 갖추어져 있었다. 백성들이 재배한 생산물의 3의 2는 국가나 종교 지도자들에게 받쳐졌다. 베로니카산 근처의 판티카야 산길처럼 황량한 지역들에 적절한 쉼터와 창고들을 마련하기 위해서는 이런 잉카족의 자애로운 전제주의적 규율이 합리적이었다. 1560년 당시 쿠스코에서 현직에 있었던 유능하고 노련한 정치가 폴로 데 온데가르도는 잉카의 *차스키스 chasquis*, 즉 우편배달부들의 식량은 관청의 창고들에서 배급되었고, "잉카에게 고용되어 일을 하거나 종교에 종사하는 사람들은 절대 자신의 비용으로 먹지 않았다."고 말한다. 만코의 통치 시기에는 아마도 아바스팜파 Havaspampa에 있는 이러한 건물들에 비야디에고 대위의 군대를 패배시킨 전초 부대가 머물렀을 것이다.

1895년경 아직 강변을 따라 길이 완성되기 이전에, 쿠스코에서 우루밤바 아래쪽으로 가는 여행자들의 경로에는 두 가지 선택이 있었다. 하나는 1571년 가르시아 대위나 1835년 밀러 장군, 1842년의 카스텔누 그리고 1875년 위네어가 지나갔던 판티카야의 산길이고, 다른 하나는 1834년 콩트 드 사르티에와 1865년 라이몬디가 지나갔던 살칸타이강을 따라 와드키냐Huadquiña까지 이르는 살칸타이산과 소라이산 사이의 산길이 그것이다. 이들 두 경로 모두 살칸타이산과 베로니카산 사이 고산 지대와 피리Piri와 와드키냐 마을들 사이의 저지대를 피할 수 있다. 이 지역은 1911년까지도 페루 남부에 관한 지리학 문헌들에 기술되어 있지 않았다. 우리는 이들 중 어느 산길도 이용하지 않기로 하고, 우루밤바 강변길을 따라 똑바로 내려갔다. 그 길은 우리를 환상적인 지역으로 인도했다.

피리를 두 리그 넘은 살라푼코Salapunco에서 길은 편암과 역암 그리고 석회암으로 이루어진 주변 고산 지대보다도 훨씬 접근이 어려운 윌카팜파를 탄생시킨 엄청난 덩치의 화강암 산맥의 시작을 알리는 험준한 절벽들의 하부를 둘러싸며 나아간다. 살라푼코는 고대 지역으로 들어가는 자연적인 관문이지만, 자연과 인간의 합쳐진 노력의 결과로 수세기 동안 닫혀 있었다. 화강암 산맥을 가로질러 흐르는 우루밤바강은 너무 위험해 건널 수 없는 급류들과 오르는데 엄청난 노력과 상당한 위험이 따르는 절벽들을 형성한다. 한때는 아마도 오솔길이 강 부근에 나 있어 원주민들은 절벽의 면을 따라 기거나, 어떤 때는 절벽에 나 있는 덩굴들을 한 손으로 잡고 몸을 흔들어 다른 한쪽을 잡는 방법을 반복해 계곡 아래쪽에 있는 충적토 테라스들로 내려갈 수 있었을 것이다. 또 다른 길은 요새 위쪽으로 절벽들을 넘어 지나갔을 것이다. 이곳의 접근이 불가능한 여러 장소에서 우리는 절벽의 돌출부들 위에 지어졌던 벽체의 잔해들을 발견했다. 그것들은 너무 좁고 울퉁불퉁해서 농업용 테라스를 지탱할 수는 없었을 것 같다. 오히려 절벽이 더욱 가팔라지도록 지어져 있었다. 아마도 옛 길의 기초를 보여주는 것 같다. 우리는 강 가까이의 절벽 아래에서 이 고대 길을 지키기 위해 선사시대 사람들이 지금은 살라푼코, 즉 *살라*sala(유적), *푼코*punco(관문)라는 그 유적의 이름만 전해지는 작지만 튼튼한 요새를 세웠던 흔적을 발견했다. 유명한 삭사와만풍으로 커다란 마름돌의 울퉁불퉁한 특징들이 그것과 유사했고, 돌출과 요각의 각도는 방어하는 사람의 입장에서 적군이 방벽을 쉽게 타고 올라오지 못하게 막아 주었다. 그것은 우리에게 흥미로운 숙제를 던져준다.

토론토이Torontoy 계곡으로 들어가는 입구를 차지하고 있는 살라푼코에서는 그곳을 건설한 고대 부족장이 지나는 모든 사람들로부터 통행세를 받을 수 있었을 것 같다. 이 요새가 온화한 기후가 끝나는 지역인 이곳에 위치한 이유는 아마존 정글에서 올라오는 야만인들로부터 우루밤바 계곡과 오얀타이탐보 계곡을 방어하기 위해서였다는 것이 나의 첫 느낌이다. 한편으로는 살라푼코가 윌카팜파의 요새들을 차지하고 있던 부족들이 오얀타이탐보 방향에서 계곡을 따라 내려오는 적들을 막기 위한 전초기지로 지었을 가능성도 있다. 아주 튼튼하고 기술적으로 지어졌기 때문에 웬만한 공격은 쉽게 막을 수 있었다. 토론토이 농장의 생산물들은 현재의 국도가 나기 이전 길을 따라 강 아래쪽으로 전해질 수 있었을 것이다. 살라푼코는 만코가 위티코스로 이주해와 윌카팜파를 지배했을 때 그의 군대에 의해 점령되었을 것이다. 하지만 그는 이런 종류의 거석 건축물은 지을 수 없었을 것이다. 피사로의 군대를 막기 위한 요새를 건축할 생각보다는 차라리 좁은 산길들을 파괴해 버렸을 가능성이 더 크다. 더욱이, 그 형식과 특징이 잘 알려진 쿠스코나 오얀타이탐보의 거석 축조물들과 시기가 같아 보인다. 만약 살라푼코가 한때는 쿠스코의 주인이었지만, 그 후 이 아래쪽 협곡들에 은신해서 살아야만했던 사람들에 의해 건축된 것이 아니라면, 그것이 오얀타이탐보로부터의 공격을 방어하기 위해 건축되어졌을 수 있다는 가정은 오히려 상식적으로 옳지 않아 보인다.

우리가 처음 살라푼코를 방문할 때까지 이곳처럼 계곡 아래 멀리서 거석의 잔해들이 발견되었었다는 기록은 한 번도 접한 적이 없었다. 우

그로스베노르 빙하와 살칸타이산

리는 잉카 만코가 건설을 추진할 권력과 시간이 있었던 비교적 근래의 축조물들 잔해를 찾고 있었기 때문에 그보다 더 이전의 잔해들을 찾아야겠다는 생각은 하지 못했다. 우리는 살라푼코 같은 요새가 오얀타이탐보와 쿠스코에 대항해 윌카팜파를 방어하기 위해 건설했을 가능성이 더 높지, 아마존 정글의 야만인들로부터 그런 잘 알려진 잉카 도시들을 방어하기 위한 것은 아니라는 이유를 충분히 설명해 주는 유적을 얼마 지나지 않아 발견했다.

살라푼코를 통과한 우리는 화강암 절벽과 벼랑들을 비껴 지나 고대 테라스들의 광활함과 그 길이와 높이, 많은 잉카 유적들의 존재, 그리고 깊고 좁은 계곡들의 아름다움과 그들 위로 우뚝 솟은 눈 덮인 산맥의 웅장함에 놀라고 매혹되어 버린 아주 흥미로운 지역에 들어섰다. 강 건너편 켄테 Qquente 근처의 테라스들이 연속해 있는 위쪽에서는 잉카의 아주 크고 중요한 마을, 파타약타 Patallacta(*파타 pata* : 높음 또는 테라스; *약타 llacta* : 큰 마을 또는 도시)의 방대한 유적지를 발견했다. 그곳은 라이몬디나 파스 솔단에게는 알려지지 않았지만, 정작 그곳을 실제로 가봤는지가 분명치 않은 위네어의 지도에는 표시되어 있었다. 그의 연대기에서 그곳에 관해 언급한 것은 전혀 찾을 수 없었다. 우리는 1915년 당시 이곳에서 여러 달 동안 발굴 작업을 하며 그 유적의 특징을 조사했다. 이 지역에서 출토된 유물들에 관해서는 나의 또 다른 저서에서 다시 다루고자 한다. 현재로서는 파타약타 부근 탐사에서는 "샘 위의 흰 바위"를 밝혀내지 못했다는 정도만 언급을 해도 충분하리라고 본다. 이 지역 주변 어느 지명도 위티코스에 맞춰지는 이름은 없다. 비록 건물들의 전체적인 조화와 벽감들, 돌 지붕 쐐기, 빗장걸이, 외눈박이 이음돌 등과 같은 건축적 특징들이 잉카에서 유래했다는 것을 보여주기는 하지만, 이 유적의 정체는 아직까지 수수께끼로 남겨진다. 어느 시기에 이 크고 작은 마을들이 융성했고, 누가 건설했으며, 왜 버려졌는지에 대해서는 아직까지 알 수 없지만, 이 부근에 사는 원주민들은 그들의 역사에 대해 전혀 모르거나 완전히 침묵하고 있다.

개간된 온화한 기후의 계곡이 끝나는 토론토이에서 우리는 한때 어느 잉카 부족장의 주거지로 추정되는 또 다른 흥미로운 집단 유적지를 발견했다. 그 바로 옆 동굴 안에서는 몇 구의 미이라를 발굴했다. 미이라들을 쌌던 원래의 싸개는 원주민들이 동굴 안에 사는 흡혈박쥐들을 쫓기 위해 연기를 피우느라 모두 태워버렸다. 강 반대편에는 넓은 테라스들이 있고, 그 위로 언덕 꼭대기에는 1911년에 터커와 헨드릭슨이 최초로 방문했던 또 다른 유적이 있다. 당시 커다란 조사장비를 맨 채 이곳에서 급류를 걸어서 건너던 원주민 짐꾼들 중 한 명이 발을 헛딛는 바람에 거센 물살에 떠내려갔지만, 도움의 손길이 닿기 전에 익사하고 말았다.

토론토이 근처에는 팜팜 카와Pampa Ccahua라는 숲이 울창한 계곡이 있다. 1915년 당시 그곳에 안경곰들이 나타나 고지대 농작물들에 피해를 입혔다는 안데스 사람들의 소문을 듣고 우리는 확인을 위해 그곳을 찾았다. 곰은 발견할 수 없었지만, 해발 3,600미터 지점에는 이제까지 학계에 보고되지 않은 활짝 핀 이끼로 뒤덮인 아주 오래된 나무들이 있었다. 그보다 더 위쪽에서 나는 운 좋게도 우리가 부정확하게 감자라고만 알고 있던 고대 페루 사람들이 발전시킨 많은 변종들의 시초가 된 야생 감자의 모종을 발견했다. 그 줄기는 완두콩만 했다.

헬러는 그곳에서 코에노레스테스coenolestes의 가까운 친척뻘 되는 생소하고 아주 작은 캥거루의 사촌을 발견했다. 이것도 후에 학계에서 새로운 종으로 판명되었다. 헬러에게는 십여 마리의 곰들을 사냥하는 것보다 네 발로 걷는 포유류의 새로운 종을 발견한 것이 훨씬 더 기쁜 일이었다.[3)]

토론토이는 우루밤바의 그랜드 캐니언과 같은 장엄한 협곡이 시작되는 지점이다! 강 "길"은 돌계단으로 무모하다 싶게 위아래로 나 있거나 머리 위에 절벽들을 그대로 둔 채 그 밑으로 뻗어 있고, 아니면 화강암 절벽에 통나무 가로대를 대고 그 위에 놓인 빈약한 다리들로 협곡 위에 걸쳐져 있다. 정글 지대 아래쪽을 계속 잠식하고 있는 절벽들과 강 사이의 땅은 한때 테라스로 개간되어 경작되었다. 우리는 어느새 우리가 전혀 기대하지 않았던 정말로 신기한 나라에 들어와 있는 것을 발견했다. 갑자기 감정이 복받쳐 올라왔다. 엄청난 급류로부터 경작지로 가는 좁은 길을 믿기지 않게 잘 지켜낸 고대 사람들의 격심한 노고에 감탄하지 않을 수 없었다. 어떻게 그들은 건너려면 목숨을 내놓고 시도했어야 할 그런 위험한 강의 바로 가장자리를 따라 무거운 돌들로 옹벽을 건설할 수 있었단 말인가! 포말을 일으키는 폭포 근처의 약간 곡선이진 한쪽에는 어느 잉카시대 부족장이 여행자의 애간장을 태우려고 담장으로 둘러싼 신전을 지어 놓았다. 하지만 그 사이에 있는 급류를 도저히 건널 수가 없어서 우리는 그 흥미로운 유적을 지척에 두고 그냥 지나쳐야만 했다. 협곡 측면을 따라 이 신전보다 1,500미터나 높은 위쪽에는 코리와이라치나 Corihuayrachina(*코리 kori* : "금"; *와야라 huayara* : "바람"; *와이라치나 huayrachina* : "키질을 하는 탈곡장") 유적이 있다. 아마도 이곳은 고대 잉카족의 금광이었던 것 같다. 우리가 있는 곳에서 800미터쯤 위에는 현대의 어느 개척자가 연속으로 펼쳐진 훌륭한 고대 인공 테라스들에서 최근에 온갖 잡초들을 깨끗이 정리한 또 다른 경사면이 있었다.

7월 23일 오후, 여행자들이 자주 밤을 지내고 가는 "*라 마키나 La Maquina*(기계/역자 주)"라고 불리는 오두막에 도착했다. 그 이름은 운송의 어려움을 극복하지 못해 목적지인 계곡 아래 사탕수수 재배지로 운반되지 못하고 몇 년째 이곳에 방치된 채 녹슬고 있는 어느 "기계"의 부품인 커다란 쇠바퀴들에서 유래했다. 여기에는 가축에게 먹일 사료도 거의 없었고, 우리가 야영할만한 장소도 마땅치 않았다. 그래서 거대한 화강암 절벽의 면을 깎아서 낸 아주 험준한 길을 계속해서 나아갔다. 절벽의 일부는 이미 깨져 강물 속으로 흘러 들어갔고, 그로 인해 생긴 길 중간의 갈라진 틈은 대충 다듬은 원목과 나뭇가지, 갈대를 엮어 만든 가로대에 허약해 보이는 통나무를 걸쳐 놓는 방식으로 보수가 되어 있었다. 그 위에는 몇 센티미터의 흙과 자갈이 깔려 있어 그곳을 아주 조심해서 건너야 하는 겁 많은 짐 운반 노새들이 보고도 충분히 안심할 수 있게 되어 있었다. 그 "기계"가 남겨진 곳에 그대로 버려졌고, 그것이 그 계곡 한 지역의 이름이 되어 버린 사실이 하나도 이상하지 않았다.

양쪽 면의 높이가 1.5킬로미터씩은 족히 되어 보이는 이 깊은 협곡에 땅거미가 내렸다. 이런 가파른 산악 지역에서는 보통 *팜파*라고 부르는 8,000에서 12,000제곱미터 넓이의 작은 모래평원을 지날 때 날은 거의 저물었다. 자연적인 굴곡만 아니면 철도로 400킬로미터만 곧바로 가면 다다르는 아르헨티나의 *팜파스*에 사는 사람들이 만약 만도르 팜파Mandor Pampa라고 불리는 이런 작은 범람원을 보았다면, 그들은 시야에 어떤 구릉지도 보이지 않는 끝없이 넓은 지역을 의미할 때 사용하는 이 단어를 아마 누가 농담으로 썼거나, 아니면 완전히 오용했다고 생각했을 것이다. 그렇지만 이전에는 아무것도 자란 적이 없던 곳에 두 줄의 옥수수라도 키우기 위해 돌 옹벽을 높이 쌓아 테라스를 건축해야 할 만큼 땅이 희박했던 이 계곡의 고대 거주자들에게는 계곡 맨 아래의 아무리 작은 자연적인 여유 공간도 *팜파*나 다름없었다.

거의 손을 보지 않은 초가지붕의 오두막 한 채를 지나 길을 벗어나서 조그마한 개간지로 들어갔다. 그리고 우루밤바강의 가장자리 모래밭에서 야영을 했다. 강물이 요동치듯 흘러 내려가며 부딪치는 맞은편의 거대한 바위들 너머로는 울창한 정글의 가파른 산이 있었다. 길에서도 멀리 떨어져 있지 않고 호젓해서 야영을 하기에는 안성맞춤의 장소였다. 그러나 우리의 행동은 만도르 팜파의 땅을 임차해 이용하고 있는 그 오두막의 주인인 멜코르 아르테아가의 의심을 샀다. 그는 우리 같은 어엿한 여행자들이 왜 자신의 오두막에 머물지 않는지 의아해했다. *헨다르메* 카라스코 하사가 그를 안심시켰다. 그들은 꽤나 한참 동안 얘기를 나누었다. 우리가 잉카의 건축 유적에 관심이 많다는 것을 알게 된 아르테아가는 이 주위에 아주 훌륭한 유적들이 몇 군데 있다고 말해 주었다. 실제로 맞은편 산 정상에는 와이나 픽추라고 불리는 특별히 훌륭한 것이 있고, 산등성이에도 마추픽추라고 불리는 것이 있다고 했다. 그곳들은 1875년 당시 샤를르 위네어가 오얀타이탐보에서 들어본 적은 있었지만, 찾지는 못했던 바로 그 장소들이었다. 내가 그 다음날 경험했던 이야기는 이후의 장에서 계속해서 얘기하기로 하겠다. 와이나 픽추는 우리가 기대했던 그런 중요한 유적이 아닌 것으로 드러났지만, 마추픽추 유적은 "내셔널 지오그래픽지"를 자주 읽어본 독자들이라면 잘 알다시피 안데스 산맥에서 이제껏 발견된 곳들 중 가장 흥미로운 곳이라는 것만 언급하기로 한다.

내가 처음으로 강에서 600미터 위의 좁은 산등성이에 펼쳐진 마추픽추의 놀라운 성채를 보았을 때 그곳이 혹시 가르시아 대위 원정대의 일원이었던 노병, 발타사르 데 오캄포Baltasar de Ocampo가 말했던 그 장소가 아닌가하는 의문이 들었다. 그는 "잉카 투팍 아마루는 윌카팜파

마추픽추 근처 마키나와 만도르 팜파 사이의 길

지방이 거의 다 내려다보이는 아주 높은 산악 지대인 피트코스(위티코스)의 요새에 있었다. 거기에는 평범한 문들도 아주 중요한 문과 마찬가지로 모든 상인방들이 정밀하게 자른 대리석으로 이루어진 훌륭한 기술과 예술로 건축된 호화롭고 웅장한 건물들이 넓은 평지 위에 세워져 있었다."라고 말했다. 혹시 "피트코스"가 현대로 오면서 "픽추"로 변형된 것은 아닐까? 사실 마추픽추의 신전과 궁전들의 건축에 쓰인 흰 화강암들은 쉽게 대리석으로 혼동할 수 있다. 하지만 오캄포가 묘사한 내용이 마추픽추에 들어맞는다고 보기 어려운 점은 문과 성벽 자체의 상인방 사이에 차이점이 없다는 것이다. 더욱이 칼란차가 얘기했던 "위티코스 근처 샘물 위의 흰 바위"도 없었다. 그 이웃에 푸큐라라는 곳도 없었다. 사실 우루밤바 협곡은 위티코스의 지리학적 요건들을 갖추고 있지 못하다. 비록 탁월한 유적으로서의 가치를 가지고는 있었지만, 마추픽추는 우리가 찾는 잉카의 마지막 수도는 아니었다. 우리는 만코의 왕궁을 아직 찾지 못했다.

1) 위티코스는 아마도 "멀리 물러나다"라는 의미의 *윌티쿠니Uilticuni*에서 파생된 듯하다.

2) ≪남미대륙을 가로질러≫에서 묘사되었다.

3) 1915년 탐사에서 헬러는 12마리의 새로운 포유류 종들을 포획했지만, 올드필드 토마스Oldfield Thomas가 말한 것처럼, "새로 발견된 것들 가운데 가장 흥미로운 것은 이전에 콜롬비아와 에콰도르에서 발견된 것들과 같은 혈통의 새로운 유대(有袋)동물이다." 헬러의 발견은 캥거루 가계도의 최근 범위를 크게 확장시켰다.

11
계속된 탐사

마추픽추는 온대 지방과 열대 지방의 경계에 위치해 있다. 유적지 아래의 산 미구엘 다리 부근에 야영지를 세우고, 헬러와 쿡은 이런 사실들의 흥미로운 증거를 동식물군에서 발견했다. 역사지리학적 관점에서 보았을 때 쿡의 가장 큰 발견은 추운 기후에서는 자라지 못하는 나무인 *윌카 huilca*의 존재였다. 키추아어 사전에 *윌카*는 "약물, 변통(便痛)제"로 나와 있다. 이 나무의 씨를 우려낸 즙은 관장제로 쓰인다. 종종 *코오바 cohoba*라고도 불리는 *윌카*씨를 분말로 만든 것과 관련한 내용이 나와 있는 W. E. 새포드W. E. Safford의 두 편의 논문에 관심을 갖게 된 것도 쿡 덕분이다. 새포드는 다음과 같이 말한다: 이 분말은 "두 갈래로 된 관을 이용해 코로 흡입하는" 마취제이다. "모든 저술가들은 그것이 원주민들 사이에서는 초자연적으로 여겨지는 환상을 동반한 일종의 중독이나 최면 상태를 야기시킨다고 이구동성으로 주장한다. 그 효과가 작용하는 동안 강령술사나 주술사들은 보이지 않는 신들과 교감하는 것으로 추측되어졌고, 그들의 종잡을 수 없는 중얼거림은 예언이나 숨겨진 무엇인가를 계시하는 것이라고 여겨졌다. 환자를 치료할 때도 치료사들은 질병의 원인이나 환자의 육체와 정신이 마법에 걸렸는지 여부를 알아보기 위해 이것을 사용했다." 또한, 새포드는 라스 카사스가 한 다음과 같은 말도 인용하고 있다: "그들이 이것을 어떻게 복용하고, 무엇을 말하는지 지켜보는 것도 흥미로운 광경이었다. 부족장은 의식을 시작했고, 그가 몰두하는 동안 모두는 잠자코 있었다…… 그는 코로 가루를 들이마신 뒤 머리를 한쪽으로 기대고 양팔을 무릎 위에 가만히 올린 채 잠시 동안 침묵하고 있었다. 그러더니 자신의 얼굴을 하늘을 향해 들고 진짜 신이나 아니면 신으로 섬기는 그 누군가에게 기도를 드리는 듯 무슨 말인가를 계속 중얼거렸다. 그러고 나자 모두는 마치 우리가 "아멘"을 말할 때와 거의 흡사하게 커다란 목소리로 응답했다. 그들은 신에게 감사 기도를 드리고, 그에게도 어떤 찬사의 말을 전했다. 그리고는 그에게 자비를 구하며, 그가 본 것을 들려달라고 간청했다. 그는 자신이 본 환상을 그들에게 이야기했다. 그는 즐거울 때와 그 정반대일 때, 아이들이 태어날 때와 죽을 때, 그들의 이웃들과 다툼이 있게 될 때뿐만 아니라, 모든 것이 혼란스러운 환각상태에서 자신의 상상 속에 떠오른 그 밖의 것들을 세미Cemi [신령 spirits]가 자신에게 예언해 주었다며 그들에게 말했다."[1)]

그들의 주술행위에 이용할 수 있게 된 *윌카*가 처음으로 발견된 장소는 주술사나 점쟁이들에게 분명히 중요했을 것이다. 따라서 어느 강의 잉카시대 이름이 *윌카-마유 Uilca-mayu*, 즉 "윌카 huilca 강"이었던 곳을 찾아보는 것도 이상하지는 않을 것이다. 그 강 위의 나무들이 자라는 *팜파*에 *윌카 팜파 Uilca pampa*라는 이름이 붙여졌을 수도 있다. 그래서 그곳이 만약 중요한 도시가 되었다면, 그 지역 일대가 그곳의 이름을 따라 *윌카팜파*로 불렸을 것이다. 나는 이것이 가장 가능성 있는 그 지방 이름의 유래라고 생각한다. 어쨌든 아주 귀중한 이 환각제를 찾아 강까지 내려온 쿠스코와 오얀타이탐보의 주민들이 마추픽추에서 그다지 멀지 않은 곳에서 처음으로 그 나무들을 발견했다는 사실에 주목할 필요가 있다.

차후에 조사하기로 하고 마추픽추 유적을 떠난 우리는 이제 우루밤바 계곡을 서둘러 내려가 산 미구엘 다리를 건너서 현대 페루 사람으로는 처음으로 마추픽추의 화강암 벽에 자신의 이름을 써 놓은 리사라가의 집을 지나 와드키냐Huadquina의 사탕수수밭에 이르렀다. 이제 온대 지방을 지나 열대 지방에 들어섰다.

와드키냐에 도착했을 때, 운 좋게도 그 계절 동안 그곳에서 지내고 있는 여자 농장주 카르멘 바르가스 부인과 자녀들을 알게 되었다. 그들은 우기인 겨울 동안에는 쿠스코에 머물지만, 쾌청한 날씨의 여름에는 와드키냐로 와서 시골의 자유롭고 마음 편한 일상을 즐겼다. 세상의 사탕수수 농장이 있는 곳이면 어디서나 그렇듯이 그들은 지나가는 여행자들을 환영하며 환대해 주었을 뿐만 아니라 우리의 탐험에 진정한 도움을 주었다. 카르멘 부인의 농장은 면적이 515제곱킬로미터가 넘었다. 와드키냐는 고대 가부장적 체제의 화려했던 모습들을 지니고 있다. 페루 전역에서 온 원주민들은 그 어디에서도 받을 수 없는 임금과 수당을 받으며 농장에서 일했다. 농장에 자신들의 집이 있는 사람들은 카르멘 부인을 애정 어린 존경심으로 대했다. 그녀는 충분히 그런 대접을 받을 만했다. 모두 자신들의 고민을 그녀에게 가지고 갔다. 이 제도는 원주민들의 정신적, 도덕적 그리고 물질적인 행복이 *엔코미엔다*encomienda(식민지 법에 따라 스페인 정복자들에게 현지의 토지와 함께 그곳의 원주민들을 함께 수여한 제도/역자 주)에 의해 *레파르티미엔토*, 즉 수여된 영지의 영주들에게 위임되었던 때로 그 기원이 거슬러 올라간다.

와드키냐는 한때 예수회 소유였다. 그들이 처음으로 사탕수수를 심고 그 가공공장을 세웠다. 18세기말, 그들이 스페인 식민지에서 추방된 후 와드키냐는 한 페루인에게 팔렸다. 그 사실은 1834년 촉케키라우로 가던 길에 이곳에 머물렀던 콩트 드 사르티에의 지리학 논문에 의해 처음으로 알려졌다. 그는 와드키냐의 소유주야말로 "온 세상에서 생산되는 모든 물건을 자신의 땅에 소유하고 있는 아마도 세상에서 유일한 지주일 것이다. 그는 자신이 소유한 다른 여러 지역으로부터 양모, 피혁, 말총, 감자, 밀, 옥수수, 설탕, 커피, 초콜릿, *코카*등을 얻을 뿐만 아니라, 그 지역에 은을 함유한 납 광산과 황금 사광(砂鑛)들을 여러 개 소유하고 있다."고 말했다. 그야말로 자신만의 왕국이었다.

와드키냐

그런데 사르티에가 혈기왕성한 탐험가였고 세상에 알려지지 않은 잉카 유적들을 발굴하려 혈안이 되어 있었음에도 불구하고, 마추픽추에 관해서는 아무런 언급도 없었던 것은 주목할 만한 일이다. 왜냐하면 와드키냐에서는 우루밤바강을 건너지 않고도 걸어서 반나절이면 마추픽추까지 갈 수 있기 때문이다. 1834년 당시까지도 그 유적지가 그곳 사람들에게 알려져 있지 않았던 것이 분명하다. 1911년 당시 우리를 환대해 주었던 친절한 주인 가족도 마찬가지로 모르고 있었다. 그들은 내가 그들에게 들려준 잉카 건축물들의 아름다움과 규모에 대한 이야기를 거의 믿지 않았다.[2] 그러나 내가 찍은 사진들이 현상되었을 때, 자신들의 눈으로 직접 중요한 신전들의 장엄한 석조물들을 본 카르멘 부인과 가족들은 그 경이로움과 놀라움에 말문이 막혔다. 그들은 강변길이 생긴 이래 해마다 그 길을 지나다니면서 지척에 마추픽추를 두고도 어떻게 그런 것이 그곳에 있는지 모르고 그냥 지나쳐 버릴 수 있었는지를 도저히 이해할 수 없어 했다. 그들은 그 능선 꼭대기에 있는 한 작은 건물은 본 적이 있었지만, 그것을 별다른 가치나 중요성이 없는 그저 외딴 망루 정도로만 여겼다. 1904년 당시 산 미구엘 다리 근처에 사는 그들의 이웃 리사라가는 자신이 처음으로 발견한 유적지의 존재를 신고했지만, 쿠스코의 우리 친구들과 마찬가지로 그의 이야기에 귀를 기울인 사람은 아무도 없었다. 우리는 곧 그런 회의론의 이유를 실제로 경험하게 되었다.

우리의 새로운 친구들은 내가 사본으로 가져간 칼란차의 "연대기" 중에서 잉카족의 마지막 수도의 위치와 관련해 언급된 구절을 흥미롭게 읽었다. 그들은 우리가 자신들도 들어본 적이 없는 장소인 위티코스를 찾으려고 안간힘을 쓰는 모습을 보고는 그들 농장에서 가장 학식 높은 소작인들을 모아 우리의 질문을 받도록 해주었다. 그중에서 가장 큰 수확이 된 정보는 건장하고 믿음이 가는 *메스티소 mestizo* 감독관이 들려준 이야기였다. 그는 우루밤바를 따라서 몇 시간만 내려가면 나오는 크유마유 Ccllumayu라는 아주 작은 계곡에 카르멘 부인의 원주민들에 의해 발견된 "중요한 유적"이 있다고 말해 주었다. 그의 얘기들 중 더욱 흥미롭고 흥분된 것은 살칸타이 계곡 위쪽 산등성이에 위치한 유락루미 Yurak Rumi(*유락 yurak* : "흰색"; *루미 rumi* : "돌")라는 곳에서 땔감을 구하기 위해 벌목을 하던 그의 일꾼들에 의해 발견되었다는 아주 흥미로운 유적이었다. 우리 모두는 이 말에 흥분하지 않을 수 없었다. 왜냐하면 내가 가져간 칼란차의 "연대기" 사본의 내용들 중 "유락 루미라고 불리는 이전에 얘기했던 태양의 신전의 흰 돌"이 "위티코스 가까이"에 있다고 언급된 부분이 있었기 때문이다. 이곳에 있는 어느 누구도 다른 어디에서도 유락 루미를 들어본 적이 없었기 때문에 우리의 주인 가족은 그곳이 우리가 찾는 바로 그 장소라고 확신했다. 더 자세히 질문을 하자, 감독관은 자신도 그 유적을 한두 번 본 적이 있고, 우루밤바 계곡으로 올라가서 오얀타이탐보에 있는 거대한 유적도 보았다고 말했다. 그러면서 그는 유락 루미에서 본 유적도 "오얀타이탐보의 것만큼"이나 훌륭하다고 했다. 이것은 눈으로 직접 목격하고 이루어진 확실한 진술이었다. 분명히 우리는 마지막 잉카족 사람들이 숭배의식을 행했던 곳의 흥미로운 바위를 곧 볼 수 있게 되었다. 그렇지만 감독관은 그곳으로 가는 길이 현재는 막혀 있어 일단의 원주민들이 다시 개통하는 일을 일주일 정도 해야 한다고 말했다. 우리가 보여준 마추픽추의 사진들에 고무되어 이제는 자신들 소유의 땅에서 훨씬 더 훌륭한 유적이 발견될 수도 있을 것이라고 굳게 믿는 주인 가족은 곧바로 우리를 위해 유락 루미까지 이르는 길을 막힘없이 개통하도록 그들에게 지시했다.

이 작업이 이루어지는 동안 농장을 경영하는 카르멘 부인의 아들은 새로 길을 내지 않고도 몇 시간이면 당도할 수 있는 또 다른 "중요한 유적"이 발견된 크유마유까지 자기가 직접 우리와 동행해 가겠다고 제안했다. 텐트나 간이침대가 필요 없다는 그의 장담에 야영장비들을 그대로 남겨둔 채 우루밤바 남쪽 면에 있는 작은 계곡을 향해 그를 따라 나섰다. 우리는 크유마유가 작은 개간지 안에 두 채의 오두막으로 이뤄져있는 것을 발견했다. 울창한 숲으로 이루어진 경사면들이 사방으로 솟아 있었다. 카르멘 부인의 아들은 두 원주민 소작인들에게 안내인 역할을 하도록 했다. 그들과 함께 울창한 정글 속으로 들어가 유적을 찾느라 길고도 피곤한 하루를 헛수고로 보냈다. 그날 밤 그 아들은 와드키냐로 돌아갔지만 푸트와 나는 그대로 남아 다음날 더 열심히 탐사를 속행하기로 했다. 우리는 작은 초가지붕 오두막에서 원주민 주인들과 크유마유 사람들에게 중요한 육류를 제공해주는 이십여 마리의 *쿠이* cuy(기니피그 guinea pig)들과 함께 밤을 보냈다. 오두막은 엉성한 잔가지들로 지어져 바깥 공기가 그대로 들어왔지만 그것이 오히려 충분한 환기 작용을 해 주었다. 역시 잔가지들로 만든 원시적인 취침용 작은 단(壇)은 작고 땅딸막한 원주민들의 기준으로 만들어졌고 그 높이 덕분에 호기심 많은 *쿠이*들이 달려드는 것은 막아 주었지만, 와드키냐에 두고 온 우리의 접이식 간이침대보다 편하다고는 절대로 말할 수 없었다.

다음날 안내인들은 숲속에서 몇 개의 돌무더기를 찾아냈다. 타원이나 둥근 오두막의 기초들로 선사시대 어느 원시적인 미개인들에 의해 지어졌던 것으로 보였다. 우리는 사흘을 크유마유에서 보냈지만, 더 이상의 어떤 "중요"하거나 사소한 유적도 추가적으로 찾을 수 없었다. 거기서 우리는 첫 번째 환멸감을 느꼈다.

와드키냐로 돌아왔을 때 우리는 유락 루미로 가는 길이 "하루나 이틀"이면 가능하다는 소식을 들었다. 한편 주인 가족은 푸트 교수가 채집한 곤충들에 큰 관심을 보였다. 그들은 이름을 알 수 없는 전갈을 가져와 보여주면서 그 집 뒤쪽의 외진 곳에 있는 높은 담장으로 둘러싸인 오렌지 과수원이 "거미들의 본거지"라고 알려주었다. 우리는 그들의 말이 과장이 아니라는 것을 곧 알게 되었고, 곧바로 거미 채집에 열을 올렸다. 이 와드키냐의 거미들을 조사한 하버드 박물관의 비교동물학부 챔벌레인 박사는 이제까지 학계에 보고되지 않은 새로운 네 부류와 열아홉 종을 그 거미 표본들에서 찾아냈다. 공로에 대한 보상으로 그는 그 거미들에 푸트 교수의 이름을 명명했다!

마침내 유락 루미 길이 완료되었다는 보고를 받았다. 간절한 기대를 갖고 나는 감독관과 함께 그가 얼마 전에 다시 가보았고, "오얀타이탐보의 것보다 훨씬 더 뛰어나다."고 주장한 유적으로 출발했다. 그가 자신의 발견을 뽐내기 위해 그 유적의 중요성을 과장했을 수도 있다는 생각을 염두에 두었다. 아직까지는 내가 도대체 무엇을 찾고 있는지 알 수 없었다. 벽을 둘러싸고 있는 빽빽한 수풀들을 몇 시간 동안 치우고서야 나는 이 유락 루미가 겨우 한 동의 작은 잉카시대 직사각형 창고라는 것을 알게 되었다. 건축물의 아름다움은 애초에 고려하지도 않고 지어졌다. 벽은 가공하지 않아 세련되지 못한 돌들을 진흙에 넣어 쌓았다. 건물에는 여러 개의 작은 창문과 건물 아래쪽에 일련의 환기 구멍들이 있었지만, 정작 출입구는 없었다. 지하 환기 구멍들로 이

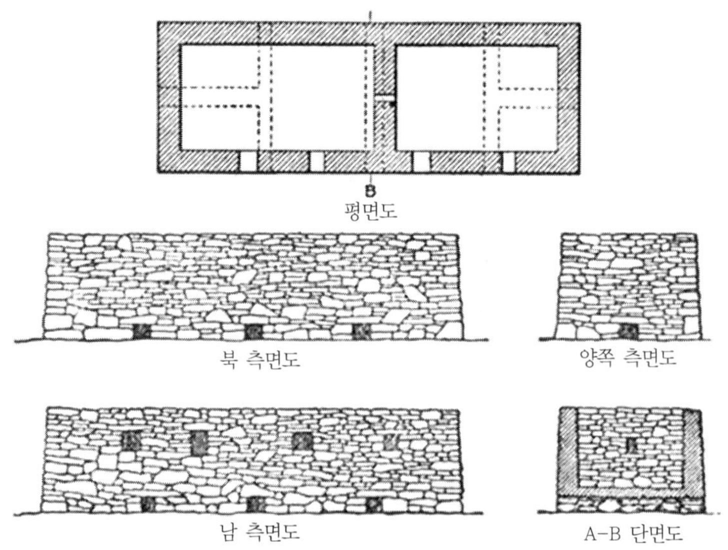

와드키냐 근처 유락 루미 유적의 평면도와 측면도

어지는 창문과 다른 작은 구멍들의 상인방은 돌로 되어 있었다. 햇볕이 드는 북쪽과 건물의 말단들에는 창문이 없었지만, 남쪽에는 네 개의 창문이 있어 그것들을 통해 옥수수나 감자, 그 밖의 식량들을 보관하는 창고로 접근하는 통로를 확보할 수 있었던 것 같다. 잉카족은 인구가 밀집한 지역들의 중심지에 뿐만 아니라, 전략적 요충지들이 있는 중요한 길에도 공공창고 체계를 넓게 유지했었다는 사실을 기억할 것이다. 유락 루미는 아마도 윌카팜파 지방을 가로지르는 고대 길이 있었을 것으로 추정되는 살칸타이와 와드키냐 계곡 사이의 산등성이 정상에 위치해 있다. 감독관이 그랬던 것처럼 그곳은 흥미로웠다. 하지만 그것을 오얀타이탐보와 비교하는 것은 오두막을 왕궁과 비교하거나 쥐를 코끼리와 비교하는 것과 같았다. 실제로 두 곳을 모두 보았다는 사람이 하나가 "다른 하나만큼이나 훌륭하다"는 생각을 한순간이라도 할 수 있었다는 것이 믿어지지 않았다. 감독관이 잘 훈련받은 관찰자는 분명히 아니었고 잉카시대 건물에 대한 관심도 거의 없는 사람이었던 것은 충분히 이해가 된다. 그렇지만 오얀타이탐보는 너무나 잘 알려져 있어 심지어는 평범한 대부분의 관광객들도 그 감명 깊은 인상에 넋이 나가고, 원주민들도 그것에 무한한 자긍심을 가지고 있었다. 그의 부정확함의 진짜 원인은 아마도 사람들을 만족시켜 주려는 그의 욕심 때문이 아니었을까 한다. 어떤 질문자에게 만족스러운 답을 주려고 하는 것은 페루에서뿐만 아니라 세계의 다른 많은 나라들에서도 볼 수 있는 공통적인 특징이다. 어쨌든 지난 며칠 동안 얻은 교훈이 우리에게는 커다란 수확이었다. 우리는 리사라가의 발견에 대한 납득할 수 없는 회의론을 이제는 이해할 수 있었다. 이따금씩 쿠스코에 전해지는 마추픽추에 관한 이야기들이 잉카 문명의 유적을 발굴하는데 깊은 관심을 가지고 있는 쿠스코 대학교의 교수들이나 학생들의 흥미를 끌지 못하고, 따라서 그곳에 대한 조사를 이끌어내지 못하는 것이 이제는 더 이상 놀랄만한 일이 아니었다. 그들은 자기나라 사람들이 사실을 과장하거나 정확하게 있는 그대로 전하지 않는 버릇이 있다는 것을 누구보다 잘 알고 있었다.

이유가 어찌되었든 우리는 아직까지도 위티코스를 찾지 못했다. 그래서 카르멘 부인에게 작별을 고하고, 콜파니Colpani의 다리를 통해 우루밤바를 건넌 뒤 루쿠마요Lucumayo 입구와 판티카야로부터 오는 길을 통과해 계곡 아래쪽으로 내려가서 우루밤바강과 빌카밤바강이 만나는 차위야이Chauillay라는 마을에 당도했다.[3] 두 강은 모두 여기서 좁은 골짜기의 방해를 받아 그곳에서 물은 포효하는 소리를 내며 빠르게 낮은 쪽 계곡으로 흘러 내려갔다. 차위야위에서 십여 미터쯤 떨어진 곳에는 훌륭한 다리가 하나 있었다. 원주민들은 그것을 추키차카라고 불렀다! 이제는 강철과 쇠가 식물 줄기들을 굵게 꼬아 만들었던 현수교의 낡은 밧줄을 대체했다. 그 좁은 통행로는 잔가지들을 넝쿨줄기들로 그물처럼 엮어서 지탱했다. 이미 1572년에 이곳에서 프란시스코 데 톨레도 총독이 보낸 마르틴 와르타도 장군과 가르시아 대위 휘하의 군대는 위티코스를 방어하기 위해 정렬해 있는 젊은 잉카의 군대를 발견했다. 기억하겠지만, 간단한 사전 무력시위에 투팍 아마루의 군대는 다리를 끊지도 못하고 패주해 버리는 바람에 가르시아 대위는 그 유명한 곤살로 피사로도 성공하지 못했던 일을 성취할 수 있었다. 주변을 조사해본 결과, 추키차카 다리의 접수는 "국왕의 군대에게 헤아릴 수 없이 중요한 가치가 있었다."라고 말한 가르시아 대위의 동료 발타사르 데 오캄포의 말을 이해할 수 있었다. 만약 그것을 다시 건설해야 했다면, 스페인 사람들에게는 "엄청난 골칫거리"가 되었을 것이 분명했다.

우리가 이 지방에서 가장 학식과 재능이 있는 것으로 알려진 산타 아나의 농장주 돈 페드로 두케를 만나려고 애쓰지 않았다면, 벌써 가르시아의 행적을 따라 빌카밤바까지는 진출했을 것이다. 우리는 그가 우리 탐사에 기본적으로 중요한 조언들을 해줄 수 있을 것이라고 생각했다. 그래서 추키차카 다리를 출발해 이곳의 열대식물들로 푸르고 넓은 비옥한 계곡을 굽이굽이 지나고 있는 우루밤바강을 따라 계속해서 내려갔다. 바나나와 오렌지 과수원들과 녹색의 사탕수수들이 물결치는 들판, 부유한 농장주들의 깨끗한 집들 그리고 이 열대의 "에덴동산" 같은 곳에 사는 복 받은 원주민들의 오두막을 차례로 지나쳤다. 그날은 덥고 갈증이 나는 날이었다. 그래서 나는 잘 익은 열매가 달린 커다란 오렌지나무들이 있는 곳에 들러 원주민 여주인에게 10센트 어치만 팔라고 했다. 아주 작은 레알 은화에 해당하는 액수에 그녀는 50개가 넘는 오렌지가 든 자루를 끌고 나왔다! 나는 놀라 그녀에게 우리 주머니를 채울 수 있을 만큼만 가지고 가겠다고 말했다. 그러자 그녀는 아주 놀라며 화가 난 표정을 지었다. 하는 수 없이 우리는 안낭(鞍囊)에까지 오렌지를 채워 넣어야 했다.

그날 늦게 잘 건설된 철교를 통해 우루밤바강을 건너 부유한 작은 마을이자 그 지방의 수도인 키야밤바 Quillabamba에 도착했다. 그 중심 길은 물건들로 넘치는 상점들이 즐비하게 늘어서 있었다. 그것은 이곳이 1911년 당시 이례적으로 고무가격이 폭등하면서 각광받기 시작한 페루의 고무 생산 지방으로 가는 중요한 관문들 중 하나라는 사실을 보여주고 있었다. 키야밤바를 지나 그곳 너머의 낮은 산등성이를 올라 예수회 사람들에 의해 건설된 산타 아나의 유명한 사탕수수 농장들이 가로수처럼 늘어서 있는 곳에 도착했다. 이 길은 샤를르 위네어가 융숭한 대접을 받은 이래 모든 탐험가들이 거쳐 가는 길이 되었다. 그는 여기서 "*1,000가지 우정의 표시 mille temoignages d'amitie*"를 받았다고 말한다. 우리도 마찬가지 대접을 받았다. 우리가 들렀던 다른 많은 지역에서도 정부 관리들의 고귀한 도움과 개인들로부터 따뜻한 호의를 받아왔지만, 산타 아나에서의 대접은 특히 더 즐거웠다.

돈 페드로 두케는 우리가 탐험하려 하는 거의 알려지지 않은 곳에 대한 가능한 모든 정보를 우리가 얻을 수 있도록 배려를 아끼지 않았다. 그는 콜롬비아에서 출생했지만 페루에 오랫동안 거주한 전형적인 보수주의 신사로서, 자기 농장의 경영과 경제적인 발전뿐만 아니라 외부 세계의 지식사회 조류에도 큰 관심을 가지고 있었다. 그는 우리의 역사지리학에 상당히 흥미있어 했다. 그에게도 위티코스라는 이름은 생소했지만, 우리들 스페인어판 연대기의 발췌 부분을 읽어보고는 자신이 우리가 그곳을 찾는데 도움을 줄 수 있을 것 갔다고 확신했다. 그리고는 그가 말한 것처럼, 많은 도움을 주었다. 산타 아나는 적도에서 남쪽으로 13도가 채 떨어져 있지 않았고 고도는 600미터 정도였다. 그래서 "겨울" 밤은 시원하지만 한낮의 열기는 강렬하다. 그럼에도 불구하고, 우리의 주인은 너무도 정력적인 노력으로 그 지역의 좋은 정보를 가진 많은 주민들을 자신의 멋진 농장 집에서 회의를 가질 수 있도록 불러 모아주었다. 그들은 마지막 네 명의 잉카들이 은신처를 세웠다는 마을과 계곡들에 대해 자신들이 알고 있는 모든 것들을 말해주었지만, 그것으로는 충분하지 않았다. 그들은 이구동성으로 "만약 로페스 토레스가 살아 있다면, 우리에게 커다란 도움을 줄 수 있었을 것"이라고 말했다. 왜냐하면 "그는 광산과 고무를 찾아 어느 누구보다도 여러 곳을 돌아다녔고, 한번은 숲속에서 잉카의 유적을 본 적이 있다!"고 했기 때문이다. 연대기에 언급된 위티코스나 추키팔파 또는 다른 대부분의 지명들에 대해서 돈 페드로의 친구들 중에는 아는 사람이 아무도 없었다. 그렇게 실망하고 있던 어느 날, 빌카밤바 계곡 루크마 Lucma 마을의 *테니엔테 고베르나도르 teniente gobernador*(총독 대리인/역자 주)이자 돈 페드로의 무뚝뚝한 또 다른 오랜 친구인 에바리스토 모그로베호가 산타 아나에 도착하면서 가장 큰 행운을 가지고 왔다. 그의 형제 피오 모그로베호는 1884년 당시 촉케키라우에 묻혀 있는 보물을 찾기 위해 혈안이 되어 있던 페루인들 중 한사람이었고, 그들은 그곳의 벽에 자신들의 이름을 남겨 놓았다. 에바리스토 모그로베호는 묻혀 있는 보물을 찾는 것은 이해를 할 수 있었지만, 칼란차 신부나 가르시아 대위와 동시대 사람들이 언급한 장소의 유적을 찾으려고 하는 우리의 열정은 도저히 이해할 수 없었다. 만약 모그로베호를 루크마에서 처음 만났다면, 그는 분명히 우리에게 의심을 품고 우리의 탐사에 어떤 도움도 주려하지 않았을 것이다. 천만다행으로 우리에게는 그의 직속상관인 콘벤시온 지방의 부지사가 산타 아나 근방인 키야밤바에 살고 있었고, 돈 페드로의 친구이기도 했다. 부지사는 자신의 직속상관인 쿠스코 지사로부터 우리가 수행하는 일에 그의 개인적인 관심을 가져줄 것을 지시받았고, 그는 다시 모그로베호에게 우리가 고대 유적을 발굴하고 그곳의 역사적 가치를 확인할 수 있게 모든 편의를 제공해주도록 특별히 지시했다. 비록 그는 콘세르비다욕Conservidayoc의 황량한 사막에서 고생하는 것이 탐탁지 않았지만, 그의 명령을 충실히 수행하면서 궁극적으로는 우리에게도 커다란 도움을 주었다.

산타 아나에서의 회의 결과도 대단히 만족스러웠고, 인자한 주인의 융숭한 대접과 유쾌한 대화를 뒤로한 채 떠나기가 섭섭했지만, 서둘러 루크마로 떠나기로 결정하고, 우루밤바의 남서쪽 길이자 산타 아나의 귀한 상품들인 *코카*와 화주(火酒)를 오얀타이탐보와 쿠스코로 운반할 때 대상들이 이용하는 길을 따라 출발했다. 돈 페드로의 활력 덕분에 우리는 아주 활기차게 출발했다. 그리고 안데스의 전통대로 아침 일찍 서둘러 출발하지 않고 아주 늦은 아침에 출발했다.

우리는 원래는 무성한 산림이었지만 오래전에 벌목되어 지금은 수풀과 재생림들로 뒤덮인 지역을 통과했다. 길 옆 머리 위로 돌출된 바위 아래쪽에 상당한 숫자의 달팽이들이 무리를 지어 붙어 있는 것을 볼 수 있었다. 어릴 때 하와이에서는 보통 높은 지대 계곡에서 자라는 나무들에 주로 서식했기 때문에 만약 손쉽게 많이 채집할 수 있었다면 굳이 잡으려고 애쓰지 않았을 아주 예쁘고 신기한 그 연체동물을 토요일이면 자주 잡으러 가곤 했다. 달팽이들은 전혀 움직이지 않았다. 건기에는 움직이지 않고 쉬는 것 같았다. 몇 주후 푸트 교수와 나는 마라스를 지나면서 거의 흰색인 달팽이 수천마리가 작은 관목들 위에 붙어 있는 것을 목격했다. 그들은 조용히 잠을 자는 것처럼 보였다. 너무 "단단히 그들의 휴식처에 붙어" 있었고, 또 너무 밀집해 떼를 지어 뒤덮고 있어서 어떤 경우는 관목들의 줄기가 마치 유령처럼 보였다.

우리의 현재 목적지는 빌카밤바강의 계곡이다. 지금까지 우리가 파악한 바로는 뛰어난 과학자였던 라이몬디가 우리 이전에 그곳을 탐험했던 유일한 사람이다. 그의 빌카밤바 지도는 상당히 정확했다. 그는 그곳의 광산과 광물들에 대해서는 보고를 했지만, 마락뇩Maracnyoc의 "버려진 *탐푸*"("맷돌이 있는 곳") 외에는 어떤 유적에 대해서도 언급하고 있지 않았다. 따라서 발타사르 데 오캄포나 가르시아 대위와 동시대 사람들의 이야기에 근거하면, 우리는 지금 위티코스 계곡 안으로 들어가고 있는 것이 확실했지만, 그곳에서 탐사를 진행하는 것이 마치 늪 속을 뒤지는 것처럼 너무나 불확실했다. 우리가 조금이나마 그런 의심을 하게 된 것이 이상하게 들릴 수도 있을 것이다. 우리가 방문하기 전에 이미 돈 카를로스 로메로를 제외한 거의 모든 페루인 역사가들과 지리학자들은 잉카 만코가 피사로를 피해 아푸리막 계곡의 촉케키라우에 자신의 거처를 이루었다고 믿고 있었다. 촉케키라우는 "황금 요람"이라는 뜻이고, 이것이 만코가 쿠스코로부터 어마어마한 양의 황금 용기들과 많은 보물을 가지고 나와 새로운 수도에 보관했다는 그럴듯한 전설이 생겨나게 한 것이다. 만코가 "윌카팜파로 피신한" 사실을 알고 있었던 라이몬디는 빌카밤바와 푸큐라 마을을 모두 방문했지만, 유적의 흔적은 전혀 발견하지 못했다. 그는 칼란차가 말한 것처럼 윌카팜파에서 푸키우라까지의 거리가 "이틀에서 사흘이 걸리는 거리"라고 한 조건에 부합했기 때문에 촉케키라우가 만코의 피신처라고 확신했다.

새로운 길이 팔타이밤바 Paltaybamba의 사탕수수 농장 주인에 의해 강둑을 따라 건설되면서 그의 짐 나르는 동물들이 신속하게 다닐 수 있게 되었다. 그 길의 많은 부분은 한 덩어리로 이루어진 절벽을 깎아내거나 작은 터널들을 절벽에 연속적으로 뚫어서 건설해야만 했다. 하지만 우리는 *헨다르메*가 길을 잃어버리는 바람에 절벽 위를 지나는 가파른 옛길로 가야 했다. 가르시아 대위의 원정에 대해 오캄포가 말한 것처럼 "길은 오른쪽으로는 숲으로 이루어진 좁은 오르막이었고 왼쪽으로는 엄청나게 깊은 낭떠러지였다." 우리는 땅거미가 내릴 무렵 팔타이밤바에 다다랐다. 그곳의 주인인 호세 S. 판코르보는 산 미구엘 정글의 고무 농장에 일이 있어 부재중이었다. 팔타이밤바 농장은 빌카밤바 계곡 아래쪽의 가장 좋은 땅을 차지하고 있었지만, 그 자체는 주도로에서 멀리 떨어져 있어 그곳을 방문하는 사람이 거의 없었기 때문에 그들에게는 우리의 도착이 아주 오랜만에 경사스러운 일을 맞는 것이었다. 그렇지만 우리가 뜻밖의 손님은 아니었다. 쿠스코에서 우리에게 푸큐라 근처에서 유적을 찾아보라고 강력하게 이야기했던 사람이 바로 판코르보였고, 그래서 그는 자신의 집사에게 우리의 동태를 잘 살피고 있으라고 미리 이야기해 두었다. 우리는 그 농장 관리인과 그의 친구들과 함께 그날 저녁 오랜 시간 이야기를 나누었다. 그들은 이 주위에 유적이 있다는 얘기는 거의 들어본 적이 없었지만, 우리가 산타 아나에서 들었던 어느 한적한 *몬타냐* 안에 "잉카의 도시"가 있다는 얘기는 계속해서 우리에게 했다. 그들 중 누구도 그곳에 가본 적이 없었지만, 그들 모두는 이구동성으로 그곳에 다다르는 것이 쉽지 않을 것이라고 입을 모았다. 다음날 아침 관리인은 계곡 위쪽의 다음 집까지 우리를 안내해 줄 사람을 소개해 주었고, 그에게 그 집에서 다시 그 다음 집으로 또 그 다음으로 계속 우리를 인계해서 안내하도록 지시했다. 농장의 소작인인 그들은 몹시 불만스러워 했지만, 지시받은 명령을 어쩔 수 없이 수행했다.

팔타이밤바 위쪽 빌카밤바 계곡은 한마디로 그림 같다. 울창한 정글과 짙은 녹색 잎사귀들로 뒤덮인 사방의 산들은 옅은 녹색으로 물결치는 사탕수수밭과 매력적인 대비를 이룬다. 계곡은 가파르고, 길은 매우 구불구불하며, 빌카밤바의 급류는 7월이었음에도 불구하고 우렁차게 포효하고 있다. 우기인 2월에는 과연 어느 정도일지 추측으로 밖에는 알 도리가 없었다. 우리는 팔타이밤바에서 위쪽으로 약 두 리그쯤 떨어진 곳의 유적으로 라이몬디는 "마라크녹," 즉 "버려진 *탐푸*"라고 불렀으나 지금은 와야라 Huayara 또는 "오야라 Hoyara"라고 불리고 있는 오래된 석벽에 이르렀다. 나는 그곳이 오캄포가 언급한 첫 스페인 사람들의 정착촌 유적이라고 생각한다. 그에 따르면, 투팍 아마루 군대의 도망병들이 "오야라 계곡으로 보내졌다."고 한다. 그들은 "큰 마을로 이주되었고, 스페인 사람들의 도시가 건설되었다. 그 도시는 감탄할만한 기후를 가진 강 근처의 넓은 평지에 세워졌다. 물은 강으로부터 수로를 통해 도시로 공급되었고 매우 깨끗했다." 이곳의 물은 쿠스코 유역의 어느 곳보다도 훨씬 훌륭하다. 강 근처 평지에는 팔타이밤바 농장의 마지막 사탕수수밭들이 몇 군데 남아 있다. "오야라"는 계곡의 수십 킬로미터 위쪽에서 금광이 발견되면서 버려졌고, 스페인 사람들의 "도시"도 지금은 빌카밤바로 불리는 마을로 옮겨졌다.

다음 경유지는 총독 대리인 모그로베호의 집이 있는 루크마였다. 루크마 마을은 삼십여 채의 초가지붕을 한 오두막들이 불규칙하게 집단을 이루고 있었다. 그곳은 산 미구엘 계곡 안에 있는 고무 농장들로 통하는 관문들 중 한 곳에 가까이 위치한 덕분에 그 혜택을 적절히 누리고 있었다. 여기에는 이 지역에서는 유일한 "쉼터들"과 두 개의 상점이 있었다. 사람들은 면으로 된 의류와 설탕, 통조림 음식 그리고 양초 등을 살 수 있었다. 낡고 별로 손을 보지는 않았지만 그림같이 아름다운 종루를 가진 자그마한 교회가 마을 뒤쪽 작은 언덕 위에 있었다. 이곳에는 평지는 거의 없었지만, 경사가 완만해 충분히 농사를 지을 수 있는 정도는 되었다.

넓게 테라스를 만든 흔적은 보이지 않았다. 옥수수와 자주개자리가 주요 작물들로 보였다. 에바리스토 모그로베호는 작은 광장에 살고 있었고, 그 주위로 마을의 중요한 사람들 집이 집단으로 있었다. 그는 산타 아나에서 우리가 온 길보다 훨씬 험하지만 그와 친하지 않은 팔타이밤바 지주의 땅을 거치지 않고 올 수 있는 이드마Idma쪽의 길을 통해 이제 막 돌아왔다. 그는 우리에게 팔타이밤바로 출입하는 관문에서 일어났던 불행한 일들에 대한 이야기를 들려주었다. 그 이야기들은 마치 지방 귀족들이 자신들의 영지를 지나가는 사람들에게 공물을 바치게 했던 중세시대의 유럽을 연상케 했다.

우리는 모그로베호에게 우리를 새로운 유적에 이끌어 줄 때마다 1솔sol, 즉 1페루 은화를 *그라티피카시온gratificación*(보수/역자 주)으로 지불하고, 특히 그곳에서 중요한 유물이 발견되면 그의 보수를 두 배로 지불한다는 제안을 했다. 이 제안이 그의 장사꾼적인 본능을 깨웠다. 그는 자신의 *알칼데스alcaldes*와 주변사정에 밝은 원주민들을 호출해서 우리와의 면담을 주선했다. 그들은 여기에 "많은 유적들"이 있다고 말했다! 모그로베호 자신은 실리적인 사람이었기 때문에 유적 같은 것에는 관심이 없었다. 하지만 그는 이제 고대 유적지로 돈도 벌고, 자신의 상관인 키야밤바 부지사의 명령을 전례 없이 열성적으로 수행함으로써 그의 총애도 받을 수 있는 절호의 기회를 잡게 되었다. 그래서 우리를 위해 자신의 모든 열정을 발휘했다.

다음날 안내인과 협곡을 따라 루크마 뒤쪽 산등성이 정상에 올랐다.

이 산등성이가 빌카밤바를 아래쪽과 위쪽으로 갈랐다. 사방의 산들은 모두 우리보다 수천 미터씩 위로 솟아 있었다. 특히 구름보다 높이 솟아 있는 부분은 항상 풍부한 수분이 식물의 성장을 촉진시켜 무성한 숲을 이루고 있었다. 경사가 훨씬 완만한 몇몇 숲은 최근에 깨끗하게 정리가 된 것으로 보아 현재 계곡의 그 지역에 정착한 사람들이 계획적으로 그렇게 했다는 증거를 보여주었다. 한 시간여를 등반하자, 누구도 잉카의 건축물이란 것을 부인할 수 없는 유적에 이르렀다. 그곳의 인공 테라스에서는 팔타이밤바와 추키차카 다리 쪽 뿐만 아니라 그 맞은편까지도 훤히 내려다 보였다. 가르시아 대위와 동시대 사람들은 투팍 아마루를 포로로 잡기 전에 많은 요새들, 즉 *푸카라스* pucarás를 공격해 함락시켜야만 했다고 말했다. 이곳이 아마도 그 "요새들" 중 하나인 듯 했다. 그 전략적인 위치와 방어가 용이한 점이 그런 해석을 가능케 했다. 그럼에도 불구하고, 이 유적은 "피트코스 요새"나, "샘 위의 흰 바위" 부근의 "태양의 신전"과는 일치하지 않았다. 이곳은 잉카와라카나 Incahuaracana, 즉 "잉카가 투석기로 돌을 날리는 곳"이라고 불렸다.

잉카와라카나는 두 개의 전형적인 잉카시대 건물들로 되어 있다. 두 개의 건물들 가운데 하나는 가로와 세로가 약 21미터와 6미터였고, 다른 하나는 아주 길고 좁아서 45미터와 3.3미터였다. 진흙에 다듬지 않은 돌을 넣어 지은 벽은 특별히 잘 건축되지는 않았고, 여러 면에서 촉케키라우의 유적과 닮아 있었다. 그 중 중요한 집의 방들에는 창문이 없었지만, 각각의 방에는 정면에 세 개의 문이 있었고, 측면에는 네댓 개가 벽감들과 나란히 늘어서 있었다. 길고 좁은 건물은 세 개의 방들로 나뉘었고 정면으로 여러 개의 문들이 있었다. 적어도 이백 명의 원주민 군인들이 서로 부대끼지 않고 이 집에서 잘 수 있었을 것 같다.

다음날 루크마를 떠나 빌카밤바강을 건너자, 정상은 부분적으로 낮게 자란 나무들과 관목들로 덮여 있고, 그 옆은 절벽과 바위들로 이루어진 꼭대기가 잘려진 높은 산이 계곡 위쪽으로 전혀 무엇의 방해도 받지 않은 채 시야에 들어왔다. 우리는 그 산의 이름이 "로사스파타 Rosaspata"라는 것을 알게 되었다. 이 단어는 현대 합성어의 효시로서 *로사스 rosas*는 스페인어로 "장미들"이고, *파타 pata*는 키추아어로 "산, 언덕"이다. 모그로베호는 원주민들이 "장미들의 언덕"에 더 많은 유적들이 있다고 그에게 말해주었다고 했다.

산의 맨 아래에서 강을 건너면 푸큐라 마을이다. 라이몬디가 여기에 왔던 1865년에는 "초라한 예배당이 있는 비참한 부락"이었다. 하지만 현재는 훨씬 번창해 있다. 여기에는 수 킬로미터 떨어진 마을들에서도 아이들이 오는 공립학교가 있다. 학교에는 학생들 숫자가 너무 많아 날씨가 좋은 날에는 아이들이 심지어 교실 문 밖의 벤치에 앉아 공부를 한다. 사내아이들은 모두 맨발이다. 여자아이들은 긴 장화를 신는다. 한번은 그들이 지리수업을 하는 것을 보았지만, 나는 심지어 교사들조차 여기가 이 지역을 통틀어 최초의 학교가 있었던 장소라는 사실을 알고 있을까하는 의문이 들었다. 1566년에 마르코스 수도사가 왔을 때는 여기가 "*푸키우라*"였다. 혹시 그가 라이몬디가 "*메스키나 카피야 mezquina capilla*(초라한 예배당/역자 주)"라고 경멸한 그것을 지었을지도 모른다. 만약 이곳이 마르코스 수도사가 있었던 "*푸키우라*"가 맞다면, 위티코스는 바로 이 근처에 있어야 한다. 왜냐하면 그와 디에고 수도사는 기독교로 개종한 사람들의 행렬과 함께 "푸키우라"에서 태양의 신전과 "위티코스 근처"에 있는 "흰 바위"를 향해 행진을 했었기 때문이다.

그날 오후, 인도교를 통해 빌카밤바를 건너자 잉카식이 아닌 유적지가 바로 나타났다. 조사 결과, 그곳은 금을 함유한 석영을 분쇄했던 상당한 규모의 아주 초창기 스페인식 분쇄소의 잔재들이 분명했다. 혹시 여기가 오캄포가 이야기한 잉카 티투 쿠시가 자신의 친구 디에고 수도사가 집전하는 미사에 참석했던 "성가대 선창자 돈 크리스토발 데 알보르노스가 경영하는 쿠스코 대성당 소유 광물 분쇄소 근처 푸키우라 광산 지대의 나의 집에서 가까운 소유지에 있는" 그 교회가 있었던 곳일지도 모른다.

빌카밤바 계곡안의 푸큐라와 로사스파타 언덕

분쇄기의 돌들 중 하나는 직경이 1.5미터에 두께가 30센티미터가 넘었다. 그것은 분쇄기 돌이 움푹 들어간 홈 안에서 천천히 돌 수 있도록 속을 파낸 거대하고 평평한 흰색 화강암 덩어리 곁에 놓여 있었다. 거기에는 또 아주 무거워서 적어도 네 사람이 함께 들어야 일을 할 수 있었을 것 같은 원주민들의 커다란 절구와 절굿공이도 있었다. 절구는 지표면에서 몇 센티미터 위로 튀어 올라온 커다란 바위 윗부분을 그대로 파낸 것이었다. 직경이 1.2미터나 되는 절굿공이는 먼 옛날 고산지대 원주민들이 옥수수나 감자를 으깰 때 사용한 흔들리는 돌 형태의 특징을 가졌다. 근처에서 다른 스페인 사람들의 석영 분쇄소 흔적이 발견되지 않는 것으로 보아, 아마도 이곳이 돈 크리스토발 데 알보르노스의 분쇄소였을 가능성이 있다.

분쇄소 부근에 있는 틴코차카Tincochaca강은 남동쪽에서 빌카밤바와 합류한다. 인도교를 통해 그 위를 건너, 모그로베호를 따라 로사스파타 남쪽 면 산등성이에 있는 오래되어 거의 폐허가 된 구조물에 다다랐다. 그들은 이곳을 운카팜파Uncapampa 또는 잉카 팜파Inca pampa라고 불렀다. 이곳은 아마도 1571년 당시 가르시아 대위와 그의 부대에 의해 습격을 받은 요새들 중 하나인 것 같다. 그 유적은 길이 50미터에 폭 10미터의 단독 건물로 되어 있었다. 만약 이 건물에 칸막이들이 있었다면, 이미 오래전에 사라져버린 것이다. 정면에는 여섯 개의 출입문이 있었고, 양쪽 끝과 뒤쪽 벽에는 문이 없었다. 이 유적은 루크마 부근에 있는 잉카와라카나의 것과 닮아 있었다. 벽은 애초부터 진흙 안에 잡석들을 넣어 지었다. 전반적인 마감상태는 극히 형편없었다. 대략 60센티미터 폭에 이보다 조금 작은 높이의 벽감들 몇 개가 건물의 한쪽 끝에 모여 있었다. 지금도 곧게 서 있는 건물의 한 모퉁이는 높이가 약 3미터 정도 되었다. 이곳에서도 역시 이백 명 정도의 잉카 군대가 충분히 기거할 수 있었을 것 같다.

운카팜파를 떠나 안내인들을 따라 산등성이를 올라 로사스파타의 서쪽 면 길을 따라서 그 정상으로 향했다. 잡초가 무성한 원시적 특징의 유적지를 지나자, 곧 산 정상 부근의 상쾌한 *팜파*에 내 자신이 서 있는 것을 발견했다. 이곳에서는 "윌카팜파 지방의 아주 넓은 지역"까지도 내려다 보였다. 모든 방면으로 아주 넓어서 남쪽과 북쪽으로는 정상이 눈으로 덮인 산들이 있었고, 동쪽과 서쪽은 짙게 푸른 옷을 입은 계곡들이 펼쳐져 있었다.

더욱이 팜파의 북쪽 방면은 "일반적인 문도 중요한 문과 마찬가지로 모든 상인방들"이 정밀하게 자른 흰 화강암으로 이루어진 "훌륭한 기술과 예술로 건축한" 호화롭고 웅장한 건물이 서 있는 광대한 평지이다. 마침내 우리는 오캄포가 묘사한 "피트코스 요새"의 요건들을 거의 충족시켜주는 것으로 보이는 장소를 발견했다. 우리가 보았을 때 분명히 그것은 "대리석"으로 되어 있지 않았고, 모든 문들의 상인방도 "조각나 있지" 않았다. 하지만 그것들은 그림같이 아름답게 마감되어 있어 흰 화강암을 충분히 대리석으로 착각할 수 있었다. 우리가 만약 이 부근에서 칼란차가 말한 위티코스 "근처"의 태양의 신전만 발견할 수 있다면, 모든 의구심은 사라지게 될 것이다.

그날 밤은 틴코차카에 있는 모그로베호의 원주민 친구 오두막에서 머물렀다. 여느 때처럼, 우리는 그에게 질문들을 했다. 우리의 늘 반복되는 질문들에 그가 이웃에 있는 계곡 어느 샘 위에 커다란 흰 바위가 있다는 대답을 했을 때의 우리들 감정을 상상해 보라! 만약 그의 이야기가 사실로 판명난다면, 우리의 위티코스에 대한 도전은 끝이 나는 것이다. 그것은 우리가 이미 발견한 것들을 더욱 면밀하게 연구해 봐야 할 필요가 있게 했다.

---

1) 새포드는 자신의 논문 "코오바Cohoba의 정체"(Journal of the Washington Academy of Sciences, 1916년 9월 16일자)에서 다음과 같이 말했다: "핍타데니아 페레그리나, 즉 '나무담배'와 관련해서 가장 눈에 띄는 사실은…… 홍분을 야기하는 성질의 근원이 아직까지 밝혀지지 않았다."는 것이다. "제작의 초기단계"인 두 갈래로 갈라진 관들 중 하나가 마추픽추에서 발견되었다.

2) 제 17장과 18장의 그림 참조.

3) 역사학상의 윌카팜파가 지리학상으로 이 강과 그 근원지에 있던 스페인 마을인 현대의 빌카밤바와는 일치하지 않기 때문에, 둘 사이를 구별하기 위해 그 강과 마을에는 정확하고 공식적인 철자법, 즉 빌카밤바를 사용하고, 잉카 만코와 동시대 역사서들에 언급된 장소인 윌카팜파에는 발음에 따른 표기법을 사용한다.

12
위티코스 요새와 태양의 신전

톨레도 총독이 35년 동안이나 스페인 최고 권력에 대항해 온 잉카의 마지막 본거지를 정복하기로 결심하면서, 그는 투팍 아마루를 체포하는 병사에게 매년 천 달러씩의 연금 지급을 포상금으로 내걸었다. 가르시아 대위가 그 연금의 수혜자가 되었지만, 그것을 받지는 못했다. 펠리페 2세 시대에도 "*마냐나* mañana 습성"이 이미 팽배해 있었다. 그래서 이 용감한 대위는 펠리페 국왕의 왕립 인도제도위원회 Philip's Royal Council of the Indies에 그 증거자료들을 모아 제소했다. 그 중에는 투팍 아마루와의 전투에서 어떤 일들이 벌어졌었는지에 대한 그의 자필진술서도 있었다. 거기에서 그는 다음과 같이 말했다: "그리고 잉카인들이 직접 축성한 가장 중요한 요새, 과이-나푸카라 Guay-napucara("젊은 요새")에 도착했을 때, 우리는 잉카 티투 쿠시의 아들 필리페 키스페투티오 Philipe Quispetutio 왕자가 그의 장교와 사병들과 함께 그곳을 방어하고 있다는 사실을 알게 되었다. 그 요새는 울퉁불퉁한 바위들과 정글로 둘러싸인 매우 높은 곳에 위치해 있어 오르기가 아주 위험한 거의 난공불락이었다. 그럼에도 불구하고, 나는 앞서 말한 나의 중대원들과 함께 상상도 할 수 없는 노력과 위험을 무릅쓰고 그 위로 올라가 요새를 점령했다. 이렇게 해서 우리는 윌카팜파 지방을 얻게 되었다." 총독 자신도 이 중요한 승리가 "1572년의 성 요한 세례일(6월 24일/역자 주)"에 과이나푸카라의 고지로 돌격한 가르시아 대위의 재능과 용기 덕분이었다는 것을 인정했다.

"장미들의 언덕"은 실제로는 "울퉁불퉁한 절벽으로 둘러싸인 높은 산"이다. 가장 쉽게 접근할 수 있는 그 측면은 함부로 들어가 발자국 하나라도 남기는 것이 조심스러우리만치 화려하고 긴 벽의 보호를 받고 있었다. 그리고 운카팜파에 있는 병영에서 파견대를 보내 위험한 그쪽 방향을 언제든지 방어할 수 있었다. 그 언덕은 모든 방면이 가팔라서 극히 적은 병력만으로도 쉽게 방어할 수 있었을 것 같다. 그곳은 "거의 난공불락"이라고 해도 과언이 아니었다. 그것이 가르시아 대위의 기억 속에 가장 깊은 인상으로 남아 있었다.

그 언덕 정상에는 한 개는 크고 나머지 여러 개는 작은 안뜰과 함께 열서너 채의 집들이 사각형의 형태로 배열되어 있는 집단주택지 유적이 있었다. 그 집단주택지의 외부 크기는 가로세로가 약 48미터에 43미터였다. 그곳을 건설한 사람들은 집들을 좌우대칭으로 배치하는 낯익은 잉카식 감각을 보여주었다. 보물을 찾으려는 원주민들의 무자비한 파괴로 벽들이 무너져 내려 건물들의 정확한 규모를 알아보기는 불가능했다. 겨우 한 건물에서 그곳에 벽감이 있었던 사실을 확인할 수 있었다.

무엇보다 흥미를 끈 것은 오캄포의 주의를 끌었고 그의 기억 속에도 깊이 자리한 한 건물이다. 이 건물의 남아 있는 잔재들만으로도 그것이 원래는 얼마나 웅장했었는지를 충분히 짐작할 수 있었다. 쿠스코에서 망명한 잉카 왕족의 거처로 충분히 추측해볼 만했다. 그 규모는 가로세로가 73미터와 13미터에 달했다. 거기에는 창문이 전혀 없었지만, 정면에 열다섯 개, 후면에도 열다섯 개씩 나 있는 모두 서른 개의 출입문을 통해 채광을 했다. 거기에는 또 정면에서 뒤로 나 있는 세 개의 복도 외에도 열 개의 커다란 방이 있었다. 벽은 거의 성의 없이 지

로사스파타에 있는 기다란 궁전의 주 출입문

어져 주목할 만한 것이 없었지만, 각 현관으로 이어지는 주출입구라고 할 수 있는 것들은 오캄포가 분명히 말했던 것처럼, "대리석"이 아닌-이 지방에서는 대리석이 전혀 나지 않는다-섬세하게 절단된 흰 화강암으로, 특히 더 잘 만들어져 있었다. 일반적인 것들도 마찬가지였지만, 주복도의 상인방들 역시 순전히 흰 화강암 블록들로만 이루어졌다. 그

로사스타파 유적의 또 다른 출입문

중 가장 큰 것은 길이가 2.4미터나 되었다. 복도는 마추픽추의 것들을 제외하고는 윌카팜파의 어느 유적들보다도 훌륭하다. 따라서 이 근처에 살면서 그 모습에 완전히 친숙해질 수 있었던 오캄포가 그렇게 언급한 것은 충분히 근거가 있었다. 불행히도, 지금은 건물의 아주 작은 몇 부분만이 겨우 지탱되고 있었다. 대부분의 뒤쪽 출입문들은 마름돌들이 채워져 연속적인 담장을 이루고 있었다. 다른 담장들도 유적지로부터 가져온 돌들로 축조해 가축들이 경작하고 있는 *팜파*로 들어오는 것을 차단했다. 고도상 로사스파타는 근채류와 순화된 명아주가 자라는 추운 방목 지대와 옥수수가 풍성하게 자라는 온대 지대 사이의 경계 지점에 위치해 있다.

기다란 왕궁의 맞은편 산 정상의 남쪽 방면에는 양옆에 출입문은 있지만 벽감도 없고, 세심하게 배려한 솜씨의 흔적도 전혀 보이지 않는 길이 23미터, 넓이 10.5미터의 단독 건물 유적이 있었다. 아마도 중대 규모 군대의 병영이었던 것 같다.

"*팜파*" 중간에서 곤살로 피사로의 보복을 피해 도망쳐와 잉카 만코로부터 피난처를 얻은 스페인인 망명자들이 잔디볼링과 고리던지기 놀이를 하고 있는 광경이 눈에 보이는 듯하다. 여기가 놀이를 하던 사람들 중 한 명이 자신의 분을 참지 못하고 그들의 주인 잉카를 죽였던 그 운명의 놀이가 벌어졌던 곳일지도 모른다.

우리의 1915년 발굴에서는 다량의 굽지 않은 질그릇과 몇 개의 잉카 시대 회전 추, 청동으로 만든 숄 핀, 또한 유럽에서 들어온 많은 수의 철제품, 심하게 녹슨 편자 못, 혁대장식, 가위, 여러 개의 고삐와 안장용 장식 그리고 세 개의 구금(口琴)이 출토되었다. 나는 처음에 현대의 페루 사람들이 한때 여기에 살았을 것이라는 생각을 했지만, 물을 산 위까지 끌어 올려 공급해야 하는 불가피성 때문에 그것은 가능할 수 없었다. 더욱이, 유럽에서 들어온 장식품들이 여기에 존재한다는 사실만으로 그런 결론이 내려져서도 안 된다. 첫째로, 우리는 만코가 쿠스코와 리마를 오가던 스페인 여행자들을 자주 습격했었다는 것을 알고 있다. 그는 노획한 스페인산 고삐를 쉽게 가지고 돌아갔을 것이다. 둘째, 연주용 악기들은 망명생활의 울적함을 현을 울리며 달랬을 스페인 망명자들의 것이었을 수 있다. 셋째는, 잉카의 신하들이 유럽에서 제조된 상당히 다양한 품목의 물건들이 항상 진열되어 있던 쿠스코의 스페인 사람들 시장에 들러 그것들을 사왔을 수도 있다. 그리고 끝으로, 로드리게스 데 피게로아는 티투 쿠시에게 줄 선물로 두 개의 가위를 가지고 갔었다고 분명히 말하고 있다. 윌카팜파 지방의 다른 중요한 유적지들의 발굴에서 그런 종류의 유럽산 공예품들의 출토가 전무하다는 사실은 그곳들이 스페인 사람들에 의해 정복되기 이전에 버려졌거나, 아니면 그런 귀중품들을 모으는 방법을 모르는 원주민들에 의해 점령되었다는 사실을 보여주는 것일 수 있다.

1572년 당시 투팍 아마루가 차지하고 있던 요새에 대한 오캄포의 기술 덕분에 이곳이 마지막 잉카의 왕궁이었다는 것이 더욱 분명해졌다. 그렇다면 이곳이 그의 형제들인 티투 쿠시와 사이리 투팍 그리고 그의 아버지인 만코의 수도이기도 했을까? 만코의 위티코스를 규명할 수 있는 자료가 거의 전무하다는 사실이 놀라울 따름이다. 그와 동시대 사람들은 이상하리만치 침묵했다. 그가 쿠스코를 떠나 "안데스의 외딴 요새"에서 피난처를 발견했을 때, 피사로의 군대에는 시에사 데 레온이라는 스페인 군인이 있었다. 그는 보고, 듣고, 기록하는 것에 천부적인 재능이 있었다. 그는 잉카의 왕족들-만코는 열세 명의 형제가 있었다-을 만날 수 있는 한 많이 만나려고 노력했고, 또한 면담을 시도했다. 시에사 데 레온은 만코와 그의 아들들을 직접 만나 얘기해볼 수 없었던 것에 대해 매우 실망하며, 그들이 "안데스 산맥의 거대한 코르디예라를 넘은 지역들 중에서도 가장 외딴 곳인 위티코스 지방으로 은

신"했다고 말했다.[1] 만코를 살해해 죽음을 맞은 스페인인 망명자들은 아마도 문맹자들이었던 것 같다. 어쨌든 현재로서는 그의 거처를 밝힐 수 있는 아무런 자료도 남아 있지 않다는 사실을 알게 되었다.

티투 쿠시는 아무런 명확한 단서를 주지 않지만, 그의 정신적 조언자가 되었던 마르코스 수도사와 디에고 수도사의 활동 상황은 칼란차에 의해 잘 알려져 있다. 칼란차가 "위티코스 근처 추키팔파라는 마을에 태양의 신전과 그 안의 샘 위에 흰 바위가 있다."라고 언급한 내용을 기억하고 있을 것이다. 안내인은 그런 곳이 로사스파타산 가까이에 있다고 말했다.

"장미들의 언덕"에 대한 첫 번째 조사를 마치던 날 우리는 마음이 조급해진 모그로베호-그의 목적은 유적에 대한 연구가 아니라 오로지 그것을 발견함으로써 얻어지는 돈이었다-를 따라 그 산의 북동쪽을 넘어 로스 안데네스Los Andenes("테라스들") 계곡까지 갔다. 거기에는 실제로 커다란 흰 화강암 바위가 있었고, 그 평평한 윗부분은 북쪽 방면이 의자나 제단 모양으로 파여 있었다. 그 서쪽 방면에는 안에 여러 개의 벽감들이 있는 동굴이 있었다. 이 동굴은 안쪽의 한 방향이 벽으로 막혔던 적이 있었다. 모그로베호와 안내인이 근방에 *마난티알 데 아구아*manantial de agua("샘")가 있다고 알려왔을 때는 커다란 호기심이 생기지 않을 수 없었다. 하지만 그 "샘"을 조사해본 결과, 그것은 작은 관개를 위한 도랑의 일부인 것으로 밝혀졌다. (*마난티알*manantial은 "샘"이라는 뜻이지만, 그것에는 또한 "상수도"라는 뜻도 있다.) 더욱이 바윗돌은 "물 위에" 있지 않았다. 비록 그것이 한 부족의 시조를 가시적으로 표현하는 것으로써 잉카족에 의해 선택된 *와카스*huacas, 즉 신성한 바위들 중 하나였고, 또한 조상숭배 의식에 쓰였던 중요한 부속물이었다는 것에는 의심의 여지가 없었지만, 그것이 우리가 찾고 있는 그 유락 루미는 아니었다.

유락 루미의 북동쪽 면

그 바위와 그곳에 상주한 주술사의 거처였을 가능성이 있는 그 유적을 떠나, 우리는 마추픽추를 떠난 이래 처음 보는 것이고, 또한 이 계곡 안에서 가장 중요한 시설인 아주 많은 수의 잘 축조된 농업용 테라스들을 지나 작은 물줄기를 따라갔다. 이 지역에는 *안데네스* andenes

(테라스들/역자 주)가 아주 드물어 매우 특별한 눈길을 끌기 때문에, 이 계곡의 이름도 그것에서 따왔다. 그것들도 만코의 지시 아래 축조되었을 가능성이 있다. 그 주변에는 많은 조각된 바위들, 즉 *와카스*가 있었다. 한 바위에는 그 위에 *인티와타나* *intihuatana*, 즉 해시계가 있었고, 또 다른 하나는 안장 모양으로 조각되어 있었다. 우리가 계속해서 졸졸 흐르는 시냇물을 따라 울창한 숲을 지나자 갑자기 뉴스타 이스파나 Ñusta Isppana라고 불리는 시야가 탁 트인 곳이 나타났다. 이때 우리 앞에는 거대한 흰 바위가 샘 위에 있었다. 안내인들이 우리를 바로 인도한 것이다. 나무 아래에는 잉카의 신전 유적이 있었고, 신전은 그 거대한 화강암 바위의 측면을 우회하면서 부분적으로 에워싸고 있었다. 그 바위의 한쪽 끝은 흐르는 물로 생긴 작은 연못 위로 불쑥 솟아 있었다. 바로 이 주변의 현재 이름이 추키팔타라는 것을 알았을 때 우리의 마음은 행복감으로 충만했다.

내가 처음 이 놀라운 신전을 본 것은 1911년 8월 9일 늦은 오후였다. 울창한 나무숲의 산들이 사방에 솟아 있었고, 오두막은 어디에도 보이지 않았으며, 어떤 사물의 소리도 들리지 않았다. 고대 우상에 대한 신비로운 의식을 거행하기에는 이상적인 장소였다. 이 거대한 바위의 놀라운 형세와 그 그늘 아래 있는 검푸른 연못이 이곳을 숭배의 장소가 되게 한 계기가 되었다. 두말할 필요도 없이, 여기가 바로 "숲으로 우거진 산 속의 중요한 *모차데로*"였다. 이곳은 지금도 주변의 원주민들로부터 경배를 받는다. 우리는 마침내 티투 쿠시 시절 잉카의 주술사들이 "가장 깊은 체념과 공경의 의식"으로 동쪽을 향한 채 떠오르는 태양을 경배하고, "그것을 향해 자신들의 손을 뻗어, 그것에 입맞춤을 하던" 장소를 발견했다. 여러분도 그 태양 주술사들을 상상해 볼 수 있을 것이다. 그들은 눈부신 의식용 복장을 하고, 바위에서 가장 가파른 쪽 가장자리 위에 선다. 이른 아침의 장밋빛 햇살로 그들의 얼굴을

물들인 채 자신들의 위대한 신이 동쪽 산 위로 떠올라 그들의 경배를 받아주기를 기다리고 있다. 태양이 떠오르면, 그들은 경배하며 소리친다: "오, 태양이시여! 당신은 평화롭고 무사합니다. 우리에게 빛을 주소서, 우리를 질병으로부터 막아 주소서, 그리고 우리를 건강하고 무사하게 해 주소서. 오, 태양이시여! 당신은 쿠스코와 탐푸를 창조하셨다고 말씀하셨나이다. 이 아이들이 다른 모든 사람들을 정복하도록 허락하셨나이다. 당신이 그들을 창조하셨듯이, 당신의 아이들 잉카가 언

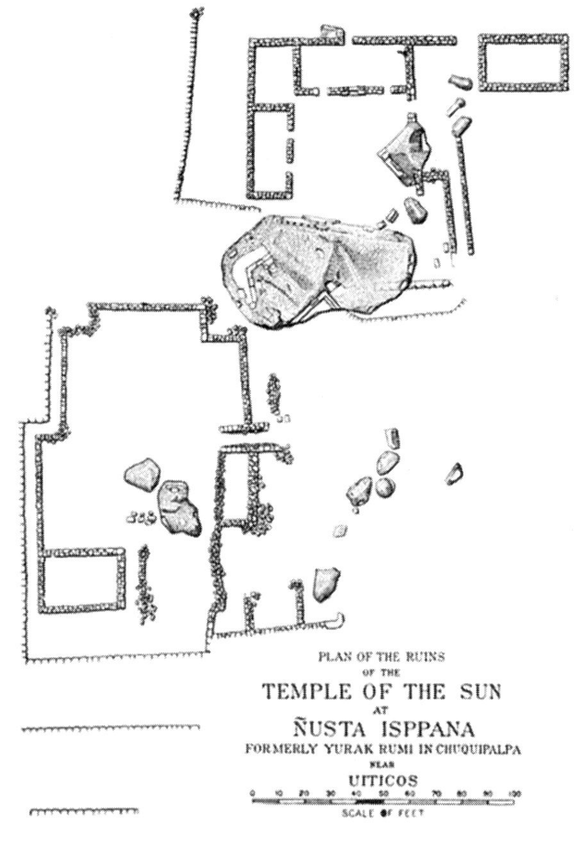

뉴스타 이스파나에 있는 태양의 신전 유적 평면도

제나 승리자가 될 수 있도록 당신께 간청 드리나이다."

티투 쿠시가 통치할 당시 마르코스 수도사와 디에고 수도사는 개종한 원주민들과 함께 장작을 들고 푸키우라에서 이곳까지 행진해 왔다. 칼란차는 악령이 이따금씩 샘 안에 나타났기 때문에 원주민들은 이 물을 신성한 것으로 여기고 숭배했다고 말한다. 이 작은 연못을 쳐다보고 있노라면, 그 표면에 하늘은 투영되지 않고, 오로지 짙고 이끼가 가득 낀 바위만이 드리워져 미신을 믿지 않는 우리 양키들에게조차 물은 검고 무서워 보였다. 이런 외딴 곳에 살았던 순진한 원주민 숭배자들은 사람들이 실제로 악령이 "눈에 보이는 유령"으로 연못 안에 나타난 것을 보았다고 하는 말을 곧이곧대로 믿었을 수도 있었겠다는 생각이 쉽게 들었다. 원주민들은 숭배의식을 위해 정글 속 가장 외딴 마을에서 이곳까지 찾아와 그들의 선물과 제물을 바쳤다. 그럼에도 불구하고, 아우구스티노 수도사들은 여기에 십자가를 세우고 기도문을 외우며, 바위와 신전의 거의 전체에 장작더미를 쌓았다. 악령을 불러내기 위해 그들이 알고 있는 온갖 혐오스러운 이름으로 그를 불렀고, 수도사들은 그에게 다시는 돌아오지 말라며 호통을 쳤다. 그들은 장작더미에 불을 붙여 신전을 불사르고, 바위를 그을림으로써, 원주민들에게 강렬한 인상을 심어주었고, 초라해진 악령이 "분을 참지 못해 울부짖으며" 달아나게 하는 결과를 나았다. "그 잔인한 악령은 바위나 이 지역에 다시는 나타나지 않았다." 그들이 들은 울부짖음이 악령의 것이었는지 아니면 화염에서 난 소리였는지는 그저 추측만 해볼 뿐이다. 그 화재로 인해 일시적으로 습지가 말라 버렸는지, 아니면 물 공급이 원활하게 이루어지지 않았는지는 몰라도 연못은 잠시 동안 사라져 버렸고, 결국 악령은 이전에 자신의 모습을 드러내던 그 연못에 더 이상 나타나지 않게 되었다고도 생각해볼 수 있다.

태양의 신전 건물들은 아주 폐허 상태이다. 그렇지만 신기하게 조각된 그 바위 자체는 1570년 당시의 대화재에도 불구하고 잘 보전되어 있다. 그 바위는 길이 16미터, 넓이 9미터 그리고 그 높이는 현재의 수면보다도 7.5미터나 높다. 바위의 서쪽 방향은 연속적인 의자나 계단 또는 단(壇) 모양이다. 이 신성한 *와카스*에서는 야마를 죽이는 것이 전통이었다. 바위 맨 위는 제물을 바치는 장소로 사용되었을 가능성이 있다. 바위에는 그 위치에서 시작하는 인위적으로 넓게 갈라진 틈이 있다. 바위 위에서 죽인 희생물의 피가 흘러내리도록 하기 위한 것 같은 인상이 든다. 이곳에서는 지금도 이 계곡의 미신을 숭배하는 원주민 여인들에 의해 그 기원이 분명치 않은 밀교의식이 조용히 행해지고 있다. 아마도 신전의 이름으로 알려진 뉴스타, 즉 잉카의 공주를 추모하는 것 같다.

이 거석의 남쪽에는 여러 개의 커다란 단과 바위를 잘라서 만든 네다섯 개의 작은 의자가 있다. 단을 자르고 다듬는 데는 엄청난 정성이 기울여졌다. 귀퉁이들은 거의 정사각형에 평평하고 직각이다. 바위의 동쪽은 샘 위쪽으로 돌출해 있다. 바로 물 위로 두 개의 의자가 조각되어 있다. 북쪽 방향으로는 의자가 없다. 샘 근처에는 계단들이 조각되어 있다. 세 계단으로 이루어진 한 열과 일곱 계단으로 이루어진 다른 한 열이 있다. 그 위에는 바위가 인위적으로 평평하게 다듬어져 눈에 띄는 부조로 조각되어 있다. 거기에는 "태양이 묶이는 곳"이라는 의미로 보통 *이니와타나* *inihuatana* 라고 불리는 열 개의 돌출된 사각형 돌이 있다. 한 줄에는 일곱 개가 있고, 그 중 하나는 나머지 여섯 개로부터 떨어져 있다. 나머지 세 개는 삼각형 모양으로 그 일곱 개 위에 배열되어 있다. 이 돌들이 바위의 북동쪽 방면에 돌출해 있다는 것은 중요한 의미를 갖는다. 왜냐하면 그것들이 떠오르는 태양을 향해 노출되어 있어 일출 때는 인상적인 그림자를 만들어내기 때문이다.

뉴스타 이스파나의 조각된 의자과 단(壇)들

샘 위의 커다란 흰 바위 근처 일곱 개의 의자 중 두 개

우리의 발굴에서 별다른 공예품은 출토되지 않았고, 단지 몇 점의 기원이 불확실하고 가공되지 않은 오래된 질그릇들만 나왔다. 바위 아래 상수원은 깨끗한 샘으로 판명되었다. 그런데 그 북동쪽에 있는 거대한 바위에 접한 습지의 물을 빼내면서 그 샘이 산 쪽의 좀 더 위쪽

에서 시작되어 검은 연못으로 흘러들어가고 있는 것을 발견했다. 또한 일고여덟 개의 섬세한 돌 의자들 뒤쪽 꼭대기에 있는 것을 찾아낸 그 작은 연못의 경계지점들에서는 돌 배수구 같은 것도 발견했다. 의자들이 놓여 있는 단과 의자들 자체는 훌륭하게 짜 맞춘 서너 개의 큰 바위들 가운데 일부분이었다. 몇몇 의자들 위에는 돌출된 바위의 검은 그림자가 드리워져 있었다. 연못이 두려움과 신비로움의 대상이었던 만큼, 아마도 의자들은 주술사와 마법사들을 위한 것이었을지도 모른다. 그곳은 주술행위를 하기에 안성맞춤의 장소였다. 당연히 악령들이 "울부짖을 만했다."

우리의 고대 윌카팜파 지역에서의 모든 탐사에서 "태양의 신전"일 가능성이 있는 유적지에 둘러싸인 또 다른 "샘 위의 흰 바위"가 실재하는 것을 찾는 데는 더 이상 성공하지 못했다. 따라서 우리가 다음과 같은 결론을 내려도 크게 무리는 없어 보인다: 첫째, 뉴스타 이스파나는 칼란차 신부가 말한 유락 루미이다. 오늘날의 추키팔타는 그가 추키팔파라고 언급했던 장소이다. 둘째, 이 신전 "근처에" 있는 위티코스는 틴코차카와 루크막 사이에 있는 현재의 빌카밤바 계곡이 한때 불렸던 이름이다. 그곳이 만코와 동시대 사람이었던 시에사 데 레온이 말한 "비티코스"이다. 그는 만코가 피사로에 항거해 피신한 곳이 비티코스 지방이라고 했다. 그래서 잉카 만코는 "자신의 부인들과 시종들과 함께 여러 지역에서 모은 막대한 양의 보물들을 가지고 그가 발견한 가장 튼튼한 장소인 비티코스에 이르러 자신의 왕국을 세웠다. 그곳을 본거지로 그때까지만 해도 조용하던 여러 지역들로 수없이 습격을 나가 그가 잔인한 적으로 간주한 스페인 사람들에게 자신이 입힐 수 있는 어떠한 피해든 가리지 않고 입혔다." 셋째, 시에사가 말한 그 "가장 튼튼한 장소"와 오캄포가 "피트코스의 요새"라고 언급한 가르시아가 함락시킨 과이나푸카라는 모두 로사스파타였다. 거기에는 "웅장한 건물들이 평지 위에 있었고,” 그 건물들에서 가장 주목할 만한 특징은 두 종류의 출입문들로서 둘 다 흰 돌 상인방을 가지고 있었다. 넷째, 현재의 빌카밤바강 계곡 안에 있는 푸큐라 마을은 칼란차 신부가 말한 푸키우라이다. 비록 라이몬디는 “비참하고 작은 마을”의 무의미함에 실망했지만, 그의 추정에 따르면 이곳이 그 지역에서 최초로 선교사들이 세운 교회가 있었던 마을이다. 이미 주목한 바 있는 틴코차카의 낡은 석영 분쇄소 잔재들과 그 종교행렬에게는 아주 멀다고 할 수 없는 “태양의 신전”까지의 거리 그리고 요새 근처 푸큐라의 위치 등 이들 모두는 이 결론의 정확성을 입증해주고 있다.

끝으로, 칼란차는 오르티스 수도사가 두 번째 선교활동 거점으로 월카팜파에 설립하는 것을 티투 쿠시로부터 허락받은 뒤, “인구가 많고 다른 많은 작은 도시와 마을들의 중심에 위치한 와란카야 마을”을 선택했다고 말한다. “한쪽 교구에서 다른 한쪽까지는 이틀이나 사흘을 가야하는 거리였다. 마르코스 수도사는 푸키우라에 남았고, 디에고 수도사는 새로 설립한 교구로 가서 짧은 기간에 교회를 세웠다.” 예나 지금이나 “와란카야”라는 곳은 없다. 그런데 잉카족에게도 친숙해 그들이 재배했을지도 모르는 농작물들이 잘 자라는 온대 지방이고, 근처에는 야마와 알파카들이 번성한 목초지가 있는 해발 약 3,000미터의 온화한 마피요 Mapillo 계곡에 와란칼케 Huarancalque라고 불리는 곳이 있다. 그 계곡은 인구가 많고 작은 마을들로 이루어져 있다. 더욱이 와란칼케는 푸큐라에서 이삼일 거리이며, 현재 이 지역 원주민들이 아야쿠초까지 갈 때 이용하는 길에 위치해 있다. 두말할 나위도 없이, 만코가 스페인 대상행렬을 기습할 때 이용했던 그 길이다. 마피요는 팜파스강 입구 근처의 아푸리막으로 이어져 들어간다. 팜파스에서 멀지 않은 위쪽에는 헤이와 내가 1909년 당시 쿠스코에서 리마로 가는 길에 건넜던 봄본 Bom-bon과 오크로스 Ocros 사이를 연결해 주는 다리가 있다. 이 다리로부터 하루가 걸리는 지점에는 피사로가 건설한 아야쿠초시가 있다. 스페인 대상행렬이 팜파스강을 건너려면 반드시 이 지점을 통과해야만 하는 필연성 때문에 만코의 약탈원정대는 위티코스로부터 칼란차의 "연대기"에 "와란카야"라고 언급되어 있는 와란칼케를 거쳐 마피요강 아래쪽으로 그들을 향해 기습적으로 내려갔을 가능성이 크다. 그는 아프리막의 아주 넓고 깊은 이곳을 뗏목이나 카누로 건너야 했을 것이다. 와란칼케와 루크마 사이의 계곡 안에서 만코는 여러 곳의 깊이가 무려 3킬로미터가 넘는 아푸리막과 그 거대한 협곡들로 인해 더 이상은 페루의 중앙으로 진출하는 것이 가로막혔다. 또한 살칸타이, 소라이 그리고 주변 협곡들의 혹독한 설원과 빙하 때문에 거리상으로는 겨우 80킬로미터 밖에 떨어져 있지 않은 쿠스코까지도 진출하는 것이 막혔다. 실제로 모든 통행로들은 자주 눈 때문에 완전히 두절되었다. 요즘도 조난사고들이 발생하고 있다. 이 산악 지방에서 만코는 스페인 침략자들로부터 안전을 확보할 수 있었을 뿐만 아니라, 그가 원하는 기후와 백성들을 위한 풍부한 식량을 얻을 수 있었다. 빌카밤바 계곡 위쪽에 있는 현재의 푸규라 마을 주변 외딴 지역이 한때는 위티코스라고 불렸던 것에는 의심의 여지가 없어 보인다.

1) 당시에 "안데스"라는 단어는 제한적으로 사용되었던 것으로 보인다. 그래서 안티스Antis라는 부족이 살았던 쿠스코 북쪽의 높은 산맥에 국한되어 불려졌다. 그들의 이름이 그 산맥에 붙여졌다. 살칸타이산이 그 정점이었다.

13
빌카밤바

현대 저술가들의 입에서는 만코의 피신처가 위티코스라고 자주 오르내리지만, 실제로는 빌카밤바 또는 윌카팜파라는 단어가 훨씬 더 자주 사용된다. 사실, 잉카족에 관한 최고의 역사가이자 그 자신이 잉카 공주의 아들인 가르실라소는 위티코스라는 단어를 언급한 적이 한 번도 없었다. 빌카밤바가 그 지역의 평소 이름이었다. 칼란차 신부는 그곳이 "열네 개의 경선에 걸친," 즉 1,120킬로미터 폭의 아주 넓은 지역이라고 말했다. 거기에는 잉카족의 지배권을 인정해 만코와 그의 아들들에게 조공을 바치기 위해 "멀리 내륙에서" 오는 많은 미개인 부족들이 포함되어 있었다. "마냐리 부족과 필코손Pilcoson 부족이" 위티코스에 있는 잉카를 보기 위해 "백 리그와 이백 리그 밖에서 찾아왔다."

빌카밤바라는 이름은 특히 한 도시에 반복적으로 붙여진다. 티투 쿠시는 어린 시절 그곳에서 여러 해를 살았다고 한다. 칼란차는 그곳이 "푸키우라에서 이틀이 걸리는 거리"라고 했다. 라이몬디는 그곳이 촉케키라우가 틀림없다고 생각했다. 그러나 가르시아 대위의 병사들은 현재는 고무 재배지인 *몬타냐*의 따뜻한 계곡 아래라고 말했다. 한편, 페루 지도들에 이 이름이 명기된 유일한 장소는 푸큐라에서 14에서 19킬로미터도 채 떨어지지 않은 빌카밤바강의 근원지 부근이다. 우리는 그곳에 가보기로 결정했다.

우리는 해발 3,581미터의 혹독한 고지대 목초지의 가장자리에 있는 조금 큰 마을을 발견했다. 잉카시대 방벽이나 유적들 대신, 빌카밤바에는 육십여 채의 튼튼하게 지어진 스페인식 집들이 있었다. 우리가 방문했을 때, 특히 무거워 보이는 짚으로 지붕이 잘 보수된 집들은 거의가 비어 있었다. 우리는 마을의 *고베르나도르* 마뉴엘 콘도레의 집에 머물렀다. 밤의 날씨는 몹시 추워서 텐트 속에서 너무나 힘든 밤을 보내야만 했다.

*고베르나도르*는 지금 마을에 사람들이 없는 이유를 대부분이 자신들이 기르는 양과 소들을 이웃에 있는 계곡에 방목하기 위해 *차크라스* *chacras*, 즉 작은 농장에 내려가 있기 때문이라고 말해 주었다. 그는 일년에 단 한번 이곳 교회에 신부가 방문해 신도들을 축복해 주는 특별한 축제일에만 마을의 집들이 찬다고 했다. 16세기 후반, 이웃한 산들에서 금광이 발견되면서 빌카밤바 지방의 스페인 사람들 거점 도시가 오야라 Hoyara에서 이곳으로 옮겨졌다. 콘도레는 이곳의 공식 명칭이 지금도 산 프란시스코 데 라 빅토리아 데 빌카밤바 San Francisco de la Victoria de Vilcabamab이고, 대부분의 초기 페루 지도에도 그렇게 표기되어 있었다고 했다. 돌로 지은 견고한 집은 황금 채굴자들의 부를 상징해 주었다. 하지만 현재의 황량함과 인구부재 상황은 아마도 그 산업의 쇠락을 의미하는 것 같다.

교회는 크다. 그 옆으로 건물과 조금 떨어진 곳에는 세 개의 스페인식 종들이 있는 그림 같은 종루가 있다. 콘도레는 이 교회가 적어도 300년 전에 지어졌다고 말했다. 바로 이 건물이 오캄포의 감독 아래

뉴스타 이스파나

지어졌던 그것일지도 모른다. 산 프란시스코 데 라 빅토리아의 지방행정 중심을 오야라에서 광산 근처로 옮기는 승인을 받기 위한 협상과정에서 당시 정착민들의 중추적인 역할을 했던 오캄포는 이해관계가 있는 사람들의 대표 자격으로 쿠스코에 가서 그 문제를 총독과 상의했다. 오캄포의 이야기 중 일부분의 내용은 다음과 같다:

"장소를 바꾸는 것이 이미 말한 도시 사람들에게 유익할 뿐만 아니라, 우리 주 하느님과 국왕 폐하를 섬기고 국가의 세금을 늘리기에도 용의할 것 같았다. 이미 말했던 돈 루이스 데 베라스코(총독)는 합의사항들과 타당성을 검토한 뒤, 현재의 도시가 건설되어 있는 곳으로 이전하는 허가서를 내주며 그 도시의 이름을 윌카팜파의 승리자 산 프란시스코San Francisco of the Victory of Uilcapampa라고 붙이게 함으로써 이것이 그곳의 첫 이름이 되었다. 장소를 바꾸면서, 나 발타사르 데 오캄포는 우리 주 하느님과 국왕 폐하를 섬기는 커다란 일을 실행했다. 나의 우려와 노력 그리고 열망 속에 주 예배당과 커다란 출입문들을 가진 아주 훌륭한 교회가 완성되었다." 벽은 무겁고 육중해서 특히 큰 출입문들을 잘 버텨 주었고, 전체적으로는 상당한 "노력과 열망"을 보여주었다.

이곳은 "처음 이 땅을 발견해 가축을 방목하기 시작한 스페인 사람들에 의해 온코이Onccoy"라고 불렸다. 현대의 빌카밤바도 가축 방목에 아주 적합한 풀이 무성한 경사면에 위치해 있다. 오늘날 계곡 자체는 거의 전체가 목초지로 바뀌었지만, 지금도 경사가 매우 심한 곳에서는 감자를 재배하고 있다. 우리는 과거에 잉카족이 야마와 알파카를 방목했을 장소에서 수많은 말과 소 그리고 양들을 보았다. 바위 절벽 근처에는 오캄포 시대에 개발되었던 광산들의 흔적이 있다. 비록 지금은 그 이름이 여기서 사용되지 않지만, 이곳이 온코이였던 것에는 거의 의심의 여지가 없어 보인다.

우리는 *고베르나도르*의 집에서 한때 잉카가 로사스파타에 살았다는 것을 인정하는 한 원주민 노인을 만났다. 우리가 농장 주인들의 호의와 그 지방 관리들의 관례적인 도움으로 면접한 이십여 명의 사람들 중에서 이 원주민만이 유일하게 그 사실을 인정한 사람이었다. 하지만 그 조차도 "위티코스"나 그와 유사한 이름을 들어 본 것에 대해서는 부정을 했다. 만약 만코와 그의 아들들의 나라가 실제로 있었다면, 어떻게 그 이름을 아는 사람이 아무도 없을 수 있단 말인가?

하지만 그것이 그렇게 놀라운 일만도 아니었다. 고산 지대 원주민들은 지금까지 많은 세대를 내려오는 동안 그들의 통치자들로부터 방치되어 왔다. 그들은 살 수만 있다면 술을 얼마든지 마실 수 있었고, 손에 넣을 수만 있다면 있는 대로 코카인을 들이마시도록 용인되어짐으로써 결국은 짐승과 다름없게 전락해버렸다. 쉴 새 없이 *코카*잎을 씹는 동안, 그들은 완전히는 아니더라도 그들의 인종적 자존심을 상당부분 잃어버렸다. 정복자인 스페인 군인들과 정복당한 자기 종족의 핏줄로부터 자신들의 혈통을 추적함으로써, 잉카족의 업적에 자부심을 갖고 원주민 조상들의 훌륭한 문명을 보존하려고 애쓰는 이들은 페루의 주요 도시들에 사는 교육받은 *메스티소*들이다. 아주 최근까지도 빌카밤바는 대부분의 페루 사람들 심지어 쿠스코에 살고 있는 사람들에게조차 전혀 알려지지 않은 땅이었다. 만약 마지막 네 명의 잉카들의 수도가 유럽 사람들의 마음에 드는 기후조건을 가졌고, 그곳의 천연자원으로 많은 인구를 먹여 살리기에 충분했으며, 또한 그곳의 길들이 안데스 지방 어느 곳 보다도 운송수단이 다니기에 불편함이 없는 지역이었다면, 그곳은 가르시아 대위 시대부터 현재에 걸쳐 고대 잉카 수도의 이름과 그와 연관된 전통을 보존하려고 노력하는 이 스페인어를 모국어로 쓰는 *메스티소*들에 의해 이미 점유가 되었을 것이다.

오캄포와 그의 친구들을 끌어들였던 광산들이 "수명을 다했거나," 아니면 16세기의 원시적인 장비들로는 더 이상의 기대수익이 나오지 않게 되면서 스페인 사람들은 더 이상 이 외진 곳에 미련이 없게 되었다. 푸큐라를 쿠스코와 그 밖의 문명세계로 연결시켜 주었던 험준한 길들은 항상 위험하고 힘들었다. 그 길들은 안데스 산맥의 "길"에 익숙한 사람들에게조차 일 년 중 대부분은 거의 통행이 불가능했다.

와드키냐와 산타 아나 사이에서 사탕수수와 *코카*의 재배가 가능해지면서 당시 운송수단으로는 살칸타이산과 베로니카산 부근의 통행로들을 넘기가 어려웠음에도 불구하고, 몇몇 스페인어를 쓰는 사람들이 모여 들었다. 그렇지만 빌카밤바 계곡 위쪽으로는 사람들을 끌어들일 수 있었던 것이 아무것도 없었거나 아니면 그곳에 주거지를 이룰 생각이 전혀 없었다. 그리고 판코르보가 루크마까지의 길을 개통할 때까지 푸큐라는 접근하기가 극히 힘들었다. 투팍 아마루이래 첫 현대의 탐험대가 도착할 때까지 윌카팜파 지방에서는 아홉 세대에 걸쳐 원주민들이 태어나고 또 죽었다. 만코와 그의 아들들 시대에 "장미들의 언덕"에 건설되었던 거대한 석조물들은 무너져 내려 폐허가 되도록 그대로 방치되었다. 그것들의 지붕은 모두 붕괴되거나 사라져 버렸다. 이곳에 살았던 사람들의 이름은 점점 잊혀져 갔다. 원주민들은 여러 요새와 왕궁에 관한 이야기들을 그들의 스페인인 지주들에게 들려주려 하지 않았고, 그들도 그런 이야기들을 듣는데 관심이 없었다. 19세기 들어 역사와 지리에 대한 호기심이 부흥을 맞으면서 만코의 수도를 찾는 사람들이 나타나기 시작했다. 빌카밤바를 헤치고 들어간 최초의 학자인 라이몬디는 푸큐라에 이르렀다. 하지만 누구도 그에게 건너편 마을 산 정상에 한때 마지막 잉카족이 살았었고, 그곳의 울창하게 자란 나무와 덩굴들 아래에는 그들의 왕궁 유적이 지금도 숨겨진 채 그대로 있다는 얘기를 해주지 않았다.

1598년 당시의 한 스페인 문서에는 첫 마을인 "산 프란시스코 데 라 빅토리아 데 빌카밤바"가 "비티코스 계곡"에 있다고 나와 있다. 마을의 긴 이름은 짧게 빌카밤바가 되었다. 그리고 그곳을 지나가는 강도 빌카밤바라고 불렸고, 라이몬디의 지도에도 그렇게 표기되었다. 위티코스는 사람들의 기억에서 아주 멀어졌다.

더욱이 고지대 목초지에서는 야마나 알파카는 볼 수 없고, 오히려 유럽이 기원인 동물들이 토착화해 있는 것 또한, 어떤 이유에선가 원주민들 스스로가 이 지역을 버렸다는 사실을 보여준다고 할 수 있다. 만약 원주민들이 잉카시대부터 현재까지 계속해서 이 계곡에 살아왔다면, 우리가 이곳에서 미국대륙의 토종 낙타를 단 몇 마리라도 볼 수 없는 것은 전혀 납득이 가지 않는 일이다. 물론, 그 자체만으로 그런 사실을 언급할 가치조차 없다는 것은 아니지만, 위티코스와 관계된 전통의 유실과 관련지어 본다면, 이 주변에서 중요한 지위를 가진 사람이 살지 않은지가 아주 오래되었다는 사실을 보여 주는 것일 수는 있다.

우리는 식민지시대 역사학자들로부터 첫 스페인 정착민들이 광산을 운영하면서 적어도 백만 명 이상의 원주민들을 희생시켰다는 사실을 알아냈다. 홍역이나 천연두, 수두와 같이 이미 유럽에서는 일반적이었던 전염병들의 창궐이 이 불행한 급사(急死)의 상당한 비중을 차지했지만, 당시 역사학자들은 이것을 초기 스페인 광산업자들과 보물사냥꾼들의 너무나 잔혹한 노동착취에 기인한 것으로 여긴 듯하다. 두 가지 원인 모두 그런 결과를 낳았다는 것은 부인할 수 없는 사실이다. 식민지 초기에 그들의 인구가 급격히 감소했다는 사실에 대해서는 누구도 이견이 없어 보인다. 만약 이것이 사실이라면, 살아남은 사람들은 위티코스나 윌카팜파보다 생존조건이 덜 혹독하고 사람들의 교류도 덜한 환경을 가진 지역을 찾아 나섰을 것이 당연하다.

반델리어처럼 사려 깊은 관찰자를 포함한 19세기와 20세기 초반의 많은 학자들과 여행가들의 의견으로는 현재 페루와 볼리비아의 안데스 지방 인구가 식민지시대 당시 숫자를 크게 넘어섰다고 말한다. 다시 말하면, 초기 식민지 광산의 쇠락과 그 결과로 열악한 생활환경과 광산에서의 강압적인 노동의 소멸, 유럽의 질병들에 대한 어느 정도의 면역력, 그리고 페루의 독립에 따라 훨씬 편안해진 생활여건이 고산지대 원주민의 인구를 다시 증가시켰다고 추측해도 무방할 것이다. 이런 인구의 증가로 어떤 특정 지역들은 다시 사람들로 붐비게 되는 결과를 초래했다. 사람들은 비록 험준한 산악 길을 이용해야 하는 비싼 대가를 치러야 했지만, 사람이 덜 붐비는 곳을 찾는 것이 당연한 추세가 되었을 것이다. 그 결과 이들은 고대 윌카팜파 지역과 같이 외지고 접근하기 어려운 지역들로 새롭게 이주를 하게 되었다. 금광 채굴이 멈춘 뒤 고무의 수요 때문에 백인들이 다시 산 미구엘 계곡을 점유하기까지의 거의 삼백여 년 동안, 푸큐라와 루크막 일대에는 평범한 원주민 목동들보다 교육을 더 받거나 지적 수준이 더 높은 사람이 살았던 적이 없었다. 이들 현대 마을의 진흙 벽돌집들은 상당히 현대적으로 보인다. 그것들은 아마 19세기에 지어진 듯하다.

그렇게 가정할 수밖에 없는 이유는 우리가 그동안 수많은 유적들을 찾아낼 수 있는 특권을 누렸던 지역들에 관해 페루 내에서 얻을 수 있었던 정보가 너무나 적었기 때문이다. 이러한 무지는 페루의 지리학자들인 라이몬디와 파스 솔단으로 하여금 아푸리막과 우루밤바 사이에 존재하는 유일한 유적으로 보고된 촉케키라우를 거기에 피신처를 정한 잉카의 수도가 틀림없다는 결론에 이르게 했다. 또한, 로사스파타나 뉴스타 이스파나의 존재는 페루 지리학자들이나 역사학자들뿐만 아니라 심지어는 그 이웃마을에 사는 정부 관리들에게 조차 알려지지 않았다고 보는 것이 옳을 것 같다.

우리는 위티코스를 찾아냈다고 생각한다. 그렇지만, 우리가 아직 빌카밤바라고 불리던 곳 전체를 발견한 것은 분명히 아니다. 16세기의 글들을 살펴보면, 그 이름을 가졌던 곳이 세 군데였던 것을 알 수 있다. 하나는 칼란차에 의해 빌카밤바 비에호Viejo(구(舊) the old)라고 불린 곳이고, 다른 하나도 오캄포에 의해 그렇게 불렸던 곳이며, 그리고 세 번째는 스페인 사람들에 의해 발견되어 그 이름이 붙여진 지금 우리가 서 있는 이 마을이다. 첫 번째 이야기는 칼란차의 마르코 수도사와 순교한 디에고 오르티스 수도사의 재판과 시련에 대한 설명에 나온다. 그 연대기 편찬자는 그들의 "빌카밤바 비에호" 방문에 관해 상당히 자세하게 이야기하고 있다. 그것은 그 수도사들이 푸키우라에 이미 자신들의 종교시설을 세운 뒤의 일로써, 그들은 이 중요한 종교적 중심지가 있다는 것을 알게 되었다. 그들은 티투 쿠시에게 이곳을 방문하는 것을 허락해 주도록 간청했다. 하지만 그는 오랫동안 거절했다. 그곳의 위치는 그들에게 알려지지 않은 채 있었지만, 종교적인 거점으로서 중요한 위치를 차지했기 때문에 그들의 요구는 계속되었다. 마침내, 잉카가 그들의 집요한 요구로부터 벗어나려고 그랬었는지, 아니면 그들의 일이 우습게 끝나리라고 생각해서 그랬었는지는 몰라도, 그는 요청을 들어주며 그들에게 여행준비를 하도록 명령했다. 칼란차는 잉카 자신도 그의 많은 장군들, 부족장들과 함께 두 수도사와 동행해 푸키우라에서 아주 험하고 고된 길을 나섰다고 말한다. 하지만 잉카는 그런 길에서도 전혀 고생하지 않았다. 왜냐하면 그는 로마의 늙은 장군들처럼 이런 일에 숙련된 하인들이 드는 가마를 타고 편안하게 여행을 했기 때문이다. 가엾은 선교사들은 걸어서 가야만 했다. 젖고 바위투성이인 길은 그들의 신발을 이내 못쓰게 만들었다. 그들이 그 길에서도 특히 좋지 않은 곳인 "운가카차Ungacacha"에 이르렀을 때, 길은 상당한 거리를 물을 가로질러 나 있었다. 수도사들은 걸어서 건너야만 했다. 물은 몹시 차가웠다. 잉카와 부족장들은 수도사들이 물을 건너는 동안 그들이 거추장스러운 수도사 복장 때문에 애를 먹는 모습을 보면서 재미있어 했다. 하지만 "그곳에는 혐오스러운 의식을 주관하는 마법사들과 지도자들이 거주하며 가르치는 우상숭배 학교University of Idolatry가 있는 제일 큰 도시가 있었기 때문"에 수도사들은 거기에 굴하지 않고 강렬하게 그들의 목적지에 이르고 싶어 했다. 그곳 이름인 윌카팜파에서 연상할 수 있듯이, 주술사들과 마법사들은 아마도 *윌카*의 씨에서 추출한 고대 환각제의 강력한 효과에 의존했을 것이다. 아주 험난한 지역을 3일 동안 여행한 끝에 수도사들은 목적지에 도착했다. 그때까지도 티투 쿠시는 그들을 도시 안에 머물게 할 생각이 없었기 때문에 수도사들에게 도시 밖에 머물도록 명령했다. 따라서 그들은 잉카와 그의 장군들 그리고 주술사들이 벌이는 행사나 고대 의식을 목격할 수 없었다.

"빌카밤바 비에호"의 모습에 관해 아무런 언급이 없는 것으로 보아, 비록 수도사들이 그 주변에까지는 이르렀지만, 실제로 그 도시를 볼 수 있게 허락이 되었었는지는 의문이 간다. 그들은 3주일 동안 그곳에 머물며 설교를 하고 가르침을 전했다. 그곳에 머무는 동안, 그들을 데려 오고 싶지 않았던 티투 쿠시는 여러 가지 방법으로 그들을 괴롭히며 보복했다. 특히 그들의 금욕에 대한 맹세를 깨뜨리고 싶었다. 칼란차는 티투 쿠시가 자신의 주술사, 예언자들과 의논한 뒤, 그가 직접 그들을 유혹할 사람으로서 특히 매력적인 융가족Yungas 여인들을 포함한 가장 아름다운 원주민 여인들을 선발했다고 한다. 이 여인들은 제국에서 가장 아름다운 딸들로부터 선발되어 잉카와 높은 지위에 있는 주술사들의 명령을 따르며 "빌카밤바 비에호"의 "우상숭배 학교"에 살았던 "태양의 처녀들"이었을 가능성이 있다. 또한, "빌카밤바 비에호"가 워낙 잘 건축되었기 때문에 수도사들은 3주일 동안이나 그 도시의 주변에 머물면서도 그 안에서 일어나는 일을 전혀 알 수 없었고, 따라서 추키팔타의 흰 바위에서 했던 것과 같은 식의 "혐오스러움"이 여기서도 행해지는 모습을 기술할 수 없었던 것이 분명하다. 나중에 다시 다루겠지만, 칼란차의 이야기에서 "빌카밤바 비에호"로 언급된 이 빌카밤바가 지금은 마추픽추라고 불리는 산의 경사면에 위치했을 가능성이 있다.

한편, 우리는 오캄포가 "구(舊)"라고 불렀던 빌카밤바의 유적을 계속 추적해서 찾아내어, 그곳을 투팍 아마루가 잡힌 뒤 오캄포도 건설에 일조했고 가르시아 대위와 그의 부하들이 전투를 하는 과정에서 단순히 빌카밤바라고 불렀던 동명(同名)의 스페인 사람들의 마을과 비교해 봐야 할 필요가 있다.

14
콘세르비다욕

산타 아나의 돈 페드로 두케가 칼란차와 오캄포에 의해 언급된 장소들을 확인하는 것을 도와주던 가운데 그에게 정보를 준 사람들 중 두 명이 콘세르비다욕Conservidayoc이라는 곳을 "빌카밤바 비에호", 즉, 구(舊) 윌카팜파와 관계가 있을 것이라고 지적했다. 돈 페드로는 우리에게 1902년 당시 로페스 토레스라는 사람이 고무나무를 찾아 여러 산을 돌아다니다가 그곳에서 잉카시대의 도시 유적을 발견해 신고했다고 알려주었다. 돈 페드로의 친구들은 이구동성으로 콘세르비다욕으로 가는 길이 엄청나게 험준하다고 말했다. "지금 살아 있는 사람들 가운데 그곳에 가본 사람은 아무도 없다." "자신들의 마을에 낯선 사람을 절대로 들이지 않는 야만스러운 원주민들이 살고 있다."

우리가 팔타이밤바에 도착했을 때, 판코르보의 관리인도 우리가 들었던 말에 동의했다. 그는 콘세르비다욕에는 사아베드라라는 사람이 살고 있는데, 그는 틀림없이 그 유적에 대한 모든 것을 알고 있지만 방문자를 맞는 것을 몹시 싫어한다고 말했다. 사아베드라의 집을 찾는 것은 극히 어렵다고도 했다. "근래에 그곳에 갔던 사람들 중에서 살아 돌아온 사람은 아무도 없었다." 그곳이 얼마나 멀리 떨어져 있는지에 대해서는 의견이 분분했다.

며칠 뒤, 푸트 교수와 내가 로사스파타 근처의 유적을 조사하고 있을 때, 산 미구엘 계곡에 있는 자신의 고무 농장에서 돌아오던 길에 루크막에서 우리가 그 부근에 있다는 것을 알게 된 판코르보는 우리를 찾느라 한참을 고생한 끝에 우리의 일에 얼마나 진척이 있는지 보게 되었다. 우리가 콘세르비다욕의 유적을 찾으려 한다는 것을 알게 된 그는 그 시도를 단념하라고 말했다. 그는 사아베드라가 "그의 휘하에 많은 원주민들을 거느리고 있는 아주 강력한 사람이고, 50명의 하인들과 함께 호사스럽게 살며, 누구의 방문도 전혀 반기지 않는다."고 말했다. 그 원주민들은 "캄파Campa 부족 출신으로 아주 미개하고 극히 야만스럽다. 그들은 독화살을 사용하고, 낯선 사람들에게 매우 호전적이다." 판코르보도 사아베드라의 근거지 부근에 잉카 유적이 있다는 말을 들은 적이 있다고 인정했지만, 여전히 우리가 그곳을 찾으려다 생명이 위험에 빠질 것이라며 강하게 만류했다.

이즈음 우리의 호기심은 절정에 이르렀다. 우리는 *몬타냐* 안에 살면서 고무채집자로서 그들의 노동력이 크게 요구되었던 그 당시 미개한 부족들의 습성에 관한 이야기들을 많이 들을 수 있었다. 또한 원주민들이 정력적이고 야심에 찬 판코르보를 위해 일하는 것을 특히 싫어한다는 이야기도 들었다. 그는 많은 것들을 성취하고 싶어 했기 때문에, 결과적으로 쉽게 확보할 수 있는 숫자보다 더 많은 일꾼들을 필요로 했다. 아마도 콘세르비다욕의 원주민들 중에는 산 미구엘의 고무 농장에서 도망쳐 나온 사람들도 있을 것이라는 것을 쉽게 짐작할 수 있었다. 그러니 두말할 필요도 없이, 그의 목숨은 항상 그들의 독화살 앞에 놓여 있었다. 아마존 유역 전역에서 원주민 고무채집자들의 절박함은 19세기까지만 해도 탐험가들이 무사히 방문했던 부족들을 매우 야만적이고 복수심으로 불타게 변화시켜 모든 백인들을 보는 대로 그 자리에서 죽이는 상황으로까지 이르게 했다.

푸트 교수와 나는 이런 상황들을 모든 각도에서 고려했다. 그리고 마침내 콘세르비다욕에 있다는 잉카 유적의 실체에 관한 자세한 보고서를 만들겠다는 사명감에 친절한 농장주의 충고를 따르지 않기로 결정했다. 우리는 적어도 그곳에 도달하려는 최선의 노력은 해봐야 했다. 그리고 한편으로는 사아베드라와 그의 야만적인 부하들의 적개심을 불러일으키지 않도록 세심한 주의를 기울여야 했다.

우리가 빌카밤바 마을에 도착한 다음날, 자신의 최고 보좌관과 상의를 마친 *고베르나도르* 콘도레는 티투 쿠시 시절을 생생히 회상할 수 있게 해주는 아주 독특한 모습의 노인 키스피 쿠시를 포함해 그 주변에서 제일 분별력 있는 사람들을 모두 호출했다. 우리는 그에게 이 일이 매우 중요하다는 설명을 하고, 공식적으로 질문을 시작했다. 그는 자신의 모자를 벗고-그러나 그 속에 쓴 털실로 짠 두건은 벗지 않았다-그 지방 주변에 대한 우리의 질문에 최선을 다해 대답해 주려고 노력했다. 잉카 투팍 아마루가 로사스파타에 산 적이 있다고 말한 것도 바로 그였다. 그는 윌카팜파 비에호에 대해서는 들어본 적이 없었지만, 콘세르비다욕 부근 *몬타냐* 안에 유적이 있다는 사실은 확신했다. 다른 원주민들에게는 콘도레가 질문했다. 여러 사람으로부터 콘세르비다욕 유적에 대해 들어보았지만, 그들 중 누구도 그리고 마을 사람들 중 그 누구도 바로 이웃에 있는 유적을 실제로 보거나 가본 적이 없었다. 그들 모두 사아베드라가 있는 곳까지는 "팜파코나스를 넘어 *몬타냐* 안으로 걸어서 족히 나흘은 가야 한다."고 말했다. 16세기 문서들에는 자주 언급되어 있었지만, 어떤 페루 지도에도 그런 이름의 마을은 표시되어 있지 않았다. 1565년경 티투 쿠시를 보기 위해 갔던 로드리게스 데 피케로아는 그를 반바코나스Banbaconas라는 곳에서 만났다고 말한다. 그는 덧붙여 잉카가 *몬타냐*의 울창한 숲속 어디에선가 그곳으로 나와 따뜻한 지역에서 나는 머코 야자와 두 바구니의 땅콩을 그에게 선물했다고 말한다.

잉카시대 유적에 관해 증언해 준 키스피 쿠시

우리는 이 일대를 담고 있는 귀중한 라이몬디의 지도를 가지고 왔다. 또한, 왕립 지리학회에서 최근에 발간한 페루 남부와 볼리비아 북부의 새 지도도 가지고 왔는데, 이 지도에는 현재까지 알려진 그 지역들의 요약 정보도 함께 나와 있었다. 원주민들은 콘세르비다욕이 빌카밤바에서 서쪽 방향으로 있다고 했지만, 라이몬디의 지도상에는 빌카밤바의 서쪽 산맥에서 시작된 강들이 모두 아푸리막의 지류들로서 남서쪽으로 흐르고 있었다. 우리는 콘세르비다욕에 관한 이야기들이 우리가 와드키냐에서 믿었던 감독관에게서 경험했던 것처럼 별다른 가치가 없는 것으로 판명나지나 않을까하는 걱정이 들었다. 우리에게 정보를 준 사람들 중 한 명은 그 잉카 도시가 에스피리투스 팜파Espiritus Pampa, 즉 "유령들의 팜파"로 불렸다고 했다. 유적에 "유령들"이 있는 것이 밝혀질까? 그들은 카메라와 쇠 줄자를 든 백인들이 나타나면 사라져 버릴까?

빌카밤바에 사는 누구도 그 유적을 본 적이 없었지만, 그들은 "여기서 25킬로미터쯤 떨어진" 팜파코나스Pampaconas 마을에는 실제로 콘세르비다욕에 가 본 원주민이 있다고 했다. 보급품은 계속 줄어들고 있었다. 루크막보다 가까운 곳에는 상점이 전혀 없었다. 원주민들로부터 얻을 수 있는 식량도 없었다. 그래서 환대를 해준 *고베르나도르*의 만류에도 불구하고, 서둘러 콘세르비다욕으로 떠나기로 결정했다.

빌카밤바 계곡 위로 하루의 긴 행군을 마치고, 푸트 교수가 능숙하게 저녁식사를 준비하는 동안, 우리 둘은 가장 좋아하는 차를 커다란 컵으로 마시며 만족감에 빠져들었다. 여러 해 전 노새를 타고 광활한 볼리비아 남부의 고원을 건너면서 나는 고원의 안데스 지방에서 자극제와 흥분제로써의 달고 뜨거운 차의 가치를 깨닫게 되었다. 처음에는 원주민 *아리에로*들이 엄청난 양의 차를 마시는 것을 보고 깜짝 놀랐지만, 보통은 고산병을 일으키는 찬물보다 훨씬 도움이 된다는 사실을 뼈저린 경험 뒤에 알게 되었다. 이 특별한 저녁, 한모금의 뜨거운 차를 마시다 황당한 사건을 겪게 되었다. 생각만 해도 끔찍한 일이었다. 처음에는 우리의 짐 표면에 작은 기름방울들이 맺혀 있는 것을 발견했다. 더 자세히 조사해보니 *아리에로*들 중 한 명이 그날 짐을 싸면서 짐 하나에 등유깡통을 맨 위에 집어넣은 것을 알게 되었다. 깡통에서 등유가 새면서 기름이 식량상자 안으로 스며들었다. 천 자루 속에 든 과립형 설탕은 그 기름을 있는 대로 흡수해 버렸다. 도저히 기름을 제거할 방법이 없어 보급품의 절반을 버려야만 했다. 전에도 말했다시피 안데스에서는 활동을 하면 할수록 더 많은 설탕을 필요로 하고, 점점 더 그것을 갈망하게 되는 것 같다. 그렇지만 그곳 어디에서도 그것을 조달할 수 있는 방법이 없었다.

우리가 역사탐사를 하는 틈을 타 멀리 고산 지대로 달아나버린 노새들을 힘겹게 다시 붙들어오느라 발생한 것을 포함한 일상적인 지체를 겪은 뒤, 우리는 마침내 지형학적으로 알려져 있는 현실 세상으로부터 신비에 둘러싸인 전혀 낯선 땅 "콘세르비다욕"을 향해 출발했다. 비록 잉카의 도시 유적이 있다고는 하지만, 그곳은 백인들에 대한 적개심으로 불타는 야만인들의 땅이었다.

첫날 여정은 팜파코나스까지였다. 그곳 근처에 이르렀을 때, *고베르나도르*는 자신이 안내인과 노새들을 이용할 수 없는 정글 속을 통과할 때 반드시 필요한 짐꾼들을 대여섯 명 조달해 보겠다고 했다. 이곳 원주민들은 미개한 콘세르비다욕으로 들어가는 것을 몹시 꺼려했고, 더군다나 제복을 입은 사람들을 보면 극도로 경계할 것이 분명했기 때문에, 우리와 동행한 두 명의 *헨다르메*에게는 출발을 우리보다 몇 시간 늦춰 짐 실은 행렬과 함께 땅거미가 내릴 무렵 팜파코나스로 들어오라고 지시했다. *고베르나도르*는 팜파코나스 원주민들이 청동단추가 달린 제복을 입은 사람이 산 위로 올라오는 것을 본다면, 모두 꼭꼭 숨어버려 짐꾼을 구할 수 없을 것이라고 말했다. 분명히 그것은 훨씬 안락한 큰 마을들을 포기하고 지주들로부터 강압적인 노동을 요구받을 필요가 없는 미개척지에 들어와 자유를 누리고 있는 그들로서는 당연한 일이었다. 결론부터 말하자면, 우리의 *헨다르메*들 같이 눈에 띄는 모습을 한 정부기관원이 당도하기 전에, *고베르나도르*와 그의 친구 모그로베호는 교묘한 방법으로 그날 곧바로 여섯 명의 건장한 원주민을 확보했다. 그들이 어떤 방법을 썼는지는 곧 다시 설명하겠다.

현재의 빌카밤바를 떠나, 오래된 빙하로 침식된 계곡 맨 아래쪽의 평평한 습지를 지났다. 그곳에서 노새들 중 한 마리가 위험한 늪을 덮고 있는 즙이 많은 풀을 뜯다가 늪 속으로 완전히 빠져들고 말았다. 우리는 폭이 겨우 작은 개울정도인 빌카밤바강을 건너 계곡을 등반해 빠져나온 뒤 서쪽으로 방향을 전환했다. 위쪽의 산들에는 여러 개의 버려진 광산 흔적들이 남아 있었다. 그것들은 오캄포와 그의 스페인 정착민들이 1572년과 그 무렵에 발견한 것들이었다. 라이몬디는 자신이 여기서 코발트와 니켈, 은이 함유된 구리광석과 납황화물을 발견했다고 말했다. 그러나 금을 함유한 석영에 대한 언급은 없었다. 아마도 그가 가기 훨씬 전에 고갈되었을 것이다. 그 밖의 다른 광물들의 경우는 운송수단의 어려움 때문에 앞으로 많은 시간이 흐르더라도 새롭게 개발될 것 같지는 않아 보였다.

통행로 정상에서 뒤를 돌아보니 빌카밤바 마을 위와 그 뒤쪽으로 정상이 눈으로 덮인 산들이 연속적으로 길게 우뚝 솟아 있었다. 우리는 가지고 간 지도에서 그것을 찾아보았지만 헛수고였다. 라이몬디와 왕립 지리학회의 지도 모두 아푸리막강과 우루밤바강 사이에 그런 산맥이 존재할 수 있는 여유 공간이 남겨져 있지 않았다. 헨드릭슨은 우리의 위치가 서경 73도, 남위 13도 8분이라고 알려주었다. 하지만 작년에 출간된 가장 최근의 이 지역 지도에 의하면, 이곳이 바로 아푸리막강이 위치한 곳이었고, 부근에서 팜파스강과 합류했다. 우리는 지금

"거대한 확성기"를 헤엄쳐 건너고 있는 중이라야 옳았다. 하지만 실제로는 높은 봉우리들과 빙하로 둘러싸여 높이 치솟은 산길의 정상에 서 있었다. 1912년 범스테드에 의해 아푸리막과 우루밤바 사이가 사람들이 생각했던 것보다 48킬로미터나 더 벌어져 있다는 사실이 밝혀지면서 그 의문이 마침내 풀렸다. 그의 조사로 1911년 이전까지는 그 존재가 알려지지 않았던 3,870제곱킬로미터 넓이의 처녀지가 세상에 알려지게 되었다. 이곳은 남미대륙에서 여태껏 알려지지 않은 빙하에 의해 침식된 가장 큰 지역들 중 하나로 인정받았다. 더욱이 이곳은 페루 안데스 지방의 중심 도시이자 300년도 훨씬 전부터 대학교가 존재해 온 쿠스코에서 채 160킬로미터도 떨어져 있지 않았다. 윌카팜파가 그렇게 오랜 세월동안 조사나 탐사를 받지 않았다는 것은 만코가 자신의 은신처를 얼마나 신중하게 선택했는지를 반증해 준다. 이곳은 눈 덮인 산봉우리들과 알 수 없는 빙하 그리고 사람의 발길이 닿았던 적 없는 협곡들로 이루어진 말 그대로 미로 그 자체이다.

서쪽을 보자 바로 정면에 짙은 녹색의 계곡들과 숲으로 우거진 경사지들로 이루어진 광활한 미개척지가 눈에 들어왔다. 지도상으로는 우리가 지금 아푸리막 유역을 내려다보고 있는 중이라고 생각했다. 그러나 그곳은 실제로 우루밤바의 지류들 중 하나인 코시레니 Cosireni 지류로서 지금까지 지도상에는 표시되지 않았던 팜파코나스 계곡의 가장자리였다. 아푸리막 유역 대신에 우리가 본 것은 우루밤바로 물이 빠져나가는 또 다른 미탐사 지역이었다!

그러나 그 당시에는 우리가 있던 위치를 알지 못했다. 콘도레의 말에 따라 우리 밑에 있는 *몬타냐* 안쪽 한참 아래 어딘가가 사아베드라와 그의 야만적인 원주민들의 고립된 영역인 콘세르비다욕이라고 이해했다. 하지만 잉카족이 자신들에게 익숙한 기후나 음식들과는 너무나 거리가 먼 이런 곳에 도시를 세우지는 않았을 것 같았다. 이제 "길"은 극도로 험해져 단단한 발을 가진 노새들이 그 길을 잘 따라가도록 달래면서 가야 했다. 길은 고대에 만들어진 그대로 길고, 가파르며, 돌투성이의 계단으로 아래쪽을 향해 나 있었기 때문에 우리는 노새에서 내려야만 했다. 마침내 산을 돌아 산마루 아래에 자리한 작고 쓸쓸한 오두막이 시야에 들어오는 곳에 이르렀다. 그 앞에서는 두 명의 여인이 햇빛 아래 멍석을 깔고 앉아 옥수수 껍질을 벗기고 있었다. 그들은 *고베르나도르*가 다가오는 것을 보고는 하던 일을 멈추고 점심을 준비하기 시작했다. 그때가 겨우 오전 11시 무렵이었지만, 그들에게 *고베르나도르* 콘도레와 그의 친구들이 전날 밤 겨우 커피만 한 잔 마신 이래 지금까지 아무 것도 먹지 못했다는 얘기를 할 필요가 없었다. 기대하지 않았던 갑작스러운 손님을 맞기 위해 그들은 비명을 질러대는 *쿠이*(기니피그)를 네댓 마리 잡았다. 이들이 산악 원주민들의 오두막 흙바닥에서 종종걸음으로 돌아다니는 것을 흔히 볼 수 있다. 이윽고 버터를 발라 원시적인 꼬치에 꽂아 불에 잘 돌려 구운 *쿠이*의 맛있는 냄새가 우리의 식욕을 돋웠다.

미국의 동부에서는 기니피그를 오로지 애완동물이나 실험실용으로만 볼 수 있지 절대로 음식 품목에서는 찾아볼 수 없다. "돼지는 돼지다. Pigs is Pigs."라는 유명한 정의에도 불구하고, 이런 식의 "돼지고기"는 아무리 이 "돼지"들이 깨끗하게 채소만 먹고 산다고 해도, 우리의 주방까지 전해질 수는 결코 없다. 참고로, 기니피그는 기니Guinea에서 오지 않았고, 돼지와도 아무런 연관이 없다. 그럼에도 불구하고, 엘리스 파커 버틀러('돼지는 돼지다.'라는 명언을 남긴 사람/역자 주)는 그것을 반대로 보았다! 오히려 그들은 토끼나 벨기에 산토끼와 같은 과에 속하며, 페루의 안데스 사람들에게는 오래전부터 음식의 한 종류로써 매우 각광받아 왔다. 야생종의 회갈색 털 색깔은 자연서식지에서 보호색의 역할을 한다. 원주민들의 오두막에서 보이는 사육되고 있는 변종은 수천 년 전부터 이들 종족에 의해 길들여져 사육되기 시작한 야마와 마찬가지로 얼룩무늬, 검정색, 흰색, 황갈색 등의 서로 다른 다양한 색깔을 가지게 되었다. 섬머 교수가 말한 것처럼, 앵글로-색슨족의 "풍습"상 귀가 긴 토끼는 즐겨 먹는 것이 허락되지만, 아무리 그들이 식용으로 길러졌다하더라도 귀가 짧은 토끼와는 분명히 구분해야 한다.

내가 기니피그의 살점이라는 사실을 알면서도 그것을 먹은 것은 이번이 처음이라고 해야 할 것 같다. 이전에 볼리비아의 수도에 있을 때는 호텔 주방에 음식재료 공급이 줄어든 줄만 알았었다! 만약 그렇게까지 배가 고프지 않았다면, 구운 기니피그가 이렇게 맛있었는지 절대로 알지 못했을 것이다. 고기는 마치 비둘기새끼 같았다. 원주민들이 먹는 식용 동물은 조그마했고, 그들의 가금류는 알을 얻는 보물단지였으며, 그들이 기르는 삐쩍 마른 양은 그들에게 양고기보다는 양털을 주는 면에서 더 가치가 있었다. 버틀러 덕분에 더 유명해진 "포유류들 중 가장 다산(多産)하는" 이 흥미로운 기니피그는 특별한 행사 때를 대비해 준비해 두는 아주 가치가 높은 음식품목이다. 북미의 주부들이 급할 때를 대비해 정어리 통조림이나 보존식품 통조림을 몇 개씩 비축해 두듯이 그녀들의 안데스 자매들도 마찬가지로 통통하고 조그마한 *쿠이*를 준비해 둔다.

점심식사를 마친 콘도레와 모그로베호는 넓고 구불구불한 이 지역을 각자 나눠 쓸쓸히 떨어져 있는 농가들을 한집한집 조용히 들러 짐꾼으로 일할 남자들을 찾았다. 그들이 운 좋게 집에 있거나 *차크라*에서 일하고 있는 남자를 발견하면, 그 사람에게 반갑게 인사를 했다. 일상적인 원주민들의 예법에 따라 그가 악수를 하려고 손을 내밀 때 은화 한 닢이 여지없이 그의 오른손바닥으로 미끄러져 들어갔고, 그가 우리 일을 하는 것에 대한 지불을 받아들인 것이 성립되었다. 이해하기 힘들었지만, 이것이 짐꾼을 확보할 수 있는 유일한 방법이었다.

잉카시대에는 원주민들이 자신들의 노동에 대한 대가를 받지 않았다. 아버지 같았던 국가는 백성들에게 먹을 것과 입을 것을 적절히 제공해 주었고, 그들이 필요한 것을 자급할 수 있는 충분한 기회를 주거나 공공상점에서 얻을 수 있도록 허락했다. 식민지 시대에는 훨씬 탐욕스럽고 그다지 온정적이지도 않았던 정부가 그 고대 제도의 이점을 악용해 백성들이 받게 될 고통은 아랑곳하지 않고 강제로 그 제도를 시행했다. 그러자 여러 세대 동안 지역의 관리들을 등에 업은 인정사정없는 지주들이 원주민들에게 강압적으로 일을 시키고, 끝난 뒤에는 그에 대한 적절한 보상을 해주지 않거나, 심지어는 계약이나 임금협정을 이행하는 척 시늉만 냈다. 날품팔이 노동자들은 그들이 받을 전체 노임의 상당한 금액을 미리 선불로 받지 않고 일을 시작하는 것이 어리석은 짓이라는 사실을 깨닫게 되었다. 하지만 일단 그들이 돈을 받은 뒤에는 그들의 풍습과 그 지방의 법에 따라 그 의무를 반드시 이행해야만 했다. 불이행은 법적인 처벌을 의미했다.

결국, 운 없는 팜파코나스 원주민들은 자신들의 손에 쥐어진 은화를 발견하고는 자신들의 운명을 한탄했지만, 이제는 돌이킬 수 없다는 사실을 깨달았다. "농사일을 돌봐야한다."거나, "가족들이 그를 놓아주지 않는다."거나, 혹은 "여행에 나설 먹을거리가 없다."는 식의 핑계는 절대로 통하지 않았다. 콘도레와 모그로베호는 이미 그런 식의 핑계에 이골이 나 있었다. 그들은 여섯 명의 짐꾼 "모집"에 성공했다. 어두워지기 전 해발 3,000미터의 녹색 산중턱에 작은 오두막들이 몇 채 흩어져있는 팜파코나스 마을에 도착했다.

프란시스코 데 톨레도 총독의 한 군사 고문의 기록에 따르면, 팜파코나스가 "높고 추운 곳"으로 설명되어 있다. 옳은 얘기이다. 그렇지만 현재의 이 팜파코나스 마을이 가르시아 시대의 기록들에 언급된 "잉카의 중요한 도시"가 맞는 지에는 의문이 들었다. 이곳에는 유적이 전혀 없었다. 팜파코나스의 오두막들은 돌과 진흙 그리고 풀을 엮은 지붕으로 새로 지어져 있었다. 그곳에는 공무원들이나 그 밖의 다른 간섭들로부터 특별한 자유를 누리고, 울창한 산림 바로 가장자리에서 양을 기르며, 또한 감자를 재배하기 좋은 땅을 영위하고 있는 건장한 원주민들이 무리를 이루며 살고 있었다. 우리가 도착했을 때, 전날 밤 표범 아니면 아마도 퓨마가 숲속에서 나와 마을의 조랑말 한 마리를 공격해 물고 달아난 사건 때문에 온 마을이 떠들썩했다.

우리는 그 마을에서 가장 믿음직한 사람이고, 우리와 함께 콘세르비다욕으로 갈 짐꾼들의 우두머리로 뽑힌 구스만이라는 땅딸막하고 건장한 원주민의 집으로 안내되었다. 구스만에게는 스페인 혈통도 흐르고 있었지만, 그는 그것을 자랑스러워하지는 않았다. 그는 아내와 여섯 명의 자식들과 함께 그곳에서 제일 괜찮은 오두막들 중 한 곳에 살았다. 한쪽 구석에 피워져 있는 불에서 나오는 매콤한 연기가 자주 집안을 채웠다. 집은 매우 좁고 창문도 없었다. 한쪽 끝에는 다락같은 것이 있어 집안의 귀중품들이 젖지 않고, 아이들의 손에도 닿지 않아 안전하게 보관되었다. 쌓여 있는 양가죽들은 방문객이 깔고 앉을 수 있도록 준비되어 있었다. 벽에는 대충 만들어 놓은 서너 개의 벽감이 선반이나 탁자의 역할을 했다. 잘 으깨진 진흙으로 된 바닥은 축축했다. 세 마리의 잡종 개와 벼룩에 물린 고양이 한 마리는 이 좁은 공간에서 가족과 방문객들과 함께 지냈다. 십여 마리의 돼지들이 슬그머니 들어와 본능적으로 나오는 꿀꿀거리는 소리를 죽여 사람들의 주의를 피하려 애썼다. 하지만 성공하지 못하고, 한 아이가 휘두르는 채찍에 허둥대며 쫓겨났다. 계속해서 들어오려고 했지만, 매번 이전처럼 쫓겨나기를 반복하며 요란한 비명소리를 질러댔다. 이런 소란에도 아랑곳하지 않고, 우리는 구스만과 가장 큰 관심사를 계속 이야기했다. 그는 실제로 콘세르비다욕에 가서 에스피리투스 팜파를 본 적이 있었다. 마침내 신비에 싸여 있던 "유령들의 팜파"가 우리의 마음속에 실체를 드러내기 시작했다. 하지만 우리는 이전에 또 다른 믿을 만한 사람이 와드키냐 부근에서 "오얀타이탐보보다 훨씬 더 뛰어난" 유적을 본 적이 있다고 말했던 때의 일을 조심스럽게 상기했다. 유일하게 그곳에 가본 적이 있는 구스만은 콘세르비다욕을 다른 원주민들만큼은 두려워하지 않아 보였다. 그들의 기운을 북돋아 주기 위해 우리는 50센트를 주고 통통한 양을 한 마리 샀다. 구스만은 바로 그것을 잡아 여행에 가져갈 준비를 했다. 8월로 건기의 한 중간이었지만, 이른 오후에 비가 내리기 시작했다. 카라스코 하사는 어두워진 뒤 짐 행렬과 함께 도착했다. 그러나 구스만의 집 근처에서 길을 잃고 헤매는 바람에 노새 한 마리가 늪에 빠져 천신만고 끝에 간신히 끌어낼 수 있었다.

우리는 구스만의 작은 오두막에서 멀지 않은 배수가 아주 잘 되는 단단한 땅에 작은 피라미드식 텐트를 세우기로 결정했다. 그날 저녁, 원주민들과 오랫동안 얘기를 마친 뒤 빗속을 뚫고 우리의 안락한 텐트로 돌아왔을 때, 거기서는 여러 마리 돼지들의 꿀꿀거리는 소리만 나고 있었다. 우리가 없는 동안, 큰 암퇘지와 여섯 마리의 통통한 어린 돼지들이 구스만의 따뜻한 화롯가에 편안한 자리를 잡을 수 없게 되자, 이 산 중에서 제일 마른 장소인 우리들의 텐트로 파고 들어와 특히 담요를 훌륭한 침대삼아 쉬고 있었다. 그 녀석들을 좁은 출입구로 쫓아내기도 쉽지 않았다. 퍼붓는 빗줄기와 따뜻한 담요의 기억을 잊지 못한 돼지들은 이따금씩 되돌아와 기웃거렸다. 우리가 처음으로 달콤한 잠을 막 즐기려 할 때 마음씨 따뜻한 구스만이 김이 모락모락 나는 스프를 두 사발 보내왔다. 처음에 얼핏 보았을 때는 다양한 크기의 마카로니들이 들어 있는 것처럼 보였고, 우리 중 한 명은 그것을 너무나 좋아했다. 속이 빈 하얀 원통모양의 이것들은 일반적인 마카로니와는 다르게 유난히 질겼다. 사실 나중에 알았지만, 그날 저녁 구스만의 아내가 손님들을 위해 준비한 음식은 주로 양의 창자로 만든 것이었다!

비는 춥고 음산한 밤 동안 쉬지 않고 내렸다. 전에는 한 번도 그런 적이 없던 텐트에서 심하게 비가 샜다. 방수가 제대로 되는 곳은 바닥뿐인 것 같았다. 새벽녘에는 마치 진흙탕 속에 누워 있는 듯했다. 모든 것이 흠뻑 젖었지만, 비는 계속 더 내렸다. 우리가 대책을 의논하고 아침식사를 어떻게 준비해야 할지 난감해하고 있을 때, 충실한 구스만이 우리 목소리를 듣고 곧바로 따뜻한 스프를 두 사발 더 보내 주었다. 비록 풍부한 옥수수, 콩, 감자와 함께 상상도 할 수 없을 만큼의 양 이빨과 턱뼈 조각들도 들어 있었지만, 이전보다 더 맛있게 먹었다. 결론적으로 말해서 팜파코나스에서는 낭비되는 것이 아무것도 없었다.

우리는 한시라도 빨리 콘세르비다욕으로 출발하고 싶었지만, 원주민들은 그전에 앞으로 열흘 동안의 여행에서 먹을 음식을 준비해야 했다. 다른 짐꾼들의 아내들도 마찬가지였겠지만, 구스만의 아내는 아침내내 평평한 돌절구 위에 *추뇨*(냉동 감자)를 놓고 돌절구공이로 찧었고, 많은 양의 설탕옥수수를 질그릇 냄비에 볶았다. *추뇨*와 *토스타도*, 양고기 그리고 약간의 *코카* 잎을 챙기고 나서야 원주민들은 아주 만족스러워했다. 우리의 식량이 얼마 남지 않았기 때문에 그들에게는 나눠줄 수 있는 여유가 전혀 없었다. 한편으로는 오랫동안 자신들의 식성에 길들여진 그들에게 우리의 음식이 맞지도 않았을 것이다.

정오 무렵까지 거의 모든 짐꾼들이 모였고 비도 어느 정도 잦아들면서 우리는 콘세르비다욕으로 출발했다. 사람들이 오늘까지는 노새를 이용해 갈 수 있을 것이라고 했다. 첫 행선지는 울창한 산림으로 덮인 팜파코나스 계곡 안으로 "일곱 리그"나 멀리 떨어져 있는 산 페르난도San Fernando였다. 마을을 떠나, 구스만의 집 뒤쪽 산으로 올라가 산등성이 정상에 위험하고 불확실하게 나 있는 어렴풋한 길을 따라 앞으로 나아갔다.

비로 인해 길은 더 나빠졌다. 우리가 타고 가려던 노새들은 거의 무용지물이었다. 우리는 끝까지 거의 걸어서 가야만했다. 차가운 비와 안개로 인해 발아래 펼쳐진 깊은 협곡을 거의 볼 수 없었지만, 1,200미터 아래에 있는 뜨거운 열대 계곡까지 꾸불꾸불하게 난 아주 가파른 길을 이제 막 구름을 뚫고 내려가기 시작했다. 구름 아래에서 비로소 우리가 버려진 작은 개간지 근처에 이른 것을 알게 되었다. 이곳을 지나 작은 시냇물들을 건너 아주 좁은 길을 따라 옥수수가 심어졌던 매우 가파른 경사면을 가로질러 갔다. 마침내 오두막이라고도 할 수 없는 겨우 대피소 같은 아주 작은 판잣집들이 모여 있는 또 다른 작은 개간지에 도착했다. 그리고 이곳이 노새들이 갈 수 있는 길의 종착지인 산 페르난도였다. 거기에는 여섯 명의 짐꾼들이 들어갈 만한 집도 없었다. 바닥면이 겨우 2미터정도의 길이 밖에 되지 않아 우리는 청소하고 텐트를 치는 데 애를 먹었다. 거기에서 평평한 곳이라고는 눈을 씻고 찾아봐도 없었다.

1911년 8월 13일 오후 8시 반, 나는 텐트 안에 누워 있다 지진을 느꼈다. 주위의 대피소에 있던 원주민들도 그것을 느끼고 반사적으로 그들이 있던 부실한 건물에서 뛰쳐나와 커다란 소동을 일으키며 *템블로르 temblor*(지진/역자 주)를 소리쳤다. 비록 그들이 있던 집의 초가지붕이 무너져 내렸지만, 그것은 폭풍이 치는 날 밤에도 충분히 일어날 수 있는 일로써 위험할 정도는 아니었다. 그렇지만 주로 석벽과 붉은 타일 지붕으로 집을 짓는 산악마을에서는 어쩌다 지진이 일어나면 가끔 커다란 피해가 발생하기 때문에 그들은 아주 흥분해 있었다. 내가 느끼기에 지진의 방향은 서쪽에서 동쪽으로 약하게 움직인 것 같았고, 3, 4초 정도 지속되었으며, 여덟 번이나 열 번 정도의 떨림과 함께 앞뒤로 약하게 흔들렸다. 몇 주가 지난 뒤, 우리는 와드키냐 부근의 콜파니 전신국에 우연히 들렀다. 그곳 직원은 8월 13일 두 번의 충격을 느꼈는데, 첫 번째는 다섯 시 경으로 그의 책상 위에 있던 책들이 흔들려 떨어졌고, 애자(碍子)가 들어 있던 상자들이 북쪽에서 남쪽으로 내동댕이쳐졌다고 했다. 그는 내가 느낀 것은 두 번 중에 약한 것이었다고 말했다.

밤 동안 비가 심하게 내렸지만, 이제 우리의 텐트도 "건기"에 적응이 되어 훨씬 편하게 지냈다. 더욱이 해발 3,000미터에서의 야영은 1,800미터에서와는 사뭇 달랐다. 마추픽추 아래 산 미구엘 다리와 비슷한 이 고도는 온대 지방의 낮은 쪽 경계와 무더운 열대 지방이 시작되는 위치이다. 여기서는 사탕수수, 후추나무, 바나나 그리고 그레나딜라가 옥수수, 호박 그리고 고구마만큼이나 잘 자란다. 모두 팜파코나스에서는 자라지 않는 것들이다. 그 추운 지역에서 양과 감자를 키우는 원주민들이 산 페르난도로 와서 *차크라*나 작은 개간지들을 만든다. 서너 명의 원주민들은 청동단추를 달고 있는 *헨다르메*들을 보고는 놀라서 숨어버려, 오전에 은화를 손에 쥐어 볼 수 있는 기회도 갖지 못하고 밤까지 나타나지 않았다! 산 페르난도에서 *헨다르메*들 중 한 명은 노새들과 함께 팜파코나스로 돌려보냈다. 이제 짐꾼들은 각자 약 25킬로그램씩을 짊어져야 했다.

우리는 30분쯤 걸어 비스타 알레그레Vista Alegre에 이르렀다. 강의 구부러진 부분에 형성된 선상지 위에는 또 다른 작은 개간지가 있었다. 이곳의 토양은 매우 비옥해 보였다. *차크라*에는 키가 족히 5.5미터는 되는 옥수수대들과 그 근처에는 *마토-팔로mato-palo*, 즉 기생하는 무화과나무에 의해 완전히 감싸인 거대한 나무 한 그루가 있었다. 푸르른 팜파코나스 계곡의 "매혹적인 전경"이 내려다보이는 이 개간지는 비스타 알레그레(기분 좋은 전망/역자 주)라는 이름을 가질 자격이 충분했다. 맞은편에는 정상부분의 1.5킬로미터는 구름 위에 있어 보이지 않는 무성한 숲으로 우거진 산이 우뚝 솟아 있었다. 이 산을 에워싸며 서쪽방향으로 흘렀던 강이 지금은 서서히 북쪽으로 방향이 바뀌고 있었다. 우리는 또 다시 당혹스러웠다. 왜냐하면 라이몬디의 지도대로라면 강은 남쪽으로 흐르고 있어야 했기 때문이다.

짐꾼들은 점점 더 힘들어지는 좁은 길을 따라 울창한 정글로 들어갔다. 바위들 위와 나뭇가지들 밑으로, 미끄러운 작은 절벽들을 따라, 또

팜파코나스강을 건너는 우리의 짐꾼

는 땅이나 바위를 깎아 만든 계단들 위로, 그리고 개들도 도움 없이는 갈 수 없을 것 같은 그런 길들을 기어서, 우리는 계곡 아래를 향해 천천히 내려갔다. 열기와 습기 그리고 잦은 소나기 때문에 파카이파타 Pacaypata라는 또 다른 작은 개간지에 다다르기도 전에 시간은 벌써 한낮이 되었다. 우리 일행은 강으로부터 거의 1,500미터 위 산중턱에 있는 1.8미터 길이에 1.5미터 넓이의 아주 작은 대피소에서 밤을 보내기로 했다. 푸트 교수와 나는 가파른 산중턱에 작은 텐트를 세울 수 있는 터를 파야 했다.

다음날, 노새들의 변덕 때문에 지체할 필요가 없어진 덕분에 우리는 일찍 출발할 수 있었다. 어렴풋이 나 있는 작은 길을 따라 팜파코나스 강에 속한 작은 협곡들을 건너면서 여러 군데의 아주 가파른 오르막뿐만 아니라 내리막과도 사투를 벌여야 했다. 짐꾼들은 열기 때문에 고생했다. 그들은 점점 자신들의 짐을 힘겨워하기 시작했다. 우리는 통나무 몇 개를 묶어 미끄러운 바위에 걸쳐 놓은 원시적인 다리를 통해 강의 급류를 두 번이나 건너야 했다.

한 시 무렵, 나무에 붙어사는 양치류와 덩굴 그리고 뒤얽힌 잡목들로 둘러싸여 몇 미터 앞도 내다볼 수 없는 울창한 숲속의 작은 평지(해발 1,350미터)에 이르렀다. 구스만은 여기서 멈춰 잠시 쉬어가야 한다고 말했다. 왜냐하면 우리는 이제 사아베드라의 규칙만을 따르고 외부로부터의 침입자를 몹시 싫어한다고 알려진 *로스 살바헤스los salvajes*, 즉 야만스러운 원주민들의 영역에 들어섰기 때문이다. 구스만은 특별히 두려워하는 것 같지 않았다. 하지만 그는 우리에게 짐꾼들 중 한 명을 먼저 보내 우리가 고무 채취꾼을 찾으러 온 것이 아니라, 그들에게 도움이 되는 일을 하러 왔다는 사실을 그 야만인들에게 미리 알려주어야 한다고 말했다. 그렇게 하지 않으면, 그들이 아마 우리를 공격하거나 정글 속으로 아예 달아나 사라져버릴 것이라고 했다. 그는 또 우리가 그들의 도움 없이는 절대 유적을 찾을 수 없을 것이라고도 말했다. 선발대로 뽑힌 짐꾼은 당연히 그 일을 달가워하지 않았다. 그는 자신의 짐을 남겨둔 채 아주 조용히 그리고 조심스럽게 길을 따라 나아갔고, 곧 시야에서 사라졌다. 긴장 속에 30여분을 기다리는 동안, 나는 우리를 대하는 그 야만인들의 태도가 어떨지 궁금한 생각이 들었다. 또한, "50명의 하인들에 둘러싸인 채" 원시적 호사스러움의 한복판에 앉아 자신의 뮈르미돈(부하, 심복의 뜻으로 그리스신화에 나오는 아킬레스의 충실한 부하의 이름/역자 주)들에게 우리가 "유령들의 팜파"에 있는 잉카 도시를 방문하지 못하게 막을 것을 명령하는 권력자 사아베드라 앞에 서 있는 모습도 상상해 보았다.

갑자기 나뭇가지들이 딱딱거리며 부러지는 소리와 사람들이 달려오는 소리에 우리 모두는 깜짝 놀랐다. 우리는 본능적으로 총을 더욱 세게 움켜잡으며 만약의 사태에 대비했다. 이때 숲속에서 갑자기 튀어나온 것은 전통의상을 제대로 차려입고 상냥한 표정을 한 젊은 페루 청년으로, 그의 아버지 사아베드라가 있는 곳에서 서둘러 나와 우리를 따뜻하게 환영해 주었다! 믿겨지지 않았지만, 그의 얼굴을 봐서는 우리를 기다리는 매복은 절대로 있을 것 같지 않았다. 도저히 헤쳐 나갈 수 없는 덤불 속에서 독화살이 소나기처럼 날아오지 않을 것이라는 것을 알게 되니 안도의 한숨이 저절로 나왔다. 우리는 짐을 챙겨 더욱 높고, 짙으며, 어두워진 나무들 사이로 난 정글 길을 따라 앞쪽에서 햇빛과 사탕수수들이 밝은 녹색의 물결을 이루는 놀라운 광경이 보일 때까지 계속해서 나아갔다. 사탕수수밭을 잠깐 지나자 크고 안락한 오두막이 나타났고, 사아베드라로부터 직접 간단하지만 품격 있는 환영 인사를 받았다. 내 평생에 이보다 더 상냥하고 온화한 작은 사람은 만나본 적이 없었다. 우리는 그의 50명의 야만인 하인들을 찾으려 은밀하게 주의를 둘러보았지만, 우리가 볼 수 있었던 것은 그의 온화한 부인과 서너 명의 어린 아이들 그리고 유일하게 야만인의 모습으로 매서운 눈초리를 가진 온갖 시중을 드는 여인이 전부였다. 사아베드라는 어떤 사람들은 이곳을 처음 보고 너무 놀라서 여기를 "헤수스 마리아Jesus Maria"라고 불렀다고 했다.

우리가 사아베드라의 초대를 받아 이렇게 편안하게 앉아서 삶은 닭과 쌀밥 그리고 달콤한 카사바(*마니옥*manioc)로 이루어진 풍요로운 식사를 대접받는 기분을 도저히 말로는 형용할 수가 없었다. 사아베드라는 자신이 가지고 있는 것은 무엇이든 우리에게 기꺼이 내주겠다고 약속했을 뿐만 아니라, 우리들이 그 유적-아마도 에스피리투스 팜파에 있는 것을 말하는 것 같은-을 볼 수 있도록 모든 편의를 봐주겠다고 약속했다. 하지만 그곳은 험한 길을 따라 맨발의 현지인들이나 다다를 수 있는 계곡 아래쪽으로 한참이나 떨어진 곳에 있어, 우리 같은 사람들은 그 길의 거의 대부분을 손과 무릎으로 기어서가지 않으면 안 된다고 했다. 다음날, 짐꾼들이 그 길을 개척하는 동안, 푸트 교수는 새로운 여덟 종의 나방과 나비를 포함해 많은 곤충들을 채집했다.

나는 사아베드라의 농장을 조사해 보았다. 수세기 동안 휴경지로 남아 있으면서 부식토로 비옥해진 토양에서 그는 소비할 수 있는 것보다 훨씬 더 많은 양의 사탕수수를 생산했다. 그 밖에도 바나나, 커피, 고구마, 담배 그리고 땅콩을 재배했다. 그는 "많은 원주민들을 거느린 아주 강력한 족장"-일종의 "지도자Pooh-Bah"-이라기보다는 단지 한사람의 개척자였다. 이웃으로부터 아주 멀리 떨어진 울창한 정글과 몇 명의 미개인들에 둘러싸인 완전한 미개척지에 그는 자신만의 터전을 세웠다. 그는 원주민들의 지도자가 아니라, 단지 한사람의 개척자였고, 부드러운 말씨를 가졌지만 정렬적이었으며, 재능이 넘치는 목수이자 기술자였을 뿐만 아니라 겸손한 페루 사람의 최고의 전형이었다.

경작할 만한 땅이 희박했기 때문에 그는 유일하게 발견할 수 있었던

*팜파스*를 경작해야만 했다. 경작지들 중 하나는 집 근처 선상지에 있었고, 다른 하나는 강 근처의 자연적인 테라스에 있었다. 집 뒤에는 초가지붕의 대피소가 있었고, 그곳에 작은 설탕제조 공장을 만들어 놓았다. 거기에는 투박하게 자른 통나무들을 나무 핀으로 서로 고정시키고 다시 가죽 끈으로 묶은 크고 조잡한 바퀴에 의해 제각기 삐걱대고 우두둑거리는 소리를 내며 돌아가게 만들어진 단단한 나무 롤러가 한 쌍 있었다. 그것은 순전히 사람의 손과 발의 힘으로만 움직였다. 사아베드라는 짐을 나를 수 있는 어떤 동물도 콘세르비다욕으로 오는 길을 통해 끌고 들어올 수 없었기 때문에, 그것을 돌리기 위해서는 전적으로 그의 한정된 힘과 원기왕성한 자기 아들의 힘에 의존하거나, 설탕이나 장신구 또는 그 밖의 교역품 만드는 일을 해 보기 위해 가끔 나오는 미개인들의 불확실하고 불규칙한 도움을 받아야만 했다. 종종 미개인들은 그 삐걱거리는 커다란 쳇바퀴 위에 올라가는 것을 마치 놀이를 즐기듯이 재미있어 했다. 그때 외에는 그들은 숲속으로 들어가서 나오지 않았다.

그 공장 근처에는 사아베드라가 사탕수수 즙을 끓이거나 조당(粗糖)을 만드는 과정에 사용하는 흥미로운 커다란 단지들이 몇 개 있었다. 그는 이 단지들을 그다지 멀지 않은 정글 안에서 찾았다고 했다. 그것들은 잉카시대에 만들어진 것들이었다. 그 중 네 개는 아리발루스aryballus의 모양과 유사했다. 또 다른 하나는 그것들과 깊은 연관이 있는 모양으로서 넓은 주둥이와 뾰족한 바닥을 가졌고, 단조로운 조각에 평범하며, 어깨부분에는 동물의 머리모양이 돌출되어 있고, 중앙선 밑으로는 띠모양의 손잡이들이 달려 있었다. 40리터는 충분히 담을 수 있는 이 거대한 단지를 그들은 밧줄을 손잡이들에 통과시켜 돌출부에 감는 방법으로 등이나 어깨에 지고 운반했을 것이다. 사아베드라는 자기 집 주변에서 돌들이 늘어선 채 그 위에 평평한 돌이 덮인 병모양의 석관들을 여러 개 발견했었다고 말했다. 고대 무덤이 분명했다. 뼈들은 완전히 사라져 버렸다. 한 무덤의 뚜껑은 이미 뚫려 있었고 그 구멍은 얇은 은박조각으로 덮여 있었다. 그는 또 몇 개의 돌 도구들과 두세 개의 잉카시대 작은 청동도끼도 발견했었다.

사아베드라는 그의 집 아래쪽 *팜파*에 상상할 수 없는 노력을 들여 또 다른 설탕공장을 지었다. 처음에는 그가 똑같은 공장을 두 개씩이나 지을 필요가 있었을까하는 의문이 들었다. 하지만 그에게는 짐을 나를 동물이 없었기 때문에 보통은 사탕수수를 공장까지 그와 그의 아들이 등짐으로 날라야 했다. 우리는 그가 수탕수수가 자라는 동안 새로운 공장을 사탕수수밭 근처에 새로 짓는 것이 다자라 무거워진 사탕수수 다발들을 산 위쪽까지 끌어올리는 것보다 훨씬 편하다는 것을 이해할 수 있었다. 그는 자신이 그렇게 힘들게 일하는 이유가 돈을 벌어 자식들을 쿠스코에 있는 학교에 보내고 세금을 내기 위해서라고 했다. 그가 돈을 벌 수 있는 유일한 방법은 *찬카카* chancaca, 즉 갈색 조당을 만들어 한번에 23킬로그램씩 등짐을 지고 자신의 작은 농장에서 사흘을 걸어 1,700에서 2,100미터 산 위에 있는 팜파코나스나 빌카밤바까지 가는 것이었다. 그것을 보통 5솔레스, 즉 2달러 50센트에 판다고 했다! 분명히 엄청나게 힘든 일이었지만 그는 불평하지 않았다. 오히려 정글의 숲이 너무 빨리 자라고 홍수로 인해 강 위에 만들어 놓은 작은 통나무 다리들이 계속해서 쓸려 내려가 밖으로 나가는 길을 유지하기가 어렵다며 씁쓸한 미소를 지으면서도 그 현실을 받아들였다. 그의 가장 큰 걱정거리는 최근 발생한 혁명 때문에-물론 그와는 아무런 상관도 없는 일이었지만-정부가 모든 총기류의 사용을 법적으로 금지한 것이었다. 그 때문에 이 숲 속에서 신선한 고기를 얻을 수 있던 유일한 길이 막혀 버렸다.

집 근처 개간지에서 반짝이는 검정색에 무엇보다 사람들의 눈길을 끄는 호화로운 붉은 산호빛 볏을 가진 커다란 칠면조같이 생긴 *파바 데 라 몬타냐*pava de la montaña가 우리의 관심을 끌었다. 비록 자유롭게 놓아져 길러졌지만, 그들은 완전히 길들여져 있는 듯했다. 이 매력적인 새를 우리나라의 남부 지방에 소개해도 괜찮을 듯하다.

사아베드라와 그의 잉카시대 도기들

에스피리투스 팜파의 잉카시대 박공(搏拱)

사아베드라는 저장해 두었던 아주 검은 색의 토종 담배 잎들을 우리에게 내놓았다. 우리 중의 한 애연가가 자신의 파이프로 이 담배를 피워보고는 자기가 그동안 피워본 담배들 중 가장 독했다고 말했다!

사아베드라와 흥미로운 얘기들을 하고, 농장을 둘러보며, 또 그가 세금 걱정을 해야 하고, 총기류를 금지하는 법을 따라야 한다는 사실에 놀라고 있는 동안, 나는 야만스러운 원주민에 대한 생각을 완전히 잊어버렸다. 그러던 중 우리의 짐꾼들이 놀라 집안으로 뛰어 들어오며 숲 바로 근처에 "야만인"이 나타났다며 소리쳤다. 그 "야만인 남자"는 처음에는 겁을 먹었지만, 결국 호기심으로 그 두려움을 극복하고 용기를 내서 사아베드라의 초대를 받아들여 우리를 만나러 정글 밖으로 나왔다. 그는 아주 심한 감기에 두통으로 고생하고 있는 비참한 기인(奇人)이었다. 미국대륙과 태평양의 다양한 지역들에서 원시적인 사람들을 기회가 될 때마다 만날 수 있었던 것은 커다란 행운이었지만, 이 남자는 내가 그동안 보아온 사람들 중에서 단연 지저분했고, 가장 처참했다.

그는 거의 발목까지 내려오는 길고 지저분한 튜닉을 입고 있었다. 그것은 조잡하게 박음질한 커다란 정사각형 광목천의 한가운데에 머리가 들어갈 수 있는 구멍을 낸 것이었다. 그리고 양쪽 옆은 팔이 들어갈 수 있는 구멍만 남기고 꿰매져 있었다. 그의 머리는 길고 빗질을 하지 않아 엉클어져 있었다. 작고 움푹 들어간 눈과 시체처럼 마른 뺨, 두꺼운 입술 그리고 커다란 입을 가졌다. 그의 발가락들은 유난히 길고 쥐는 힘이 있었다. 그는 가공하지 않은 섬유 망으로 만든 작은 배낭을 한쪽 어깨에 멘 채로 들고 다녔다. 또 목에는 10여 가닥의 단단한 끈을 서로 튼튼하게 매듭으로 엮은 언뜻 보기에 목걸이같이 생긴 것을 두르고 있었다. 나는 그것이 사용되는 경우를 직접 보지는 못했지만, 추측컨대 그가 나무를 오를 때 이 단단한 끈으로 자신의 양쪽 발목을 묶어 양다리로 나무를 더욱 단단히 조일 수 있을 것 같았다.

그날 저녁때까지 두 명의 미개인들이 더 나왔다. 한 젊은 유부남과 그의 어린 여동생이었다. 그 두 사람 역시 심한 감기에 걸려 있었다. 사아베드라는 이 원주민들이 피찬게라족Pichanquerras으로 캄파 부족의 한 갈래라고 말해 주었다. 사아베드라와 그의 아들은 그들의 언어를 조금 할 줄 알았지만, 우리의 익숙하지 않은 귀에는 그것이 마치 낮은 꿀꿀거림과 기음(氣音) 그리고 후음(喉音)이 반복되는 것처럼 들렸다. 그리고 몸짓으로 보완이 되었다. 남자가 긴 튜닉을 입은 것은 그가 한 명이나 그 이상의 부인을 소유하고 있음을 나타낸다. 그들은 결혼을 하기 전에는 누더기 천을 한쪽 어깨에 걸쳐 허리 부근에서 묶는 짧은 복장을 한다. 추운 밤에 입어도 충분히 편할 것 같은 그들의 유일한 옷인 긴 튜닉은 정글에서 생활하기에는 분명히 거추장스러웠다. 그들은 아직도 활과 화살을 사용해서 부분적으로 사냥을 하고 있었다. 우리는 이 피찬게라족이 계곡 아래 고무재배 지방에서 도망쳐 왔다는 사실을 알게 되었다. 그들은 이 해발 1,350미터 지역에서 추위 속에 고통스럽게 살고 있었지만, 고무 농장에서의 농노신분보다는 이곳 고지대 계곡에서의 자유를 선택했다.

사아베드라는 자신의 농장에 콘세르비다욕이라는 이름을 붙였는데, 그 이유는 실제로 이곳이 "상처받은 사람들이 보호를 받는 곳"이기 때문이라고 했다. 그가 사는 곳에서 "지금까지 살아서 돌아온 사람은 아무도 없었다."는 권력자의 집은 그러했다.

15
유령들의 팜파

이틀 뒤 우리는 콘세르비다욕을 떠나 사아베드라의 아들과 우리의 팜파코나스 원주민들이 닦아 놓은 길을 따라 에스피리투스 팜파를 향했다. 계곡 아래, 특히 바로 밑으로 나무들이 무성한 선상지가 훤히 내려다보이는 낭떠러지 가까이에 있는 잡목 숲을 빠져나왔다. 선상지 안에는 두세 군데에 작은 개간지들과 에스피리투스 팜파, 즉 "유령들의 팜파"에 사는 미개인들의 작은 타원형 오두막들이 있었다.

낭떠러지 맨 위에는 아마도 잉카족의 감시탑으로 추정되는 다듬어지지 않은 돌로 지은 직사각형의 작은 건물 유적이 있었다. 이곳에서 에스피리투스 팜파까지는 약 1.2미터 폭에 500미터정도 거리의 고대 돌계단을 따라갔다. 그것은 순수한 돌로만 이루어져 있었다. 아마도 이 계단은 낭떠러지 위에서 감시를 서는 것이 주된 임무였을 병사들이 남는 시간을 이용해 쌓았을 것으로 추측된다. 우리가 첫 번째 개간지에 이르렀을 때 천둥을 동반한 소나기가 퍼붓기 시작했다. 오두막들은 비어 있었다. 그곳에 사는 사람들은 우리가 오는 것을 보고 정글 속으로

숨은 것이 분명했다. 우리가 너무 예민한 것인지는 몰라도, 우리는 주인의 허락도 없이 그들의 집 안으로 들어가는 것이 망설여졌다. 하지만 퍼붓는 소나기는 이내 우리의 양심을 정복해 버렸다. 오두막의 지붕은 가파르게 되어 있었다. 그 옆면들은 끝을 똑바로 땅속에 박아 서로를 덩굴로 고정시킨 통나무들로 되어 있었다. 바닥에는 조그맣게 불을 피웠던 흔적이 있었다. 그리고 그 타다 남은 재 곁에는 잉카시대의 낡은 검정색 질냄비가 두 개 있었다.

작은 *차크라*에는 카사바와 *코카* 그리고 고구마들이 숯이 되었거나 쓰러진 나무줄기들 사이에서 아무렇게나 자라고 있었다. 전형적인 *밀파 milpa*(화전(火田)/역자 주) 농지였다. 개간지 안에는 열여덟에서 스무 채 정도의 원형집 유적이 불규칙하게 무리를 지어 늘어서 있었다. 우리는 이곳이 혹시 로페스 토레스가 보고한 "잉카 도시"가 아닌지 궁금했다. 유적들 사이에서 잉카시대 도기 파편들도 발견했다. 하지만 건물들에는 전혀 잉카적인 요소가 없었다. 한 채는 직사각형이었고, 또 다른 한 채는 삽 모양이었지만, 나머지는 모두 둥그렇다. 건물들의 반경은 4.5미터부터 6미터까지 다양했고, 출입구는 하나씩이었다. 벽체는 허물어져 있었고, 애초에 집을 지을 때부터 신경을 쓴 흔적은 보이지 않았다. 얼마 떨어지지 않은 숲 속의 아직 미개인들에 의해 개간되지 않은 곳에서는 또 다른 원형 벽체들을 발견했다. 그것들은 약 1.2미터 높이로 서 있었다. 우리가 오기 전에 미개인들이 먼저 화전을 일궜다면, 이 벽체들도 아마 쓰러지는 나무들에 의해 이미 훼손되었을 것이다. 이 고대 마을에는 아마도 잉카족에게 충성을 했던 부족이 살았을 것으로 추정된다. 왜냐하면 건물들의 건축방식에서 잉카족의 건설기법을 전혀 발견할 수 없었다. 우리는 "유령들의 팜파"가 우리가 찾고 있는 그 중요한 무엇을 가지고 있을지에 대한 의문이 들기 시작했다. 이 선상지는 이렇게 심한 경사를 가진 산악 지역에서는 매우 혜택

받은 장소가 분명했다. 비록 "잉카 도시"는 아니었더라도, 적어도 수세기 동안 사람들이 들어오거나 나가면서 거주를 하고 있었어야 했다.

우리가 여기서 잉카족이 살았던 적이 있었는지를 조사하고 있을 때, 단단한 활과 화살로 무장하고 머리에는 대나무 띠를 두른 건장한 체구에 벌거벗은 모습의 젊은 미개인이 갑자기 나타났다. 그는 사냥을 하던 중이었고, 우리에게 자기가 쏘아서 잡은 새를 보여주었다. 잠시 후 사아베드라의 집에서 만났던 두 명의 미개인들이 사시(斜視) 눈을 가진 또 다른 친구를 데리고 우리에게로 왔다. 모두 튜닉을 입고 있었다. 그들은 우리에게 다른 유적이 있는 곳으로 안내해 주겠다고 제안했다. 우리는 그들의 빠른 걸음을 쫓아가느라 너무 힘이 들었다. 반시간에 걸쳐 정글을 헤치고 나오자, 팜파코나스의 한 작은 지류의 기슭에 있는 *팜파*인 것 같기도 하고 자연적인 테라스인 것 같기도 한 곳에 이르렀다. 그들은 그곳을 에롬보니 Eromboni라고 불렀다. 여기서 여러 개의 오래된 인공적인 테라스들과 가로세로가 57미터와 7미터인 긴 직사각형 건물의 세련되지 않은 기초를 발견했다. 거기에는 정면과 뒷면에 1미터 넓이의 문이 각각 열두 개씩 전체 스물네 개가 있었던 것이 확실했다. 상인방의 흔적은 없었다. 벽들은 겨우 30센티미터 높이였다. 건축용 재료는 거의 보이지 않았다. 이 건축물은 미완성이었던 것이 분명했다. 그 곁에는 전형적인 잉카 방식의 돌로 만든 홈통 또는 도관들이 세 개 있었다. 물 뜨는 사람들이 모이던 장소 너머 180미터 떨어진 곳이자, 공중에 걸려 있는 덩굴과 덤불들이 너무 빽빽이 마치 커튼처럼 가리고 있어 어느 방향으로도 단 몇 십 센티미터 앞도 보이지 않는 곳 뒤편에서 미개인들은 벽체가 지금도 좋은 상태 그대로 남아 있는 돌집들이 무리를 이루고 있는 유적을 우리에게 보여주었다.

건물들 중 하나는 한쪽 끝이 둥글었지만, 작은 *팜파*의 남쪽 끝에 홀로 서 있는 다른 하나는 문이나 창문이 전혀 없었다. 그것은 직사각형이었다. 네댓 개의 벽감들은 눈에 띄게 불규칙하게 배열되어 있었다. 더욱이 깊이가 60센티미터로 특이한 크기였다. 아마도 이것은 창고였던 것 같다. *팜파*의 동쪽에는 36미터 길이에 넓이가 6.3미터로 각각의 크기가 서로 다른 다섯 개의 방으로 나눠진 구조물이 있었다. 벽체는 가공하지 않은 돌들을 진흙에 넣어 세웠다. 출입문의 상인방은 오

에스피리투스스 정글속의 잉카 유적

얀타이탐보에 있는 몇몇 건물들처럼 서너 개의 다듬지 않은 폭이 좁은 마름돌을 사용했다. 일부 방에는 벽감들이 있었다. *팜파* 북쪽에는 또 다른 직사각형 건물이 있었다. 서쪽은 돌 옹벽으로 된 테라스의 가장자리였다. 그 아래에는 돌로 만든 홈통과 안쪽을 돌로 댄 웅덩이가 있는 부분적으로 둘러싸인 연못이었거나 목욕탕이었던 것이 있었다. 집들의 모양이나 전체적인 배열, 벽감, 지붕 쐐기돌과 상인방 등의 모든 면이 잉카 건축가들의 솜씨임을 알 수 있게 해주었다. 건물들 안에서는 여러 개의 잉카시대 질그릇 파편을 발견했다.

흥미로운 동시에 아주 혼란을 일으킨 것은 붉게 구워진 여섯 개의 가공되지 않은 스페인식 지붕 타일이었다. 우리가 발견한 조각과 파편들을 모두 합쳐도 0.4제곱미터를 가릴 수 없는 정도였다. 크기들을 재보았지만, 제각기 다른 여러 가지 크기였다. 쿠스코에서 새로운 붉은 타일 지붕들을 본 잉카 사람이 그 후 이곳 정글에서 그것을 흉내 내어 만들어 보려고 시도했지만 실패했던 것 같다.

해질 무렵, 모두는 에스피리투스 팜파로 돌아왔다. 우리의 얼굴과 손, 옷들은 정글에서 긁히고 찢겨졌고, 다리는 피곤하고 쑤셨다. 그러나 이 날의 탐사는 만족스러웠고, 모두는 편안한 마음으로 그 밤을 쉴 준비를 하고 있었다. 세상에! 우리는 그럴 수 있는 운명이 아니었나보다. 낮 시간 동안 누군가 우리의 오두막에 길들여진 여덟 마리의 소란스러운 마카우 앵무새를 가져다 놓았다. 거기에 보태어 우리의 미개인 안내인들은 다른 사나운 원주민들이나 표범이 나타나는 것을 막으려는 것인지, 아니면 백인들을 따라 왔을지도 모르는 악령들을 쫓을 목적인지, 그도 아니면 분명히 근처 정글 속에 숨어 있을 가족들의 용기를 북돋아 주려는 것인지는 몰라도, 울부짖고 탐탐(손바닥으로 두드리는 긴 북/역자 주)과 북을 두드려대면서 소름끼치는 밤을 만들었다.

다음날, 미개인들과 우리 짐꾼들은 계속해서 그 훌륭한 유적 주변에 뒤엉켜 있는 잡목들을 될 수 있는 대로 많이 치워냈다. 그러던 중 우리뿐만 아니라 그 미개인들도 깜짝 놀랄만한 일이 일어났다. 전날 우리가 서 있던 "목욕탕" 바로 아래에서 쐐기돌들로 잘 짜 맞춰져 있고, 수많은 벽감들도 있으며, 매우 균형 잡히게 배치되어 있는 두 채의 건물유적(보존이 잘되어 있고 아주 뛰어난 건축술을 보여주었다)을 발견했다. 이 집들은 작은 인공 테라스 위에 외톨이로 서 있었다. 커다란 *아리발루스* 조각들을 비롯해 독특한 잉카시대 질그릇 파편들이 바닥에서 발견되었다.

미개인들이 그렇게 자주 이 훌륭한 벽체들이 있는 곳에서 채 1.5미터도 떨어지지 않은 곳까지 와봤으면서도 그 존재를 알아차리지 못했다는 것은 이 정글이 얼마나 울창한지를 단적으로 보여주는 증거이다.

계곡 안에서 찾아낸 가장 독특한 잉카시대의 이런 중요한 유적 발견에 고무되어 탐사를 계속해 나갔지만, 추가적으로 발견할 수 있었던 유일한 것은 시냇물 위에 세심하게 건설된 돌다리뿐이었다. 사아베드라의 아들이 미개인들에게 자세히 물어 보았지만, 그들은 그저 먼 옛날부터 있던 것이라고만 대답했다. 도대체 누가 에스피리투스 팜파와 에롬보니 팜파의 돌 건축물들을 지었단 말인가? 이곳이 칼란차 신부가 말한 마르코스 수도사와 디에고 수도사가 있는 고생을 다해 찾아온 "혐오스러운 의식을 주관하는 마법사들과 지도자들이 거주하며 가르치는 우상숭배 학교"가 있던 "빌카밤바 비에호"는 아닐까? 이 길에는 강을 건너야 했던 수도사들이 거추장스러운 수도사 복장 때문에 힘겹게 물을 건너는 모습을 보고 티투 쿠시가 재미있어 했던 운가카차라고 불리던 곳이 있을까? 그들은 그곳을 "걸어서 사흘이 걸리는 험준한 지역"이라고 했다. 칼란차 신부는 푸키우라에 관한 다른 기록에서 "빌카밤바에서 이틀이 걸리는 긴 여정"이라고 말했다. 우리는 에스피리투스스 팜파에서 푸큐라까지 닷새가 걸렸다. 하지만 원주민들 걸음으로 만약 무거운 짐을 지지 않고 전속력으로 갔다면, 사흘 만에 도달할 수 있었을 것이다. 비록 이곳에 운가카차라고 불리는 길은 없지만, 다른 관련된 세세한 이야기들을 이 지역과 연관 지어 볼만은 하다고 생각한다. 만코와 함께 추운 쿠스코를 떠나 윌카팜파의 요새들 중 어딘가 그가 자리를 정한 장소에 정착한 주술사들과 태양의 처녀들("우상숭배 학교"의 일원)이 에스피리투스 팜파의 더운 계곡에 사는 것을 좋아했으리라고 추측하기는 적절치 않아 보인다. 그 기후의 차이는 스코틀랜드와 이집트, 혹은 뉴욕과 하바나 사이만큼이나 달랐다. 그들은 에스피리투스 팜파에서 자신들이 좋아했던 음식들을 찾을 수 없었을 것이다. 더욱이 자신들이 열망했던 외부와 차단된 안전한 곳들을 다행히 그 지방의 다른 여러 곳에서 발견할 수 있었을 것이다. 특히 마추픽추와 같이 시원하고 상쾌한 날씨와 함께 자신들에게 익숙한 먹을거리와 상당히 유사한 것들이 있는 곳도 발견했을 것이다. 결론적으로 칼란차가 "구 빌카밤바"가 그 지방에서 "가장 큰 도시"라고 한 말은 에스피리투스 팜파보다는 오히려 마추픽추나 아니면 촉케키라우에 더 적합해 보인다.

한편, *몬타냐* 안의 에스피리투스 팜파가 가르시아 대위의 동료들에 의해 붙여진 빌카밤바의 조건들을 충족시켜 주고 있음에는 의심의 여지가 없다. 그들은 마지막 잉카 투팍 아마루가 자신의 군대가 위티코스에 있는 "젊은 요새"를 잃은 뒤, 그의 몸을 피신한 마을과 계곡을 그렇게 불렀다. 오캄포는 자신이 세운 현대적 도시인 스페인 사람들의 빌카밤바를 그곳과 확실히 구별하고 싶었을 것이므로, 투팍의 은신처를 "구 빌카밤바"라고 불렀을 것이다. 오캄포의 현재 "빌카밤바"는 마르코스 수도사와 디에고 수도사가 이 지방에 살았을 때는 존재하지 않았다. 만약 칼란차가 그의 연대기를 그들의 기록에 근거했다면, "구"라는 단어는 에스피리투스 팜파에는 적용될 수 없고, 오히려 오캄포가 알고 있던 장소들 중 더 오래된 빌카밤바에 적용되었어야 한다.

유적들에서 잉카시대 후기의 형식을 보면, 건물을 짓는데 많은 시간을 들이지 않은 것을 알 수 있다. 미완성의 건물들은 티투 쿠시 통치 후반기 동안 건축이 진행되었을 가능성이 있다. 그래서 티투 쿠시는 로드리게스 데 피게로아를 팜파코나스에서 만나자고 요구했던 것이다. 잉카는 *몬타냐* 안의 빌카밤바에서 내려온 것이 분명하다. 왜냐하면 그가 로드리게스에게 지금도 콘세르비다욕에서는 일반적인 교역품들인 머코 야자와 두 바구니의 땅콩을 선물로 가지고 왔다고 전해지기 때문이다. 그 점에서 나는 에스피리투스 팜파의 유적이 이 잉카가 가장 선호했던 거처들 중 하나였고, 실제로 그가 어린 시절을 보냈으며, 또 1565년 당시 로드리게스를 만나러 내려갔던 바로 그 빌카밤바라고 확신한다.[1)]

1572년 당시 빌카밤바에서의 승리 후 가르시아 대위가 투팍 아마루의 추격에 나섰을 때, 잉카는 "내륙을 통해 시마-폰테 계곡으로 달아나 호전적인 부족이지만 그의 친구들이기도 했던 마냐리족 원주민 지역으로 들어간 뒤 *발사*(뗏목)와 카누를 제공받아 목숨을 구하고 탈출에 성공했다." 하지만 우리가 최선을 다해 찾아보았지만, 그 주변에 현재 시마폰테라고 불리는 계곡은 없었다. 마냐리족 원주민들은 우루밤바 유역 아래쪽에 살았었다고 전해진다. 그 지역에 이르려면 투팍 아마루는 아마 에스피리투스 팜파에서 팜파코나스로 내려가야 했을 것이다. "유령들의 팜파"에서 카누를 이용해 내려갔다면 매우 짧은 거리였을 것이다. 그의 탈출을 도와준 친구들은 분명히 카누를 다루는데 전문가들이었을 것이다. 가르시아 대위의 투팍 아마루 추격에 관한 설명에서, 그는 정글이나 강의 위험 때문에 추격을 포기하지는 않았다고 했다. 그는 다섯 대의 뗏목을 만들어 병사들을 태우고 자신도 그들과 함께 탄 채 여러 번의 죽을 고비를 헤엄쳐 모면하며 급류를 타고 내려가 모모리라는 곳에 도착했다. 그가 쫓아오고 있다는 것을 알아차린 잉카는 숲 속으로 더 깊숙이 들어갔다. 아무것도 두려울 것이 없었던 가르시아는 자신과 병사들이 맨발로 걸어야 했고, 대부분의 식량을 강에서 잃어버려 거의 먹을 것이 없었음에도 불구하고, 마침내 투팍과 그의 추종자들을 붙잡을 때까지 계속해서 쫓아갔다. 무시무시한 추격은 비극적인 종말로 끝이 났다. 인정사정없었던 그 백인이 잉카족에게는 치명적이었다.

내가 지금 당장 팜파코나스강을 따라 우루밤바와 합쳐지는 곳까지 가볼 수 없는 것이 너무나 유감스럽다. 팜파코나스가 시리알로Sirialo나 코리-베니Cori-beni라고 알려진 곳들 중 하나일 가능성도 있었다. 보우만 박사의 카누를 저어준 사람은 두 산이 모두 빌카밤바에 솟아 있다고 믿고 있었다. 하지만 팜파코나스가 진짜로 코시레니Cosireni의 한 지류라는 것을 확인할 수 있었던 것은 1915년 여름이 되어서였다. 코시레니는 한때 "시마-폰테"라고 불렸던 것 같다. 콤베르시아토Comberciato가 "모모리"였는지는 확실히 말하기 어렵다.

투팍 아마루와 가르시아 대위의 발자취를 그대로 따라가는 특권을 누렸던 사람들은 헬러, 포드 그리고 메이나드였다. 그들이 불쾌한 존재들을 발견했다는 말은 절대로 과장이 아니었다. 그들은 곤충들과 엄청난 숫자의 개미들 때문에 고생했다. 조그마한 붉은 개미는 나무둥치에서 볼 수 있었고, 거의 2.5센티미터의 커다랗고 검은 개미는 바닥의 나뭇잎들 사이에서 자주 볼 수 있었다. 붉은 개미에게 물리면 15분정도는 따갑고 화끈거렸다. 검은 개미에게 물린 짐꾼들 중 한 명은 몇 시간을 심한 고통에 시달렸다. 물린 그의 발뿐 아니라 다리와 엉덩이에까지 영향을 미쳤다. 미개인들은 낚시꾼이자 사냥꾼이었다. 물고기는 그물을 이용해 잡았고 사냥에는 활과 화살을 사용했다. 페커리(남미 산 멧돼지)는 야자나무 잎으로 위장하고 동물들이 다니는 통로에서 채 몇 미터도 떨어지지 않은 곳에 숨어 쏘아서 맞췄다. 낚시의 결과는 조금 빈약했다. 세 명의 원주민들은 밤새도록 낚시를 해 무게가 2킬로그램 정도 되는 물고기를 겨우 한 마리 잡아왔다.

온도가 너무 높아 양초가 쉽게 녹아 버렸고, 지나치게 높은 습도는 모든 가죽 물품에 퍼런 곰팡이가 피게 했다. 파리와 모기떼는 정글의 전염성 열병을 퍼뜨릴 가능성을 높였다.

헬러가 도착한 콤베르시아토강은 우루밤바와 합쳐지는 곳에서 4.8킬로미터도 채 떨어지지 않은 지점에 있었다. 콤베르시아토의 낮은 쪽 물길은 카누를 타고 내려가는데 위험해 보이지는 않았지만 계곡은 코시레니보다 훨씬 더 좁았다. 강폭은 대략 3미터 정도였고 물의 양은 코시레니의 두 배였다. 기후는 매우 견디기 힘들었다. 밤에도 더웠고 해충들도 많았다. 헬러는 "숲속은 어떤 모습의 사람에게나 고집스럽게 달라붙는, 다행히 침은 없지만, 귀찮은 벌들로 가득했다"고 회고했다. 콤베르시아토 기슭에서 그는 미개인 가족을 여럿 발견했다. 모든 남자들은 훌륭한 사냥꾼이자 낚시꾼이었다. 그들의 무기는 작은 야자나무로 만든 강력한 활과 갈대에 깃털을 뾰족하게 갈아서 마무리한 화살이었다.

원숭이들이 아주 많았다. 우리는 느리고 수 킬로미터 밖에서도 들릴 만큼 낮고 우렁찬 울부짖음 때문에 쉽게 위치를 알 수 있는 커다란 붉은 원숭이와 아주 민첩하고 놀랐을 때는 놀라운 속도로 나뭇가지들을 날아다니는 검정색의 거대한 거미원숭이 그리고 감정표현이 뛰어나 종종 미개인들이 길들여 "즐거움을 함께 하는 애완동물로 기르며 아무리 먹을 것이 귀해지더라도 그들을 잡아먹지 않는" 검정색의 울리원숭이를 포함해 여섯 부류의 각기 다른 종을 발견했다. "원숭이 고기는 이들 원주민들에게는 아주 특별한 음식이라서 당장 먹어야 할 상황이 아니면 장작불에 훈제해 오랫동안 보존했다."

메이나드는 코시레니에서 원주민 안내인들 중 한 명이 나뭇잎들로

싼 덩어리를 가지고 다니는 것을 보았다. 그것을 열어보자 4, 50마리의 털이 전혀 없는 커다란 굼벵이나 유충 같은 것들이 들어 있었다. 결정적으로 그는 그것들의 머리를 잘라 내버리고 몸통만 작은 가방에 던져 넣었다. 유충들이 이 미개인들에게는 아주 별미임이 분명했다.

에스피리투스 팜파에서 만난 원주민들은 아래쪽 계곡에서 본 사람들과 매우 흡사하게 생겼다. 우리가 본 모든 미개인들은 머리에 아무것도 쓰지 않았고 맨발이었다. 그들은 해가 들지 않는 울창한 정글 속에 살았으므로 모자가 필요 없었다. 샌들이나 신발도 미끄럽고 좁은 길에서 는 거의 무용지물이었다. 그들은 지난 십여 년 동안 이 계곡을 통

에스피리투스 팜파의 캄파족 남자들

캄파족 여인들과 아이들

과하는 낯선 사람을 구경해본 적이 없었기 때문에, 처음에는 자신들의 아내와 아이들을 정글 깊숙이 피신시켰다. 그러나 그 후 헨드릭슨과 터커가 에스피리투스 팜파의 천문학상 위치를 측정하기 위해 이곳에 보내졌을 때는, 터커가 자기 가족을 촬영하는 것을 허락해 주었다. 아마 그들은 터커가 무엇을 하는지도 몰랐을 것이다. 아무튼 그들은 도망가거나 숨지 않았다.

모든 남자와 나이 먹은 아이들은 대나무 머리띠를 하고 있었다. 결혼한 남자들은 그들의 얼굴에 색을 칠하고 있었고, 그중 한 명은 입에 캄파족이 하는 독특한 장식을 하고 있었다. 몇몇 아이들은 전혀 옷을 걸치지 않고 있었다. 부녀자들 중 두 명은 남자들처럼 긴 튜닉을 입고 있었다. 그중 한 명은 얼굴에 색을 칠해 진짜 미개인의 모습을 하고 있었다. 그녀는 머리띠는 하고 있지 않았지만 제일 훌륭한 튜닉을 입고 있었고, 식물의 씨와 화려한 깃털을 가진 작은 새의 껍질로 만든 아름다운 목걸이를 하고 있었다. 그런 예술적인 작품을 얻으려면 무한한 노력과 적지 않은 화살이 쓰였을 것 같았다. 모든 여인들은 아기들을 작은 해먹에 넣어 어깨에 걸머지고 있었다. 여섯 살이 채 안 되어 보이는 한 작은 소녀는 두 아이 중 하나를 해먹에 넣고 그 끈을 머리에 걸어 지지한 채 등에 업고 있었다. 여러분은 숲 속에 사는 원주민들이 두 손을 자유롭게 사용하기 위해 항상 머리에 거는 끈을 사용하는 것을 기억할 것이다. 여인들 중 한 명은 선대에 스페인 혈통이 있었던 듯 다른 여자들보다 피부색이 훨씬 희었다. 가장 미개인의 인상을 한 여인은 옷을 거의 입지 않은 채 씨로 만든 목걸이를 하고 있었으며, 흰색으로 입을 장식했고, 허리부분에는 몇 겹의 누더기를 두르고 있었다. 그녀의 모든 아이들도 옷을 걸치지 않고 있었다. 예쁜 목걸이를 한 그녀의 아이들은 낡은 튜닉 조각을 걸치고 있었고, 그중 엄마가 제일 아끼는 것으로 보이는 한 아이는 새 껍질과 원숭이 이빨로 만든 목걸이로 치장하고 있었다.

빌카밤바를 탈출한 투팍 아마루는 그런 사람들 사이에 은신처를 마련했다. 그가 모든 아마존 원주민들은 맛있게 먹었지만 고산 지대 사람들은 먹지 않았던 원숭이 고기와 같이 민감한 음식을 먹는데 동참했을 지에는 의구심을 갖지 않을 수 없다. 가르실라소는 분명히 투팍 아마루가 "굶주림으로 멸망하느니" 차라리 스페인 사람들의 손에 그의 운명을 맡기기로 했다고 말했다. 그의 원주민 협력자들은 원숭이들이 넘쳐나는 이 지역에 완벽하게 적응해 살고 있었다. 만약 그들이 잉카에게 그가 익숙한 음식들을 제공해 줄 수 있었다면, 그들이 가르시아 대위가 그를 잡아가도록 내버려 두었겠는가라는 의문이 든다.

어쨌든 우리의 조사는 이 계곡이 마지막 잉카들이 다스렸던 영토의 중요한 일부가 맞느냐는 것에 초점이 맞춰졌다. 좀 더 탐사를 계속하고 싶었지만, 짐꾼들은 팜파코나스로 돌아가고 싶어 안달을 했다. 그들은 원숭이 고기를 먹을 필요는 없었지만, 미개인들이 겁났고 그들이 언젠가 그 강력한 활과 화살을 자신들에게 사용할까봐 불안해했다.

콘세르비다욕에 있을 때 사아베드라는 고맙게도 우리를 위해 일부러 사탕을 만들어 주었다. 그는 설탕시럽을 단단하고 큰 통나무를 통해 일렬로 잘려진 정방형의 틀에 부었다. 그의 아들은 몇몇 틀에 잘 볶은 땅콩을 한 줌씩 집어넣었다. 그 용도는 일종의 설탕 절임 "비상식량"으로써 우리는 돌아오는 길에 유용하게 사용할 수 있었다.

우리는 산 페르난도에서 짐 나르는 노새들을 다시 발견했다. 다음날, 계속해서 열대성 폭우가 맹렬히 퍼붓는 가운데 무더운 계곡을 등반해 팜파코나스의 추운 고지로 빠져나왔다. 우리는 땀과 비가 범벅이 되어 흠뻑 젖었다. 마을 위쪽으로는 눈이 내리고 있었다. 우리의 입은 캐스터네츠처럼 덜덜 떨렸다. 지금까지 우리보다 더 비참하게 추위에 떨면서 비에 흠뻑 젖어 구스만의 오두막으로 돌아왔던 사람은 없었을 것이다. 내 평생 그렇게 맛있는 김이 모락모락 나는 달콤한 차를 마셔본 적은 없었다.

1) 티투 쿠시는 만코의 서자였다. 그의 어머니는 왕족 혈통이 아닌 따뜻한 계곡 출신 원주민이었을 가능성이 있다.

16

잉카 시조들의 잃어버린 도시, 탐푸-톡코 이야기

우리가 마지막 잉카족의 수도를 찾으면서, 만코와 그의 아들들 이야기와는 일치하지 않는 여러 무리의 유적을 발견했던 사실을 기억할 것이다. 그중 가장 중요한 것이 마추픽추였다. 그곳의 많은 건물들은 로사스파타나 에스피리투스 팜파보다도 훨씬 오래된 것들이었다. 우리가 마추픽추에서 발견한 것들을 이해하기 위해서는 스페인 정복 당시 존재했던 잉카 도시들의 명칭에는 사용되지 않았던 탐푸-톡코Tampu-tocco라는 이름의 유명한 도시를 이야기할 필요가 있다. 지금부터 나는 피사로와 만코, 톨레도와 투팍 아마루가 주인공이었던 시대보다도 거의 700년을 더 거슬러 올라간 시대로 독자 여러분을 안내해야 한다.

마지막 잉카족은 서기 1536부터 1572년 사이에 위티코스를 지배했다. 그런데 마지막 아마우타족Amautas은 서기 800년 무렵에 번성했다. 아마우타족은 6장에서 이미 언급했다시피 남쪽과 북쪽으로부터 침략을 받을 때까지 60여 세대 동안 페루의 고산 지대를 지배했다. 아마우타족은 찬란한 문명을 건설했었다. 우리가 보통 잉카족의 농업과 공학

기술이라고 알고 있는 것들의 상당수가 실제로는 아마우타족의 업적이다. 아마우타족의 마지막 통치자는 파차쿠티 6세로 라 라야의 전쟁터에서 화살에 맞아 전사했다. 최근 하클루잇Hakluyt 학회의 요청으로 하버드 대학교의 P. A. 민즈 교수에 의해 번역된 페루 유적에 관한 역사학자 몬테시노스의 기록에 따르면, 그는 파차쿠티 6세의 추종자들이 그의 시신과 함께 "탐푸-톡코"로 달아났다고 적고 있다. 그 역사학자는 그곳이 아마우타의 시신을 숨길 수 있는 동굴이 있는 "청결한 장소"였다고 말한다. 그들에게 가장 뛰어나고 중요한 도시였던 쿠스코는 이미 강탈당했다. 고대 제국은 전체가 무정부 상태에 놓였다. 침략자들 앞에서 평화롭고 풍요로웠던 좋은 시절은 이미 사라져 버렸다. 옛 제국의 영광은 완전히 파괴되어 수세기 동안 그런 시대로 되돌아가지 못했다. 이런 암흑시대는 게르만족 이주자들에 의해 로마 제국이 멸망하면서 나타났던 유럽의 중세시대와 닮은꼴로서, 페루는 독립된 수많은 작은 지역들로 분열되었다. 각 지역은 자신들만의 통치자를 각각 추대했고, 끊임없이 서로를 약탈했다. 이러한 증거는 지금도 고립되어 있는 안데스 산맥의 계곡들로 가는 길목마다 세워져 있는 작은 요새들의 유적에서 찾아볼 수 있다.

몬테시노스에 의하면, 아마우타들에게 충성스러웠던 사람들의 숫자는 극소수였기 때문에 주변 침략자들에게 대항할 수 있는 힘이 충분치 않았다고 한다. 그들 중 일부였던 아마도 중요한 주술사들이나 학식 있는 사람들, 즉 구 통치체제의 수장들이 "탐푸-톡코"에 새로운 도시를 건설했을 가능성이 있다. 거기에서 아마우타의 기억을 계속 되살리고 상대적으로 문명을 발달시킴으로써, 계속되는 혼란과 무질서 그리고 독립된 지역 족장과 "귀족 약탈자"들의 폭정을 피해 안전한 곳을 찾던 사람들을 서서히 끌어들일 수 있었다. 새로운 수도에서 그들은 티티 트루아만 키초Titi Truaman Quicho를 왕으로 추대했다.

구 통치체제의 생존자들은 지진이나 전염병, 침략자의 공포도 없는 탐푸-톡코에서의 생활에 만족했다. 더구나 만에 하나 행운이 젊은 왕 티티 투루아만에게서 등을 돌려 그가 죽게 되더라도, 그들은 파차쿠티 6세의 시신을 숨겼던 그 신성한 장소에 그를 묻을 수 있었다.

다행히 행운은 이 새로운 왕국의 건설자들에게 따라주었다. 그들은 누구의 방해도 받지 않을 훌륭한 장소를 자신들의 은신처로 찾아냈다. 그들의 통치자였던 탐푸-톡코의 왕과 그의 후계자들에게는 수세기 동안 기록으로 남길만한 일이 아무것도 일어나지 않았다. 그러는 동안 여러 왕들은 그들의 위대한 아마우타족이 통치했던 고대 쿠스코에 다시 자신들의 왕국을 세우고 싶어 했다. 하지만 이런저런 이유들로 인해 그들의 야망은 실현되지 못했다.

탐푸-톡코의 가장 현명했던 통치자들 중 한 명은 투팍 카우리, 또는 파차쿠티 7세로 불린 왕이었다. 그의 통치 때부터 사람들은 나뭇잎이나 나무에 글을 남기기 시작했다. 그는 고산 지대 여러 곳으로 전령을 보내 그 부족들에게 우상이나 동물의 숭배를 중지하고, 아마우타족이 몰락한 이래 성장하기 시작한 악습들을 타파하며, 조상들이 살아온 방식으로 되돌아가도록 설득했다. 하지만 그의 뜻은 환영받지 못했다. 오히려 그의 전령들은 죽임을 당했고, 변화는 거의 또는 전혀 일어나지 않았다. 그의 개혁 시도가 실패한 것에 낙담해서 그 이유를 밝히려 할 때, 그는 자신의 예언자들로부터 신들을 가장 노엽게 한 원인이 바로 글쓰기의 창안이라는 말을 듣게 되었다. 그때부터 그는 모두에게 글쓰기를 금지시켰고, 이를 위반하는 것은 곧 죽음이었다. 이 명령은 엄격히 지켜져 이 고대인들은 다시는 글자를 사용하지 않았다. 대신 그들은 *키푸스quipus*, 즉 끈과 매듭을 사용했다. 덕분에 신들의 노여움은 진정되었고 모든 것이 평온해졌다고 믿었다. 그 누구도 페루 사람들이 하나의 민족을 이룰 수 있는 가장 중요한 발걸음을 내딛는 순간에 얼마나 가깝게 근접했었는지를 깨닫지 못하고 있었다.

그 대사건과 관련한 이런 진기하고 흥미로운 전설은 스페인에 정복되기 전까지 수세기에 걸쳐 내려왔던 것으로 추측된다. 하지만 그것을 뒷받침해주는 눈으로 확인할 수 있는 증거가 현재로서는 없다. 스페인 회의론자들은 혈관 속에 잉카족의 피가 흐르고 있는 사람들의 마음을 쓸데없이 자극할 여지가 있는 이야기로 간주해 그것을 다루지 않았다. 심지어 유럽인들이 자기 어머니의 선조들에게 감탄하기를 바랐고, 그래서 그런 취지로 글들을 남겼던 혼혈의 가르실라소에 의해서조차 그것은 이야기된 적이 없었지만, 오히려 순수 스페인 혈통의 세심한 연구자였던 몬테시노스의 글들에서는 다루어지고 있었다. 실제로 섬너 Sumner의 "습속론 Folkways"을 따르는 사람들에게는 그 이야기가 진짜처럼 들릴 수도 있다. 종족의 나머지 사람들보다 영리한 일부 젊은이들은 넓고 부드러운 잎사귀들을 긁어서 표기하는 표의문자의 체계를 개발했다. 그것은 효과가 있었고 사람들이 사용하기 시작했다. 하지만 탐푸-톡코의 보수적인 주술사들은 이를 탐탁해하지 않았다. 왜냐하면 이제까지 구두로만 새로운 주술사에게 전해져오던 비밀들이 일반 사람들에게도 알려질 수 있는 위기에 처했기 때문이다. 그럼에도 불구하고, 그 발명은 너무나 유용해서 널리 퍼져나가기 시작했다. 그러던 중 전혀 예상치 못한 전령의 살해라는 엄청난 사건이 발생했고, 왕의 계획은 전달되지 못했다. 새롭게 발견된 표의문자에 그 책임이 전가되는 것보다 더 자연스러운 일이 어디에 또 있었겠는가? 그 결과 주술사들의 부추김을 받게 된 왕은 이 새로운 것을 파괴하기로 결심하게 되었다. 그 유용성이 아직은 확고하게 다져지지 않았기 때문에 실제로 그것의 사용은 불편했다: 나뭇잎들은 시들거나 말라버리고, 으스러지며 또 날려가 버려 글들을 잃어버리기 쉬웠다. 만약 이 새로운 발명품이 좀 더 오래 버틸 수 있었다면, 누군가 바위 표면에 표음문자를 새기기 시작했을 것이다. 그랬다면 그것은 존속했을 것이다. 그렇지만 통치자들과 주술사들은 공물과 세금 등의 중요한 기록들을 *키푸스*를 이용해 완벽하게 유지할 수 있었다. 그들에게 의무로 부과된 "일"은 각각의 줄이 상징하는 의미를 확인해 기억할 수 있었다. 결국 몬테시노스의 이야기는 색다를 것이 전혀 없다. 스페인 자체의 역사만 보더라도 왕가의 편협함과 성직자들의 불관용이 새로운 사상들을 짓밟아 버림으로써 커다란 진보를 이루며 위대한 나라로 발전할 수 있었던 기회를 물거품으로 만들어버린 경우를 종종 볼 수 있다.

몬테시노스는 투팍 카우리가 탐푸-톡코에 세운 일종의 학교에서 아이들은 셈하는 법과 각기 다른 색깔의 줄이 상징하는 의미와 같은 *키푸스* 사용법을 배웠으며, 한편에서는 그들의 아버지와 손위 형제들이 군사훈련을 받았다—다시 말하면, 투석기와 올가미, 기타 전쟁 도구들 및 활과 화살의 사용법을 훈련했다—고 말한다. 그 자신이 파차쿠티 7세로 불리기를 원했던 투팍 카우리의 주위로는 탐푸-톡코에서 일어나고 있는 다양한 지적인 활동들에 관한 이야기들이 모였다. 마침내 이 작은 왕국의 기술과 군사력이 높은 단계에 올라서는 시기가 도래했다. 수세기전 쿠스코에 살았던 그들 조상의 전통을 간직해온 이 통치자와 그의 조언자들은 다시 그곳에 왕국을 재건하기로 결정했다. 쿠스코의 많은 건물들을 붕괴시키고, 강줄기들의 방향을 바꿔버렸으며, 또한 마을들을 파괴시켜버린 지진에는 재앙적인 전염병의 창궐이 뒤따랐다. 청결한 탐푸-톡코에는 전염병의 피해가 없었기 때문에 지도자들은 그들의 계획을 취소하지 않을 수 없었다. 그들의 왕국은 점점 사람들로 붐비게 되었다. 경작할 수 있는 땅의 모든 경사면들은 이미 테라스로 만들어졌거나, 경작이 되고 있었다. 사람들은 영리해졌고, 잘 조직되었으며, 훈련도 잘 되어 있었지만, 그들의 가족을 부양할 수 있는 충분한 식량이 없었다. 그래서 서기 1300년경 그 당시 정력적이었던 지도

자의 영도 아래 경작할 수 있는 땅을 확보하기 위한 정복에 나섰다. 그의 이름은 보통 첫 번째 잉카로 알려져 있고, 1536년의 만코가 이 통치자의 이름을 계승했던 바로 만코 카팍Manco Ccapac이다.

첫 번째 잉카의 등장에 대해서는 여러 이야기들이 있다. 그가 성년으로 성장했을 때, 그는 어떻게 새로운 땅을 확보할 수 있는지 보여주기 위해 백성들을 모았다. 우리는 그가 형제들과 의논한 뒤, 그들과 함께 "태양이 떠오른 산을 넘어 앞으로" 나아가기로 결정했다는 내용의 정보를 잉카족의 먼 후손이자 그의 증조부모가 스페인 정복시대에 살았으며 1620년 당시 페루의 유적들에 관한 글을 썼던 파차쿠티 얌키 살카마이와Pachacuti Yamqui Salcamayhua라는 원주민으로부터 얻을 수 있었다. 페루의 전임 통치자들의 후손들에게만 물려지던 잉카족의 역사를 그가 전해 주고 있다. 거기에서 우리는 만코 카팍과 그의 형제들이 마침내 쿠스코에 이르러 그곳에 정착했다는 내용을 읽을 수 있었다. 아마우타족 후손들이 쿠스코로 되돌아감으로써, 탐푸-톡코의 영광은 끝이 났다. 만코는 혈통을 유지하고 다른 가족이 자신과의 결혼으로 신분이 자기만큼 상승하는 것을 막기 위해 자신의 누이와 결혼했다. 그는 훌륭한 법질서를 확립했고, 많은 지방을 정복했으며, 잉카왕조의 창시자로 여겨지고 있다. 고산 지대 사람들이 그의 영향력 아래 들어왔고, 그에게 많은 조공을 바쳤다. 이제는 잉카로 불리게 된 만코 카팍은 가장 강력한 지도자이자 가장 용맹스러운 전사이며, 안데스 지방에서 가장 운 좋은 전사로 인식되게 되었다. 그의 장군들과 병사들도 용감했고, 잘 훈련되었으며, 훌륭하게 무장되어 있었다. 그의 모든 일은 계획한대로 순조롭게 이루어졌다. "그 후 그는 자신이 태어났던 곳에 그가 계승한 자기 조상들의 집을 상징하는 세 개의 창문이 있는 석조 벽을 쌓도록 명령했다. 그리고 첫 번째 창문을 탐푸-톡코라고 불렀다." 이 내용은 클레멘츠 마컴 경의 번역본에서 인용한 것이다.

탐푸-톡코에 대해 물어본 스페인 사람들은 그곳이 쿠스코에서 남쪽으로 약 13에서 16킬로미터 떨어진 팍카리탐푸나 그 근처 조그마한 마을이라는 대답을 들었다. 나는 그 부근에는 유적이 거의 없는 것으로 알고 있다. 그 마을에는 아무 유적도 없다. 가장 중요한 유적은 몇 킬로미터 떨어진 잉카시대 마을, 마우카약타 Maucallacta 유적이다. 나는

팍카리탐푸 근처 마우카약타에 있는 최고의 잉카시대 벽체

그 부근에서 여러 개의 울퉁불퉁한 바위와 커다란 바위로 이루어진 바위산을 발견했다. 그곳에 있는 바위들 중 하나의 표면에는 단과 두 마리의 퓨마가 새겨져 있었다. 그곳은 푸마 우르코Puma Urco라고 불렸다. 바위들 밑에는 몇 개의 동굴이 있었다. 그곳들이 최근에는 정치적 피신처로 이용되었었다는 이야기를 들었다. 팍카리탐푸 근처 동굴들과

팍카리탐푸 근처 푸마 우르코의 동굴들

유적의 특징들은 그럴 듯한 이야기를 초기 스페인 사람들에게 꾸며내기에 충분했다. 하지만 탐푸-톡코는 쿠스코에서 훨씬 멀리 떨어져 있었으며, 틀림없이 그곳의 공격을 자연적인 조건을 이용해 효과적으로 방어할 수 있는 그런 곳에 위치해 있었을 것으로 보인다. 파차쿠티 6세의 지리멸렬한 패잔병들은 도대체 어떻게 그곳에 피난처를 마련하고 남쪽의 호전적인 침략자들을 마주한 채 독립적인 왕국을 세우는 것이 가능할 수 있었단 말인가? 몇몇 사람들은 푸마 우르코의 동굴들 속에 숨을 수 있었겠지만, 팍카리탐푸 자체는 천연 요새가 아니었다.

팍카리탐푸 근처 푸마 우르코

주위를 둘러싼 지역도 접근하기 어렵지 않았다. 이곳과 쿠스코 유역 사이에는 절벽들도 없었다. 아마우타족의 수도를 점령하려는 침략세력을 막을 수 있는 자연적인 방어물이 전혀 없었다. 더욱이 *탐푸 tampu*에는 "임시로 머무르는 장소," 또는 "여인숙," 또는 "토지의 개량된 구역," 또는 "마을에서 멀리 떨어진 농장"이라는 의미가 있고; *톡코 tocco*에는 "창문"이라는 뜻이 있다. 팍카리탐푸 부근 마우카약타에는 낡은 여인숙이 있었지만, 그 건물에는 “창문이 있는 여인숙”이나 “창문들을 찾아볼 수 있는 임시로 머무는 장소(또는 “마을에서 멀리 떨어진 농장”)”라는 이름을 붙일만한 창문이 전혀 없었다. 거기에는 살카마이와가 묘사한 만코 카팍의 출생지를 기념한 “세 개의 창문이 있는 석조벽”같은 것도 없었다. “탐푸-톡코”라는 명칭은 어느 지도에도 나타나 있지 않고, 파스 솔단에 의해 종합된 페루를 총망라한 지명들에도 들어 있지 않다.

17
마추픽추

우리가 거대한 화강암 산들을 가르며 쿠스코 근방의 추운 지역들을 빠져나와 우루밤바강의 경이로운 계곡에 처음으로 들어선 것은 1911년 7월이었다. 토론토이에서 콜파니까지의 길은 어디와도 비교할 수 없는 매력적인 땅 위로 뻗어 있다. 그곳은 캐나다 록키 산맥Canadian Rockies의 웅장한 규모와 호놀룰루 부근 누아누 팔리Nuuanu Pali의 깜짝 놀랄 만한 아름다움 그리고 마울Maul에서 내려다보이는 쿨라우 디치 트레일Koolau Ditch Trail의 황홀한 전경을 가지고 있다. 그 다양한 매력과 마력은 내가 아는 세상 그 어느 곳과도 비교가 되지 않는다. 거대한 눈 정상은 구름보다도 3킬로미터는 더 높이 희미하게 보이고, 다양한 색의 거대한 화강암 절벽들은 물거품을 일으키고 반짝이는 빛을 발산하며 우렁찬 소리를 내는 급류의 수 백 미터 위로 똑바로 솟아 있으며, 또한 서로 인상적인 대조를 이루는 난초와 목생양치류, 화려한 식물들의 매력 넘치는 아름다움과 정글의 신비로운 마력을 가지고 있다. 길은 어마어마한 높이의 절벽들을 위로 한 채 구불구불 지나는 깊은 협곡을 통과해 영원히 놀라움을 금치 못하고, 어쩔 수 없이 그저 바라보고만 있을 수밖에 없이 만들며 앞으로 나아간다. 무엇보다도 그곳에는 흔들거리는 덩굴식물 아래나 불쑥 튀어나온 바위 꼭대기에 자리 잡고 있는 지난 시대 인류의 투박한 석조물들을 여기저기서 발견할 수 있는 매력이 있고, 또한 수 세기 전 박해 받던 사람들의 은신처로는 안성맞춤이었을 분명히 자연적으로 형성된 피난처를 발견하고, 그 곳에 대담하고 고집스러운 자신들의 열정을 바쳐 불후의 미를 가진 벽체들을 표현한 고대 건축가들의 황당한 공상을 이해하려고 노력해보는 매력도 있다. 끊임없이 변하는 전경과 줄지어 늘어선 열대나무의 잎사귀들, 셀 수 없이 펼쳐진 테라스들, 우뚝 솟은 절벽들 그리고 구름사이로 내다보고 있는 빙하들의 모습을 자세히 묘사하기에는 지면이 턱없이 부족하다.

우리는 만도르 팜파라는 곳의 강 근처에서 야영을 했다. 이웃에 있는 농장주인 멜코르 아르테아가는 앞의 10장에서 언급한 것처럼, 우리에게 마추픽추에 있는 유적에 대해 이야기해 주었다.

7월 24일의 아침이 차가운 보슬비 속에 밝아왔다. 아르테아가는 오들오들 떨며 자신의 오두막에 그대로 남아 있으려는 듯 보였다. 나는 그에게 그 유적까지 안내해주면 후하게 사례하겠다고 제안했다. 그러나 그는 이런 비오는 날에는 그곳에 오르기가 너무 힘들다며 이의를 제기했다. 다시 그에게 이 지방에서 보통 받을 수 있는 일당의 네 배에 해당하는 1솔을 주겠다고 제안하자, 그는 마침내 우리의 안내를 받아들였다. 그러나 아무도 그다지 흥미를 느끼지 못하는 것 같아, 나는 카라스코 하사만 데리고 오전 열 시에 야영지를 떠나 시냇물을 따라 한참을 위로 올라갔다. 우리는 죽은 지 얼마 되지 않은 독사가 있는 길을 지나게 되었다. 이 지역은 "독사"의 출현이 빈번한 곳이라는 반갑지 않은 명성을 가지고 있었다. 페어-더-랜스fer-de-lance로 알려진 창 모양의 머리를 가진 노란색 독사는 먹이를 사냥할 때 상당한 높이까지 뛰어오를 수 있는 능력을 가진 맹독을 지닌 뱀으로서 이 지방에서 흔히 볼 수 있었다. 나중에 우리의 노새 두 마리도 그 뱀에 물려 죽었다.

45분을 걸은 뒤, 안내인은 본 길에서 벗어나 정글 속을 헤치고 내려가 강둑에 이르렀다. 이곳이 강폭이 가장 좁은 곳으로 커다란 바위들 사이를 맹렬히 흐르는 급류 위에 원시적인 "다리"가 놓여 있었다. 다리는 여섯 개의 가느다란 통나무들로 만들어졌는데, 그 중에는 길이가 양쪽 바위에 걸쳐지지 않는 짧은 것들도 있었다. 그것은 덩굴들을 꼰 밧줄로 묶여 있었다. 아르테아가와 카라스코는 신발을 벗고 미끄러지지 않으려 어느 정도 쥐는 힘이 있는 자신들의 발가락들을 이용해 조심스럽게 기어서 건넜다. 만약 급류에 빠진다면 곧바로 화강암 바위들로 떠밀려가 부딪쳐 산산조각이 날 것이 분명했다. 나는 솔직히 고백하지만, 다리 위에 손과 무릎을 대고 엎드린 채 한번에 15센티미터씩 간신히 기어서 건널 수밖에 없었다. 우리가 다리 반대쪽으로 건너온 뒤, 나는 만약 계곡 위쪽에 특히 큰 비가 내리면 이 "다리"는 어떻게 될 것인가라는 의문이 들었다. 밤 동안 약한 비가 계속해서 내렸다. 강물이 불어 급류의 물거품이 이미 다리를 위협하고 있었다. 비가 조금만 더 오면 다리를 완전히 휩쓸고 내려갈 것 같았다. 만약 낮에 그런 일이 일어났다면, 우리는 아주 낭패를 보았을 것이다. 실제로, 그런 일이 며칠 뒤에 일어나서, 강을 건너려던 우리 다음에 온 탐험대는 그 지점에서 가느다란 통나무가 겨우 한 개 밖에 남아 있지 않은 것을 발견했다.

강을 떠나 우리는 울창한 정글을 뚫고 강둑을 힘겹게 올라갔다. 그러자 몇 분 뒤 우리는 가파른 경사의 맨 아래 부분에 이르렀다. 1시간 20분 동안 힘겨운 등산을 했다. 상당한 거리를 우리는 사지를 모두 이용해서 가야 했고, 어떤 때는 손가락 끝으로만 매달려 가야 한 때도 있었다. 작은 나무줄기들을 잘라 아무렇게나 엮어서 만든 원시적인 사다리들이 도저히 통과할 수 없을 것 같은 절벽들을 지나는데 도움이 되도록 여기저기 놓여 있었다. 다른 쪽 경사면은 미끄러운 풀들로 덮여있어 손으로 쥐거나 발을 디딜만한 곳을 거의 찾을 수 없었다. 안내인은 이곳에 뱀이 많다고 경고했다. 습도와 열기가 상상을 초월했지만, 우리는 그에 대비한 훈련이 전혀 되어 있지 않았다.

정오를 조금 지나 우리의 뜻밖의 출현을 반갑고도 놀라워하며, 시원하고 꿀맛 같은 물이 흘러넘치는 바가지를 건네주면서 따뜻하게 맞아주는 여러 명의 마음씨 좋은 원주민들이 있는 풀로 뒤덮인 작은 오두막에 도착했다. 그리고 그들은 쿡에 의해 밝혀진 폴리네시아의 *쿠말라* *kumala*와 일치하는 키추아어로는 *쿠마라* cumara라고 부르는 익힌 고구마 몇 개를 우리 앞에 내놓았다.

협곡의 경이로운 전경 외에 우리가 이 시원한 안식처에서 볼 수 있는 것이라고는 풀로 지은 작은 오두막 두어 채와 돌 옹벽으로 된 고대 테라스들 몇 개가 전부였다. 리차르테와 알바레스라는 두 명의 명랑한 농부들은 이곳 천혜의 요새를 그들의 보금자리로 선택했다. 그들은 이곳에서 자신들의 농작물을 키울 수 있는 충분한 테라스를 발견했고, 또한 원치 않는 불청객들로부터도 자유롭다고 말했다. 그들은 스페인어를 할 줄 몰랐지만, 카라스코 하사를 통해 “조금만 더 따라가면” 유적들이 더 있다는 사실을 알게 되었다. 이 나라에서는 누구의 말도 그대로 신뢰할 수 없다. “그가 거짓말을 했을지도 모른다.”가 모든 전해들은 말에 붙일 수 있는 적절한 보충설명이다. 따라서 나는 그다지 큰 기대를 하지도 않았고, 아주 서둘러 움직이지도 않았다. 열기는 여전히 뜨거웠지만, 원주민들의 샘에서 나오는 물은 시원하고 맛이 좋았다. 그리고 내가 도착하자마자 친절하게도 부드러운 양털로 짠 판초를 깔아준 소박한 나무 벤치는 최고의 안락함을 주었다. 더욱이 이곳의 전경은 말 그대로 매혹적이었다. 수많은 녹색 절벽들이 하얀 급류의 우루밤바를 향해 밑으로 내달리고 있었다. 바로 정면인 계곡의 북쪽에는 600미터의 깎아지른 듯한 화강암 절벽이 솟아 있었다. 왼쪽에는 보기에도 접근할 수 없을 것 같은 절벽들로 둘러싸인 와이나 픽추의 외로운 봉우리가 있었다. 사방이 바위 절벽으로 펼쳐져 있었다. 그 너머로 구름 모자를 쓴 산들이 우리 위로 수백 미터씩 솟아 있었다.

그 원주민들은 외부세계로 통하는 두 가지 길이 있다고 했다. 그 중 하나는 이미 우리가 경험한 것이고, 다른 하나는 훨씬 더 어려운 길이라고 했다. 그것은 다른 쪽 산등성이에 있는 바위 절벽을 마주보고 내려가는 위험한 길이었다. 그것은 우기 동안 우리가 건너왔던 다리를 유지할 수 없을 때 이용할 수 있는 유일한 출구였다. 나는 그들이 "한 달에 한 번 정도" 외출한다는 말을 했을 때 전혀 새삼스러운 생각이 들지 않았다.

리차르테는 그들이 4년째 이곳에서 살고 있다고 했다. 접근이 힘든 덕택에 이 협곡은 수세기 동안 점령당하지 않을 수 있었지만, 정부에서 건설한 새로운 도로가 완공되면서 정착민들이 이 지역으로 다시 들어오기 시작한 것으로 보인다. 이윽고, 누군가 이 절벽들을 기어 올라와 해발 2,700미터의 마추픽추 경사면에 있는 인공 테라스들 위의 풍부하고 비옥한 토양을 쾌적한 기후와 함께 발견했다. 결국 원주민들은 여기서 유적의 일부를 치우고, 몇몇 테라스들은 불태운 뒤, 옥수수, 고구마와 감자, 사탕수수, 콩, 고추, 토마토 그리고 구스베리와 같은 농작물들을 심었다. 처음에는 고대인들의 집들 중 일부에 그대로 거주하면서 지붕의 나무와 짚을 교체했다. 하지만 고대 건물들 주변에서는 샘이나 우물을 발견할 수 없었다. 한때 작은 시냇물을 요새까지 끌어왔던 수로는 이미 오래전에 숲으로 뒤덮였고, 위쪽 테라스들에서 씻겨 내려온 흙에 파묻혔다. 그래서 원주민들은 유적 안에 있던 거처를 버리고, 지금은 샘 주변에 자신들이 아무렇게나 설계해 짚으로 지은 오두막에서 편리한 생활을 하고 있었다.

지금까지 보아온 돌 옹벽으로 된 테라스들이나 오얀타이탐보와 토론토이 사이의 길 여러 곳에서 마주쳤던 것과 같은 낯익은 두서너 채의 돌집 유적보다 더 흥미로운 것을 발견할 수 있으리라는 기대는 눈곱만큼도 하지 않은 채, 나는 마침내 시원한 그늘이 있는 쾌적하고 작은 오두막을 출발해 산등성이에 올라 약간 돌출된 지점을 돌아갔다. 아르테아가는 "이전에 이미 와본 적이 있었기" 때문에, 오두막에서 쉬면서 리차르테와 알바레스와 잡담을 하며 기다리기로 했다. 그 대신, 그들은 한 어린아이를 안내인으로 함께 보내주었다.

간신히 낭떠러지 지점을 돌자 석조물들의 수준이 점점 나아지기 시작했다. 각각 180미터 길이에 3미터 높이로 층층이 건축된 아름다운 테라스들은 최근에 원주민들에 의해 정글 속에서 발굴되었다. 커다란 나무숲은 농사지을 개간지를 만들기 위해 벌목되어 불태워졌다. 이 테라스들을 지나 아직 발길이 닿지 않은 숲 너머로 들어갔다. 그리고 마침내 내 자신이 화강암 집들로 이루어진 미로 속에 들어와 있는 것을 알게 되었다! 비록 그것들은 수세기 동안 자란 나무들과 이끼로 덮여 있었지만, 대나무 숲과 뒤엉킨 덩굴들로 우거진 그늘 속에 숨겨진 채, 아주 세심하게 다듬어지고, 서로가 정교하게 맞춰진 흰 화강암 마름돌로 된 벽체들의 모습을 여기저기서 보여주고 있었다. 창문이 있는 건물들도 많았다. 이곳은 적어도 "마을에서 멀리 떨어져 있고, 창문들이 눈에 띄는 곳"인 것만은 틀림없었다.

그 아이는 잘려진 바위 아래에 정교하게 다듬어진 돌들이 아름답게 줄지어 있는 동굴로 나를 안내했다. 그곳은 분명히 왕족의 묘일 가능성이 높았다. 이 특별한 바위의 꼭대기에는 반원을 그리는 건물이 지어져 있었다. 벽은 그 바위를 따라 자연스러운 곡선을 이루며 내가 평생 보아온 중에서 가장 훌륭한 석공 솜씨로 그 바위에 맞춰져 있었다.

특히 고운 결 때문에 선택된 불순물이 전혀 없는 흰 화강암 마름돌들이 조화를 이룰 수 있게 정성들여 축조한 아름다운 벽체는 바로 예술 거장의 작품 그 자체였다. 벽의 내부 표면은 벽감과 사각형 쐐기돌들로 인해 파여 있었다. 외벽의 표면은 아주 단순하고 꾸밈이 없었다. 특히 큰 마름돌들로 이루어진 아래쪽 방향은 매우 견고한 인상을 주었

마추픽추의 동굴 내부 플래시 촬영 사진

다. 꼭대기로 갈수록 크기가 줄어드는 위쪽 방향은 그 구조물에 우아함과 미묘함을 불어넣었다. 미끈한 선과 마름돌들의 균형 잡힌 배열 그리고 완만하게 변하는 방향들이 서로 조화를 이루어 훌륭한 효과를 만들어 냈다. 유럽의 대리석 신전들보다 훨씬 더 부드럽고 매력적이었다. 회반죽을 쓰지 않은 덕분에 각각의 돌 사이에는 보기 흉한 공간이

마추픽추의 동굴 위 신전 : 저자가 탐푸-톡코로 추정하는 장소

없었다. 그것들은 마치 하나로 결합되어 있는 것 같았다.

내가 보기에 이 소박하고 꾸밈없는 벽 표면의 난해한 아름다움은 직선자나 먹줄, 직각자의 사용법을 전혀 알지 못했던 어느 석공술의 거장에 의해 순전히 눈대중으로만 건설된 것 같이 보였다. 그에게는 정밀한 도구가 없었다. 따라서 그는 오직 자신의 눈에만 의존해야 했다. 그는 좋은 눈, 예술적인 눈 그리고 형태의 균형과 아름다움을 아는 눈을 가지고 있었다. 그의 작품들은 기계적이나 수학적인 정밀함의 제약을 받지 않았다. 직사각형 블록은 실제로는 정확한 직사각형이 아니다. 방향에 있어서의 직선도 실제로는 그 의미 그대로의 정확한 직선이 아니다.

놀랍게도, 나는 동굴 위의 이 벽체와 그 옆의 반원형 신전에서 쿠스코에 있는 그 유명한 태양의 신전만큼이나 뛰어난 석공술을 보았다. 놀라움은 어리둥절할 정도로 계속되었다. 커다란 화강암 블록들로 된 웅장하고 거대한 계단들을 올라가 원주민들이 채소를 재배하는 작은 정원이 있는 *팜파*를 따라 작은 개간지에 이르렀다. 여기에는 예전에 페루에서 본 적이 있는 아주 훌륭한 두 개의 구조물 유적이 있었다. 선별된 흰 화강암을 아름답게 다듬은 불록들로 지어졌을 뿐만 아니라, 그 벽체는 길이가 3미터에 이르며 사람 키보다도 높은 거대한 마름돌들을 포함하고 있었다. 그 광경에 나는 넋을 잃었다.

각각의 건물은 세 면에만 벽이 있었고, 개간지가 있는 쪽은 완전히 개방되어 있었다. 가장 중요한 신전에는 양편 벽의 끝 쪽 높은 곳에 다섯 개, 뒤편 벽에 일곱 개의 정교하게 만들어진 벽감들이 늘어서 있었다. 마지막 벽체에는 마름돌들이 일곱 방향으로 놓여 있었다. 뒤편 일곱 개의 벽감들 밑에는 희생물을 바치던 제단으로 보이는 4미터 길이의 직사각형 블록이 있었다. 건물에는 지붕이 있었던 흔적이 보이지 않았다. 아름답게 다듬어진 마름돌들의 위쪽 방향을 덮을 의도가 없었던 것으로 보인다.

또 다른 신전은 *팜파*의 동쪽에 있었다. 나는 그것을 세 개의 창문이 있는 신전the Temple of the Three Windows이라고 불렀다. 그 주변과 마찬가지로, 이곳도 잉카 유적들 중 아주 독특했다. 요새가 내려다보이는 동쪽 벽체에는 눈에 띄게 큰 세 개의 창문용 돌 창틀이 있었다. 실용적인 목적으로 사용하기에는 분명히 너무 컸지만, 최고의 섬세함과 견고함으로 가장 아름답게 만들어져 있었다. 이것은 특별히 중요한 의식을 행하기 위한 건물이었던 것이 분명했다. 지금까지 내가 아는 한 페루 어디에도 이렇게 눈에 띄는 "세 개의 창문이 있는 석조 벽"과 유사한 구조물은 존재하지 않는다.

이 유적은 그것이 위치한 경사면들을 아우르고 있는 그 산의 이름 외에 다른 특별한 이름이 없었다. 마추픽추도 쿠스코나 오얀타이탐보처럼 별다른 어려움 없이 점령되었다면, 그 고대의 명칭을 그대로 유지했을 것이다. 그러나 수세기 동안 버려져 있었기 때문에, 그 고유의 이름을 잃게 되었다. 발굴 결과는 그곳이 근본적으로 요새화되었던 곳이라는 사실을 보여주었다. 자연적인 방벽의 보호를 받는 고립된 성채는 사람들이 안데스 지방에서 가장 난공불락의 요새를 건설할 수 있는 이점을 주었다. 이 저서에 뒤이은 저서에서 다루겠지만, 1912년의 추가적인 발굴조사에서 이곳이 윌카팜파에서 가장 중요한 장소라는 사실이 밝혀졌다.

1911년 7월의 비가 내리던 바로 그날, 카라스코 하사와 내가 처음으로 마추픽추의 모습을 언뜻 보았을 때 이곳이 너무나 특이하고 흥미로운 유적이라는 사실을 아무리 전문가가 아닌 사람이라 하더라도 충분히 알 수 있었다. 비록 산등성이가 원주민들에 의해 부분적인 옥수수밭으로 개간되어 있었지만, 아직도 상당 부분은 울창하게 자란 정글 아래 그대로 덮여 있어–어떤 벽체들은 실제로 직경이 25에서 30센티미터씩 되는 나무들을 지탱하고 있었다–이곳에서 도대체 무엇이 발견될지 짐작하는 것이 불가능했다. 나는 헨드릭슨과 라니우스를 보조해 주기 위해 보우만 박사와 함께 우루밤바로 내려가 있는 터커와 연락이 닿자마자, 그들에게 이 유적지의 지도를 제작해 달라고 요청했다. 물론 그것이 어려운 일이 될 것이라는 사실을 알고 있었고, 터커는 코로푸나 등반을 위해 10월 첫째 날까지는 반드시 아레키파에서 나와 합류해야만 했다. 리차르테와 알바레스의 성심어린 도움 덕분에 발굴단은 내가 기대했던 것 이상의 성과를 거두었다. 유적에 있던 열흘 동안, 훗날 터커가 이 지역의 중요성과 향후 추가적인 조사의 필요성을 알리는 그 어떤 말로 표현하는 것보다도 더 효과적인 지도를 제작하는데 필요한 자료들을 확보할 수 있었다.

어쩌면 한 광산 발굴업자를 제외하고는, 쿠스코에 살았던 그 누구도 마추픽추의 유적을 본 적이 없거나 그 중요성을 인식하지 못했다. 아무도 산등성이 위에 펼쳐져 있는 그 특별한 장소가 무엇인지 깨닫지 못했다. 600미터 아래에 있는 협곡에 꼬불꼬불 나 있는 길을 해마다 지나다녔던 우루밤바 계곡 아래쪽의 농사꾼들 가운데 그곳에 가 본 사람은 아무도 없었다.

쿠스코에서 사흘도 안 되는 거리에 있는 이 요새가 그렇게 오랜 세월 동안 여행자들에게 알려지지 않았고, 심지어 페루 사람들에게 조차 알려지지 않았다는 사실은 실로 믿기 어려운 일이다. 만약 *콘키스타도레스*가 이 엄청난 곳을 보았다면, 그것에 대한 언급이 분명히 있었을 것이다. 아직까지 마추픽추에 대해 명확히 언급한 글이 발견된 적은 없다. 언제 스페인어를 사용하는 사람이 그곳을 처음으로 보았는지 확실치 않다. 콩트 드 사르티에가 와드키야에 있었던 1834년 당시, 그는 유적들을 찾고 있었다. 비록 그는 이 근처 아주 가까이에 있었지만, 그곳 사람들로부터 아무런 얘기도 듣지 못했다. 가장 정교한 건물들 중 하나의 벽에 조잡하게 휘갈겨 쓴 글에서 산 미구엘 다리 바로 아래 있는 땅들의 임차인이었던 리사라가가 1902년에 그 유적을 다녀갔던 사실을 알게 되었다. 이것이 가장 오래된 현지인의 기록이다. 아마도 이보다 훨씬 이전에도 그곳을 다녀갔던 사람이 분명히 있었을 것이다. 왜냐하면 얘기했다시피 프랑스인 탐험가 샤를르 위네어는 오얀타이탐보에서 "와이나-픽추 혹은 맛초-픽추"에 유적이 있다는 얘기를 들었기

마추픽추의 주 신전의 자세한 모습

때문이다. 그는 그곳을 찾으려는 시도를 했었다. 그러나 실패한 이유는 토론토이의 협곡을 지나는 길이 없어 판티카야 산길과 루쿠마요 계곡을 통해 멀리 우회해야 했기 때문이다. 그 길은 마추픽추 아래쪽에서 40킬로미터 떨어진 우루밤바강의 추키차카 다리가 있는 곳으로 그를 이끌었다.

마추픽추의 창문이 세 개 있는 신전의 자세한 외부 모습

우루밤바 계곡 아래쪽을 개발할 진취적인 농업인들의 필요성을 인식한 페루 정부가 수요가 많은 *코카*와 *아구아르디엔테*(화주)를 와드키냐와 마라누라Maranura 그리고 산타 안Santa Ann에서 쿠스코까지 이전보다 더 빠르고 싼 비용으로 수송할 수 있는 노새대상 길을 그 강둑을 따라 거대한 협곡을 통과해서 건설하기로 결정한 것은 겨우 1890년도가 되어서였다. 이 길은 귀중한 화물을 눈이 쌓여 위험한 베로니카산과 살칸타이산의 산길을 거칠 필요가 없게 해주었다고 라이몬디와 드사르티에 그리고 다른 여러 사람들에 의해 자세히 기록되어 있다. 하지만 이 길은 비용이 너무 많이 들었고, 건설하는데 수년이 걸렸으며, 현재도 빈번하게 보수를 해야만 한다. 사실, 지금도 이 길을 통한 여행은 종종 무시무시한 산사태로 인해 한 번에 며칠 또는 몇 주 동안 지연되곤 한다. 이 새 길이 멜코르 아르테아가로 하여금 만도르 팜파의 경작지 부근에 자신의 오두막을 짓는 것을 가능하게 해 주었다. 그곳에서 그는 가족의 생계가 걸린 식량을 재배하고, 지나가는 여행자들에게 누추하나마 휴식처를 제공해 주고 있다. 이 새 길은 리차르테, 알바레스 그리고 그들의 진취적인 친구들이 거의 알려지지 않은 이 지역에 들어와 수세기 동안 휴식상태로 있던 마추픽추의 고대 테라스들을 점유할 수 있는 기회를 주었고, 지금도 계속해서 절벽 너머로 통행할 수 있는 길을 개척할 수 있게 그들을 북돋아주고 있으며, 또한 우리가 유적에 접근하는 것을 더욱 용이하게 해 주었다. 이 새 길이 1911년 당시, 오얀타이탐보와 와드키냐 사이의 처녀지를 접할 수 있게 해 줌으로써, 우리로 하여금 한때 이곳 안데스 지방의 외딴 요새들에 살았던 잉카족 아니면 그 선조들이 스페인의 페루정복 이래 발견된 그 어느 것보다도 흥미롭고 광범위한 고대 문명의 웅장함과 아름다움을 남겨 놓은 돌 증거물들을 볼 수 있게 해 주었다.

18
마추픽추의 기원

다음 기회에 마추픽추에서의 청소와 발굴 작업, 살았던 시민들의 삶 그리고 이곳이 가장 중요한 고대 도시였다는 것에 관해서 더 이야기를 해보고 싶다. 여기서는 그것의 개연적인 실체에 관해서만 논의를 하는 것으로 만족해야 할 것 같다. 이곳은 어떤 외부의 공격도 견딜 수 있었던 강력한 성채로서 단지 소수의 방어 병력만으로도 공격해 오는 엄청난 숫자의 군대를 막을 수 있었던 요새였다. 도대체 누가 이런 접근 불가능한 곳에 요새를 짓고 자신들을 약탈하러 오는 것을 막으려 했을까?

이곳의 건설자들은 평평한 들판을 찾지 않았다. 이곳에는 경작할만한 땅이 거의 없어 아무리 손바닥만 한 땅이라도 거주자들의 식량공급을 위해 테라스로 개간해야 했다. 그들은 안락함이나 편리함은 안중에도 없었다. 안전이 그들의 최우선 고려 대상이었다. 그들은 집약적 농사를 지을 수 있을 만큼 충분히 문명화되었었고, 세상에서 가장 뛰어나다고 할 만한 훌륭한 석공술을 가지고 있었으며, 세밀한 청동기 물건을 만들어내는 충분한 재능도 있었을 뿐만 아니라, 단순미를 이해하는 풍부한 예술적 감각도 지니고 있었다. 그들이 강력한 적들로부터 피신한 것이 아니라면, 무엇이 이 사람들로 하여금 모든 것이 부족한 안데스 지방의 외딴 요새를 선택하게 했단 말인가?

이 책의 독자들은 마추픽추의 세 개의 창문이 있는 신전이 첫 번째 잉카 만코 카팍이 "자신이 태어난 곳에 그가 계승한 조상들의 집을 상징하는 세 개의 창문이 있는 석조 벽을 짓게 했다. 그리고 그 첫 번째 창문을 '탐푸-톡코'라고 불렀다."는 클레멘츠 마컴 경의 번역서에서 인용한 이야기를 포함해서, 한 원주민 저술가가 "어떤 아이로부터 들은 중요한 고대의 전통과 역사"에 관한 이야기와도 일치한다는 생각을 이미 했을 것이다. 비록 그 외의 다른 연대기 작가들로부터는 첫 번째 잉카가 자신이 태어난 장소에 기념비적인 벽체를 건설하도록 명령했다는 이야기를 들을 수 없었지만, 그들도 거의 모두 그가 "눈에 띄는 창문들이 있는 여관이나 시골집"인 탐푸-톡코라고 불리는 곳에서 왔다고 말하고 있다. 클레멘츠 마컴 경은 그의 저서 "페루의 잉카족Incas of Peru"에서 탐푸-톡코를 "세 개의 열린 구멍이나 창문이 있는 언덕"이라고 언급하고 있다.

모든 연대기 편찬자들에 의해 전통적으로 탐푸-톡코라고 여겨지는 장소는, 이미 말했듯이, 쿠스코에서 남서쪽으로 약 14킬로미터 떨어진 팍카리탐푸이다. 팍카리탐푸에는 몇몇 흥미로운 유적과 동굴들이 있다. 하지만 면밀히 조사해본 결과, 그 동굴들에는 세 개 이상의 열린 구멍은 있었지만, 창문이 있는 건물은 전혀 없었다. 반면에 마추픽추의 건물들에는 페루의 어떤 중요한 유적들보다도 많은 창문이 있다. 팍카리탐푸의 기후는 대부분의 고산 지대처럼 창문을 달고 사용하기에는 너무나 춥다. 하지만 마추픽추의 날씨는 온화하기 때문에 창을 사용하는 것이 자연스럽고 또 그럴 만하다.

내가 아는 한 마추픽추를 제외하고 여기서 말하는 그런 의식의 성격을 지닌 "세 개의 창문이 있는 석조 벽" 같은 것이 있는 유적은 페루 내 어디에도 없다. 요새 안에 있는 건물들 가운데 세 개의 창문이 있는 가장 중요한 신전이 파차쿠티 얌키 살카마이와가 말한 그 건물이 확실한 것 같다.

마추픽추의 창문이 세 개 있는 석벽

이 학설에 중요한 이의를 제기했던 홀긴의 표준 키추아어 사전 Holguin's standard Quichua dictionary에는 *토코 tocco*의 첫 번째 의미가 "*벤타나 ventana*" 즉 "창문"이고, 또 이 "창문"이라는 뜻은 여러 자료들을 종합해서 만들어진 마컴의 개정판 키추아어 사전 Markham's revised Quichua dictionary(1908년)에서도 이 중요한 단어의 *유일한* 의미로 사용되었다. 하지만 홀긴에 의해 부여된 *토코*의 두 번째 의미로 "*알라세나 alacena*" 즉 "붙박이 찬장"이라는 뜻이 있다는 것이 문제이다. 이것의 의미는 두말 할 나위 없이 잉카족의 집 유적에서 볼 수 있는 벽감을 뜻하는 것이다. 현재 클레멘츠 마컴 경이 번역한 살카마이와의 원고에 그려져 있는 그림들을 보아서는, 비록 미숙하기는 하지만, 그것들이 창문이라기보다는 벽감이라는 인상을 받게 한다. *탐푸-톡코*의 의미가 벽감들이 눈에 띄는 *탐푸*는 아닐까? 팍카리탐푸에서는 특별히 정교한 벽감을 전혀 볼 수 없다. 반면에 마추픽추에는 매우 아름다운 벽감들이 많이 있고, 특히 동굴 안에는 "왕족의 묘"라고 이야기되는 것들이 있다. 실제로, 거의 모든 잉카족 최고의 유적들에는 훌륭한 벽감들이 있다. 벽감이 잉카 건축에서는 일반적으로 나타나기 때문에, 탐푸-톡코를 "세 개의 열린 구멍이나 창문들이 있는 언덕"이라고 불렀다는 살카마이와의 원고를 번역한 클레멘츠 경이 옳을 가능성이 있다. 어쨌든 마추픽추가 팍카리탐푸보다는 훨씬 더 그의 이야기와 맞아 떨어진다. 하지만 초기의 저술가들 모두가 계속해서 탐푸-톡코를 팍카리탐푸라고 이야기하는 점을 보면, 비록 팍카리탐푸나 그 주변에 실제로 남아 있는 것들이 그 조건들을 충족시켜주지 못한다 하더라도, 무조건 그들이 도대체 무슨 소리를 하는 것이냐고 반박하는 것은 합리적이지 않아 보인다.

만약 마지막 잉카를 처형할 당시 톨레도에 의해 작성된 법적인 조사기록들이 없었다면, 팍카리탐푸를 탐푸-톡코 지역이라고 받아들이는데 큰 어려움이 없을 것이다. 쿠스코 부근의 중요한 소금공장들이 있는 라스 살리나스 근처에 살았던 사람들의 후손인 열다섯 명의 원주민들은 심문을 받는 과정에서 그들의 부모와 조부모로부터 탐푸-톡코에서 온 첫 번째 잉카, 즉 만코 카팍이 그들의 땅을 빼앗았고, 그 전통이 계속해서 이어졌다는 얘기를 들었다고 진술했다. 그들은 첫 번째 잉카가 팍카리탐푸에서 왔다고 말하지 않았다. 내가 보기에는 그것이 원주민들이 일반적으로 믿고 있었던 사실을 가장 자연스럽게 이야기한 것이라고 생각한다. 그밖에도 첫 스페인 사람들이 도착하기 전에 태어난 일부 원주민들이 1570년 당시 법적인 조사 차원에서 심문을 받았던 더 오래된 진술이 아직 남아 있다. 아흔두 살의 한 부족장은 만코 카팍이 톡코라는 동굴에서 나왔고, 자신이 그 동굴 부근 마을의 통치자였다고 진술했다. 어떤 증인도 만코 카팍이 팍카리탐푸에서 왔다고 말한 사람은 없었다. 현대 역사학자들이 생각하는 것처럼 그곳이 정말 원래의 탐푸-톡코였다면, 왜 사람들이 그렇게 진술을 하지 않았는지 이해가 되지 않는 부분이다. 연대기 편찬자들은 팍카리탐푸 부근의 흥미로운 동굴에서 만코 카팍이 태어났고, 훗날 그곳에서 나와 쿠스코를 정복했다는 설을 기꺼이 받아들였다. 그렇다면 그 증인들은 어째서 침묵했단 말인가? 그들이 탐푸-톡코의 위치를 잊어버렸어야 했다고는 보기 힘들다. 그들이 침묵한 이유가 정말로 그 위치가 비밀로 지켜졌기 때문이었을까? 만코 카팍의 고향은 파차쿠티 6세의 추종자들이 구 왕조가 몰락하면서 그의 시신과 함께 탈출한 아주 외지고 신성한 장소인 탐푸-톡코였다. 그들은 그곳이 피사로 시절 젊은 잉카 만코가 쿠스코에서 탈출해 들어갔던 안데스 지방의 요새들 중 한 곳과 같다는 것을 알았을까? 이것이 그들이 침묵한 이유였을까?

마추픽추는 확실히 탐푸-톡코의 필요조건들을 충족시켜준다. 우루밤바의 거대 협곡의 더할 나위 없는 자연적 방어시설은 평원 지대에서 동쪽과 남쪽을 끊임없이 침략해온 야만족들로 인해 수세기에 걸쳐 무법과 혼란을 겪어야 했던 아마우타족 후손들에게 이상적인 피난처를 제공해 주었다. 탐푸-톡코의 특징으로 내세워지는 파괴적인 지진의 희박함과 건강에 유익함도 마추픽추와 맞아떨어진다. 마추픽추의 존재가 일반 사람들에게 쉽게 숨겨졌을지도 모른다는 사실에 주목할 만하다. 스페인 정복시절, 그곳의 위치는 잉카와 그의 주술사들만이 알고 있었을지도 모른다.

따라서 역사가들의 믿음에도 불구하고, 나는 마추픽추 유적의 처음 이름이 탐푸-톡코였다고 결론내리는 것이 합리적이라고 생각한다. 이곳이 파차쿠티 6세가 묻힌 곳이다. 이곳이 아마우타족과 잉카족사이의 수세기 동안 페루 문명을 발전시킨 고대인들의 지혜와 기술 그리고 최고의 전통이 그대로 살아서 유지되었던 작은 왕국의 수도가 있었던 곳이다.

호전적인 침략자들의 공격 앞에서 쿠스코의 방어시설은 거의 무용지물이었다는 것을 잘 기억할 것이다. 원시적인 나무와 돌 그리고 청동 도구들만으로 탁월한 공학적 업적들을 이루어낼 수 있었던 위대한 농부와 석공들의 조직은 평화로운 예술에 대해서는 아는 바가 전혀 없는 야만족 무리들의 공격 앞에 완전히 무너지고 말았다. 패배한 지도자들은 그들의 흉포한 적들을 피해 안전하게 숨어 지낼 수 있는 지역을 찾아야만 했다. 마침내 그들은 마추픽추 주위에서 다양한 기후를 발견했다. 예를 들어, 계곡은 낮아서 귀중한 *코카*나 *육카* *yucca*, *프란타인* *plantain*(요리용 바나나)과 같은 열대 과일과 야채들을 생산할 수 있었다. 경사면은 아주 다양한 옥수수, *키노아* 그리고 여러 곡물들뿐만 아니라 고구마와 감자, *오카*, *아뉴* 그리고 *우유쿠*를 포함해 그들이 좋아하는 근채류들을 재배하기에 충분한 고도였다. 이곳에서는 몇 시간만 가면, *코카* 잎을 말리고 건조시키기에 충분히 따뜻한 낮과 감자를 선조 때부터 내려오던 방식으로 얼리기에 충분히 추운 밤 날씨를 가진 곳들을 동시에 찾을 수 있었다.

비록 최선을 다해 테라스 식으로 개간해야 했던 경작지로는 아주 많은 인구를 감당하기에 충분하지 않았지만, 마추픽추는 쿠스코 부근의 비옥한 평지와 유카이의 넓고 쾌적한 계곡을 버리고 탈출해야만 했던 부족장들과 주술사들 그리고 그들의 극소수 추종자들에게 난공불락의 요새를 제공해 주었다. 오직 절박한 필요와 공포만이 그런 높은 수준의 공학과 건축술 그리고 농사기술에 도달했던 사람들을 쾌적한 계곡과 평지를 버리고 바위투성이 협곡으로 떠나게 할 수 있었다. 그들의 최우선 필요조건이 안전한 은신처와 피난처였으므로, 분명히 안데스 지방 그 어디라도 선천적으로 농사를 지어온 이 사람들의 요건에 부합되지 않는 곳은 없었다.

지혜로운 아마우타족 생존자들은 이곳에서 마지막으로 그들의 위대한 능력을 발휘했다. 엄청난 자연적 장애물들에도 불구하고, 자신들의 고대 장인기술로 맨땅 위에 삶의 터전을 일구어냈다. 아래로는 아마존 정글의 야만인들과 위로는 고원의 적들 사이에 둘러싸여, 그들은 여러 세대 동안 국경을 지키기 위한 싸움을 벌여야 했을 것이다. 살고 있던 곳의 온화한 기후와 자신들의 마을과 도시에서 한두 시간만 오르내리면 다양한 종류의 양식을 확보할 수 있었던 능력 덕분에 점점 강력한 부족으로 성장해 갔다. 드디어 그들은 자신들의 영역을 박차고 나가 비옥한 쿠스코 계곡을 싸워서 되찾고, 옛 침략자들도 정벌했으며, 마침내 쿠스코를 수도로 하는 잉카 제국을 건설했다.

첫 번째 잉카 만코 카팍이 쿠스코에 자리를 잡은 뒤 그의 조상들을 기리기 위한 신전을 건립했을 것은 자연스러운 일이다. 조상숭배가 잉카족에게는 일상적인 일이었으므로 세 개의 창문이 있는 신전을 건설했을 것은 지극히 당연하다. 잉카족의 세력이 점점 커져 그들의 지배력이 자신들의 선조라고 믿고 있는 쿠스코 아마우타족의 고대 제국으로까지 뻗치면서 그들의 미신숭배는 쿠스코 시내에 여러 개의 신전과 왕궁들을 세우는 데까지 이르렀다. 그렇게 되면서 탐푸-톡코 요새는 더 이상 유지할 필요가 없게 되었다. 쿠스코가 성장하고 잉카제국이 융성해지면서 그곳은 아마 황폐해져 갔을 것이다.

잉카족 세력이 커지면서 그들은 자신들의 기원과 관련한 다양한 신화들을 만들어냈다. 그 중 하나는 그들 조상의 발자취를 티티카카 호수의 섬에서 찾는 것이었다. 이 때문에 만코 카팍의 원래 출생지는 결국 일반 백성들로부터 잊혀지게 되었다. 물론, 주술사들이나 잉카족의 가장 신성한 비밀들을 간직하고 있던 사람들은 그곳을 알고 있었다.

그리고 피사로와 편협한 *콘키스타도레스*가 들어왔다. 원주민 부족장들은 토속 종교와 관계된 모든 것을 최대한 보호해야만 하는 필요성에 직면하게 되었다. 스페인 사람들은 금이나 은을 탐냈다. 그렇지만 잉카족에게 가장 소중한 재산은 형상이나 도구들이 아니라 아주 어릴 때부터 위대한 태양신을 섬기도록 양성된 신성한 태양의 처녀들-로마의 베스타를 섬기던 처녀들과 같은 존재-이었다. 농사짓는 사람들의 시각에서 보면, 태양은 그들의 식량이 되는 농작물이 결실을 맺도록 해주어 굶주림에서 벗어나게 해주므로, 그들에게는 희생물을 바쳐서라도 그를 달래고 노여움을 품지 않도록 항상 기쁘게 해주는 것이 무엇보다 중요했다. 만약 그가 늦게 떠오르거나 계속 구름 뒤에 숨어서 않나오면, 옥수수에는 곰팡이가 피어 그 열매가 익지 않을 것이다. 만약 그가 추수를 한 뒤에도 평소처럼 밝게 빛나지 않으면, 옥수수 열매는 제대로 건조되지 않아 내년을 기약할 수 없을 것이다. 간단히 말해서, 태양의 평소와 다른 어떤 행동도 그들에게는 허기와 굶주림을 의미했다. 결국 그들의 가장 아름다운 처녀들은 신에게 바쳐져 신전에 살면서 주술사와 통치자들의 수발을 드는 "처녀들"이 되었다. 페루에서는 오래전에 인간 제물을 금지했기 때문에 이 처녀들의 헌신이 그 역할을 대신했다. 쿠스코의 태양의 처녀들 중 일부는 스페인 정복자들에게 생포되었고, 그 나머지는 만코를 따라 쉽게 접근할 수 없는 윌카팜파의 협곡으로 탈출했다.

칼란차 신부가 자신들의 목숨을 걸고 잉카에게 이 지방에서 "가장 큰 도시"인 "빌카밤바 비에호"에 있는 "우상숭배 학교"를 방문할 수 있도록 허락해 줄 것을 재촉했던 두 명의 이 지역 최초 선교사들의 행적에 관해 이야기한 것을 기억할 것이다. 마추픽추는 그 요건들을 훌륭하게 충족시켜준다. 이곳에서 잉카 티투 쿠시는 아무런 어려움 없이 수도사들이 그 독특한 신전이나 놀라운 왕궁들을 전혀 볼 수 없도록 그들을 신성한 도시의 외곽에 3주일 동안이나 머물러 있게 할 수 있었다. 아마도 티투 쿠시는 마르코스 수도사와 디에고 수도사를 마추픽추 절벽 맨 아래에 있는 산 미구엘 근처 인티와타나 마을로 데려갔을 가능성이 있다. 사탕수수 재배인들은 그들이 지나다니던 길 바로 머리 위에 무엇이 있는지 까마득히 모른 채 20년 동안이나 산 미구엘 다리를 해마다 건너다녔다. 따라서 수도사들도 잉카 "학교"의 크기와 존귀함을 알지 못한 채 산 아래 있는 오두막에 한가롭게 머무르고 있었을 수 있다. 분명히 그들이 "빌카밤바 비에호"에 있는 건축물들의 특징에 대해 거의 아무것도 알아내지 못한 채 푸키우라로 되돌아와야 했기 때문에 그들의 동료나 궁극적으로는 칼란차에게도 알려진 것이 거의 없었다. 또한 푸키우라로부터의 이 힘겨운 여정은 적어도 "사흘"이 걸렸을 것이다.

마침내 이튼 박사의 연구에 의해 마추픽추의 마지막 거주자들이 대부분 여자들이었다는 사실이 밝혀졌다. 우리가 마추픽추 자락에서 발견한 매장동굴에서는 남자들의 두개골 비율이 매우 높았다. 거기에는 이른바 "구멍 뚫린" 두개골들도 많았다. 그들 중 일부는 몽둥이나 잉카족이 즐겨 사용한 투석기의 돌에 맞아 두개골이 부서지는 부상을 당한 병사들도 있었던 것으로 보인다. 우리가 발굴해낸 25개가 넘는 두개골들은 모두 "구멍 뚫린" 상태였다. 마추픽추에서의 발굴과는 놀라운 대조를 이루었다. 그곳 매장동굴에서는 135개의 두개골이 발굴되었는데 "구멍 뚫린" 것은 단 한 개도 발견되지 않았다. 이튼 박사에 의해 성별이 밝혀진 135개의 두개골들 중 109개는 여자들의 것이었다. 더욱이 그 매장지에서는 예사로운 사람들의 것이 아니었음을 보여주는 대단히 훌륭한 공예품들도 함께 발견되었다. 마추픽추의 동굴에서는 건장한 남자전사의 모습을 보여주는 두개골은 하나도 발견되지 않았다.

이튼 박사가 밝혀낸 또 다른 눈에 띄는 사실은 일부 여성의 두개골이 해안가 사람들의 특징을 보여준다는 것이다. 이것은 티투 쿠시가 수도사들을 아름다운 고산 지대의 여자들뿐만 아니라 융가족, 즉 "따뜻한 계곡"의 부족 출신 여자들로도 유혹했다는 칼란차의 말과 일치한다. "따뜻한 계곡"은 고무나무가 자라는 지방일 수도 있지만, 클레멘츠 마컴 경은 해안가의 오아시스를 의미한다고 생각했다.

그 밖에 새포드도 지적했던 것처럼, 마추픽추에서 발견된 공예품들 중에는 주술사들이나 마법사들이 최면 상태에 이르기 위해 환각제를 코로 들이마실 때 사용했던 "코 파이프"도 있다. 이 분말가루는 10장에서도 언급했던 것처럼, 잉카족이 *윌카* huilca 또는 *윌카* uilca 라고 불렀던 나무의 씨앗들로부터 만들어졌으며, 그 나무들은 이 유적지 근방에서 자라고 있다. 나는 이것이 마추픽추가 칼란차가 말한 "빌카밤바"의 특징을 보여주는 또 하나의 증거라고 생각한다.

마추픽추 유적이 "우상숭배 학교가 있는 커다란 도시"의 요건을 충족시키고 있음을 부정할 수 없다. 이곳이 중요한 종교적 중심이었던 푸큐라에서 사흘거리에 있는 또 다른 중요한 유적이고, 또 이곳에서 발견된 대부분의 두개골이 여자들의 것이었다는 사실을 알게 된 이상, 나는 이곳이, 에스피리투스 팜파가 오캄포가 말했던 "빌카밤바 비에호"였던 것처럼, 칼란차가 말한 "빌카밤바 비에호"가 분명하다고 믿지 않을 수 없다.

티투 쿠시가 직접 들려준 마지막 잉카들의 흥미로운 이야기들(하지만 이것들은 실제로 마르코스 수도사에 의해 훌륭한 스페인어로 기록되었다)에서 그는 자신의 아버지 만코가 쿠스코를 탈출해 최초로 "빌카밤바에 가서 그 일대 전체의 왕이 되었다"고 말했다.

몬테시노스는 "*페루 연대기* *Anales del Peru*"에서 프란시스코 피사로는 잉카 만코가 자신과 평화를 맺기를 원한다고 생각해 잉카를 기쁘게 해

주기 위해 그에게 아주 훌륭한 조랑말과 그것을 돌볼 혼혈인을 선물로 보냈다고 말했다. 사절에게 그에 대한 보답을 하는 대신, 잉카는 그 혼혈인과 동물을 둘 다 죽여 버렸다. 이 소식을 전해들은 피사로는 그에 대한 보복으로 잉카가 가장 아끼던 아내를 잔혹하게 고문해서 죽였다. 그녀는 처형장에 참석한 사람들에게 "자신이 죽으면 자신의 유품을 양동이에 담아 유카이(또는 우루밤바)강에 띄워 그 물결이 자기 남편 잉카에게 그것을 전해주게 해 달라"고 부탁했다. 그 당시 그녀는 만코가 그 강 근처에 있다고 믿고 있었음이 분명하다. 마추픽추는 그 기슭에 있다. 에스피리투스 팜파는 그렇지 않다.

우리는 이미 어떻게 만코가 최종적으로 위티코스에 자리를 잡게 되었고, 그곳에서 조금은 운 좋게 자신의 왕국을 재건할 수 있었는지를 보았다. 기름진 계곡들로 둘러싸여 있고, 리마에서 쿠스코로 가는 스페인 사람들이 반드시 통과해야 하는 넓은 길에서도 그리 멀리 떨어지지 않았던 곳이었기 때문에 그는 쉽게 그들을 습격할 수 있었다. 마추픽추처럼 그에게 스페인 대상행렬을 약탈하기에 용이했고, 또한 그의 추종자들에게 경작할 수 있는 충분한 땅을 제공해 줄 수 있었던 곳도 없었을 것이다.

마추픽추 요새에서는 한때 잉카족이 그곳을 점유하면서 일부에서는 그들보다 훨씬 더 이전의 유적에 그들이 다시 건물을 지은 건축학적 증거들이 아주 많이 보인다. 많은 도기들이 두말할 나위도 없이 마지막 잉카족이 사용했던 소위 쿠스코 식이다. 티티카카섬에 있는 것들의 구조와 유사한 훨씬 더 최근에 지어진 건물들은 후기 잉카족에 의해 건축된 것들이라고 이야기되고 있다. 그것들은 또한 1537년의 만코시대에 건축된 로사스파타에 있는 위티코스 요새와도 유사하다. 더군다나 이곳은 옛 윌카팜파 지방의 산맥 안에서는 당연히 가장 크고 정교한 유적이고, 티투 쿠시가 말한 "그 지방에서 제일 앞선 곳"이라는 말이 자연스럽게 나올만한 곳이다. 에스피리투스 팜파는 전체적인 지방의 규모에서 "가장 큰 도시"라는 이름을 붙일 수 있는 중요한 요건을 충족시켜주지 못한다.

접근하기 어렵고 사람들의 기억에서도 사라진 마추픽추 요새가 피사로 시절 쿠스코에서 탈출에 성공한 태양의 처녀들을 위해 만코가 선택한 안전한 피신처였을 가능성이 있다. 그들과 그들의 시중을 드는 사람들을 위해 아마도 만코는 많은 새로운 건물을 지으면서 몇몇 옛 건물들을 재건축했을 것이다. 어느 누구도 그들의 신성한 은신처의 비밀을 *콘키스타도레스*에게 발설하지 않고, 이곳에서 그들의 남은 생을 살아갔다.

윌카팜파의 화강암 요새를 드러내며 넓게 열린 골짜기들, 잉카족 영토의 백미

마추픽추 고지에서의 태양 숭배가 실제로 언제 중단되었는지 알고 있는 사람은 아무도 없다. 그 존재의 비밀이 그렇게 잘 유지될 수 있었던 것은 안데스 산맥의 역사에서도 하나의 기적과 같은 일이다. 그

곳이 "탐푸-톡코"나 "빌카밤바 비에호"와 일치한다는 학설을 받아들이지 않는다면, 샤를르 위네어가 1875년에 처음 그곳에 관해 들었을 때까지 마추픽추에 대한 확실한 자료는 전무했다는 얘기가 된다.

언젠가는 16세기나 17세기의 자료들에서 정력적인 톨레도 총독이나 그와 동시대에 살았던 사람들 중 누군가가 이 놀라운 요새를 알게 되어 그곳을 방문했었다는 기록을 발견하게 될지도 모른다. 시에사 데 레온이나 폴로 데 온데가르도 같은 저술가들은 잉카족의 신성한 장소들에 대한 정보를 끊임없이 수집해 우리가 아직까지도 확인할 수 없는 수많은 이름들을 그 장소들에 부여했다. 우리는 그것들 중에서 마침내 마추픽추의 신전들을 찾아낼 수 있을지도 모른다. 한편, 만약 스페인 병사들이나 성직자들 아니면 연대기 편찬자들이 그 당시 이 요새를 보았다면, 그들은 분명한 어휘로 이 중요한 건물들을 묘사했을 것이다.

훗날, 이 환상적인 의문에 새로운 빛줄기가 비칠 때까지는 마추픽추를 첫 번째 잉카 만코 카팍이 태어난 탐푸-톡코 유적이며, 또한 마지막 잉카족의 신성한 도시 유적이라고 결론을 내려도 무방해 보인다. 그 주위의 놀라운 아름다움과 형용할 수 없는 매력으로 우리의 마음을 빼앗는 이 화강암 요새는 분명히 가장 흥미로운 역사이다. 서기 약 800년경 남쪽에서 몰려온 침략자들을 피해 탈출한 구 정치체제 생존자들의 가장 안전한 피신처로 선택되어 새로운 왕국의 수도가 되었고, 남미 역사상 가장 뛰어난 혈통을 탄생시켰다. 1300년경 페루 제국의 수도로서 쿠스코가 다시 한 번 영광을 누리게 되면서 버려지게 되었지만, 1534년 이번에는 고대 종교의 자취를 완전히 말살하려고 혈안이 된 또 다른 침략자들이 유럽으로부터 들이닥치는 시련의 시대를 맞아서 다시 한 번 그곳이 찾아지게 되었던 것으로 보인다. 그 마지막 상황에서 그곳은 미개한 미국대륙의 가장 인도적인 숭배의 여사제들이었던 태양의 처녀들의 안식처이자 피난처가 되었다. 놀랍도록 웅장한 협곡에 숨겨진 채 인간의 기술과 자연의 보호를 받았던 이곳에서 신성한 여인들은 서서히 생을 마감했다. 그들은 후손을 남기지 않았고, 석벽과 공예품에 기록된 것들(이후의 또 다른 저술에서 다루기로 함) 외에는 아무것도 알려진 것이 없다. 후대의 역사학자들에 의해 그들이 누구였고, 이 장소의 이름이 무엇으로 불리던, 나는 잉카의 땅에서 최고의 영예인 마추픽추의 불쑥 튀어나온 절벽들 꼭대기에 우뚝 서 있는 화강암 요새의 서사시를 능가할 만한 것은 이 세상에 그 무엇도 없다고 확신한다.

용어정리

- **고베르나도르** Gobernador : 스페인어권 시나 마을의 시장. 알칼데스alcaldes는 그의 원주민 조력자들이다.
- **마냐나** Mañana : 내일 또는 곧. "마냐나 습성mañana habit"은 스페인계 미국인들의 굼뜬 동작을 일컫는다.
- **메스티소** Mestizo : 스페인인과 원주민 조상의 혼혈.
- **밀파** Milpa : 중앙아메리카에서 작은 농장이나 개간지를 일컫는 말. 산림을 불태워 개간하는 것을 포함하는 밀파 방식은 귀중한 부식토를 파괴함으로써 농부들은 자주 새 농지를 다시 개척해야만 한다.
- **몬타냐** Montaña : 정글, 울창한 숲. 보통 페루 동부 안데스 산맥과 아마존 유역의 숲이 울창한 경사면들을 부르는 이름.
- **비에호** Viejo : 오래된, 늙은, 옛날의.
- **빗장걸이** Bar-hold : 문기둥에 빗장이 걸릴 수 있도록 한 돌 원통이나 핀. 가끔 빗장걸이는 문기둥 상인방의 한 부분이다. 빗장걸이들은 보통 잉카시대 집들의 집단 주거지 관문에서 발견된다.
- **소로체** Soroche : 고산병.
- **솔** Sol : 페루의 은화로서 2실링이나 금화 50센트가 조금 안 되는 가치.
- **쐐기돌** Stone-peg : 집 벽에 고정되는 대충 다듬은 원통형 돌 블록으로써 내벽에서 25에서 30센티미터 정도 돌출돼 옷걸이로 사용 가능하다. 쐐기돌은 종종 벽감과 번갈아 있거나 벽감의 상인방과 같은 높이에 위치한 상태로 발견된다.
- **아뉴** Añu : 먹을 수 있는 뿌리를 가진 금련화의 일종.
- **아리발루스** Aryballus : 바닥이 뾰족한 병 모양의 단지.

- **아바스 콩** Habas beans : 누에콩
- **아세키아** Azequia : 관개용 도랑 또는 도관.
- **오카** Oca : 애기수영의 일종인 단단하고 먹을 수 있는 뿌리.
- **와카** Huaca : 신성한 장소나 사물, 어떤 경우 큰 바위. 종종 선사시대 도기 파편이 여기에 해당한다.
- **외눈박이 이음돌** Eye-bonder : 한쪽 끝의 모서리 안에 구멍 chamfered hole을 낸 좁고 다듬지 않은 마름돌. 보통 길이 6미터, 넓이 15센티미터 그리고 두께 5센티미터로 경사면과 직각이 되게 벽의 박공에 결합시켜 표면이 수평이 되도록 해준다. 그렇게 해서 지붕의 마룻대를 거기에 고정할 수 있다. 외눈박이 이음돌들은 또한 집단 거주지 관문의 상인방 위로 튀어나와 있는 것을 발견할 수 있다. 만약 "빗장걸이들"이 중요한 문의 수평빗장을 걸기 위한 것이었다면, 이 외눈박이 이음돌들은 수직빗장을 걸기 위한 것일 수 있다.
- **우유카** Ulluca : 먹을 수 있는 뿌리.
- **지붕 쐐기** Roof-peg : 벽공에 결합되는 대강의 원통형으로 다듬은 돌 블록으로써 밖으로 30에서 40센티미터 정도 돌출된다. "외눈박이 이음돌"에 연결해서 사용된다. 지붕쐐기는 지붕을 고정시키는 지점들에 사용된다.
- **케부라다** Quebrada : 협곡 또는 계곡.
- **코카** Coca : 코카인이 추출되는 관목. 말린 잎을 씹음으로써 마취제에서 기대되는 무감각한 현상을 일으킨다.
- **콘키스타도레스** Conquistadores : 미국대륙 정복에 나섰던 스페인 군인들.
- **키푸** Quipu : 페루 사람들이 기록을 위해 사용한 매듭을 묶는 다양한 색깔을 칠한 가는 끈. 일종의 기억 장치.
- **테니엔테 고베르나도르** Teniente gobernador : 작은 마을이나 부락의 정

부 관리자.

- **테레모토** Terremoto : 강력한 지진.
- **템블로르** Temblor : 약한 지진.
- **테소로** Tesoro : 보물.
- **템포랄레스** Temporales : 관개시설이 없어 물 공급을 순전히 날씨에 의존해야하는 농작물을 기르는 조그마한 들판.
- **투투** Tutu : 조리하지 않은 상태로는 먹을 수 없는 다양한 종류의 단단한 감자로서 말리고, 얼린 뒤 쓴 즙을 짜내 추뇨를 만듦.

예일대학교 페루 탐험대와 미국 지리학협회 참고문헌

Thomas Barbour:

· Reptiles Collected by Yale Peruvian Expedition of 1912. Proceedings of Academy of Natural Sciences of Philadelphia, LXV, 505-507, September, 1913. 1 pl.

(With G. K. Noble:)

· Amphibians and Reptiles from Southern Peru Collected by Peruvian Expedition of 1914-1915. Proceedings of U.S. National Museum, LVIII, 609-620, 1921.

Hiram Bingham:

· The Ruins of Choqquequirau. American Anthropologist, XII, 505-525, October, 1910. Illus., 4 pl., map.

· Across South America. Boston, Houghton Mifflin Company, 1911, xvi, 405 pp., plates, maps, plans, 8°.

· Preliminary Report of the Yale Peruvian Expedition. Bulletin of American Geographical Society, XLIV, 20-26, January, 1912.

· The Ascent of Coropuna. Harper's Magazine, CXXIV, 489-502, March, 1912. Illus.

· Vitcos, The Last Inca Capital. Proceedings of American Antiquarian Society, XXII, N.S., 135-196. April, 1912. Illus., plans.

· The Discovery of Pre-Historic Human Remains near Cuzco,

Peru. American Journal of Science, XXXIII, No. 196, 297-305, April, 1912. Illus., maps.

· A Search for the Last Inca Capital. Harper's Magazine, CXXV, 696-705, October, 1912. Illus.

· The Discovery of Machu Picchu. Ibid., CXXVI, 709-719, April, 1913. Illus.

· In the Wonderland of Peru. National Geographic Magazine, XXIV, 387-573, April, 1913. Illus., maps, plans.

· The Investigation of Pre-Historic Human Remains Found near Cuzco in 1911. American Journal of Science, XXXVI, No. 211, 1-2, July, 1913.

· The Ruins of Espiritu Pampa, Peru. American Anthropologist, XVI, No. 2, 185-199. April-June, 1914. Illus., 1 pl., map.

· Along the Uncharted Pampaconas. Harper's Magazine, CXXIX, 452-463, August, 1914. Illus., map. Page 348

· The Pampaconas River. The Geographical Journal, XLIV, 211-214, August, 1914. 2 pl., map.

· The Story of Machu Picchu. National Geographic Magazine, XXVII, 172-217, February, 1915. Illus.

· Types of Machu Picchu Pottery. American Anthropologist, XVII, 257-271, April-June, 1915. Illus., 1 pl.

· The Inca Peoples and Their Culture. Proceedings of Nineteenth International Congress of Americanists, Washington, D.C., pp. 253-260, December, 1915.

· Further Explorations in the Land of the Incas. National Geographic Magazine, XXIX, 431-473, May, 1916. Illus., 2 maps.

· Evidences of Symbolism in the Land of the Incas. The Builder, II, No. 12, 361-366, December, 1916. Illus.

(With Dr. George S. Jamieson:)

· Lake Parinacochas and the Composition of its Water. American Journal of Science, XXXIV, 12-16, July, 1912. Illus.

Isaiah Bowman:

· The Geologic Relations of the Cuzco Remains. American Journal of Science, XXXIII, No. 196, 306-325, April, 1912. Illus.

· A Buried Wall at Cuzco and its Relation to the Question of a Pre-Inca Race. Ibid., XXXIV, No. 204, 497-509, December, 1912. Illus.

· The Ca on of the Urubamba. Bulletin of American Geographical Society, XLIV, 881-897, December, 1912. Illus., map.

· The Andes of Southern Peru. Geographical Reconnaissance Along the Seventy-third Meridian, N.Y., Henry Holt, 1916. xi, 336 pp., plates, maps, plans.

Lawrence Bruner:

· Results of Yale Peruvian Expedition of 1911, Orthoptera (Acridiidae—Short Horned Locusts). Proceedings of U.S. National Museum, XLIV, 177-187, 1913.

· Results of Yale Peruvian Expedition of 1911, Orthoptera (Addenda to the Acridiidae). Ibid., XLV, 585-586, 1913.

A. N. Caudell:

· Results of Yale Peruvian Expedition of 1911, Orthoptera

(Exclusive of Acridiidae). Proceedings of U.S. National Museum, XLIV, 347-357, 1913.

Ralph V. Chamberlain:

· Results of Yale Peruvian Expedition of 1911. The Arachnida. Bulletin of Museum of Comparative Zo logy at Harvard College, LX, No. 6, 177-299, 1916. 25 pl.

Frank M. Chapman:

· The Distribution of Bird Life in the Urubamba Valley of Peru. U.S. National Museum Bulletin 117, 138 pp., 1921. 9 pl., map. Page 349

O. F. Cook:

· Quichua Names of Sweet Potatoes. Journal of Washington Academy of Sciences, VI, No. 4, 86-90, 1916.

· Agriculture and Native Vegetation in Peru. Ibid., VI, No. 10, 284-293, 1916. Illus.

· Staircase Farms of the Ancients. National Geographic Magazine, XXIX, 474-534, May, 1916. Illus.

· Foot-Plow Agriculture in Peru. Smithsonian Report for 1918, 487-491. 4 pl.

· Domestication of Animals in Peru. Journal of Heredity, x, 176-181, April, 1919. Illus.

(With Alice C. Cook:)

· Polar Bear Cacti. Journal of Heredity, Washington, D.C., VIII, 113-120, March, 1917. Illus.

William H. Dall:

· Some Landshells Collected by Dr. Hiram Bingham in Peru.

Proceedings of U.S. National Museum, XXXVIII, 177-182, 1911. Illus.

- Reports on Landshells Collected in Peru in 1911 by The Yale Expedition. Smithsonian Misc. Collections, LIX, No. 14, 12 pp., 1912.

Harrison G. Dyar:

- Results of Yale Peruvian Expedition of 1911. Lepidoptera. Proceedings of U.S. National Museum, XLV, 627-649, 1913.

George F. Eaton:

- Report on the Remains of Man and Lower Animals from the Vicinity of Cuzco. American Journal of Science, XXXIII, No. 196, 325-333, April, 1912. Illus.
- Vertebrate Remains in the Cuzco Gravels. Ibid., XXXVI, No. 211, 3-14, July, 1913. Illus.
- Vertebrate Fossils from Ayusbamba, Peru. Ibid., XXXVII, No. 218, 141-154, February, 1914. 3 pl.
- The Collection of Osteological Material from Machu Picchu. Trans. Conn. Academy Arts and Sciences, v, 3-96, May, 1916. Illus., 39 pl., map.

William G. Erving, M.D.:

- Medical Report of the Yale Peruvian Expedition. Yale Medical Journal, XVIII, 325-335, April, 1912. 6 pl.

Alexander W. Evans:

- Hepaticæ: Yale Peruvian Expedition of 1911. Trans. Conn. Academy Arts and Sciences, XVIII, 291-345, April, 1914. Page 350

Harry B. Ferris, M.D.:

- The Indians of Cuzco and the Apurimac. Memoirs, American Anthropological Assoc., III, No. 2, 59-148, 1916. 60 pl.
- Anthropological Studies on the Quichua and Machiganga Indians. Trans. Conn. Academy Arts and Sciences, XXV, 1-92, April, 1921. 21 pl., map.

Harry W. Foote:

(With W. H. Buell:)

- The Composition, Structure and Hardness of some Peruvian Bronze Axes. American Journal of Science, XXXIV, 128-132, August, 1912. Illus.

Herbert E. Gregory:

- The Gravels at Cuzco. American Journal of Science, XXXVI, No. 211, 15-29, July, 1913. Illus., map.
- The La Paz Gorge. Ibid., XXXVI, 141-150, August, 1913. Illus.
- A Geographical Sketch of Titicaca, the Island of the Sun. Bulletin of American Geographical Society, XLV, 561-575, August, 1913. 4 pl., map.
- Geologic Sketch of Titicaca Island and Adjoining Areas. American Journal of Science, XXXVI, No. 213, 187-213, September, 1913. Illus., maps.
- Geologic Reconnaissance of the Ayusbamba Fossil Beds. Ibid., XXXVII, No. 218, 125-140, February, 1914. Illus., map.
- The Rodadero; A Fault Plane of Unusual Aspect. Ibid., XXXVII, No. 220, 289-298, April, 1914. Illus.
- A Geologic Reconnaissance of the Cuzco Valley. Ibid., XLI,

No. 241, 1-100, January, 1916. Illus., maps.

Osgood Hardy:

· Cuzco and Apurimac. Bulletin of American Geographical Society, XLVI, No. 7, 500-512, 1914. Illus., map.

· The Indians of the Department of Cuzco. American Anthropologist, XXI, 1-27, January-March, 1919. 9 pl.

Sir Clements Markham:

· Mr. Bingham in Vilcapampa, Geographical Journal, XXXVIII, No. 6, 590-591, Dec. 1911, 1 pl.

C. H. Mathewson:

· A Metallographic Description of Some Ancient Peruvian Bronzes from Machu Picchu. American Journal of Science, XL, No. 240, 525-602, December, 1915. Illus., plates.

P. R. Myers:

· Results of Yale Peruvian Expedition of 1911—Addendum to the Hymenoptera-Ichneumonoidea. Proceedings of U.S. National Museum, XLVII, 361-362, 1914. Page 351

S. A. Rohwer:

· Results of Yale Peruvian Expedition of 1911—Hymenoptera, Superfamilies Vespoidea and Sphecoidea. Proceedings of U.S. National Museum, XLIV, 439-454, 1913.

Leonhard Stejneger:

· Results of Yale Peruvian Expedition of 1911. Batrachians and Reptiles. Proceedings of U.S. National Museum, XLV, 541-547, 1913.

Oldfield Thomas:

· Report on the Mammalia Collected by Mr. Edmund Heller during Peruvian Expedition of 1915. Proceedings of U.S. National Museum, LVIII, 217–249, 1920. 2 pl.

H. L. Viereck:

· Results of Yale Peruvian Expedition of 1911. Hymenoptera –Ichneumonoidea. Proceedings of U.S. National Museum, XLIV, 469–470, 1913.

R. S. Williams:

· Peruvian Mosses. Bulletin of Torrey Botanical Club, XLIII, 323–334, June, 1916. 4 pl.